텍스트언어학 입문

텍스트언어학 입문

볼프강 하이네만 / 디터 피이베거 지음

백 설 자 옮김

도서출판 역락

Heineann, Wolfgang
Textliguistik : eine einführung / Wolfgang Heinemann ; Dieter
Viehweger - Tübingen : Niemeyer, 1991
  (Reihe Germanistische Linguistik ; 115 : Kollegbuch)
NE: Viehwerger, Dieter:; GT

ISBN 3-484-31115-0 ISSN 0344-6778

옮긴이의 말

번역자는 번역한 책으로 할 말을 다 해야 한다고 생각한다. 그런데 막상 원고를 출판사로 넘기려니 할 말이 남아 있다. 독자에게 그리고 도와준 이들에게 .

먼저 번역하면서 원본에 가해진 변형을 밝혀야겠다. 책의 목차가 너무 자세하여 번역본에는 조금 단순화하여 제시하였다. 물론 본문에는 그대로 다 나와 있다. 그리고 논거를 뒷받침하기 위해 저자가 제시한 많은 보기를 문맥이 허락하는 한 비근한 한국 또는 한국어 보기로 대치하려고 했지만 모두 그렇게 하지는 못했다. 대치할 수 있는 보기가 없는 경우도 있었고 번역자가 찾지 못한 경우도 있었다. 이런 경우에는 할 수 없이 그대로 번역했고 꼭 필요한 몇 경우에는 원문을 병기하지 않을 수 없었다.

수없이 많은 전문용어를 번역할 때는 현재 국내에 나와 있는 텍스트언어학 관련 서적을 참고로 하였다. 중요한 개념일 경우 개념을 명확히 하거나 오해를 방지하기 위해 독일어나 영어를 괄호 안에 써놓았다. 인명은 본문이나 각주에 처음 나올 때 원명을 병기하고 두 번째부터는 한국어로만 표기하는 것을 원칙으로 하였다. 그러나 본문이든 각주든 괄호 안의 인명은 원어 그대로 두었다. 번거롭기도 했고 또 참고문헌에서 이들의 책이나 논문을 찾아보는 데는 그게 더 낫기 때문이었다. 같은 이유에서 참고문헌은 원문 그대로 두었다.

그리고 정성을 들였지만 잘못된 곳이 발견된다면 다음 기회에 고치겠다. 아무쪼록 텍스트언어학에 관심 있는 이들에게 도움이 되기를 바란다.

이 책을 번역하는 데 여러 사람의 도움이 필요했다. 인용으로 간혹 등장하는 영어를 번역할 때마다 질문을 귀찮아 하지 않고 받아 주고 같이 생각해 준 친구 황선애씨, 평소 친구이자 연구 동료로서 2장에서 5장까지 꼼꼼히 읽고 조언과 제안을 아끼지 않은 박용익 선생님,

원고 전체를 기꺼이 읽고 어색한 곳을 고쳐 준 친구 김혜숙 선생님, 원고를 정리하고 특히 본문에 있는 많은 그림을 그려 주느라 지난 여름부터 우리 집을 드나들어야 했던, 제자이기도 한 박은희씨. 이 외에도 사소한 질문이지만 성의껏 대답해 준 이들이 더 있다. 이들이 없었다면 번역 작업은 훨씬 더 지난했을 것이다. 이들 모두에게 진심으로 감사드린다. 그리고 이 책의 번역에 관심을 보이시고 분투하기를 주문하셨으며 출판사를 주선해 주시기도 한 고영근 교수님과 선뜻 출판을 허락해 주신 도서출판 역락의 이대현 사장님께도 감사드린다.

2001년 4월
옮긴이 백 설 자

서 문

텍스트언어학은 언어학의 연구에 중요한 자극을 준 신생 학문분과이다. 이 학문분과는 언어학에 새로운 인식의 차원을 열어 주었으며 그 덕분에 언어학의 많은 학문분과의 이론적 기본 입장이 새롭게 규정되었다. 이런 점에서 텍스트언어학은 언어학의 발전 과정에 각별한 영향을 끼쳤다.

지금까지 텍스트언어학의 많은 양상들이 따로따로 연구되었다 (물론 목표 설정과 그에 부합하는 이론적 출발점은 서로 달랐다). 그렇지만 여러 나라의 최근 연구 동향을 망라하여 고려하면서 무엇보다도 대학의 수업에도 쓸 수 있도록 텍스트언어학의 근본적 문제를 서술한 것은 아직 없다.

본 저서는 바로 이 공백을 메우기 위해 쓴 책으로서 전문 언어학자 및 어문학에 종사하고 있는 교사와 학생을 모두 현재 텍스트언어학 연구가 안고 있는 문제점으로 (간접적으로는 이 문제점을 대학의 수업에 적용할 수 있도록) 안내해 줄 것이다.

이 책의 주요 관심사의 하나는 언어학에 관심 있는 독자가 오늘날 혼자서는 거의 조망할 수 없을 만큼 급격하게 발전해 가는 텍스트언어학이라는 학문 영역에서 방향을 잡을 수 있도록 도와 주는 것이다. 왜냐하면 이 문제점에 대해 세계 곳곳에서 엄청난 양의 출판물이 쏟아져 나오고 있을 뿐만 아니라 무엇보다도 "텍스트언어학"이라는 명칭을 사용하고 있기는 하지만 부분적으로는 텍스트 전체의 특성을 설명하는 것과는 아주 조금밖에 관련이 없는 여러 가지 접근방식이 혼란스러울 정도로 다양하기도 하기 때문이다. 그러니까 이와 같이 다양한 접근방식에 "통일성"이 있다면 그것은 공통된 어떤 이론적 출발점이 아니라, 단순히 텍스트와 관련하여 기술한다는 사실뿐이다.

따라서 이러한 여러 가지 접근방식을 서술하기에 앞서 우리가 보기에 중요한 텍스트언어학적 기술방식을 먼저 다루겠다. 그러니까 개별 현상에 대한 연구 말고, "텍스트에 관한 학문"이 형성되는 데 결정적 역할을 하였을 뿐만 아니라 그 후의 발전 과정에도 의미 있어 보이는 모든 접근방식을 말한다(제 1장). 여기서 다룰 수 없는 모형은 각주에 언급함으로써 충실을 기하고자 하겠지만 완벽할 수는 없을 것이다. 뿐만 아니라 독자가 보다 진전된 연구를 하는 데 길잡이가 되도록 구체적인 문헌과 중요한 입문적 성격의 문헌을 정리해 두겠다.

대학 교재용 책에서 텍스트 기술 모형을 설명한다는 것은 기본이 되는 개념을 설명하고 보기를 들어 해설해야만 가능한 일이다. 게다가 각 기술방식을 포괄적 맥락에서 설명하는 것이 반드시 필요하다고 생각하다 보니 제 1장은 텍스트언어학의 기본 문제로 안내하는 성격을 띠게 되었다.

제 2장에서는 이 책의 필자가 고안한 텍스트언어학적 기본 접근방식을 소개하겠다. 이 접근방식은 텍스트언어학의 학문사적 발전 과정을, 말하자면, "총체적으로" 기술해 놓은 것이기도 하고 동시에 지금까지의 텍스트기술 모형의 발전된 단계라고도 볼 수 있다.

이 접근방식은 (특히 독화텍스트를 설명하려는 목적의) 텍스트언어학과 대화분석론의 성과 그리고 활동 지향적 텍스트 연구와 행위이론에 기초를 둔 텍스트 연구의 성과를 결합하고 있다는 의미에서 통합성을 띠고 있다. 텍스트라는 현상을 여러 층위에서 함께 보는 것은 반드시 필요하며, 그러러면 사회적 상호작용이 중심 지향점이 되어야 하므로 이 접근방식은 상호작용을 토대로 삼고 있다. 이 접근방식은 또 텍스트를 만들고 이해할 때의 정신 과정을 중심으로 기술하고 있으므로 무엇보다도 진행단계의 성격을 띠고 있기도 하다.

이 기본 접근방식을 그 자체로 완결된 텍스트이론 모형이라고 이해할 수는 없다. 현재 연구 상태에서는 아직도 (학제간의 협력에 의해서만 고안해 낼 수 있는) 텍스트이론의 많은 부분 영역은 경작되지 않았거나 혹은 충분히 경작되지 않은 들판이나 다름없다고 보아야 한다. 따라서 우리가 생각하기에 복합적인 텍스트이론 모형을 제시하는 것은 현재로서는 아직 가능하지 않다. 그래서 앞으로 서술하는 데 기본틀이 되는 접근방식은 텍스트언어학 영역에서 연구를 발전시키는 데 필요한 중점들을 지적해 준다는 의미에서 우리 두 필자가 제공하는 토론거리라고만 이해하면 될 것이다.

텍스트를 분류하는 문제를(제 3장) 이 책에서는 각별히 강조하고 있다. 이 문제는 텍스트언어학을 포괄적 시각에서 서술할 때에는 더 이상 단순한 부속물이 아니므로 우리 접근방식을 설명한 후 바로 다루겠다. 텍스트원형에 관한 지식은 우리의 견해로는 텍스트를 산출할 때 일어나는 전략 과정, 구조화 과정 그리고 표현 과정을 파악하는 데 토대가 되기 때문이다. 텍스트의 수용 현상도 이 지식 없이는 충분하게 기술할 수 없다. 지금까지 선호되어 온 일차원적 텍스트 분류 모형과는 대조적으로 이 책에서는 여러 층위에 입각한 분류 방식을 소개하겠다. 이 모형이 실제 의사소통에서 나타나는 살아 있는 텍스트부류의 다양성에 더 잘 부합할 것이다. 서술의 기본틀이 되는 이 모형과 다층위 분류는 대화분석(제 4장)과 글말 의사소통(제 5장)의 범위에서 나타나는 텍스트언어학의 문제들을 설명하는 데 기초가 된다. 여기서는 의사소통에서 텍스트의 작동 방식도(특히 원형의 활성화 문제) 표본적으로 서술하겠다. 이렇게 함으로써 사람들이 사회에서 교류할 때 분화된 의식을 가지고 언어를 다룰 동기를 주려고 한다. 그리고 텍스트의 표현 과정은 이 책에서는 주변적 역할을 할 뿐이다. 이 문제에 대한 자세한 설명은 전문적 문체 연구에 맡겨 두겠다.

마지막 장인 제 6장에서는 텍스트언어학의 실제 적용 분야를 소개하겠다. 이 분야를 대략 살펴보고 나면 텍스트언어학의 직접적인 유용성이 뚜렷해질 것이다. 이 책의 끝에 있는 찾아보기는 여러 가지 텍스트 기술 모형에서 정착된 개념과 구상을 독자가 빨리 파악하도록 해 준다. 그리고 많은 양의 참고문헌은 더 진척된 연구를 하는 데 자극이 될 것이다.

뿐만 아니라 텍스트 내에는 각주가 많이 있다. 각주에는 출처와 인용문, 텍스트언어학적 문제에 대한 전문적인 연구에 대한 안내가 들어 있다. 각주는 무엇보다도 특정한 문제를 상세히 다루려고 하는 독자를 위한 것이다.

끝으로 이 책은 두 필자의 공동작업으로 이루어진 것임을 강조하고자 한다. 우리 두 사람은 여섯 개의 장과 각 장을 이루는 절을 모두 함께 구상한 후 각자 일정 부분을 맡았으며 해당 필자의 주도하에 집필을 완성하였다

차례

제 6장 텍스트언어학의 발전 전망과 적용 분야

제 1 장

텍스트언어학은 무엇이며 무엇을 하려고 하는가?

텍스트언어학은 1960년 대 후반과 70년 대 전반에 걸쳐 서서히 형성되어 급격하게 발전해 온 신생 학문분과이다. 광범위한 양의 전문문헌을 보면 이 "신생 학문"이 언어를 대상으로 하는 학문들 가운데 언어학 전반의 발전을 결정적으로 규정하는 데 얼마나 강력한 역할을 했는지 알 수 있다.

물론 처음 접근을 시도해 보면 "텍스트언어학"이라는 용어로 총괄할 수 있는 영역의 경계를 설정하기란 어렵다는 것을 시인해야 한다. 너무도 이질적인 것들에 "텍스트언어학"이라는 이름이 붙여지는 일이 종종 있는 탓이다. 이 학문분과가 아직 통일성 있는 이론적 구상(또는 적어도 구상적 틀)에 토대를 두고 있지 않다는 것은 분명하다. 텍스트언어학적 기술의 공통점은 무엇보다도 텍스트를 다룬다는 구체적인 사실에서 비롯된다고 할 수 있다.

그래서 그저 "텍스트와 관련되기만 한 것"과 (전체) 텍스트의 본질을 규명하려고 노력하는 접근방식을 구별하는 것, 즉 언제나 사회적 필요성의 관점에서 텍스트언어학의 과제와 목적을 규정하여 유사한 학문 영역의 목표 설정과는 경계를 짓는 것이 시급히 필요한 것 같다 (1.1).

이 과제가 얼마나 어려운 것인지는 텍스트언어학의 대상인 "텍스트(Text, 영어 text)"가 무엇인지에 대해서 지금까지 합의가 이루어지지 않고 있다는 데서 알 수 있다. 따라서 다름 아니라 텍스트의 본질적 속성에 대한 질문, 즉 사회 생활의 모든 영역에서 나타나는 모든 텍스트(과거에 산출된 것뿐만 아니라 잠재적으로 형성될 수 있는 텍스트단위까지)에 부여될 수 있는 특성에 대한 질문과 사회의

의사소통 상황에서 텍스트가 작동하는 기제에 대한 질문은 현재까지
도 여전히 해결되지 않은 문제로 볼 수밖에 없다.

물론 누구나 직관적으로 대략 무엇을 텍스트라고 (원래 '직물' '조
직'을 뜻하는 라틴어 *textus*가 '짜다', '엮다'를 뜻하는 *textere*가 되
었음) 할 수 있는지 알고 있다. 편지, 장편소설, 학술논문 따위 말이
다. 그러나 의혹이 가는 경우가 많다. 전화통화를 "텍스트"라 부를
것인가? 아니면 한 곡의 노래, 그림 표지판, 기차역의 안내 방송은
어떠한가? 교통 신호등과 그 불빛도 정보를 전해 주는데, 이것도
"텍스트"인가?

이와 같은 질문에 대답하려고 하면 의견은 매우 엇갈린다. "텍스
트"라는 말이 아주 중요하지 않은 생활 영역이나 학문 영역에서 이
낱말을 사용하게 되면 자신감이 더 없어진다. (독일어에서) 가령 수
학에서 수와 기호로 된 과제와 "텍스트(글)"로 된 과제를 구별한다든
지 또는 신학에서 목사의 설교를 그 출발점이 되는 "텍스트(성경 귀
절)"와 그에 대한 설명으로 구별한다든지 아니면 음악학에서 "텍스트
(가사)"와 음악을 대비해 본다든지 할 때 말이다.[1] 뿐만 아니라 보
통 "텍스트(본문)"와 그에 대한 논평을 구별하고 있는 여러 분야도
들 수 있다.

또 문예학, 심리학, 법학, 교육학에서도 "텍스트"라는 말을 자주
사용하고 있다. 그렇지만 포괄적 기본 단위인 텍스트는 대체적으로
자세히 규정되지 않고 있다. 그 결과 이 개념을 이루고 있는 여러
요소들은 텍스트를 일상적으로 이해할 경우 매우 일반적이고 모호하
게 사용되며, 이렇게 이해되고 있는 텍스트 개념은 일정한 조건 하
에서만 서로 관련 있을 뿐, 부분적으로는 서로 모순되기까지 한다.

따라서 텍스트에 관한 학문은 - 물론 유형이 서로 다른 텍스트의
경계를 짓는 기준도 탐색해야겠지만 - 무엇보다도 텍스트와 비텍스
트를 구별할 수 있는 기준을 탐색함으로써 개념 규정상의 모순을 제

---

[1] 심지어는 분자생물학에서도 "텍스트"라는 표현을 사용하고 있다(Kalver-
kämper 1981, 125).

거하고 불명료성을 없애도록 해야 한다. 이러한 관점에서 많은 양의 텍스트언어학적 전문문헌을 훑어보면 텍스트언어학의 이 중차대한 문제에는 여러 가지로 답할 수 있으며, 현재 텍스트의 몇몇 관점의 특성을 설명해 주는 텍스트 정의는 많이 있지만 일반화를 가능하게 해 주면서 복합적인 현상인 "텍스트"를 의사소통 과정에서 기능하는 총체로서 기술하고 설명하는 것도 가능하도록 해 주는 정의는 얼마 되지 않는다는 것을 이내 알 수 있다.

이렇듯 텍스트를 기술하는 방향은 거의 개관할 수 없을 정도로 많으며 또 서로 아주 다른 이론적 기본 입장을 토대로 발전해 왔다. 따라서 이와 같은 텍스트언어학의 문제점을 다루게 될 이 책 서론부의 핵심 과제는 텍스트를 기술하는 데 중요한 몇 가지 접근법을 대략 훑어보는 식으로 소개하는 것이다. 물론 이때 중심이 되는 것은 학문사적 관점이 아니라, 텍스트언어학의 경계가 점점 더 심하게 허물어져 가고 있는 이 상황에서 방향을 잡도록 해 주려는 시도이다. 그래서 텍스트언어학적 연구의 기본 과제를 해결하는 데 중요한 기여를 했다고 볼 수 있는 접근법을 여기서 특별히 강조하는 것은 당연하다 (1.2).

1.1 대상 영역의 경계 설정 및 텍스트언어학의 목적과 과제

텍스트에 관한 학문은 그 초기 20년 동안 급격하게 발전해 갔으며 그 결과 텍스트의 구조에 대해서뿐만 아니라 텍스트가 포괄적 맥락과 관련되어 있다는 본질적 인식을 가져다 주었다. 언어학의 영역이 엄격히 보아 언어의 경계를 넘어 여러 방향으로 확장되게 된 것도 이와 결부된 것이었다. 그래서 텍스트언어학의 비판자는 오늘날 텍스트언어학이 "초대형 학문"의 방향으로 발전해 가고 있으며 그로 인해 어쩔 수 없이 개념 장치나 방법에 대해서뿐만 아니라 사용하는 단위들을 용어로 고착시킬 때도 "모호성"이 증가할 수밖에 없다고 비난하고 있다.

따라서 "텍스트언어학", 텍스트언어학의 대상 영역 그리고 텍스트언어학의 과제에 관해서도 새롭게 "성찰해 보는" 것이 시급히 필요하다고 생각한다.

우선 텍스트언어학이 종종 "체계언어학 또는 문장언어학"이라는 명칭으로 집약되곤 하는 연구방향들과 어떤 관계에 있는지 질문해 볼 수 있다. 이 두 기본 연구방향은 흔히 서로 배타적인 것으로 대비되곤 한다. 가끔은 또 언어학이란 적어도 간접적으로라도 텍스트와 관련되어 있으니 만큼 어떤 언어학이든 원래 그리고 원칙적으로 텍스트언어학이지 않을 수 없다는 주장도 있다.

이 주장에 대해서는, 언어학의 대상을 텍스트 및 의사소통에서의 그 기능으로 확대한다고 해서 음소나 형태소, 어휘소, 통사구조나 문장 같은 고립된 기본 언어단위들을 정확히 기술해야 할 필요성과 당위성을 문제시하는 것은 결코 아니라고 대답할 수 있다. 오히려 이와 같은 연구는 계속되어야, 아니 심지어는 강화되어야 한다. 물론 이와 같은 단위들이 특정 텍스트부류 내에서 그리고 의사소통의 일정한 조건 하에서 어떤 기능을 할 수 있는가라는 문제제기가 한 역할을 해야 할 것이다.

그런가 하면 고립된 언어단위들이 잠재적으로 텍스트에서도 사용될 수 있다는 사실이 언어학적 기술은 모두 원래부터 텍스트를 기술하는 것이라는 주장에 대한 논거가 될 수는 없다(Figge 1979, 20 참조). 왜냐하면 형태론적, 통사론적 또는 어휘론적 개별 현상을 연구할 때는 한 텍스트(또는 텍스트 일반)의 본질에 관해 아무 것도 언급되는 것이 없기 때문이다.

그러므로 텍스트언어학과 문장언어학은 서로 배타적 관계에 있는 것도 아니고 또 (하나가 다른 하나에 포함된다는 뜻에서) 두 연구방향이 동일하다고 주장할 수도 없다. 오히려 우리는 텍스트언어학과 문장언어학은 상호 보완 관계에 있다는 입장이다. 즉 문장언어학적 연구는 텍스트언어학적 기술의 중요한 전제라고 볼 수 있는가 하면, 다른 한편 포괄적 텍스트언어학 안에서 "상쇄"될 수 있기도 한 것이다.

따라서 텍스트언어학은 다분히 고유한 영역, 고유한 땅을 지니고 있다. 그 영역이란 바로 텍스트 전체의 구조나 표현방식을 연구하는 것으로서 이를 위해서는 - 잘 알려져 있는 문장언어학적 방법의 도구장치를 넘어서서 - 그 나름의 기술모형을 개발해야 한다.

텍스트언어학이 학문으로서 텍스트구조의 특성을 규명해야 할 뿐더러 텍스트가 의사소통 상황에서 기능할 때의 특성도 설명해야 한다는 요구에서 출발한 다음, "경계를 넘어" 의사소통학의 방향으로 가는 경향도 간혹 볼 수 있는데, 이렇게 되면 텍스트언어학과 의사소통학을 동일한 것으로 보게 된다. 텍스트언어학을 이렇게 본다면 무엇보다도 의사소통의 모든 현상과 조건을 설명하는 것도 텍스트언어학의 대상 영역이 되게 될 것이다.

이런 식의 대상 영역 확대는 텍스트 개념을 아주 넓게 보게 되면 분명해진다(가령 Kallmeyer 외 1980, 45에서처럼). 즉 "텍스트는 의사소통적 상호작용에서 나타나는 의사소통 신호의 집합 전체"라고 정의하는 경우이다. 이 텍스트정의는 비언어적 의사소통 신호도 포함하고 있다. 그렇다면 가령 철도 승무원의 호각 소리는 어떤 기차가 출발할 준비가 되어 있다는 신호이므로 텍스트로 보아야 할 것이며 그림 표지판이나 교통신호의 불빛도 마찬가지다. 텍스트를 이렇게 이해할 경우 발화에 수반되는 몸짓이나 표정 같은 표현형식(그러니까 이른바 모든 "몸짓언어(body language)" 현상)도, 아니 심지어는 근접학(Proxemik)(의사소통 참여자가 의사소통을 하는 동안 서로 신체적으로 유지하는 거리에 관한 이론)의 일정한 정보까지도 텍스트를 기술하는 데에 포함되어야 될 것이다.

이렇게 의사소통 상황을 포괄적으로 서술하는 것이 의사소통학의 범위 내에서는 당연히 필수적이라고 생각되지만 이 책에서는 텍스트 개념을 (일상어에서 이해되는 텍스트 개념도 고려하여) 우선 **언어로**
된 의사소통 신호의 산출과 수용에 국한하기로 한다. 비언어적 의사

소통신호(이것은 물론 입말에 의한 의사소통 텍스트를 이해하는 데
매우 중요하다)의 구조와 기능의 특징 및 - 지금까지 거의 연구되지
않은 - 언어수단과 비언어수단의 결합 문제는 현재 아직 체계적으로
우리의 서술에 고려할 수 없다. 다만 언어기호가 다른 기호체계의
표현형식으로 대체되거나 아니면 후자가 언어로 실현된 텍스트의 의
미와 모순되는 경우에만 언어 외적 현상도 관련시키겠다. 예를 들어
보자.

> (1) 남편: *여보, 나 지금 조기 축구회에 가요*
> 아내 (비난조로): *그래, 한 번 가 보세요!*

아내의 말에 수반되는 몸짓이나 억양에서 이 텍스트는 어떤 행위
를 이행하라는 요청이 아니라 비난으로 이해되어야 한다는 것을 알
수 있다. 즉 이 텍스트에는 여기서 문제가 되는 사실에 대한 아내의
부정적인 마음자세가 표현된 것으로 이해되어야 한다는 것을 알 수
있다.

더 나아가서 텍스트언어학의 명백한 경계 설정은 사회학 혹은 사
회언어학의 특수한 과제와 텍스트언어학의 과제를 구별하기 위해서
도 필요하다. 텍스트는 잘 알다시피 항상 일정한 사회적 맥락 속에
서만 나타난다. 텍스트는 협력을 전제로 하고 있으며 의사소통 참여
자가 사회적 개인적 목적을 관철하기 위해 사용하는 것이다. 한 마
디로, 텍스트는 항상 "구체적인 사회적 존재"(Hartung 외 1974,
19)인 것이다. 이 사실은 텍스트 내용은 말할 것도 없고 파트너의
전략 그리고 텍스트 구조나 텍스트 형식에도 반영된다.

그러므로 텍스트 작동의 의사소통적 조건이 텍스트를 기술하는 데
고려되어야 한다는 것은 의문의 여지가 없다. 그러나 다른 한편 텍
스트언어학은 감히 사회학적 맥락의 범주나 단위들을 자체의 연구로
탐색하려고 해서는 안 된다. 이와 같은 기본 단위의 특성을 적절히
설명하는 것은 언어학적 학문분과에 주어져 있는 것과는 다른 수단

을 전제로 하는 것이 당연하기 때문이다.

비슷한 것이 텍스트언어학을 심리학 혹은 심리언어학과 구별하려는 데도 적용된다. 사실 텍스트구조는 주지하다시피 심리적 과정의 결과에 불과하다. 말하자면 인지과정의 결과가 표면화된 상태인 셈이다. 여기 의사소통 참여자의 지식체계, 일정한 정신적 처리 능력, 특정 사실이나 의사소통 참여자에 대한 일정한 마음자세에 기초한 동기와 (원하는 상태의 성취인) 목적의 형성 및 참여자의 감정 상태, 즉 총체적으로 보면 많은 수의 심리적 현상이 본질적 역할을 한다. 그렇지만 이러한 심리 상태와 사고조작들을 상세히 파악하는 것이 언어학(그리고 텍스트언어학)의 과제일 수는 없다 (그러기에는 그에 상응하는 전제가 언어학에는 없다). 그러나 몇몇 - 텍스트에 관련시킬 수 있는 - 심리학 (특히 인지심리학) 연구의 결과를 받아들여 텍스트언어학적으로 탐구된 텍스트구조와 형식에 대한 인식과 관련시키는 것이 합당하고 또 필요하다고 생각한다.

결론적으로 말하면 다음과 같다. 텍스트언어학은 초대형 학문으로 이해될 수 없으며 아마도 반 다이크(van Dijk 1980a)가 뜻하는 "텍스트학"으로도 이해될 수 없다. 오히려 텍스트언어학은 텍스트구조와 텍스트 표현방식 연구에 국한하되, 이를 각각 의사소통적 맥락 및 일반 사회학적, 심리학적 맥락과 연관시켜야 한다.

그러므로 텍스트는 텍스트언어학적 연구의 출발점이고 목적점으로 남아 있어야 한다. 물론 오늘날 텍스트라는 현상에 대한 여러 학문 분과의 학제적 접근법은 성공을 기약해 주는 방법으로 여겨지고 있으나 대상 영역의 무한정 확장은 그렇지 않다. 그러므로 텍스트에 관한 학문의 일차적이면서도 본원적인 대상이자 텍스트언어학의 중심 과제는 바로 텍스트 자체이다.

이제 텍스트언어학이 무엇을 할 수 없는지 그리고 무엇을 하지 않을 것인지 경계가 지어진 셈이다. 그러면 이 학문이 할 수 있는 것과 그 설명력 그리고 이와 관련한 사회적 중요성은 무엇인지 질문해 보아야 한다.

우선 마지막에 언급한 문제점을 살펴보자. 텍스트는 모든 인간 사회의 존립에 근본적으로 중요했으며 또 지금도 여전히 중요하다. 텍스트를 사용하여 무엇보다도 사회적 관계가 형성되기 때문이다. 따라서 언어에 의한 의사소통(즉 텍스트)을 "근본적인 사회적 사실"로 이해해도 좋을 것이다.2) 그러므로 빈도 높은 텍스트부류를 수동적으로나 능동적으로 적합하게 다룰 수 있는 능력은 한 사회의 구성원이 제각기 언어를 사용하여 의사소통하며 활동하는 데 대한 전제이다.

그러므로 많은 의사소통 과제를 가능한 한 많은 사회 구성원이 효과적이고도 적절하게 해결하는 정도가 그 사회의 모든 생활영역에서 일어나는 의사소통 과정의 순조로운 진행에 영향을 주고 그리하여 간접적으로는 또 그 사회의 사회적 관계 양상에도 영향을 준다. 텍스트의 도움으로 인간의 활동이 조직되고, 규모가 큰 행위가 준비되어 수행될 뿐만 아니라 다른 사람의 사회적 행동이 목적에 맞게 조정될 수 있으며 한 의사소통 공동체의 구성원들의 경험, 마음자세, 가치 등을 전달하는 것이 가능하다. 이렇게 하여 텍스트를 사용하여 현실을 개념적으로 일반화하는 것뿐 아니라 정신 과정의 지각도 가능해지며 따라서 또 다른 사람들이 이를 파악하는 것도 가능해진다. 이러한 의미에서 텍스트는 또한 인간이 현실을 소유하고 지배하는 중요한 도구가 되었으며 따라서 인간과 모든 사회의 발전 및 완성에 본질적 토대가 된다.

텍스트언어학적 서술은 독자에게 특정 텍스트부류의 (한 사회의 실제 의사소통 과정에서 입증된) 전형적 조직구조 및 구체적 사회 상황에서 특정한 텍스트가 하는 기능에 대한 인식을 전해 줄 수 있다. 이렇게 되면 독자는 상당히 독자적이고 의식적으로 실제 텍스트에 깊숙이 도달할 수 있을 것이다.

끝으로 이 절의 처음에 제기한 문제인 텍스트에 관한 학문의 설명

---

2) 이렇게 찌머만(Zimmermann 1984, 135)에 적혀 있다. 물론 우리는 텍스트란 "근본적 사회적 사실 그 자체"라는 그의 주장에 거리를 취한다. 이 주장에서는 텍스트의 도구적 성격이 충분히 고려되지 않기 때문이다.

력에 대해 한 번 더 살펴보겠다. 물론 지금까지 개발된 텍스트언어학적 기술방향을 모두 합한다고 하더라도 그 자체로서 완벽한 텍스트이론이 아직 나오지 못하고 있다. 지금까지 "텍스트언어학적"이라 일컬어진 많은 것들이 텍스트에 관한 **학문**에 제기되어야 하는 척도를 충족시키지 못하고 있는 것은 분명하다. 그 이유는 주된 동기인 "텍스트" 하나만 가지고는 독자적 학문분과를 형성하는 데 충분하지 못한 것으로 드러났다는 것이다. 그러나 이 사실 때문에 텍스트언어학에 등을 돌리고 "원래의 언어학"으로 돌아 가라고 요구하는 것은 아직 정당하지 않다고 생각한다.

1.2 여러 텍스트 기술모형

서론부의 중심은 - 서로 다른 이론적 입장에서 출발하여 - 텍스트의 본질적 속성을 규정하거나 개개 텍스트 현상의 특성을 설명하는 방법을 모색했던 모형들의 특성을 서술하는 것이다. 물론 텍스트와 관련된 문제점을 다룬 연구를 모두 열거(또는 심지어 이를 평가하여 서술)할 수는 없다. 우리는 적어도 한 기간 동안 연구의 경향을 규정했거나 또는 텍스트에 관한 학문의 진척에 본질적 자극을 준 기본적 접근방식을 소개하려고 한다.

여기서 선별한 대부분의 모형들은 - 말할 필요도 없이 대개 수정된 형태이기는 하지만 - 텍스트의 일정한 문제의 특성을 나타내는 데 현재도 여전히 토대가 된다고 볼 수 있거나 아니면 적어도 포괄적인 통합적 텍스트 기술방식에 포함되어 있는 것이다.

이 모형들을 학문사적 발전 과정에 따라 서술하겠지만 간혹 총체적 문제점을 보다 잘 개관하도록 하기 위해 엄격한 시대순에서 벗어나는 게 불가피하기도 했다.

1.2.1 텍스트 현상을 설명하기 위한 수사학과 문체론의 접근법

텍스트 현상 하나하나의 특성을 알아 보려는 노력은 텍스트에 관한 학문이 생기기 오래 전에 이미 있었다. 텍스트언어학의 중요한 한 전통적 맥락은 고대 **수사학**3)(공공 연설 기술)과 학교 수사학(법정에서 하는 특별한 연설 기술)으로 거슬러 올라 간다. 이 맥락에서 관심이 가는 것은 자주 인용되는 비유법이나 수사기법에 관한 이론이라기보다는 (물론 이 두 가지도 텍스트의 표현 과정에 중요하지 않은 역할을 하는 것은 아니다) 수사학이 오로지 위에 언급한 공공연설과 관련해서이기는 하지만 낱낱의 발화를 넘어서서 텍스트 전체의 어떤 측면에 시선을 줬다는 점이다.4)

수사학적 논의의 중심은, 오늘날 우리가 쓰는 말로 한다면, 언제나 **최상**의 의사소통 효과를 달성하는 문제, 즉 특수한 수사학적 수단을 사용하여 "성공적으로 설득하는" 문제였다. 이러한 의미에서 수사학은 대중 앞에 효과적으로 등장할 때 쓰이는 개념과 규칙을 모아 놓은 것, 곧 "훌륭한 말재주(ars bene dicendi)"(잘 말하는, 즉 성공적으로 말하는 기술)라고 할 수 있다. 다시 말해, 수사학이란 한 주제를 수식하고 정교하게 다듬는 것을 목적으로 하고 있는, 말을 잘하는 데 관한 이론이라고 이해될 수 있다.

텍스트언어학에 특별히 흥미로운 것은 소재 또는 주제를 다섯 단계로 나눠 처리하는 방법으로서 근래의 논의에서도 거듭 언급되고

---

3) 고대수사학의 가장 중요한 대표자로 아리스토텔레스(기원전 384- 322), 키케로(기원전 106-43) 그리고 퀸틸리안(약 35-96)을 들 수 있다.

4) 여기서 세 영역을 구분했다(Lausberg 1967, 18이하를 보라). 법률 영역은 법정에서 변호사의 연설을 본보기로 한 기소와 변호를 목표로 하고 있다. 상담 영역은 대중 집회에서 한 정당 대표자의 연설을 본보기로 하여 무엇을 하도록 권고하거나 또는 하지 말도록 충고하는 것과 관련되어 있다. 축사 영역은 축연을 벌이는 사람에 대한 연사의 축사를 본보기로 한 칭찬과 비난을 목표로 하고 있다.

있다(Lausberg 1967, 24 이하).

주제 처리 단계

1. 착상(inventio): 주제에 알맞은 생각 찾기
2. 배열(dispositio): 이해 당사자 쌍방의 진술을 논리적으로 몇 부분으로 나누기. 각 부분마다 다른 수단을 사용해야 한다.
- (짧은) 들머리(exordium): 판사로 하여금 연설에서 문제가 되는 이해 당사자의 일에 주의를 기울이도록 하기 위한 것이다.
- 연설의 핵심부: 증거를 대는 목적과 사건의 전달 및 좁은 의미의 논증(argumentatio)이 여기에 속한다.
- (짧은) 마무리(peroratio): 증명된 것을 확정하고 판사로 하여금 그 당사자 편에 유리한 판결을 하도록 요구한다.
3. 표현(elocutio): 착상에서 찾은 생각 및 단어 연결과 관련된 언어 표현
4. 암기(memoria): 연설의 암기
5. 발표(actio et pronuntiatio): 몸짓을 동반한 생동감 있는 연설과 (규범에 맞는) 세련된 발음.

텍스트 전체의 특성을 알기 위해서는 4 단계와 5 단계는 소홀히 해도 된다. 이와는 달리 "착상"은 근래 심리언어학에서 모색되는 마음자세 및 인지과정과 맥을 같이하고 있고, "배열"은 텍스트구성의 특징을 살펴보는 텍스트언어학과, 그리고 "표현"은 텍스트의 표현단계에 중요한 문체론과 맥을 같이하고 있다.5)

그래서 비록 고대 수사학이 특히 "낱말 하나하나를 중심으로", 낱말군을 중심으로 그리고 또 문장을 중심으로 다루기는 하지만 (Junker 1976, 382), 텍스트 전체를 지향하는 경향이 있기 때문에 화용론의 선구자, 특히 텍스트언어학적 방법의 선구자로 보아도 좋을 것이다.6)

---

5) 우선 고풍스러운 느낌이 드는 수사학의 개념과 원형도 문체론과 텍스트언어학의 접근방식과 연관될 수 있다는 것을 융커(Junker 1976)와 칼퍼캠퍼(1981)는 분명히 보여 주었다.

문체론에 대해서도 비슷한 말을 할 수 있다. 문체론은 19세기에 독자적인 학문으로 발전했으며 그 유래가 고대 수사학이라는 것을 분명히 알 수 있다.[7]

수사학이나 문체론에서 모두

- 관심의 중심은 "표현(elocutio)"이다 ("문체(stilus)"는 "표현 종류(genera elocutionis)"의 집약이다)(Lausberg 1967, 43).
- 주어진 언어 가능성 내에서 특정 상황에 "적확하다"고 볼 수 있는 표현을 찾는 선택 원칙이 강조된다.
- 특히 효율면을 지향하고 "어떻게 하면 언어표현이 화자의 진술의도와 발화상황의 조건에 가장 잘 부합되는지 연구한다"(Gläser 1979, 18). 이러한 관점에서는 연설의 효율성을 높이기 위해 상황의 필요에 따라 규범에서의 일탈(licentia)도 어느 정도 요구된다.

수사학과 문체론은 이러한 공통점 외에 일련의 차이점도 있다. 첫째, 고대 수사학의 대상 영역은 문체론에 의해 제한된다. 문체론에서는 표현 방법, 곧 목적 달성에 필요한 언어수단의 사용만이 관심의 중심이지, 연설자의 발음이나 표정, 몸짓, 동작은 아니기 때문이다. 둘째, "문체적인 것"의 연구 대상이 근본적으로 확대되게 된다. 즉 문체론에서는 입말로 된 이해 당사자의 변론에 국한하지 않게 되었고, 먼저 문학텍스트를 포함시키고 나중에는 사회생활 속 여러 활동영역의 발화도 문체적 탐구의 대상이 되어 마침내 문체는 언어에 의한 모든 의사소통적 활동 요소 그 자체로 여겨지게 된다. 실제적인 언어사용을 대상으로 하게 된 것은 이 사실과 결부되어 있으며, 문체론은 매우 넓은 의미에서 언어를 가꾸어 나가는 것을 목표로 삼

---

6) 이 주장 때문에 수사학이(모리스(Morris)가 말하듯) "화용론의 초기 단계나 미성숙 단계"라고 여겨질 수 있을 뿐만 아니라 여러 면에서 텍스트언어학보다 더 포괄적이라는 사실이 손상되는 것은 아니다(이에 관해서는 Lerchner 1984b, 325를 참조).

7) 그래서 문체론은 간혹 - 특히 19세기에는 - 수사학과 동일한 것으로 여겨지기도 했다(Gläser 1979, 21).

고 있다(Fleischer/Michel 1979, Sandig 1986을 보라).

그런데 이렇게 문체적인 것이 확장됨으로써 문체에 관한 근래의 구상에서는 언어발화를 구성하는 언어 이전 요소나 상황 요소도 관련되며, 결국 텍스트발화의 도움으로 의사소통 효과를 달성하는 데 어떤 식으로든 기여하는 모든 것이 관련되게 된다. 이것은 무엇보다도 의도성 문제나 특정한 상황 조건 하에서 소제와 주제를 선택하는 문제, 서술 방식과 의사소통의 방법을 확정하는 문제뿐만 아니라 텍스트 발화의 구성 원칙 문제까지도 포함한다.

물론 이렇게 대상을 (텍스트언어학의 기본 범주라고 볼 수 있는) 문체의 기본 조건으로 확장하게 되면 "문체적인 것" 자체는 명확하지 않게 되어 더 이상 독자적인 연구분야가 아니라 텍스트성의 **한 구성** 성분으로 여겨지게 될 위험이 있다.

그렇기는 하지만 학문사적으로 볼 때 수사학과 마찬가지로 문체론도 텍스트언어학의 "선구자" 역할을 한다. 문체론의 목적은 (고립된 개개 발화의 속성을 파악하는 것은 특별한 경우이고) 무엇보다도 텍스트 전체의 특성을 탐구하는 것이기 때문이다.8)

1.2.2 화용론적 전환 및 독자적 학문분과인 텍스트언어학의 방향제시적 접근방식

문장문법을 확장하려는 첫 몇 가지 착안점은 (문장초월 문법이나 문장 사이의 문법을 뜻한다. 이에 대해서는 1.2.3을 보라) 텍스트언어학이라는 학문이 생기기 훨씬 전에 나타난다. 그러나 - 문장 혹은 문장복합체가 아니라 - **텍스트의 포괄적 특성**을 명확히 분석하는 것이 필요하다는 최초의 방향제시적 주장이 흔히 **"의사소통적-화용론적 전환"**(Helbig 1988, 13이하)이라는 총괄적 개념으로 집약하

---

8) 텍스트 개념과 문체 개념의 경계 설정에 관해서는 5장을 참조. 마찬가지로 텍스트에 관한 학문의 "선구자"로 볼 수 있는 다른 학문 분야는 여기서 상세히 다루지 않겠다(이에 관해서는 Kalverkämper 1981을 참조).

는 (약 60년 대 중반에서 70년 대 초에 이르는) 언어의 근본적 변화와 동시에 일어난 것은 우연이 아니다. 일반적으로 이 "화용론적 전환"은 거의 오로지 체계 중심이었던 (소쉬르에서 촘스키까지의) 언어학에서 의사소통과 기능을 강조한 언어학으로 패러다임이 교체되는 것이라고 이해하고 있다. 이때부터 구체적인 의사소통 과정 속에서 언어기호가 실제로 어떻게 사용되는지의 문제가 한층 더 강력하게 관심의 중심이 되고 있으며 언어발화를 복합적이고 포괄적인 의사소통 활동의 맥락에 관련시켜야 한다는 주장이 제기되고 있다.

이러한 "**화용언어학**"9) 내에서는 언어가 사회적 의사소통 과정에서 작동하는 방식을 보는 관점과 그리고 또 기본 토대로 삼고 있는 관점에 따라 서로 다른 연구방향들이 전개되었다. 그 중 화행론, 사회언어학, 심리언어학 외에 특히 강조할 수 있는 것은 텍스트언어학이다. 사실은 여기 언급한, 새로 생긴 언어학의 부분 학문분과가 모두 **합쳐져야** 비로소 언어학의 화용론적 전환 현상을 나타내 준다. 그러므로 이들 학문분과들은 또 서로 밀접한 - 물론 문법이론과도 - 관련이 있으며, 다만 종종 동일한 언어현상을 다른 어떤 지배적 시각에서 설명하고 있을 따름이다.

이러한 "패러다임의 교체"에 대한 원인으로는10) - 물론 패러다임의 교체를 단지 옛 패러다임을 버리고 새로운 것으로 대치하는 것이 아니라 변증법적으로 계속 더 발전하고 진척되는 것, 곧 연속성과 불연속성의 통합이라고 이해해야겠지만 - 많은 요인을 들 수 있다. 언어학이 사회에서 하는 역할을 새롭게 규정해야 한다는 문제를 언어학자들이 제기하게 된 동기는 일차적으로 사회적 요구와 관심이었다. 언어사용의 실제 현장 문제는 언어학자들에게 일종의 도전이 되

---

9) 우리는 여기서 "화용언어학"이라는 용어를 위에서 언급한 이론적 구상 내의 화용 지향적 연구방향을 모두 지칭하는 총괄적 개념으로 이해한다. 이 용어의 다른 사용법에 대해서는 헬비히(Helbig 1988, 150이하)를 보라.

10) 쿤(Kuhn 1967, 11)이 창안한 이 개념과 이 개념을 (포괄적 사회 요인과는 분리하여) 오직 "학문 중심적으로"만 규정하려는 시도의 문제점에 관해서는 헬비히(1988, 15이하)를 보라.

었다. 몇 가지만 들자면, 언어정보와 기록문서의 문제, 언어자료 자동처리, 언어습득, 언어교수법, 번역이론, 언어통제와 언어조작 등의 문제가 있을 뿐만 아니라 언어치료, 특히 일상 의사소통에서 가능한 언어의 다양한 효과 문제도 잊어서는 안 된다. 이러한 의미에서 언어학의 "화용론적 전환"은 다름 아니라 변화된 사회의 욕구의 반영이자 사회적 임무라고 볼 수 있다.

이제 근본적 변화의 관점들, 즉 텍스트에 관한 학문의 형성에 중요했던 몇 가지 관점을 중점적으로 살펴보자. 이미 언급한 일반적인 사회적 동기 외에 이 맥락에서는 기존 언어학의 기본 접근방식의 어떤 편협성과 제한성을 들 수 있다.

일반적으로 60년 대 중반까지 오직 문장만이 언어학의 기본 단위, 곧 일목요연하게 볼 수 있는 가장 큰 단위이며 언어학적 설명으로 접근할 수 있는 단위로 여겨졌다고 할 수 있다. 문장언어학의 기본 입장은 블룸필드(Bloomfield)가 내린, 엄격하게 형태 중심의 문장 정의에서 가장 분명하게 나타난다. "문장은 독립된 언어형식으로서 그 어떤 문법구조에 의해서도 더 큰 어떤 언어형식에 포함되지 않는다."

구조주의에 입각하지 않은 모형들도 그때까지는 모두 당연한 것처럼 문장이 언어학의 최대 단위라는 데서 출발했다. 문장연쇄에 대한 규칙을 도출하는 경우에도 앞선 문장은 최소 문맥이며 뒤에 오는 문장의 문법 구조는 이 문맥에 의존하고 있다고 여겨졌다. 따라서 문장 하나하나의 분석에서 벗어나 문장쌍의 분석으로 확대되기는 했으나 문장이 언어학의 최대 단위라는 공리에는 변함이 없었다. 그럼에도 불구하고 이러한 토대 위에서 (특히 생성변형문법에서) 문장구조의 기술은 고도의 정확성을 이룩했다는 것을 특별히 강조하고자 한다.

문법에 대한 견해를 "확장"하게 된 문법 내의 첫 동기는 낱낱의 문장들이 문법적으로 정확하다고 해서 의사소통의 면에서 언제나 완결된 단위로 해석될 수 있는 것은 결코 아니라는 사실에서 출발했다.

(2a) 그들은 쌍방의 관계를 설명했으며 동시에 미래에 협력할 수 있는 분야를 확정했다.

그런데 이러한 고립된 문장을 수용할 때 나타나는 이해상의 어려움은 이러한 발화가 (2a)가 포함하고 있는 지시관계를 확인할 수 있는 문장이 보충되면 없어진다.

(2b) 오스트리아와 네델란드의 외무장관은 목요일 시급한 국제 문제에 관해 대화를 나누기 위해 헤이그에서 만났다. **그들은 쌍방의** 관계를 설명했으며 동시에 미래에 협력할 수 있는 분야를 확정했다.

몇몇 문법수단들은 문장 사이에서 이런 식의 문장 경계를 넘어서는 지시관계를 나타내도록 전문화된 것이 분명하다(1.2.3.2 참조). 그래서 이런 문법수단들은 고립된 문장을 보기로 들어서 설명될 수 없거나 아니면 적어도 충분하게 설명될 수는 없다.

이 점에서 그때까지의 문장 기술모형의 한계가 분명해진다. 몇몇 언어학자들은 이 문제를 인식하고 언어학의 영역을 문장에 국한시킨 체계언어학을 넘어서 확장해야 한다는, 즉 전통적인 "문장언어학"을 "텍스트언어학"/"문장초월 언어학"으로 확대해야 하는 필연성을 주장했다 (이것을 **확대 요구**라고 한다).

이러한 의미에서 I. S. 해리스(Harris)는 1952년에 이미 미래를 예견하면서 다음과 같이 주장하고 있다. "언어는 낱낱으로 된 단어나 문장 형태로 나타나는 것이 아니라 서로 연관성 있는 텍스트 형태로 나타난다 - 한 단어로 된 발화에서부터 10권짜리 저작까지, 독백에서부터 유니언 스퀘어(Union Square) 논쟁에 이르기까지" (드레슬러(Dressler)의 독일어 번역본을 따름 1978, 28). 그러므로 문장은 언제나 텍스트와 관련하여서만 그리고 포괄적인 담화의 부분으로서 분석되어야 한다는 것이다. 해리스는 또 자신에게 중요한 구조주의적 문장분석의 방법적 장치(즉 분절, 분류, 분포)를 새로운 텍스트층위에 적용하고 형식적 절차를 이용하여 텍스트의 구조적 특징에 도달하려고 시도했다. 여기서 그가 중요하게 여긴 것은 특히 서로 연관성 있는 발화 부분이나 전체 텍스트 내에서 등가 부류를 이루는 낱낱의 요소(또는 요소그룹)를 조사하는 것과11) 텍스트에서 이 부류의 분포 문제였다. 따라서 그에게 텍스트란 이러한 등가 부류의 연속체이다.

해리스의 이 기본 접근법과 방법적 절차는 텍스트 현상의 기술에 접근하는 첫 시도의 하나로 보아도 좋다(이에 대한 비판은 Bier-wisch 1965. 7). 그러나 방법적 접근법보다 훨씬 더 중요한 것은 해리스가 초기 언어학자 중의 한 사람으로서 텍스트를 언어학적 기술의 본원의 대상이라고 말했다는 사실이다.

그러나 텍스트의 본질이 문장 현상과는 분명히 경계를 두고 파악되어야 한다면, 텍스트 내적 요인에 근거를 둔 이러한 일반적인 "확대요구"는 언어학 외적인 화용적, 의사소통적 요인을 고려함으로써 보충될 필요가 있었다. 일차적으로 접근했을 때 좁은 의미의 상황적 현상, 심리언어학적 문제제기 그리고 특히 텍스트산출과 텍스트수용을 특수한 의사소통적 활동으로 보는 문제들이 여기에 포함된다. 이 두 번째 근본적인 요구는 - 이를 텍스트언어학의 **화용론적 요구 또는 기초 확립 요구**라고 할 수 있겠다 - 비교적 일찍 (60년 대 중반) 이미 논의되었다. 이 측면에서 획기적이면서 근본적인 영향을 끼친 것은 무엇보다도 하르트만(Peter Hartmann)의 주장이었다. "언어에서 이렇게 나타나는 모든 것을 '텍스트'라고 할 수 있겠는데, 이것이 의사소통적 형태나 아니면 아무튼 사회적, 즉 파트너 중심적 형태의 언어이기 때문이다"(1964. 17). 따라서 하르트만에게도 (문장이 아니라) 텍스트가 "본원의 언어기호"(1971. 10)12)이고 언어에

---

11) 해리스에 의하면 텍스트요소들은 동일하거나 유사한 다른 요소의 환경에서 나타나는 경우 등가물이다.
12) "언어기호에 대한 언어학 지향의 구상에서는 언어기호가 나타나는 실제 본원의 형태에서 출발해야 한다. 언어기호는 텍스트 형태로, 다시 말해 각각 종류와 기능이 다른, 복잡하게 짜여 있는 부분기호들이 정돈된 유

의한 의사소통의 본래 대상이다. 왜냐하면 "말이라는 것을 하게 된다면, 텍스트의 형태로만 하게 된다. [⋯] 텍스트성이 있고 텍스트 가치가 있는 언어만이 인간 사이의 의사소통 수단이다"(1971, 12). 여기서 비롯되는 방법적 결론은 고립된 기호요소를 분석할 때는 전체 텍스트에서 분리될 때의 조건도 동시에 분석해야만 한다는 것이다. 그러나 이렇게 하여 하르트만은 - 문장에서 텍스트로 상승하는 해리스의 방법과는 대조적으로 - 원칙적으로 텍스트에서부터 하강하는 방법을 취하여 텍스트에서 문장 및 다른 모든 언어학적 단위를 도출할 것을 요구했다.

또 수많은 텍스트언어학적 개별 문제를 제기하는 데에도 하르트만은 큰 자극을 주었다. 그는 "발신자 - 텍스트 - 수신자 - 관계"를 강조했고, 상황을 "출현 문맥"(1975, 147이하)이라고 이해했을 뿐만 아니라 텍스트부류를 구분할 수 있는 접근법을 최초로 완성했으며13) 그리고 특히 텍스트구성의 (개별 언어를 초월한) 보편성과 (개별 언어의) 텍스트 표현방식의 특징을 구별했다(1964, 19). 따라서 그가 주장한 텍스트에 관한 학문이 "언어학 전체에 새로운 국면"을 열어 준다고 말한 것은 합당했다(1971, 12).

1.2.3 문장초월적 총체로서의 텍스트

1.2.3.1 확대 요구와 문법적 기본 접근법

우선, 오직 낱낱의 문장을 중심으로 하는 문법기술은 "확대 요구"가 뜻하는 대로 텍스트를 일반적으로 문장을 포괄하는 단위라고 봄으로써 극복되었다.14) 이러한 구상의 선구자로는 소련 언어학자 페

　　한한 집합 형태로 나타난다."
13) 텍스트부류란 그의 모형에서 "공통된 어떤 특성을 가지고 있는 텍스트 집합"이다(Hartmann 1964, 23).
14) 물론 이 연구들에서는 문장 경계를 넘어서는 단위라는 말을 하고 있을 뿐, 텍스트라는 말은 하고 있지 않다.

스콥스키(Peskovskij)와 그의 학파(Gindin 1972에 요약되어 있음), 그리고 독어독문학에서는 보오스트(Boost 1949)를 들 수 있다. 여기서는 이론적인 기본 구상이 달라진 것은 아니고 단지 문법 "영역"만이 확대된 것이었다. 텍스트는 원칙적으로 문장과 동일한 특성을 나타낸다는 가설에서 출발하여, 이제 개별 문장을 기술할 때 쓰는 것과 똑같은 방법과 범주를 토대로 텍스트 전체를 기술하였다. 그래서 "텍스트문법"(이 시기에는 특별한 경우에만 "텍스트언어학"이라고 불렀다)은 일종의 "다수 문장문법"으로 이해될 수밖에 없었다. 그리고 문장(즉 "절")의 경계를 넘어서야 텍스트성을 파악할 수 있다고 생각했으므로 텍스트를 **"문장초월적 총체"**15)라고 설명하였다 ("문장초월적"이라고 한 것은 텍스트가 "문장"의 경계 너머(beyond the sentence) 있는 단위이기 때문이다).

이러한 방법을 지지하는 논거는 문장이나 텍스트의 포괄적 특성이 서로 공통점이 있다는 가설과 관련이 있다.

- 문장의 집합뿐만 아니라 텍스트의 집합도 개별 언어에서 유한한 집합으로 확정될 수 없다.
- 문장이나 텍스트는 사태의 모상체이며 시제의 특징을 나타낸다.
- 이 두 단위 모두 그 자체의 구조를 지니고 있으며 서로 관계를 맺고 있는 요소로 구성되어 있다.
- 문장이나 텍스트는 일정한 원형을 토대로 하면 어떤 부류로 묶을 수 있다. 이 부류는 문장과 텍스트를 산출하고 수용하는 데 모형 기능을 한다.16)

단일 문장을 분석하다가 문장 쌍을 분석하게 됨으로써, 생성변형

---

15) "문장초월론(Transphrastik)"이라는 용어는 그레마스(Greimas)에 따른 것이다. "상위통사론(Hypersyntax)", "거대통사론(Supersyntax)", "거시통사론(Makrosyntax)"이라는 개념도 비슷하게 사용된다(Kalver-kämper 1981, 8쪽을 보라).
16) 이에 관해서는 이젠베르크(1968, 1이하)도 참조.

문법에서 공리화된 문장 개념을 최소한 상대화라도 해 보려는 첫 시
도는 이미 60년 후반에 나타난다. 가령 하이돌프(K. E. Heidolph)
는 1966년 "생성문법에서 문장들의 문맥 관계"에 대한 규칙을 도출
해 내려고 노력했으며 이젠베르크(H. Isenberg 1968)는 최초로
포괄적 **텍스트문법**을 고안하려고 시도했다. 이 텍스트문법에서는 변
형문법에서 문장의 생성에 쓰이는 문장 생성 규칙 전에 "텍스트 규
칙"을 미리 설정한 다음 이 규칙의 도움으로 텍스트의 문장 하나하
나가 개시기호 T(=텍스트)에서부터 뻗어 나갈 수 있게 되어 있었
다.[17)

(그림 1)

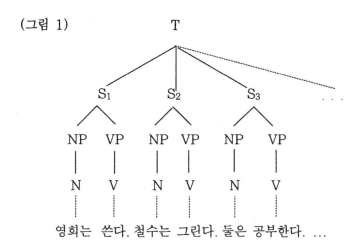

영희는 쓴다. 철수는 그린다. 둘은 공부한다. ...

---

17) 이럴 경우 이런 식의 "텍스트문법" 규칙체계를 식으로 나타내면 다음과
　　같을 것이다.
　　(i) T -〉 (#S1#, #S2#, #S3# …)
　　(ii) S1 -〉 NP, VP
　　(iii) VP -〉 V(NP), (NP)
　　(iv) NP -〉 (Art), (Adj), N

1.2.3.2 문장 접속 가설

텍스트문법적 구상의 출발점은 텍스트란 사실 종속 관계에 있는 문장의 단순한 결합이라고 규정될 수 있다는 가설이다.18) 이 이론적 배경에서는 텍스트가 보통 다음과 같은 특성을 가지고 있다고 보고 있다(가령 Isenberg 1974, 10).

텍스트문법에서 텍스트는 다음과 같은 특성을 지니고 있다.

- 문장들의 선적 연쇄
- 왼쪽 경계와 오른쪽 경계
- 어느 정도의 완결성
- 문장 연쇄 내의 응집성
- 표층 구성성분 사이의 의미 관계19)

이러한 텍스트 특징 중 "문장들의 연쇄"가 가장 중요한 특징으로 간주되고(Isenberg 1974, 11), 그 결과 문장들의 접속 문제가20) 텍스트 생성과정을 설명하는 데 토대이자 전제라고 여겨지게 된다. 이렇게 이해하면 텍스트문법의 과제는 (여기서 언급된) 문장 접속에 대한 "텍스트 규칙"을 도출해 내는 것이어야 하며 이 규칙들은 "의미론적, 통사론적 정보"를 전달하고 "문법의 다른 성분과 함께 언어 L의 정형적인 텍스트라는 개념"을 설명해 줄 수 있다(Isenberg 1971, 169이하). 따라서 또 포괄적인 텍스트 속성인 "정형성"도 "일정한 원칙에 따라 차례대로 연결된 언어단위들의 응집성 있는 선적 연쇄"라

---

18) 이젠베르크(1968, 1)는 텍스트를 "언어 의사소통 과정에서 사용되는 것과 같은, 문장의 응집적 **연쇄**"라고 규정하고, "연쇄"라는 용어는 여기서 수학적 의미로 이해되어야 함을 강조하고 있다(1970, 4).
19) 이 특성은 "별도의 의미이론으로 더 자세히 설명되어야" 할 것이다(Isenberg 1974, 13).
20) 이 현상을 나타내는 용어에는 텍스트조응(Text-Phorik)과 텍스트지시 (Textverweisung), 텍스트얽기(Textverflechtung)도 있다(Pfütze 1965, 1967을 보라).

고 규정된다(Isenberg 1976, 48).

정형적 텍스트를 구성하는 원칙을 설명하기 위해 여러 측면에서 여러 가지 **텍스트화 유형**을 정리하였는데, 무엇보다도 인과적 접속, 시간적 접속, 상반적 대조성, 질문과 대답 교환, 앞선 문장의 내용을 설명하기, 이미 언급된 진술 내용을 후속 문장에서 수정하기 같은 것이다. 이것은 사실 문장을 통합하기 위한 의미적 기본 모형인데도 여전히 해당 표층신호의 출현에 긴밀히 의거한 채 정의되고 있다.

그러나 텍스트문법 연구는 낱낱의 문법단위가 텍스트화 유형을 구성하는 데 어떻게 기여하며 궁극적으로 텍스트의 응집성에는 어떻게 기여할 수 있는지의 문제를 중심으로 한다. 이러한 텍스트 구성적 요소, 즉 좁은 의미의 **텍스트화 수단**[21]으로 볼 수 있는 것은 다음과 같은 것이다.

개별 요소:	문장의 포괄적 특성:
접속사	억양
대명사	문장 강세
관사	강조와 대조
대용부사(Proadverbien)	문장성분 순서
질문 - 대답 - 불변화사	주제부 - 설명부 구조
분절신호[22]	생략구조
상황 직시어(Deixis)	
호칭 형식	
시제성과 양태성을 표현하는 동사의 형태소	
문장부사	

그런데 이렇게 열거한 텍스트화 수단은 이웃한 문장들을 서로 연결시켜 주는 언어단위뿐만 아니라, 특히 몇 문장 또는 전체 텍스트

---

21) 이에 관해서는 특히 핏체(Pfütze 1965), 이젠베르크(1968,1977,122) 및 분덜리히(Wunderlich 1970)를 참조.
22) 귈리히(Gülich 1970)에 의하면 이 요소들은 텍스트의 구조를 분절하는 데 쓰이며, 개시신호, 중단신호, 종료신호 같은 것이 그 보기이다.

에 걸쳐 작용하여 내적 관련성, 즉 해당 텍스트나 부분텍스트의 응집성을 (다른 수단과 함께) 구성하는 문법 현상도 망라하고 있음을 분명히 알 수 있다.

문장접속 가설은 모든 텍스트문법 연구에 토대가 된다고 보아도 될 것이다. 이 가설은 수많은 자세한 연구의 기본틀이 되고 있다. 이제 그 중 두 접근법을 보기로 들어 부각시키려고 한다.

1.2.3.3 대명사화 연쇄로서의 텍스트

하르베크(Harweg 1968)의 연구가 있은 후 대명사화 현상이야말로 텍스트의 응집성에 대한 문법적, 통사론적 기본 조건의 하나로 여겨지고 있다. 문장 접속은 무엇보다도 (가령 이른바 "피대치어"로 기능하는 명사와 동사 같은) 여러 언어수단이 후속 문장에서 지시가 동일한 다른 언어기호로 (가령 "대치어"인 대명사로) 재수용됨으로써 일어난다. 하르베크에 의하면 이 대체 현상(대명사화)이 비로소 텍스트 맥락의 통일성을 보장해 준다. 아니, 그의 기본 주장에 의하면 이러한 대명사 사슬은 텍스트구성의 결정적인 수단이다. 그러므로 그는 텍스트를 "중단 없는 대명사 사슬에 의해 구성된 언어단위의 연속체"(1968, 148)라고 정의한다.

하르베크의 모형에서 텍스트가 시작된다는 표시는 "피대치어"(수용자가 곧바로 이해할 수 있는 표현으로, 이를테면 고양이(die Katze) 같은 명사)가 등장하고 대치어(대명사)가 없는 것이다. 그 다음 시작되는 대명사 사슬로 연결되어 있는 모든 문장들이 하르베크에 의하면 하나의 텍스트이다 (이를테면 그놈(sie), 그놈의 부드러운 털(ihr weiches Fell), 하이케의 귀염둥이(Heikes Liebling) 등). 그리고 이 대명사 사슬이 끝나거나 다른 대명사 사슬로 대체되는 곳이 새로운 텍스트가 시작되는 곳이다. 여기서 나오는 결론은 이런 식으로 연결되어 있지 않은 모든 문장들은, 정의에 나타나 있듯, 서로 다른 텍스트라는 것이다.

대명사 사슬의 원칙으로 텍스트가 지니고 있는 텍스트 내적 응집
성 관계의 가장 중요한 속성 하나가 체계적으로 파악되어 충분히 기
술되었다는 것은 말할 필요도 없다. 비록 대명사화 원칙을 그 어떤
텍스트의 구성에도 필수적인 조건으로 설정하려는 하르베크의 요구
가 절대적으로 유지될 수는 없다고 하더라도, 텍스트언어학의 발전
에 끼친 하르베크의 학문사적 의미는 논란의 여지가 없다.23)

1.2.3.4 관사와 시제형태소의 의사소통 조정 기능

바인리히(Weinrich)의 의사소통 기술모형의 중심은 문법적 수단
으로 의사소통을 조정하는 문제이다. 바인리히에 의하면 특히 여러
가지 관사형식과 시제형태소는 청자가 텍스트 전체를 수용할 때 텍
스트 내의 일정한 접속관계를 어떻게 이루어내야 하는지 청자에게
알려 줌으로써 조정적 신호로 기능한다.

이 접근법에 의하면 **정관사**는 소위 "선행 정보"를 지시해 주는 반
면, **부정관사**는 "후속 정보"에 대한 (그러니까 화자가 앞으로 서술할
언어단위에 대한) 신호이다.24) 이것을 동화에서 뽑은 잘 알려진 보
기에 적용시키면 다음과 같다.

> (3) Es war einmal **ein** Mädchen (옛날에 **한** 소녀가 있었다)
>   = 부정관사 ein은 앞으로 구체화될 "후속 정보"에 대한 신호 이
>   다 (청자는 이 소녀에 관해 보다 자세한 것을 알게 될 것이
>   라고 기대한다)
>   Das Mädchen war hübsch und bescheiden … (그 소녀는

---

23) R. 슈타이닛츠(Steinitz 1968/1974)의 주장은, 말하자면, 하르베크의
　　기본 접근법을 더 발전시키고 정밀화한 것으로 보아도 좋겠는데, 대용형
　　으로 계속 이어나가는 것을 대치기능의 시각에서 보기보다는 지시
　　(Referenz)의 시각에서 보아야 한다는 것이다. 이에 관해서는 칼퍼캠퍼
　　(1981, 12), 칼마이어 외(Kallmeyer u. a. 1980, 197)를 참조.
24) 바인리히(1969)에 의하면 관사가 없을 때는 "선행 정보"에 대한 지시와
　　"후속 정보"에 대한 지시의 대립이 없어진다.

예쁘고 겸손했다…)
= 정관사 das는 "선행 정보"에 대한 신호이다 (해당 명사는 선
행된 문장에서 이미 언급되었음에 틀림없다).

이렇게 목적 의식을 가지고 관사형식을 사용함으로써 수용자에게
- 텍스트 이해과정에 필요불가결한 - 어떤 대응적 사고조작이 유발
될 수 있다는 것이다. 이 주장은 의심할 바 없이 중요하다. 하지만
이 "후속 정보"라는 것이 문법적으로 모호하게 설명될 수밖에 없다는
제한성이 있다 (즉 후속 정보는 경우에 따라서는 큰 규모의 텍스트
로 이루어질 수도 있다!). 그러나 무엇보다도 여기서 일반화가, 즉
부정관사 다음에 항상 "후속 정보"가 뒤따라야 한다는 사실이 고수될
수 있는지는 의문의 여지가 있는 것 같다.[25]

의사소통을 조정한다는 뜻에서 **시제형태소**에도 특별한 중요성이
부여된다. 바인리히에 의하면 시제형태소는 텍스트의 시간 구조의
통일성을 반영하므로 전체 텍스트를 수월하게 이해하도록 해 준다.
왜냐하면 "시제형태소는 고립되어 나타나는 것이 아니라 보다 큰 언
어구조의 구성성분이며," 서로 연결된 사태의 시간적 배열은 일정하
기 때문이다(1971, 10).

바인리히는 텍스트에 어떤 시제형식이 출현하는지에 따라 텍스트
의 시간 구조를 두 가지 기본 유형으로 구분하고 있다. 그 하나는
"논의 시제"(현재, 현재완료, 미래 I, 미래 II)이고 다른 하나는 "서
사 시제"(과거, 과거완료, 가정법 I, 가정법 II)이다.

바인리히의 가설에 따르면 어떤 텍스트에서든 하나의 기본형이 우
세함을 확인할 수 있으므로 청자에게는 일정한 시제형식과 함께 텍
스트수용에 대한 신호가 동시에 전해진다. 즉 논의시제는 청자로 하
여금 "긴장"의 태도를, 서사시제는 "긴장완화"의 태도를 가지라는 신

---

25) *So ein hübsches Mädchen!*(얼마나 예쁜 소녀인지!)이나 *Dort ist
eine Blindschleiche!*(저기 도마뱀이 있어!) 같은 발화는 여기서 "선행
정보"를 지시하고 있다는 신호라고 볼 수 있다. 이에 관해서는 칼마이어
외(1980, 193) 참조.

호인 것이다(1971. 33).26)

이 "심리주의"가 비판받은 것은 (특히 Hauser-Suida/Hoppe-Beugel 1972. 20) 타당성이 있다. 그럼에도 이 의사소통 조정 모형은 하르베크처럼 문법 현상을 고립시키지 않고 텍스트의 구성과 수용에서 하는 그 역할을 기술하려고 시도하기 때문에 텍스트에 관한 학문의 형성에 큰 의미가 있다.27)

1.2.3.5 기능적 문장시점과 주제부의 전개

텍스트언어학이 생기기 훨씬 전 프라하 학파가 고안한 **"기능적 문장시점"(F S P)은**28) 문장에서의 정보의 배분 현상을 규칙적으로 파악하려는 시도였다. 여기서 "주제부(Thema)"라는 용어는 이야기 되어야 할 대상을 일컬었고, "설명부(Rhema)"는 이 대상에 관해 전달되는 내용을 일컬었다.

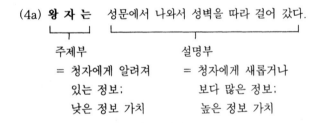

```
(4a) 왕 자 는     성문에서 나와서 성벽을 따라 걸어 갔다.
     └─┬─┘   └─────────────┬─────────────┘
     주제부              설명부
     = 청자에게 알려져    = 청자에게 새롭거나
       있는 정보;          보다 많은 정보;
       낮은 정보 가치       높은 정보 가치
```

---

26) 한 시제군에서 각각 다른 시제군으로 바뀌는 것을 바인리히는 "의사소통의 조정점"이라고 일컫고 있으며 이 조정점은 텍스트를 이해하는 데 각별히 중요하다고 한다.

27) 그의 기술모형을 집약하여 구체적으로 설명한 것으로 볼 수 있는 것은 바인리히의 논문 "인식 방법으로서의 텍스트총보(Die Textpartitur als heuristische Methode)"(1972a)이다. 이 논문에서 그는 여러 가지 조정신호(관사, 시제형식, 문법의 수…)가 텍스트의 진행에 따라 함께 작용한다는 것을 여러 줄로 된 악보 형태로 증명해 보이고 있다.

28) 마테지우스(Mathesius), 피르바스(Firbas), 스갈(Sgal), 하이쵸바(Hajičová), 베네쇼바(Benešová, 베네쉬(Beneš). 이에 관해서는 보오스트(1964)를 참조.

그런데 문장의 주제부-설명부 구조가 일정하게 유지되는 것은 아
니다. 동일한 발화가 문맥에 따라 다른 시각에서 서술될 수도 있기
때문이다.

(4b) 모두들 마치 마술에 걸린 듯 성문을 바라 보았다.
　　성 문 에 서　나 와 서 왕자는 성벽을 따라 걸어 갔다.

이 보기를 보면 텍스트 환경이 각 문장을 구성하는 데 영향을 미
친다는 것을 알 수 있다. 이 접근법은 처음에는 엄격히 통사론에 입
각한 채 언제나 특정 언어에 나타나는 어순의 규칙성과 관련되어 있
었다. 그러나 동시에 의사소통면에서도 이러한 문법적 규칙성을 확
립하려고 시도하고 있다.

　다네쉬(F. Daneš 1976)는 이러한 통사적 구성원칙을 텍스트에
적용시킨 결과 한 텍스트의 통일성을 나타내는 데 주제부야말로 특
별한 중요성이 있다는 것을 확인해 냈다.29) 즉 텍스트 내에서 주제
부의 순서는 결코 임의적이지 않다는 것이다. 뒤따라 오는 각 주제
부는 언제나 선행한 주제부-설명부 단위에 관련되어 있어서 (동일한
주제부를 후속 문장에서 글자 그대로 재수용할 경우조차도) 청자는
벌써 텍스트의 전체 의미에 대해서 선행 문장에서보다 더 많이 알고
있다는 것을 보여 준다. 따라서 다네쉬에 의하면 텍스트의 주제부
순서를 보고 각 텍스트의 진행 과정을 (정보가 점점 더 많아진다),
즉 **주제의 전개과정**을 알 수 있다.30) 이러한 배경에서 텍스트는 주
제부의 연속체라고 설명할 수 있다.

　텍스트에서 주제부의 차례가 어떤 유형인가에 따라 다네쉬는 세
가지 "주제 전개" 형태를 구분하고 있다.31)

---

29) "정보의 부담이 적어서 […] 중요한 구성수단이 된다"(Daneš 1976. 36).
30) "텍스트의 진정한 주제구조는 […] 주제의 연쇄와 내적 관련성, 그 상호
　　작용 및 위계 관계, 그리고 또 텍스트 단락, 텍스트 전체 및 상황과의 관
　　련성에 그 본질이 있다"(Daneš 1976. 34).
31) 다네쉬는 총 다섯 가지 유형을 구별하고 있으나 4. 5 유형은 1. 2의 변

(그림 2a) 단순 선형식 주제 전개

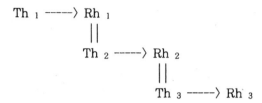

$$\text{Th}_1 \dashrightarrow \text{Rh}_1$$
$$\| \quad\quad\quad$$
$$\text{Th}_2 \dashrightarrow \text{Rh}_2$$
$$\| \quad\quad\quad$$
$$\text{Th}_3 \dashrightarrow \text{Rh}_3$$

이 전개유형에서는 첫 문장의 설명부(=Rh)를 주제로 삼게 된다. 다시 말해, 첫 문장의 설명부가 후속 문장의 주제부(=Th)로 (경우에 따라서는 변형되어) 기능한다. 그리고 같은 방식으로 제 2 문장의 설명부는 제 3 문장의 주제부에 대한 출발점이 된다.

> (5) **사람들은** 미국인들에 관해서 많은 것을 들었다.
> **이들은** 제 2 전선을 개방할 것이라고.
> **제 2 전선은** 올 것이라고…
> (F. 반더, "일곱 번째 우물"에서)

이 주제부의 순서(사람들 - 미국인들/이들 - 제 2 전선)에서는 서로 다른 주제부가 계속해서 새로운 설명부 단위와 결합함으로써 텍스트의 전개 과정이 선의 모습을 띠고 있음을 분명히 알 수 있다.

(그림 2b) 일관식 주제 전개

$$\text{Th}_1 \dashrightarrow \text{Rh}_1$$
$$\text{Th}_1 \dashrightarrow \text{Rh}_2$$
$$\text{Th}_1 \dashrightarrow \text{Rh}_3$$

공원카페는 마침내 수리되었다.
이 카페는 이제 밝고 부드러운 느낌을 준다
품위 있게 꾸며진 이 공간은 많은 방문객의 마음을 끈다.

형으로 해석될 수 있으므로 여기서는 다루지 않아도 될 것이다.

이 경우 첫 문장의 주제부는 다른 형태로 반복되어 등장하며 새
설명부 구조와 연결되어 있다. 그래서 이 유형은 텍스트의 주제가
변하지 않는 유형이다.

(그림 3) 상위주제 파생식 전개

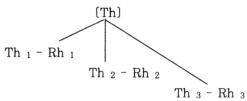

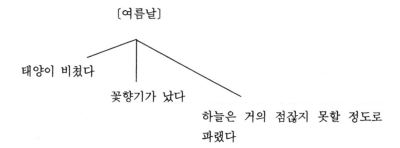

여기서 주제부-설명부 구조는 각각 선행 문장에서 직접 유도할 수
없으며 하나의 **대형주제(Superthema)**/상위주제(Hyperthema)에
속해 있다. 이 대형주제는 항상 명시적으로 언급되어야 하는 것은 아
니다. 그러나 여기서 분명해지는 것은 원래 엄격한 통사적 토대의 기
능적 문장시점 모형이 주제전개 유형에서는 의미적이고 의사소통적
인 기초를 보인다는 것이다.

물론 이 주제전개 기본형들이 이와 같이 "순수한" 형태로 나타나는
일은 드물다. 따라서 다네쉬는 실제 텍스트(그리고 텍스트종류)에는
이러한 기본형이 여러 가지로 결합되어 나타난다는 가정에서 출발하
고 있다. 그러나 실제 텍스트를 분석하고 해석해 보면, 규모가 큰

텍스트에서 이러한 주제전개 기본유형을 재구성하는 것은 쉽지 않다
는 것이 밝혀지고 있다. 이 모형에 대해 비판이 제기되는 것도 이
문제 때문이다. 즉 다네쉬가 "텍스트구조의 뼈대"라고 일컫는 텍스트
의 전개구조를 사용해서는 아마도 언제나 텍스트구조의 일부 측면만
(이를테면 텍스트에서의 문장 조직 기제) 파악될 수 있을 것이다.
그래서 이러한 – 문장연쇄에 기반을 두고 있는 – 연속체 문법에는
포괄적인 텍스트유형론이 기초를 둘 수도 없다. 또 텍스트의 주제부
-설명부 구조가 의미 기저구조와 어떻게 결부되어 있는지, 그러니까
어떻게 텍스트의 전개구조에서부터 텍스트의 총괄적 정보에 이를 수
있는지는 아직 해결되지 않은 문제로 보지 않을 수 없다.

그럼에도 바로 이 접근법이 텍스트언어학 연구에 새로운 자극을
주었다는 것은 짚고 넘어 가야 한다. 텍스트의 전개구조에 관한 연
구는 텍스트 분석 절차의 확실한 구성성분이 되었던 것이다.

1.2.3.6 종합

"텍스트"라는 언어학적 단위의 특성을 알아 보려는 접근법을 기본
특징만 개략적으로 서술해 보았다. 이를 개관해 보면 다음과 같은
공통점들이 나타난다.

1. 모든 기술방법은 문법 내적 동기를 가지고 있다. 이 방법들은 텍스
트란 원칙적으로 문장과 같은 성질의 것이므로 텍스트**문법**은 텍스트를 기
술하는 데 틀이 되는 모형이어야 하며, 이미 알려진 문장구조 문법은 텍
스트구조 문법으로 대체되거나 또는 적어도 보충될 수 있다는 가정에서
출발하고 있다(Isenberg 1976, 131). 따라서 확대 요구가 말해 주고
있듯이 이러한 텍스트구조 문법의 과제는, 확대 요구가 뜻하는 바대로,
텍스트문법의 규칙도 문장문법의 규칙과 유사하게 만드는 데 있으며, 텍
스트문법 규칙을 사용하면 임의의 한 언어에서 잠재적으로 만들 수 있는
모든 텍스트의 생성과 설명이 가능해야 한다.
2. 텍스트의 기술에 토대가 되는 것은 문장접속 모형이며 이러한 의미에

서 텍스트란 문장연쇄라고 이해한다. 문장초월적 기본 접근법에 의하면 어떤 텍스트에서 각 문장들의 결속력은 응결성을 구축하는 표층구조의 공통점과 특히 통사적 현상에 의해 생기는 것이다. 통사적 현상은 텍스트의 구성적 특질이라고 볼 수 있고 비교적 정확도 높게 기술될 수 있다.

3. 문장초월적 기술방법에 의하면 개별 문장들을 집약하여 텍스트의 **총괄성**을 만드는 데는 다음과 같은 **텍스트화 조건**이 적용된다(Goretzki 1971, 145).

- 지시관계의 일치성, 동일한 텍스트 대상과의 관련성 (대명사화, 관사 선택, 전술지시(Anaphora) 및 후술지시(Kataphora) 관계)
- 어휘의 통일성: 한 텍스트의 본질적 어휘단위는 단순한 반복 및 재언급, 다양한 형태의 어휘적 변형에 의해 서로 관련되어 있어야 한다.
- 의사소통적 전달 시점의 통일성: 개별 문장의 주제부-설명부 구조는 텍스트 환경에 의해 규정된다.
- 시제 구조의 통일성: 한 텍스트의 기초가 되는 사태의 시간적 배열의 상호관련성을 뜻한다.
- 상위 관점의 통일성, 곧 공통된 분류 준거(GEI):[32] 형식적으로 보아 서로 연결되어 있지 않은 문장들도 서로 연관성 있는 텍스트로 이해할 수 있도록 해 준다 (대형주제).

이렇듯 문장초월적 기술방법은 "텍스트"라는 현상에 대한 중요한 접근법을 열어 주고 있다. 그러나 다른 한편 텍스트문법적 방법의 **한계**도 간과되어서는 안 된다. 이 한계는 우선 텍스트를 자체의 구조를 가진, 완성된 정태적인 단위로 본다는 데서 나타난다. 비교적 규모가 큰 텍스트의 특징을 서술하려고 하기만 해도 (대화는 일단 텍스트문법의 관심 밖이다) 어려움이 나타나는데 - 텍스트 속에 표시되지 않은 - 화용적 여건이 "텍스트의미"를 설명하는 데 고려되어야 할 때면 더욱 그러하다. 그 외에도 텍스트는 의사소통 참여자와

---

32) 공통된 분류 준거=GEI(gemeinsame Einordnungsinstanz). 랑 (Lang 1977, 66이하)의 용어.

분리되어 기술되었기 때문에 특히 텍스트의 작동 과정에 대해서는 설명할 수 없었다.

그러므로 결국 이 접근법은 충분치 못하다. 즉 언제나 텍스트의 조직 형태와 텍스트성의 요인들에 대한 표지가 어떠한지만 제시될 뿐, 텍스트답다는 것이 무엇인지는 제시되지 않는 것이다. 텍스트 생산문법을 개발하려는 목적도 이내 환상임이 드러나게 되었다. 텍스트는 문법 현상으로 축소될 수 있는 것이 아니며 게다가 또 - 적어도 몇 연구방향은 - 설명 대상인 텍스트를 연역적 도출 과정의 출발점으로 하고 있는 탓이다. 뿐만 아니라 이러한 포괄적인 텍스트문법은 불가피하게 비대해지게 되어 실제로는 거의 사용할 수 없는 것이 되고 말 것이기 때문이다.

말할 필요도 없이 이러한 기본 접근법의 대표자들도 텍스트란 비단 문법단위일 뿐만 아니라 무엇보다도 기능단위라는 사실을 알고 있다고 전제해도 좋을 것이다. 그러나 이러한 인식과 외견상 모순되는, 문장초월적 모형의 실제 모습은 텍스트의 표층구조가 텍스트의 미와 텍스트기능을 충분히 반영해 준다는 가정에 근거하고 있다.

1.2.4 의미 중심의 텍스트 기술 방향

문법적 모형에서는 텍스트의 통일성이 늘 표층구조의 일정한 신호에서 도출된 반면, 의미 기저구조를 연구의 중심으로 삼은 언어학자도 있었다. 이 방법을 옹호하는 이들의 논거는 표층구조에는 항상 텍스트의미의 일부만이 반영될 뿐, 의미정보 총체는 반영되지 않으므로, 텍스트의 통일성이란 언제나 의미 기저구조도 고려되어야만 비로소 충분히 설명될 수 있다는 사실이었다. 반면 통사적 연결 수단은 언제나 청자가 텍스트의 의미 기저구조를 인식하고 이해하는 것을 용이하게 해 주는 부가적인, 그러니까 선택적인 신호로만 기능한다는 것이다.

(6) 로버트는 전보를 좋아하지 않았다.
　그는 기분 좋은 내용의 전보를 받은 기억이 거의 없었다.
　(H. 칸트, 대강당)

위에서 설명한 표층 중심 구상(대명사화 모형, 신호를 사용한 의사소통 조정 모형 및 텍스트 주제전개 모형)을 사용하면 보기 (6)에 나타나 있는 두 문장을 한 데 묶을 수 있다는 것을 힘들이지 않고 증명할 수 있다. 그러나 여기 반영된 사태는(=P "명제", 이에 관해서 자세한 것은 2장을 참조) 이러한 관찰방법으로는 파악되지 않을 것이다.

　P1: 로버트는 전보를 좋아하지 않는다. ~좋아하다 (로버트, 전보)
　P2: 로버트는 X한 기억이 거의 없다. ~기억하다 (로버트, X)
　(X: 로버트에게 기분 좋은 내용의 전보) 기분좋다 (전보, 로버트)

마찬가지로 엄격히 문법 지향적 방법에서는 명제 사이에 존재하는 진정한 텍스트구성적 관련성은 확인될 수 없다. 다시 말해, 제 2 명제가 첫 문장에 표현된 사실에 대한 주관적 설명, 곧 근거라는 사실이 확인될 수 없는 것이다. 이러한 의미적 연관 관계는 연접어 왜냐하면(DENN)으로 나타낼 수 있다.

　P1 왜냐하면 P2

두 명제 사이의 의미관계는 이를테면 연접어 "왜냐하면"을 사용하면(독일어의 경우 접속사 weil이나 denn) 표층구조에서도 명백하게 나타날 수 있다.

　P1 왜냐하면 P2
　P2 이니까　P1

여기서 나오는 결론은, 텍스트를 구성하는 요소들은 총괄적 특성을 지니고 있으며 한 범주에 속한다는 것이다. 다시 말해, 텍스트 응집성을 규정하려면 일차적으로 텍스트의 의미 기저구조를 파악해야 한다는 것이다. 그래서 할리데이/하산(Halliday/Hasan 1976, 15쪽 이하)은 "**텍스트는 의미 단위**로 보는 것이 가장 좋다. 형식 단위가 아니라 의미 단위로."라고 말하고 있다.

그런데 여기서 즉흥적으로 만든 의미 기저구조라는 개념은 여러 뜻을 가지고 있다. 이 개념은 아주 일반적으로 "한 텍스트에 포함되어 있는 언어기호의 의미 총체와 이 언어기호가 현실에 대해 가지는 관계"라고 표현할 수 있을 것이다. 이렇게 된다면 텍스트의미론(텍스트의미에 관한 학문)의 과제는 텍스트에서 언어기호의 한정 관계와 그 지시관계의 규칙을 탐색하는 것이 될 것이다.[33]

이렇게 일반적이고 넓은 의미의 텍스트의미론 개념에서 출발하여 "의미 기저구조"를 구체적으로 설명하려는 여러 모형들이 개발되었다. 그 중 몇 가지 중요한 모형의 기본 특징을 아래 소개한다.[34]

1.2.4.1 어휘자질 동위성(Isotopie) 이론:
어휘자질은 텍스트연관성의 표지이다.

이 의미론적 모형의 단초는 프랑스 언어학자 그레마스(Greimas 1966)로 거슬러 올라간다. 이 모형에서 텍스트는 한 텍스트에 있는 어휘단위들이 지니고 있는 서로 다른 자질이 조화를 이룬 체계라고 이해되고 있다. 달리 말해, 이 모형에 따르면 텍스트의 의미는 무엇보다도 한 텍스트에 나타나는 어휘소의 일정한 의미자질의 공통성에

---

33) 전체 텍스트의 범위 내에서 이런 식으로 어휘나 문장의 의미를 한정하게 되면, 상응하는 각 언어단위의 잠재적 의미 외연을 축소하게 되고 그렇게 함으로써 단일한 의미에 이르게 된다.
34) 텍스트 내용을 개별 텍스트의 해석을 토대로 하여 파악하려는, 이른바 "해석 텍스트문법" 구상은(Brinkmann 1962, Scherner 1974, Glinz 1973, 1978) 여기서 언급하지 않았다.

서 비롯된다.

한 텍스트에 나타나는 어휘들간의 의미관계 형태를 그레마스는 **어 휘자질 동위성**이라고 일컫는다. 어휘자질 동위성은 텍스트에 나타나 는 일정한 어휘소들 사이의 (넓은 의미의) 의미적 **등가성**에 기반하 고 있으며, 등가성은 텍스트의 서로 다른 여러 어휘단위들에 나타나 는 의미소의 회귀성(의미소의 반복적 출현)에 의해 설명될 수 있다. 따라서 표층 자질들은 텍스트 응집성과 부차적 관련만 있으며, 결정 적인 것은 오히려 의미소 반복이라는 의미론적 현상이다.

이렇게 동일한 텍스트에 나타나는 서로 연계된 어휘소들은 **어휘자 질 동위성 사슬/주제 사슬**을 이루고, 텍스트가 비교적 규모가 클 경우에는 여러 어휘자질 동위성 사슬이 전체 텍스트의 **어휘자질 동 위성의 망**을 형성하게 되는데, 이 망은 다시 텍스트 응집성에 대한 결정적인 설명력으로 여겨진다. 이러한 어휘자질 동위성 사슬의 구 성 형태는 다음과 같이 서로 구별될 수 있다.35)

- 단순 반복: *운전자 - 운전자*
- 변형하여 재수용
   동의어로: *운전자 - 차를 모는 자*
   상위어로: *운전자 - 교통 참여자*
   반의어로: *운전자 - 보행자*
   다른 표현으로 풀어서: *운전자 - 도로의 영웅*
- 문법요소로 대체: *운전자 - 그*

이러한 체계상의 등가관계는 텍스트상의 의미적 관련성(기능적 등 가성)에 의해 보충된다.

---

35) 같은 맥락에서 피이베거(Viehweger 1976, 199이하),(1977, 108)는 "명사 연쇄"라고 말하는데, 이는 최초의 언급, 일차적 언급 및 반복으로 구성되어 있다.

(7) 카린 ……
………………… *우리 꼬마* ………………
……………………………………… *그 금발머리* ………
……… *그녀* ………………
………………………… *카린* …………
…………………………………… *그녀의 남자친구* ………

　어휘자질 동위성 사슬은 잠재적으로 여러 뜻을 가지고 있는 어휘단위들의 의미가 명백해지도록 함으로써 이해과정에서 청자에게 의미적 관련성을 전해 준다. 어휘자질 동위성 사슬을 구성하는 데 두 번째 중요한 조건은 근래의 연구에서 언급되었는데 바로 어휘자질 동위성 관계를 이루고 있는 요소들이 현실에서 동일한 한 현상을 지시해야 한다는 사실이다. 이렇게 **지시의 동일성(Koreferenz)**이 나타날36) 경우에만 일정한 사슬 내의 해당 어휘단위들이 어휘자질 동위성의 성분으로 여겨질 수 있다. 그러므로 의미소 반복에 의해 생긴 의미의 등가성 외에 지시 동일성도 어휘자질 동위성 관계의 본질적 속성으로 이해되어야 한다. 어휘자질 동위성 사슬은 이렇게 "반영의미론"과 "지시의미론"에37) 의해 이중으로 규정됨으로써 비로소 텍스트의 융합과 통합 수단으로 기능한다. 즉 이러한 사슬에 나중에 등장하는 성분 속에는 텍스트에서 그 앞에 오는 단위들의 의미가 구체화되어 담겨져서 계속 전해지는 것이다 ("의미성분의 지속적 유효" 원칙: 비트머스(Wittmers 1977, 222)).

　어휘자질 동위성 개념은 텍스트를 구성하고 이해하는 데 중요한 역할을 하므로 거듭 의미 중심적 텍스트 정의의 토대가 되어 왔다. 가령 칼마이어 외(1980, 147)는 "한 텍스트는 의미면에서 1에서 n

---

36) 지시(Referenz)란 "의사소통에서 화자와 청자가 현실모형과 관련짓는 것"을 뜻한다"(Agricola 1983, 222). 따라서 지시의 동일성(공동 지시)은 적어도 두 개의 사전단위가 동일한 대상을 가리키는 것을 일컫는다.

37) 좁은 의미의 지시의미론에 관해서는 특히 써얼(Searle)의 "지시행위 (Referenzakte)"(1969, 1977), 이젠베르크(1971, 155) 및 칼마이어 외(1980, 97이하)의 "지시" 및 "텍스트구성"에 관한 장을 참조.

까지의 어휘자질 동위성 층위의 결합체라고 정의될 수 있으며, 그 수는 텍스트에서 우세한 자질들의 수를 따르게 된다"고 표현하고 있다.

그렇지만 여기 그 특징을 설명한 어휘자질 동위망은 텍스트성에 대한 본질 조건이기는 하지만, 텍스트 전체의 통일성을 설명하는 데는 충분하지 않다는 것이 드러난다. 그 까닭은 이러한 화제의 사슬로 표현되는 어휘자질 동위성 관계가 존재하지 않는 텍스트나 부분 텍스트도 있다는 데 있다.

> (8) 은빛 물이 졸졸거리고 귀여운 숲새가 지저귀고 가축의 방울은 딸랑거리며, 다채로운 초록색을 띤 나무는 태양으로부터 황금빛을 받고 있었다. (H. 하이네, 하르츠 여행)

위 보기에 텍스트 연관성이 존재하는 것은 분명하지만, 이것은 - 위 (그림 3)에서처럼 - 대형주제에 기초하고 있으므로 의미소 분석만으로는 파악될 수 없다.

거꾸로 하나의 문장연속체가 하나의 텍스트가 되기 위해서는 발화연속체에 단순히 의미소가 반복되는 것만으로는 충분치 않다.

> (9) 그녀의 노래에 매료되지 않는 사람은 아무도 없다. 우리 가수이름은 김영희이다. 노래는 두 음절로 된 낱말이다. 여가수들은 말이 많다. (비어비쉬(Bierwisch 1965)에서 변형했음)

이 보기에 대표적으로 나타나는 "노래"라는 의미소나 이 어휘소로 만들어진 어휘단위의 의미소가 반복된다고 하더라도 이 발화연속체는 물론 서로 연관성이 있는 텍스트라고 이해될 수 없다.

따라서 어휘자질 동위성 이론은 텍스트의 어휘 요소가 의미면에서 서로 같은 범주에 속한다는 것을 기술하는 데 쓸모 있는 도구이지만 (그리고 이 이론이 근래의 텍스트언어학적 기술에 중요한 역할을 하지만(van Dijk/Kintsch 1983을 보라)), 그 자체만 보아서는 위에 언급한 한계성 때문에 텍스트의 총괄적 특성을 설명해 주는 충분한 모형이라고 볼 수는 없다.

1.2.4.2 텍스트 심층구조

위에서 설명한 확대 요구가 뜻하는 바에 따르면 생성변형문법에서 발전시킨 개념인 (문장) 심층구조도 보다 복합적인 언어단위에 관련시키는 것이 당연했다. 이러한 - 생성의미론의 입장에서 출발하는38) - **"텍스트 심층구조"**("textual deep structure") 기본모형은 특히 페퇴피(Petöfi 1971a, b, c), 리이저(Rieser 1973, 1978, 15이하), 반 다이크(1972a, b, c, 반 다이크 외 1972a) 및 이베(Ihwe 1971, 1972)가 제시한 후 차츰차츰 더 발전해 갔으며, (형식논리의 수단으로 기술된 술어-논항 구조의) "의미론적 기저"에서부터 문장과 비슷하게 텍스트도 모형 형태를 개발할 수 있고 이에 대한 규칙도 체계적으로 도출해 낼 수 있다는 가정에서 출발한 것이었다. 이러한 의미에서 가령 반 다이크(1972b, 27이하)는 생성변형문법에 기초를 둔 텍스트문법은 한 언어사용자의 언어능력을 형식면에서 재구성하고 "잠재적으로 무한한 수의 텍스트를 산출해 낼" 수 있어야 한다고 주장했다.

이와 같은 높은 목적을 실현하는 데는 여러 가지 접근법이 있다. 리이저는 텍스트구조가 선형 구조로 되어 있다고 가정한 반면,39) 페퇴피/이베는 "기초가 선형"을 띠지 않은 "생성 텍스트문법" 모형을 개발했으며 (이 비선형적 기초는 "선형화"라는 특수한 사고조작에 의해 비로소 선형의 표층구조로 바뀔 수 있었다),40) 그리고 반 다이크의 "텍스트 심층구조"(1972c)는 자신이 나중에 제시한 "거시구조

---

38) 여기서 기저구조는 의미의 재현이며 통사형식은 이차 단계에서 비로소 생성된다.

39) 그의 모형에는 통사부와 제한된 변형부, 사전을 지니고 있는 의미부가 들어 있다.

40) 페퇴피의 연구에서 텍스트 의미를 재현하는 구성 규칙은 선형으로 확정되어 있지 않다. 이른바 텍스트 오메가(Text-Omega)가 비로소 두 개의 차원으로 정리된 텍스트 의미 재현에 대한 정보를 표층구조의 일차원적 체계로 옮겨 준다.

가설"의 첫 구상으로 보아도 될 것이다.

그러나 상당히 상세한 - 대개 형식논리적인 - 규칙장치에도 불구하고 텍스트 심층구조의 대표자들은 구체적으로 텍스트를 기술할 때이 모형을 적용하자 이내 근본적인 어려움에 부딪쳤다. 어려움은 브레히트(Brecht)의 단편 "코이너(Keuner)씨가 가장 좋아하는 동물"을 생성하기 위해 추상적 문법 규칙성과 사전을 제시하려는 시도에서 특히 분명히 드러났다(van Dijk 외 1972b). 이 시도에서는 텍스트 내에서 문장의 구조적 특성은 도출될 수 있었으나 텍스트의 "정형성"이 나타내는 문법적 특징과 텍스트와 비텍스트의 경계에 대한 기준은 도출될 수는 없었기 때문이었다.

이 텍스트 심층구조 구상 내에서 모형화한 결과 무엇보다도 텍스트에 관해 다음과 같은 인식을 일부 얻을 수 있었고 텍스트 특징을 서술하는 데 자극을 받을 수 있었다.

- 페퇴피의 모형은 "텍스트구조"와 "세계구조"가 서로 맞물리도록 하려는 시도였다.
- 페퇴피는 텍스트의 산출과 수용에서 화자와 청자의 관점이 별개로 다뤄져야 한다는 것을 지적하였다.
- 반 다이크는 화자가 텍스트를 산출할 때 하나의 주된 생각에서 출발하며, 거기서 단계적으로 발전되어 부분적 의미가 생긴다고 주장하였다.

그러나 텍스트언어학사의 면에서 보면 텍스트 심층구조 접근법은 과도적 단계에 불과하다 (그래서 여기서는 조금만 언급해도 될 것이다). 이 모형의 틀 내에서 개발된 형식적 절차가 이 접근법의 한계라고 할 수는 없고 또 (언어과정을 설명하는 데 특별한 경우에만 적절하다고 할 수 있는)41) 이 기술모형의 엄격한 형식논리적 토대도 그 대표자들이 70년 대 중반 다시 텍스트 심층구조 구상에 등을 돌리는 데 결정적인 이유는 아니었을 것이다.42) "생각을 바꾸는 데"

---

41) 논리와 언어의 관계에 관해서는 올우드(Allwood 외 1973), 하이네만(Heinemann 1983, 26이하)을 보라.

결정적이었던 것은 이 모형을 가지고는 언제나 텍스트 내의 문장만
이 생성될 수 있을 뿐, 텍스트와 관련된 특성을 가진 총괄적 텍스트
는 생성될 수 없음을 깨달았기 때문임이 분명하다. 텍스트는 텍스트
를 구성하는 성분의 특성을 단순히 합쳐 놓은 것으로 볼 수 없기 때
문이다. 이러한 인식에서 비롯되는 결론은 언어 외적 (상황적, 문맥
적) 여건도 텍스트의 기술에 고려해야 한다는 것이며,43) 또 이 기
본 모형이 텍스트가 의사소통적, 화용적 요인에 의해 규정된다는 사
실을 설명하는 데 불충분하다는 것이 아주 분명해졌다.

1.2.4.3 명제복합체로서의 텍스트

이 의미론적 기본 모형은 위에 언급한 두 접근법이 더 진척되고
발전된 것이라고 볼 수 있다. 다시 말해, 어휘의미론에 바탕한 어휘
자질 동위성 구상을 문장의미론적 텍스트 기술층위로 "상승"시키고,
텍스트 심층구조 모형을 모형이론적이면서도 특히 형식논리적 (즉
언어에 합당하지 않은) 강요에서 "해방"시킨 것으로 볼 수 있다. 이
구상의 열쇠가 된 것은 **명제**(Proposition)라는 개념으로서(자세한
것은 2장 참조) 명제라는 용어로 개별 문장의 내용뿐만 아니라 개별
문장들을 연결하거나 통합하여 이루어지는 여러 위계 단계로 된 명
제복합체도 기술할 수 있기 때문이다.

이 모형을 만들고 발전시키는 데 중요한 것은 특히 반 다이크의
방향제시적 연구(1977b, 1977c, 1980a)였다. 그는 무엇보다도 명
제 개념을 "참", "거짓" 같은 논리적 개념과 관련시키지 않고 어떤 사
태와 관련시키기를 요구했다. 그 후 텍스트를 명제 개념을 사용하여
파악하는 데 토대가 된 것은 (논리적 연구에서 그 중요성이 전혀 논

---

42) "생성의미론의 방법을 사용하려던 처음의 생각을 포기하였다"(Rieser
1978, 332).
43) 텍스트란 발화되었거나 쓰여진 언어요소의 연속체가 하나의 총체로 기능
하는 것으로서 (거의가 언어 외적인) 어떤 기준에 따라 그 의미가 규정
된다(Petöfi 1973, 206).

박의 여지가 없는) 결론(Conclusion)의 적절성이 아니라 언어 의사
소통 내의 현실을 어떻게 적절히 그대로 담아 내느냐의 문제였다.

1.2.4.3.1 명제의 연결

텍스트를 의미면에서 설명하는 데에는 명제의 여러 가지 유형이나
내용뿐만 아니라 특히 명제의 연결도 중요하다. 명제의 연결 관계는
명제들을 (가령 텍스트의 단락이나 텍스트 전체 같은 보다 규모가
큰 텍스트단위의 의미인) 상위명제로 통합하는 데 기초가 된다.
　청자는 이해과정에서 모든 명제를 서로 연결할 수 있는 것은 아니
다. 텍스트를 해석할 때 명제를 담고 있는 사태들이 이미 서로 연결
되어 있을 때에만 해석자도 해당 명제들을 의미있게 연결시킬 수 있
다(van Dijk 1980a, 27이하).
　그러면 명제 사이의 관계는 어떤 성질을 띠고 있는가? 우선 통사
단위 사이에 존재하는 관계들을 (명제 사이의 관계인) 의미론적 층
위에도 설정하는 것이 당연하였다. 이와 같은 관계들은 위에서 주장
한 "관계의미론"의 토대로 간주되고 있다.
　이러한 관계 유형 외에 의미론적 텍스트기술에서는 또 "텍스트 고
유성"이라고 여겨도 좋은 명제들간의 관계도 고려되어야만 한다.

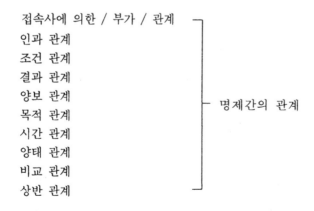

접속사에 의한 / 부가 / 관계
인과 관계
조건 관계
결과 관계
양보 관계
목적 관계
시간 관계
양태 관계
비교 관계
상반 관계 　　　　　　명제간의 관계

이러한 (그리고 또 다른) 명제 연결관계의 수가 얼마나 되며 어떻게 구별되는지에 대해서는 논란이 많으며 이를 체계적으로 파악하는 것이 텍스트언어학 연구가 시급히 보충해야 할 과제이다.44)

한 텍스트의 개별 명제와 명제군 사이에 존재하는 이러한 관계를 서술하기 위해 이 책에서처럼(4, 5장 참조) 흔히 다음과 같은 연결 기호(연접어)를 도입하곤 한다.

P1	그리고 P2	부가 관계
P1	-함에도 불구하고 P2	양보 관계
P1	구체화하기 P2	설명 관계
P1	그러고 나서 P2	시간 관계
...		

인과적 연결관계 내에서는 사태의 인과적 연결관계가 객관적으로 주어져 있는 경우와 (원인, 독일어의 경우 WEIL로 나타낸다) 화자가 주관적으로 판단할 수 있는 것으로서 근거를 제시하는 관계를 형성해 주는 연결관계를(이유, 독일어의 경우 DENN으로 나타낸다) 구별한다.

(10) 도로는 물이 넘쳐 흐른다. ⎤
　　　비가 심하게 왔다. 　　　⎦ 원인

　　　영희는 내일 서울로 간다. ⎤
　　　그녀의 남자친구의 생일이다. ⎦ 이유

---

44) 마이어(Meyer 1975, 47-50)는 연결관계를 네 가지 기본 부류로 집약하고 있다. 1.원인-결과-관계, 2.공간-시간-관계, 3.대조관계, 4.서술관계("서술의 주제구조에만 근거를 둔 연결").

1.2.4.3.2 텍스트의 거시구조

명제모형의 시각에서 보면 텍스트란 명제 상호간의 관계에 의해 서로 연결되어 있는 정돈된 명제 연속체이다. 그런데 이웃하고 있는 명제들 사이에뿐만 아니라 텍스트의 보다 큰 의미단위들 사이에도 비슷한 관계가 발견될 수 있으므로 반 다이크(1977b, c, 1978b, 1980a)는 **텍스트 거시구조**를 구성하기 위해 모형을 개발해 냈다.

(그림 4) 텍스트 거시구조 (반 다이크 1980a, 43)[45)]

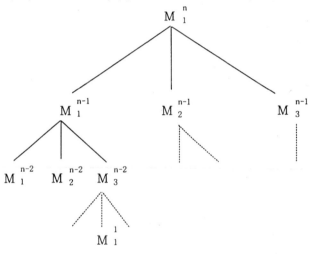

$$M_1^n$$

$$M_1^{n-1} \quad M_2^{n-1} \quad M_3^{n-1}$$

$$M_1^{n-2} \quad M_2^{n-2} \quad M_3^{n-2}$$

$$M_1^1$$

. . . P_{11} P_{12} P_{13} . . .

반 다이크에 의하면 의미론에 입각한 텍스트의 총괄적 의미구조는 거시규칙을[46)] 적용함으로써 (재)구성될 수 있는데, 이 "거시구조(Makro-

---

45) 가장 낮은 거시구조층위는 M_1^1으로 나타낸다 (여기서 아래 쪽 번호는 각 거시층위에서 차례대로 나타나는 명제를 나타낸다). 가장 높은 거시구조 층위(=텍스트층위)는 M_1^n으로, 그 아래 층위는 n-1이나 n-2로 나타낸다.
46) 거시규칙은 1.삭제하기 2.선택하기 3.일반화하기 4.구성하기 또는 통합

struktur)"(명제구조와 연속체구조)는 차례대로 합쳐져서 점점 더 큰 텍스트단위가 되어 마침내 텍스트 전체의 거시구조, 곧 텍스트주제가 도출될 때까지 보다 큰 의미단위로 통합될 수 있다.

여기서 주목할 만한 것은 거시구조란 (구(Phrase)구조문법의 "성분"이라는 용어처럼) 각각 "보다 낮은 층위의 연속체"와 관련한 개념이라는 것이다. 그래서 예컨대 "n-1" 층위의 단위들은 "n-2" 층위의 명제복합체와 관련하여 보면 거시구조이지만, 동시에 텍스트층위와 관련해 보면 미시구조인 것이다. n=0이면 미시층위와 거시층위가 일치하는 특별한 경우로서 텍스트가 단 하나의 명제로 이루어진 경우이다(이른바 "한 문장 텍스트").

반 다이크는 또 자신의 기술모형(1980a)에서 이른바 **초대형구조**(Superstruktur)도 고려하고 있다. 거시구조를 내용면에서의 텍스트 총괄구조라고 할 수 있다면 초대형구조는 "어떤 텍스트의 유형"(van Dijk 1980a, 128)을, 그러니까 한 텍스트가 어떤 텍스트 종류와 결부되어 있음을 나타내 주는 텍스트 총괄구조이다(이에 관해서는 2.4.5 참조).

이 명제 모형은 텍스트의 통일성이 의미론에 토대를 두고 있고 또 주된 정보인 텍스트주제를 기초 의미단위에서부터 체계적으로 도출한다는 점에서 각별히 주목할 만하다. 그래서 이 텍스트 기술모형은 의미론적 텍스트구조를 특징짓는 데 확고한 방법적 토대이다.

1.2.4.4 텍스트주제의 위계 관계

의미론적 기술방향에서 텍스트주제는47) 텍스트언어학적 연구의 출발점이자 동시에 목표점이다. 서로 다른 층위에 있는 각 의미적 텍스트 단위는 이 "기본정보"와 관계를 맺게 되며 그래서 모든 텍스트

하기이다. 이에 관한 설명은 4장과 5장을 참조.
47) 텍스트주제 개념을 기능적 문장 시점에서 말하는 통사적 주제 개념과 혼동해서는 안 된다.

부분에서 나타나는 공통적인 텍스트주제 관련성이 - 텍스트의미론에서 이해하고 있는 - 응집성(Kohärenz)의 중요한 자질로 여겨질 수 있기 때문이다. 이러한 의미에서 브링커(Brinker 1973, 21)는 텍스트를 "**주제적 텍스트 기저**를 바탕으로 하여 논리적이고 의미적인 관계로 서로 연결되어 있는 명제들의 정돈된 집합"이라고 정의한다.

텍스트주제 개념은 우선 일반적으로 "전체 텍스트의 내용과 구조를 결정하는 본질적 정보를 집중적이고 추상적인 형태로 포함하고 있는 한 텍스트의 "기본 생각 또는 주된 생각"(Agricola 1983, 221)이라고 이해되고 있다. 칼마이어/마이어-헤르만(Kallmeyer/Meyer-Hermann 1980, 253)도 텍스트주제를 텍스트 전체의 구성과 관련된 것으로서 내용면과 주제면에서 "포괄적 구조원형"이라고 보고 있다.48)

(그림 5) 텍스트주제 전개와 텍스트주제 추론

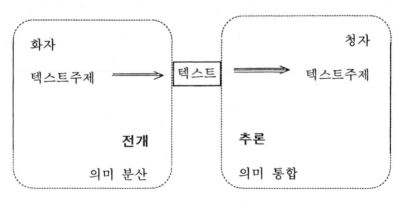

이러한 의미지향 모형에 대한 동기는 실제로 텍스트를 산출하고 수용할 때 텍스트주제 개념에 주어지는 특별한 중요성에서 비롯된다. 화자는 텍스트를 구성할 때 텍스트주제에서 출발하며, 그 다음이 주제는 텍스트주제를 전개한다는 뜻에서 텍스트에 대해 계획을

---

48) 이에 관해서는 반 다이크(1980a, 45)도 참조. "[…] 여기서 텍스트의 '주제'는 우리가 거시구조라고 […] 부른 것과 완전히 같은 것이다."

세우는 토대가 된다. 반대로 청자가 텍스트를 수용하는 과정에서 텍스트주제는 이해과정의 결과가 되는데, 청자가 수많은 개별 정보 외에 무엇보다도 텍스트주제를 (그리고 이와 관련한 화자의 의도를) 완전히 파악했을 때, 즉 텍스트 정보에서 재구성했을 때에야 텍스트를 정말로 이해한 것이 되기 때문이다.

이 그림은 졸콥스키(Žolkovskij)와 스췌글로프(Ščeglov 1970)의 주장을 분명히 해 주고 있다. 이들의 주장에 따르면 텍스트는 다음과 같은 식으로 규정될 수 있다.

텍스트 = 텍스트주제 + 텍스트주제 전개

자세히 설명하기, 구체화하기, 변화시키기, 대조시키기 같은 "표현방법"을 사용하여 텍스트주제는 여러 방식으로 - 의도와 상황에 따라 - "확장", 곧 전개될 수 있다. 이를테면 구체적인 어떤 교통사고에 관한 통신사의 보도는 전국 신문에는 토막소식란에 (텍스트주제의) 기본정보만 전해질 수 있는데 반해, 해당 지역신문에서는 더 많은 정보가 추가될 수 있으며 따라서 텍스트주제가 여러 가지 방식으로 전개될 수 있을 것이다.

구체적인 텍스트를 예로 들어 이 모형을 자세히 설명하려 한 브링커(1973)는 텍스트의 주제구조란 개별 정보를 각각 기본정보(텍스트주제)에 대응시킨 것이라고 설명하였다.[49]

> (11) 0. X는 병원에 있다.
> 1. 유명한 대중가요 스타 X는 어제 맹장염으로 이곳 병원에 입원했다.
> 2. 그는 지난 이 주일 동안 음반 녹음을 위해 M에 머물렀다.
> 3. 목요일 아침 그는 심한 복통을 느꼈다.

---

49) 브링커가 제안한 텍스트모형의 세 구성성분 (텍스트문법, 텍스트화용론, 텍스트주제론) 가운데 이 맥락에서는 특히 마지막에 언급한 층위가 관심을 끈다.

4. 그래서 즉시 진단을 받고 우리 병원으로 옮겨졌다.
5. 담당 의사는 Z박사이다.

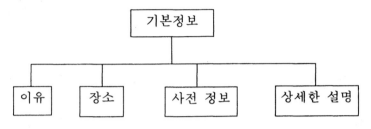

이 텍스트에서 기본정보가 무엇인지는 제목(0)에 이미 나타나 있다. 이 제목과 관련되어 있는 것은 각 요소, 즉 X가 왜 병원에 실려왔는지(=이유, 문장 1), 장소를 나타내는 말(=장소, 문장 2), 사전 정보, 그러니까 텍스트주제 바로 직전에 있었던 사건(=사전 정보, 문장 3, 4) 그리고 일반적인 텍스트주제에 대한 설명(=상세한 설명, 문장 5)이다.

이 그림은 물론 텍스트정보가 기본정보와 거의 동일한 관계에 있다는 것을 암시해 준다. 이에 반해 이 관계를 더 상세히 나타내 보면 다음과 같은 그림이 될 것이다.

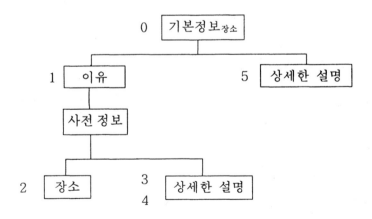

이런 식으로 서술해 놓으면 텍스트주제가 지니고 있는 텍스트구성적 역할이 분명해지고 또 한 눈에 알아 보기도 쉽다. 그러므로 텍스트주제를 제목에서 이미 추측할 수 있는 경우라면 대부분의 텍스트분석에서 이런 방법으로도 - 특히 (11)에서처럼 - 충분하다. 그러나 함축적으로만 주어져 있는 텍스트주제를 청자가 텍스트 자체에서 (상황요인을 고려하여) 도출해야만 할 경우에는 텍스트주제를 찾을 때 가능한 모호성을 최소한으로 줄이기 위해 보다 확실한 기준이 필요하다. 특히 아그리콜라(E. Agricola 1976, 1977, 1979, 1983)가 이 기준을 제시하려고 노력했다.

그의 논의의 출발점은 텍스트주제와 텍스트 사이에는 매우 뚜렷한 규칙적 관계가 있음에 틀림없다는 가설로서, 이 관계는 텍스트주제를 "팽창"시켜 텍스트로 만드는 데나, 거꾸로 청자가 전체 텍스트를 "응축"하여 텍스트주제에 이르는 데 모두 충분한 설명력이 있을 것이라는 것이다. 브링커와 비슷하게 아그리콜라도 텍스트주제 구조는 위계적 단계로 되어 있으며, 텍스트의 주요 부분들("텍스트요소")은 텍스트의 원래 "핵심"인 텍스트주제를 중심으로 배열된다고 가정하고 있다.

텍스트가 응축되어 텍스트주제가 되는 과정에 대해 아그리콜라는 구체적인 한 텍스트의 텍스트주제를 "비교적 확실하게 추론해 낼 수" (1983, 230) 있도록 해 주는 일련의 언어학적 방법을 개발해 냈다. 여기서 그 사고조작을 일일이 자세히 다룰 수는 없지만,50) 그가 개발한 방법이 어휘자질 동위성 이론에 근거를 두고 있다는 것은 강조하고자 한다. 즉 그는 개별 어휘자질 동위성의 "근간"을 상세하게 파악하여 이를 각각 "우세한 의미"(주요 개념 또는 핵심 개념)로 표현

---

50) 아그리콜라는 구체적으로 다음과 같은 다섯 텍스트분석 단계를 제안하고 있다(1979, 64이하). 1.의미 기초구조 찾아 내기 2.주요 의미자질 동위성 연쇄를 유도해 내고 뜻이 유사한 요소를 우세한 의미성분으로 통합하여, 의미자질 동위성 관계의 집중 강도가 강한 것과 약한 것을 구별하기, 3.비교적 큰 하위 텍스트단위를 분리해 내어 상위명제를 찾아 내기 4.상위명제들간의 접속관계를 밝혀 내기 5.추상적 관계의 구조를 찾아 내기

하고 있다. 아그리콜라의 방법은 또 명제 개념을 적용한 것으로 보
아도 좋은데, 개별 명제 외에 어휘자질 동위성 사슬간의 관계 및 서
로 다른 부분단위간의 관계도 증명되어서 결국 추상적인 텍스트주제
구조를 도출하는 것이 가능하기 때문이다.

이러한 절차를 적용해도 텍스트주제를 추론할 때의 주관성을 약화
할 수는 있지만 배제할 수는 없으므로 이 방법의 결과도 언제나 명
백한 것은 아니다. 그렇다고 하더라도 아그리콜라의 방법은 여기서
문제가 되는 텍스트주제와 텍스트구조 사이의 관계를 밝히는 데 중
요한 접근방식으로 보아도 될 것이다.[51]

1.2.4.5 종합

이 절에서는 일차적으로 의미 지향의 텍스트기술 구상을 요약해
보았는데, 이를 훑어보면 우선 개별 언어로 된 구체적인 텍스트가 -
특히 문법 지향의 모형에서도 그랬던 것처럼 - 텍스트기술의 사실상
의 출발점이라는 것을 확인할 수 있다. 그런데 이제 텍스트의 "통일
성"을 더 이상 표층 현상에서 측정하지 않고 "의미 기저구조"에서 찾
게 되는 것이다. 의미중심 기본모형을 토대로 설명될 수 있는 것은
복합성을 띤 구조의 문제와 텍스트에 의거한 응집성 문제 그리고 -
제한적이기는 하나 - 또 텍스트의 완결성 문제이다.

표층구조가 각 "의미 기저구조"를 규칙적으로 도출한 실현형식이라
고 여겨진다는 것은 모든 접근법에 공통된다. 일차적으로 의미지향
적인 거의 모든 텍스트기술 접근법에서 텍스트구성 및 텍스트수용의
화용론적 요인과의 관련성이 조성되고 있다. 그럼에도 여기 집약해
놓은 모형들에서 텍스트의 기술에 줄곧 적용되는 우세한 기준점은
결국 텍스트의미론적 기저구조이다.

---

51) 그런데 텍스트 이해과정을 설명하기 위해서는 여기 언급한 텍스트를 토
대로 한 사고 외에 지식에 기초한 과정도 고려해야 한다 (1.2.6장을 참
조).

1.2.5 의사소통과 텍스트: 화용론 지향적 텍스트언어학

1970년 이후 생긴 텍스트 기술모형의 대다수는 실제 삶의 맥락에서 나타나는 텍스트의 작동 과정을 나타내는 데 집중하였다. 위에서 설명한 몇몇 텍스트모형에서도 언어학 외적 요인과 관련된 표현들을 볼 수 있기는 하지만 "화용론적인 것"은 텍스트를 기술하는 데 주변적 역할을 할 뿐이다.

좁은 의미의 의사소통적 텍스트모형에서는 그렇지 않다. 이 텍스트모형에서는 적어도 텍스트를 기술할 때 상황적, 문맥적 요소를 체계적으로 고려하려고 시도하거나 아니면 다름 아닌 "화용론적인 것"이 모든 텍스트기술의 출발점이자 목표점이 된다.

우선 다음과 같은 질문을 기준으로 삼아 많은 의사소통적 텍스트모형을 크게 두 가지로 나눌 수 있다. 첫째, 어떤 방식으로 "텍스트"와 "화용 영역"이라는 개념을 대응시키는가 그리고 텍스트를 기술한다는 것이 텍스트에서 출발한 다음 그저 의사소통적-화용적 요인을 고려하는 것을 목표로 하고 있는가(=문맥모형), 둘째, 화용적, 의사소통적 조건을 가지고 텍스트기술에 대한 근본적으로 새로운 출발점을 찾고 있으며 각 텍스트는 포괄적인 사회적 맥락이라는 틀 안에서 도구기능만 지니는가(좁은 의미의 의사소통적 텍스트모형).

맨 먼저 언급한 **문맥모형**은 사실 기존의 텍스트기술 방법에 의사소통 요소를[52] 더하여 확장한 것으로서 텍스트의 부분들이나 텍스트를 포괄적으로 "의사소통 문맥"과 관련시키고 있으며 "의사소통 문맥"의 변화와 각 텍스트구조의 의존관계를 탐색하는 모형이다.

좁은 의미의 의사소통적 텍스트모형은(1.2.5.2) 엄격히 보면 좁은 의미의 텍스트언어학적 문제제기를 넘어서는데, 언어학적으로 기술가능한 것이 (가령 실제 활동, 몸짓, 표정에 의한 표현양식도 마찬가지로) 의사소통 파트너의 일정한 목적을 관철하기 위한 수단으

---

52) 이른바 "구성성분 모형"에 관해서는 노이만 외(Neumann u. a. 1976, 4장)을 참조.

로서만 기능하기 때문이다. 그렇지만 텍스트는 의사소통 목적을 실현하는 수단 가운데 선호되는 것이다. 두 번째 주요 그룹인 의사소통 지향적 텍스트모형 내에서는 행위이론적 토대를 가진 모형과 (1.2.5.2.1) 활동모형을(1.2.5.2.2) 구별하겠다. 따라서 본 장은 (그림 6)과 같이 나뉘게 된다.

(그림 6) 의사소통적 - 화용적 텍스트기술 방향

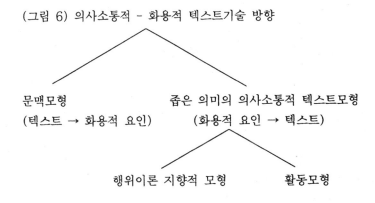

문맥모형
(텍스트 → 화용적 요인)

좁은 의미의 의사소통적 텍스트모형
(화용적 요인 → 텍스트)

행위이론 지향적 모형   활동모형

1.2.5.1 문맥 모형: 의사소통 중심적 텍스트관

전체 텍스트와 마찬가지로 동일한 명제구조가 실제 의사소통에서 사용될 때는 그 역할이 차이날 수 있다. 그래서 이미 70년 대에 텍스트 작동에 대한 요인이나 조건들도 텍스트를 기술하는 데 고려되어야 한다는 것이 거듭 언급되곤 했다. 텍스트의 "의사소통 의의"는 오로지 텍스트구조에서만 도출될 수 있는 것이 아님이 명백했던 것이다.

아래에서 볼 수 있듯이 이러한 의미의 상황 문맥의 여러 측면은 점차적으로 논의되었다.

- 대전제(Präsupposition)는 텍스트산출과 특히 텍스트이해에 대한 의사소통적 전제이다 (무엇보다도 청자의 **능동적** 재산출 능력을 고려해야 한다는 요구도 여기서 비롯된다).53)
- 함축적으로 "덧붙여지는" - 그래서 청자가 예상할 수 있는 - 텍스트연속

체는 대전제의 특수한 경우라고 이해될 수 있다.
- 언어에 수반되는 현상(몸짓, 표정, 억양, 리듬, 인쇄 형태, 책표지…)들
은 텍스트의 의사소통 의의를 강조하거나 약화시키거나, 아니면 또 때
때로 수정하거나 또는 정반대의 뜻이 되게 할 수 있다 ("가 보시죠!"를
위협하는 몸짓이나 억양으로 하면 금지를 뜻하는 것으로 이해되어야 한다).
- 텍스트의 공간적 시간적 환경 조건도 동일한 텍스트구조를 사정에 따라
서는 완전히 다른 의미가 되게 할 수 있다.

이 모든 접근법에 공통되는 것은 텍스트와 의사소통적, 상황적 **맥
락**의 규칙적 연결 관계를 찾는 것이다. 이때 텍스트는 원칙적으로 서
술의 출발점이 되는데, 이것은 가령 이젠베르크(1974. 44)에서처럼
("문장발화행위"의 결과인) 텍스트단위를 "복합적인 의사소통 과정"의
틀 속에 넣는 것이 요구되는 경우에도 마찬가지이다.54) 문제는 언제
나 "텍스트 - 의사소통 맥락"의 관계이지 그 반대 관계가 아니다.
위에 언급한 맥락 문제와 사용 문제를 체계적으로 집약하려는 시
도들도 같은 방향을 목표로 하고 있다.

이젠베르크(1976)의 텍스트이론적 모형

이 모형은 여전히 자칭 "텍스트문법"이라고 부르고는 있으나 이제
는 맥락 요인, 특히 의사소통 기능을 고려하고 있다. 이젠베르크에
의하면 모든 텍스트는 /P. I. C. V. S/ 형태의 오(5)원 구조이다.
여기서 기호 S는 표층구조(통사구조)를 나타내고 기호 P는 의미 기
저구조(술어구조, 텍스트의 명제내용)를 나타낸다.

---

53) 대전제에 관한 광범위한 양의 문헌 가운데 이 맥락에서 관심을 끄는 것
은 텍스트총괄성과 관련한 연구들뿐이다. 특히 S. J. 슈미트(Schmidt
1973. 92이하)가 일목요연하게 정리해 주고 있다.
54) 반대로 문법(더 정확히 말해, 텍스트의 표층구조)을 이른바 의사소통의
응축물로 이해한다는 가설은 의사소통을 문법구조를 통해 가장 잘 "포착
할" 수 있다는 결론에 이르게 해 준다.

이젠베르크의 모형에서 새로운 것은 일반적으로 불분명하게 규정된 데 불과한 의사소통 기능을 정확하게, 다시 말해 의도구조(=I)와 전제구조(=C) 및 지시구조(=V)로 이루어져 있는 복합체로 나타내려는 시도이다.

의사소통 기능 - - - - -〉 의도구조, 전제구조, 지시구조

이젠베르크는 의사소통 기능을 "텍스트의 구성에 관련된 특성의 총체로서 문장의 의미적, 어휘적, 통사적 그리고 형태-음운적 구조로 환원될 수 없는 것"이라고 정의하고 있다(1977, 58).

그는 이 모형에서 중심이 되는 이 세 단위를 다음과 같이 상세히 설명하고 있다.

전제구조(조건)는 좁은 의미에서 텍스트의 상황 의존성을 나타내준다. 그러니까 텍스트에 선행하고 있는 비언어적 행위나 상황에 관련되는 언어단위들을 뜻한다 (이 모형의 시각에서는 대전제 문제도 여기 들어간다).

지시구조는 언어맥락을 지시해 준다 (예고, 기대, 전술지시).

그러나 가장 흥미 있는 것은 의심할 바 없이 **의도구조**이며 그 중에서도 다음과 같은 "의사소통 양식 술어"이다. 단언하기(보기, 주장), 천명하기, 사회적으로 규정된 언어행위(보기, *감사하기, 축원하기*···), 언약하기(*약속하기, 위협하기*···), 수정하기(*거부하기*), 선포하기 및 사회적 결과를 수반하는 언어행위(*선사하기, 해고하기, 개회하기*···), 알리기(*탄식하기, 칭찬하기*···), 야기하기(*요청하기, 명령하기*···), 호소하기, 청자에 대한 강력한 요구, 일정한 규범 따르기 ···, 반응하기(*대답하기*), 해결하기(*분규 해결하기* ···).

여기 언급한 "의사소통 양식" 술어에 덧붙일 수 있는 것은 (텍스트의 명제구조와 관련된) "정보양식"을 나타내는 술어(가령 *제보하기, 확인하기*···), (언어화의 형식을 규정해 주는) "서술양식"을 나타내는 술어, (의사소통 기능이나 명제가 표층구조의 일정한 단위에

"의존"되어 있음을 설명해 주는) "결합양식"을 나타내는 술어이다.

이렇게 이젠베르크는 - 텍스트구성에 대한 "정형성 조건" 및 "의미적, 통사적 결속규칙"을 덧붙여 - 텍스트구조와 문맥구조의 관계에 대한 그 자체로 완결된 체계를 개발하고 있다. 물론 "순차적인 텍스트구성" 원칙이 오히려 주변적 역할을 하고 있으므로 여전히 주로 개별 언어행위("문장발화행위")에 기초를 두고 있기는 하다.

이젠베르크가 텍스트 총괄성의 주요 특성으로 보는 것은 다음과 같다. 1. 사회적 정당성 (텍스트는 사회적 행위의 "표명"이다), 2. 의사소통적 기능성 (텍스트는 언어에 의한 의사소통의 조직을 포함하고 있는 단위이다), 3. 의미성, 4. 상황관련성, 5. 의도성, 6. 정형성, 7. 적절한 구성.

이 모형은 텍스트의 사용맥락을 파악할 수 있게 하려는 시도로서 비록 중요성의 차이는 강조하지 않고 텍스트 특징을 나열한 데 불과하지만, 텍스트의 본질적 특성을 파악한 것은 확실하다. 그리고 텍스트언어학이 발전하는 데 중요한 것은 무엇보다도 "기능적 텍스트구조"도 명제 형식으로 기술될 수 있으며 따라서 표층구조, 명제구조, 의사소통맥락의 기능(그리고 이들 상호간의 결부성)을 통일성 있게 기술하는 것이 가능하다는 주장이기도 하다.

그러므로 이젠베르크의 접근법은 원칙적으로 텍스트 중심적 방법을 토대로 하여 텍스트 총괄성에 대한 포괄적 기술모형을 개발하려는 시도 중 가장 일관성 있고 또 가장 중요한 시도로 보면 될 것이다.[55]

1.2.5.2 좁은 의미의 의사소통적 텍스트모형

텍스트란 포괄적인 활동의 틀 내에서 도구 기능을 한다는 것을

---

55) 헤거의 구상도 "문맥모형"에 넣을 수 있을 것이다(Heger 1976, Heger/ Mudersbach 1984, 이 접근법 전체에 관한 자세한 연구로는 Gülich/ Raible 1977, 136-150을 참조).

(Motsch 1975) 인식함으로써 텍스트언어학적 연구가 새로운 차원을 획득하도록 해 주는 모형들이 제시되게 되었다. 이제부터 텍스트 분석의 토대는 (부분체계와 사용 맥락을 지니고 있는) 자율적 체계로서의 언어가 아니라 - 앞서 언급한 기술방식에서처럼 - 구체적인 한 사회의 의사소통에서 언어가 작동하는 과정이다. 텍스트는 더 이상 고립된 언어기호 복합체가 아니라 "기능 속의 텍스트"(Gülich/Raible 1977)라고 일컬어지게 된다.

"이제 텍스트언어학적 기술의 출발점은 더 이상 텍스트 자체와 그 통사구조 또는 의미구조가 아니라 텍스트의 토대를 형성해 주는 화용적-의사소통적 활동이다. 화용적-의사소통적 활동은 물론 [⋯] 포괄적인 사회적 맥락에서 설명될 수 있다. 그래서 텍스트는 더 이상 통사론이나 의미론으로 분석되어야 하는 [⋯] 완성된 산물로서 흥미로운 것이 아니라, 포괄적인 행위의 요소로서 그리고 구체적인 의사소통의 도구 및 사회적 화자의 의도를 관철하는 도구로서 흥미로운 것이다"(Heinemann 1982, 219).

이제부터는 문맥모형과는 달리 이러한 "포괄적인 사회적 맥락"을 텍스트의 규정요소로 보는 구상을 모두 좁은 의미의 "의사소통적 텍스트모형"이라고 부르겠다.

텍스트를 기술할 때 방법상으로도 좁은 의미의 화용적 요인과 텍스트에서 출발한 다음, 텍스트를 구성하는 개별 언어행위를 도출하는 것이 당연했다. 이러한 **총괄적** 또는 **전체적**(총체 지향적) 방법은 이제부터 "활동모형"이라고 부르게 될 구상들의 토대이다(1.2.5.2.2).

그런가 하면 다른 언어학자들은 상호작용 과정(그리고 이와 결부된 기술과정)이 유난히 복합성을 띠고 있기 때문에 우선 서로 얽혀 있는 많은 현상 가운데 몇 가지 일목요연한 영역을 분리해 내어 서로 얽혀 있는 모듈(Module)에 의거하여 기술하는 것이 합당하다고 여기고 있다. 그런 다음 - 현 시점에서는 아직 확정할 수 없는 - 나중의 어떤 단계에서야 비로소 이 모듈을 서로 대응시켜야 한다는 것이다. 여기서 암시한 **모듈에 의한** 기본 접근법은 이제부터 "행위이론 지향적 텍스트 기술모형"이라고 총칭하게 될 구상의 토대가 된다.

1.2.5.2.1 행위이론 지향적 텍스트기술모형

심리학적 행위이론이나 활동이론, 일반 행위이론적 구상 및 화행론의 영향하에 70년 대 중반 텍스트언어학적 기본 모형이 개발되었다. 이 모형에서 언어란 사회적 의사소통, 즉 인간 **행위**의 특수한 형태로서 인간의 다른 (비언어적) 활동이나 행위와 밀접하게 연관되어 있다고 이해되었다. 그때까지 언어학은 거의 오로지 말소리 결합관계와 의미관계의 탐구에만 집중했으므로 (언어사용과 언어기능이라는 핵심개념과 더불어) 언어적인 것을 근본적으로 새롭게 볼 수 있도록 결정적 자극을 준 것은 언어심리학 특히 소련의 활동심리학과 언어철학(특히 화행론의 출발점인 영국의 일상언어철학)이었다.

화행론적 토대

화행론의 창시자인 언어철학자 오스틴(Austin)과 써얼(Searle)은 "한 낱말의 의미는 그 **사용**"이라는, 그러니까 화용적인 것이 결국 낱말(그리고 다른 언어단위들)의 진정한 의미를 결정한다는 비트겐슈타인(Wittgenstein)의 유명한 주장을 단초로 하고 있다. 따라서 말하는 것은 **행하는 것**, 활동, 행위라고 할 수 있으며, 결정적으로 문제가 되는 것은 언어행위를 사용하여 성취할 수 있는 것을 규명하는 것이다. 오스틴의 유명한 강령적 저술이 "How to do things with words"인 것도 그 때문이다. 이 가설에 따르면 말하기와 쓰기가 행해질 때의 조건을 규칙성 있게 기술할 때에야 비로소 실제 의사소통에서 발화가 지니는 진정한 의미도 파악할 수 있다.

가령 "철수가 내일 와"라는 발화는 상황이 다르면 화자가 이 발화를 가지고 이루고자 하는 것이 무엇인지에 따라 다른 의의를 갖게 된다. 즉 (이 소식을 듣고 기뻐할) 상대편에게 정보를 주는 것일 수

도 있고, 상대편으로 하여금 파티 준비라는 실제 행위를 야기하는
것일 수도 있으며 혹은 동일한 발화를 가지고 화자는 경고나 심지어
협박을 표현할 수도 있다.

　그러므로 언어는 - 일단 모순되는 것처럼 들릴지도 모르지만 - 말 그
대로(만) 이해해서는 안 된다. 이러한 의미에서 오스틴(1962/1972)은
언어를 기술하는 데는 문장의 발화(만)이 기초가 되어서는 안 된다고
주장한다. 그 보다는 각 문장을 발화함으로써 동시에 여러 부분행위
/=행위들(Akte)도 수행됨을 증명해야 한다는 것이다.

1. 발화행위(der lokutive Akt): 무언가를 말한다는 사실, 문장의 발화
자체56)
2. 발화수반행위(der illokutive Akt): 발화를 가지고 무엇이 행해져야
하는지, 무엇을 야기해야 하는지를 말해 준다. 즉 발화의 목적/발화수반
력(Illokution)을 일컫는다. 예를 들면 *누구에게 경고하다, 누구에게 무
엇을 요청하다, 누구에게 무엇을 약속하다* 같은 것이 있다.
3. 발화효과행위(der perlokutive Akt): 언어발화가 청자에게 끼치는
작용, 즉 청자에게 관례적인 것을 넘어서는 어떤 작용을 일으키는 것을
(청자가 가령 기뻐하거나 화를 내거나…) 일컫는다.

　이 **세 화행(Sprechakt)**은 차례차례 수행되는 것이 아니라, **한**
언어행위의 여러 측면이다. 가령 어머니가 아이에게 "이 개는 물어!"
라고 말하게 되면, 어머니는 발화행위를 하게 된다. 다시 말해, 조음
되었으며 문법구조를 나타내고 그 기호연속체가 무언가를 의미하는
발화를 산출한다. 이 문장을 발화함으로써 어머니는 동시에 경고,
즉 발화의도행위를 행하게 된다. 이렇게 하여 아이가 다른 길로 가
게 되면, 이것이 동일한 발화의 결과나 작용, 즉 발화효과행위이다.
　써얼(1969, 1977)은 화행론에 기본이 되는 이 착안점을 더 발전

---

56) 여기에서는 발화행위를 조음행위(소리를 냄)와 통사행위(일정한 문법구
　　조의 형태로 낱말을 발화하기, 문법과 사전층위) 그리고 의미행위(의미
　　층위)로 하위분류하는 것은 고려하지 않는다.

시켰는데, 그 논지는 어떤 발화든 하게 되면 술어행위(Prädika-
tionsakt)와 지시행위(Referenzakt)도 수행된다는 것이다. 이 두
부분행위를 총괄하는 개념은 명제행위이다 (이것은 오스틴의 발화행
위와 구별된다). 오스틴의 발화행위에서 이 두 요소를 뺀 나머지를
써얼은 "발화행위(Äußerungsakt)"라고 부른다.

써얼의 화행모형

1. 발화행위
2. 명제행위   지시행위
                   술어행위
3. 발화수반행위
4. 발화효과행위

여기서 화행을 분석하는 데 본질적으로 새로운 것은 의문의 여지
없이 언어발화의 목적 요소인 발화수반행위를 강조하여 모형으로 완
성한 점이다. 발화수반행위는 화행론 연구의 중심이다.[57]

언어행위와 텍스트

위에 언급한 화행론의 기본 모형은 물론 개별 문장만을 (이 문장
들이 보통 텍스트기능도 동시에 가질 수 있었음에도) 예로 들어 설
명한 것이었다. 그래서 텍스트언어학적 연구의 과제는 화행론에서
발전된 기본 인식들과 방법 장치들이 텍스트를 분석하는 데도 적용
될 수 있는지, 그리고 그렇다면 텍스트에도 이른바 언어행위적 성격
이 부여될 수 있는지 검토하는 것이었다.

이 문제점들은 수많은 언어학적 논문에서 주제로 다루어졌다(특히
Sandig 1973, Wunderlich 1976a, Rehbein 1977, Searle 1980,

---

57) 화행 모형의 비판에 관해서는 헬비히(1988, 203이하)를 참조.

Ferrara 1980a, 1980b, Motsch/Viehweger 1981, Motsch/Pasch 1984, 1987, Motsch 1986, Brandt 외 1983, van Dijk 1980c, Rosengren 1980a, 1985). 이 연구들은 자세하게 보면 일부 견해의 차이가 있지만 언어행위이론의 기본 개념을 명확하게 해 주었으며 또 텍스트는 **의사소통**의 도구로 규정되어야 한다는, 즉 부분행위로 구성되어 있는 복합적인 행위(언어행위의 연속체)라고 규정되어야 한다는 합의를 이루어 냈다.

행위이론에 중심을 둔 텍스트연구가 관심을 둔 것은 두 가지 문제 제기였다. 이 부분행위를 결합하여 텍스트의 복합적인 행위구조를 만드는 데 기준이 되는 원칙을 밝혀 내는 것과 그리고 텍스트의 행위구조와 그에 상응하는 언어구조의 관련성을 설명하는 것이다. 행위목표가 언어발화를 사용하여 이룩될 수 있다면 이 목표는 - 이것이 모취(Motsch)의 가설이다 - 행위의 본질적 특성으로 텍스트구조에 나타남에 틀림없으며, 그렇다면 "부분행위는 모두 [···] 텍스트의 언어 특성과 명백하게 관련지을 수 있어야, 다시 말해 텍스트의 문장들에 반영될 수 있어야 한다"(1986, 262).58)

위에서 말한 관련성을 밝혀 내기 위해 모취는 텍스트구성의 기본 단위이기도 한 "발화수반행위" 개념을 상세히 설명하는 데서 출발하고 있다(1986, 264, 또 Motsch/Pasch 1984, 474; 1987, 16, 상세한 것은 2. 5장).59)

발화수반행위의 일반적 특성은 예컨대 요청하기, 약속하기, 명령하기, 질문하기, 주장하기 등과 같은 모든 유형의 발화수반행위(행위유형)에 적용된다. 발화수반행위가 성공적이 되려면 모든 행위유형에는 일반 조건60) 외에도 충족되어야 하는 본질 조건이 제시된

---

58) 이렇게 함으로써 모취는 대체로 써얼(1971, 30)의 논리 전개를 따르고 있다.
59) 여기서 발화수반행위는 "기본 언어행위"(Motsch 1986, 263)나 아니면 간단히 "언어행위"를 나타내고 있다.
60) 일반 조건: 청자가 발화를 이해하고 화자가 어떤 목적을 달성하려고 하며 청자가 이 목적을 실현할 준비가 되어 있고 또 실현할 수 있다는 사실.

다. 이 조건에 속하는 것은 특히 화자와 청자의 동기와 진실성에 대한 조건 및 어떤 발화수반행위 유형의 사회적 상황과 제도적 의존성이다(Motsch 1986, 267이하, Brandt 외 1983 참조).61)

그러나 위에 언급한 관련성에 결정적인 것은 "발화(ä)62)에서 의도를 재구성하는 것이 원칙적으로 가능해야 한다는" 가정이다(Motsch 1986, 269). 모취는 문법의 문장서법(Satzmodus)이 발화수반행위의 잠재적 목적을 규정하고 따라서 또 발화수반행위 유형의 기본 부류도 규정한다는 데서 출발함으로써 이 가설을 검증하려고 한다 (1986, 271). 기본 표지인 문장서법 외에 이른바 명시적 이행공식(=EPF)과 발화의 행위유형을 정확하게 규정하는 데 쓰일 수 있는 화법조동사, 그뿐 아니라 양태부사 및 양태사도 발화수반행위를 변화시키는 표지로 기능한다.

이러한 발화수반행위를 변화시키는 표지가 얼마나 많이 사용되어야 하는지는 무엇보다도 상황요인에 달려 있다. "한 의사소통 상황은 상황이 불분명하면 할수록 그리고 청자에게서 요구되는 반응의 구속성이 높으면 높을수록 언어수단에 의해 보다 명시적으로 표현되어야만 한다"(Motsch/Viehweger 1981, 9).

모취는 여기 암시한 개별 발화수반력과 각 문법구조의 관계가 텍스트의 발화수반력과 복합적 텍스트구조 사이에 존재하는 유사한 관련성을 찾아내는 데에도 기본 전제라고 보고 있다.

---

61) 요청하기에 대한 보기로 모취/파쉬(Motsch/Pasch 1984, 478)는 다음과 같은 조건을 제시하고 있다. 1. 화자는 청자가 어떤 행위를 하거나 또는 하지 않기를 바란다. 다시 말해, 화자는 어떤 이유에서든 긍정적 동기를 가지고 있다는 것. 2. 화자는 청자에 대한 자신의 요구가 무리한 것이 아니라고 생각한다. 3. 화자는 청자에게 긍정적 동기를 갖게 하는 것이 가능하다고 생각한다. 이와 관련된, 마음자세(Motsch/Pasch 1984, 480, Rosengren 1984, 1985)로 인해 나타나는 심리적 조건 문제는 여기서 상세히 다루지 않겠다.

62) ä = 어떤 화자가 어떤 정해진 시점에 언어 표현 a를 발화하는 것. 자세한 것은 2장에 있음.

텍스트의 발화수반력 위계구조

위에서 설명한 개별 언어행위의 발화수반행위와 텍스트 전체의 행위 유형의 관계를 질문하게 되면 - 연속체(=연쇄) 외에도 - 특히 발화수반 행위의 **위계화** 문제가 행위이론에 기초한 텍스트 기술방법을 도출해 내 는 데 토대임이 분명해진다. 이 문제를 해결하는 데 힘을 준 것은 - 다른 연구들도 있었지만(Rehbein 1977, Koch/Rosengren/Schonebohm 1981, Rosengren 1983, Brandt 외 1983…) - 모취/피이베거(1981) 의 "언어행위, 문장 그리고 텍스트(Sprachhandlung, Satz und Text)"라는 논문이었다. 이 논문에서는 텍스트목적을 텍스트의 발화수 반행위 구조를 거쳐 규정하려 할 뿐만 아니라 동시에 개별 발화수반 행위가 함께 작용하고 서로 통합되는 데에는 어떤 기제를 도입해야 하는지의 질문도 제기되고 있다.

모취/피이베거는 언어행위 연속체에는 모두 (그리고 물론 보다 규 모가 큰 텍스트에서도) 연속체 전체의 의도를 말해 주는 발화수반력 이 적어도 하나 있어야 한다고 전제하고 있다. 이 발화수반력은 **주 발 화수반력**으로 작용하고, 다른 발화수반력은 **보조기능**을 한다. 보조기 능을 하는 발화수반행위는 가령 요청에 대한 근거를 명시적으로 나타 냄으로써 주 발화수반력을 "뒷받침해" 준다.63)

주 발화수반행위를 찾아내는 방법으로 제안된 것은 **"화용적 연결관 계"**이다. 이를테면 규모가 큰 발화수반행위 복합체나 전체 텍스트의 위 계구조는 이러한 "화용적 연결", 곧 "부분발화들의 관계를 사용하여 밝혀 낼 수 있으며, 이 관계는 보조적 부분발화의 행위유형에 비추어 주도적 부분발화 행위유형을 기초로 하여 도출될 수 있는" 것이다(Motsch/ Viehweger 1981, 137). 여기서, 한 텍스트의 전체목적은 부분목적을 거쳐 실현되므로 부분목적은 전체목적의 달성에 전제가 된다는 것을 알 수 있다. 이때 개별 발화수반력에는 각 텍스트 발화수반력과 관련

---

63) 이러한 "뒷받침 관계"의 여러 가지 가능성에 관해서는 모취(1986, 274), 모취/파쉬(1984, 487)를 참조.

한 특별한 기능이 부여된다.

모취/피이베거는 이 방법을 규모가 큰 호소텍스트를 예로 들어 설명했고, 코흐/로제니렌/쇼네보옴(Koch/Rosengren/Schonebohm 1981)은 거래편지를 예로 들어 설명했다. 텍스트의 발화수반력 위계구조를 도식으로 나타내면 다음과 같다(Brandt 외 1983을 따른 것).

(그림 7)

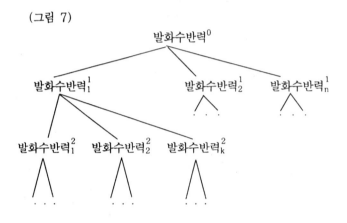

여기 개략적으로 설명한 행위이론적 텍스트 기술모형이 언어학에 지금껏 가능했던 구상 중 가장 중요하고 생산적인 구상의 하나라는 것은 논란의 여지가 없다(Sökeland 1980, 1이하). 이 모형을 사용함으로써 텍스트란 언어행위의 사회적 과정이자 동시에 결과라고 설명하면서 아울러 행위개념을 - 구체적 "성공조건"을 고려하여 - 텍스트의 특정한 언어 특성에 투사하는 것도 가능해졌다(Motsch 1986, 281을 보라). 결과적으로 다음과 같은 기본 가정들이 중요한 것으로 입증되었다.

1. "한 언어를 사용한다는 것은 행위를 수행함을 뜻한다"(Motsch 1983, 490). 언어행위는 사회적 영향을 받은 개인이 의사소통 과제를 해결하기 위해 행하는 사회적 활동으로서 어떤 생각이나 목적, 관심을 교환하는 것과 결부되어 있다. 언어행위는 보다 포괄적인 행위과정의 구성성분이기 때문

에 이 행위과정에 의해 규정된다.

2. 언어행위는 언제나 파트너 지향적이기에 사회적 행위이기도 하다. 언어행위는 구체적 조건하에서 사회적 규칙에 따라 사회적 교류의 형태로 이루어진다.

3. 언어행위는 텍스트를 생산하고 수용하는 형태로 이루어진다. 따라서 텍스트는 (텍스트의 명제구조와 긴밀히 결부되어 있는) 언어행위(또는 언어행위 복합체)의 연속체 혹은 발화의도의 구조로 된 연속체라고 기술될 수 있다.

4. 다른 모든 행위와 마찬가지로 언어행위도 목적을 달성하는 데 쓰인다. 텍스트의 전체목적은 주 행위유형(요청하기, 약속하기…)과 청자에게서 예상되는 심리적 반응(가령 믿기, 모욕당하기)에 의해 규정된다.

5. 의식적이고 목적 지향적인 언어행위는 행위계획과 전략에 의거하여 일어난다. 여기서 화자는 여러 수단 가운데 선택할 수 있는 가능성을 이용한다. 전체목적을 출발점으로 하여 화자는 일정한 부분목적과 이에 상응하는 부분행위를 - 점점 세분화하면서 - 결정한다. 이렇게 하여 텍스트 발화수반력의 위계가 나타나는데, 발화수반력 위계는 여러 단계에서 주 행위와 이를 뒷받침하는 행위로 되어 있다. 이해과정에서 청자는 무엇보다도 이 발화수반력의 위계구조도 재구성한다.

이렇듯 접근방식이 광범위하지만 여기에서 새로 등장하는 문제들이 아직 충분하게 해결되지 못했다는 것은 당연하다. 무엇보다도 이 접근방식이 지니고 있는 다음과 같은 가정에 대해 **이의**가 제기되고 있다.

1. 구체적인 사회적 여건의 범위 내에서 언어행위와 개인의 **복합적 활동**의 관계가 고려되고는 있지만 그저 시도하는 정도에 불과하다(Viehweger 1983a, 172이하, Motsch 1983, 505, Harnisch 1982, 666이하를 보라). 언어행위에 대한 동기가 활동 영역 내의 개인적 혹은 사회적 조건에 기초를 둔다는 식의 주장은 여전히 너무 일반적이다.

2. "성공 조건"의 이상화도 이와 관련되어 있는 문제이다. 화자가 자신의 심리 상태를 - 그리고 상대편의 심리 상태를 - 올바로 진단할 수 있으며

화자와 청자가 원칙적으로 협동한다는 것 등이 전제되고 있다. 또 상황의 의미도 관습에 의해 주어진 것으로 전제되고 있다.

1.2.5.2.2 활동 중심의 텍스트모형

이미 오래 전부터 특히 훔볼트(W. von Humboldt)와 뷜러(K. Bühler 1934)에서 인간이 말을 하면 **행위를 하는** 것이며 또 언어란 **활동**으로 이해되어야 한다는 지적이 있어 왔다. 그러나 화용론적 전환과 더불어서야 비로소 언어활동이라는 개념이 언어학적 모형을 만드는 데 일종의 핵심 개념이 되었다(Hartung 외 1974, Keseling 1979를 보라).

따라서 행위이론 중심의 구상은 - 위에서 이미 언급했듯이 - 좁은 의미의 활동모형과 이론적 틀이 동일하다. 물론 그 중점은 서로 차이가 난다. 그러니까 활동 개념이 언어행위를 규칙에 의거한 행동으로 보려는 구상에서는 주변적으로 적용되는 편이라면, 활동모형에서는 기본 범주가 되는 것이다.

소련 언어심리학의 활동구상에 관해서

소련의 언어심리학은 언어란 인간활동 범위 내의 의사소통 수단이라는 규정을 수용했다.[64] 언어의 연구는 특히 "사회적 출발점"인 작업 (또는 활동)과정에서 시작되어야 한다고 요구한 비고츠키(Vygotskij)의 의식이론에(1964, 329) 자극받아 특히 루빈스테인(Rubinštejn), 갈뻬린(Gal'perin), 루리야(Lurija), A. A. 레온쩨브(Leont'ev)와 A. N. 레온쩨브는 (심리학에 입각한) 활동구상을 완성하고 더 발전시키는 데 본질적인 동기를 주었다.

---

64) 심리학에는 무엇보다도, 의식과 감정의 발전 양상은 인간 행위가 만든 사물 세계가 야기한다는 주장이 중요해졌다. 여기서는 활동구상의 다른 두 원천인 루트비히 비트겐슈타인의 언어철학과 막스 베버의 행위사회학은 고려하지 않았다.

이들의 논의의 출발점은 당시 심리학을 지배하고 있던 주체(인간의 심리)와 객체(현실)의 이원론이 어떻게 극복될 수 있는가라는 질문이었다. 이들은 이 갈등은 객체에 대해 주체가 의식적으로 영향을 끼침으로써, 그러니까 인간의 실천, 즉 인간의 **활동**으로 중재됨으로써 해결된다고 여겼다.

활동이라는 개념은 A. A. 레온쩨브(1975, 164쪽 이하)에 따르면 다음과 같은 주요한 특징으로 규정된다. 사람들은 일정한 *동기*(가령, 도로에서 나는 소음으로 인한 방해)에 의해 활동할 자극을 받는다. 그리고 활동함으로써 달성될 수 있는 자신이 원하는 상태(가령, 닫힌 창문, *목표 설정*)를 미리 생각해 본다. 그 다음 마침내 이 목적을 실현하기 위해서 일련의 **행위**와 **몇 가지 개별 조작**65)을 수행한다 (예컨대 의자에서 일어나기, 창가로 가기, 창문 닫기…). 따라서 어떤 활동이든 모두 여러 행위와 개별적인 몇 가지 조작으로 이루어지며 모든 활동은 구조성을 띠게 된다.

여기서 강조할 점은 이러한 의식적이고 목표 지향적이면서도 그 자체 구조화된 (활동의) 과정이 자연에 대처하는 인간 고유의 형식이라는 것이다. 이 활동구상은 (이를테면 행동주의에서처럼) 외적 자극에 단순히 수동적으로 반응하는 것과는 근본적으로 구별되고 또 활동개념을 능동성 자체와 동일시하는 구상들과도 구별된다. 오히려 레온쩨브가 뜻하는 대로 이해한다면, 활동은 주체가 다름 아닌 활동 속에서 그리고 활동에 의해서 발전하기 때문에 주체의 발전에도 큰 의미가 있는 것이다. 이렇게 하여 주체와 객체 사이에 변증법적 상호작용이 일어난다(Rubinštejn 1963, 160을 보라).

인간의 실제 생활은 서로 밀접한 관계를 맺고 있는 수많은 활동으로 구성되어 있다. 여기서 기본이 되는 것은 사물을 다루는 실제 활동(작업)으로서, 물론 언제나 정신적 활동과도 결부되어 있다. 레온쩨브(1975, 66)의 구상에서 언어행위란 "하나의 활동행위 안에 있

---

65) "행위는 목적과 관련되어 있으며 조작은 조건과 관련되어 있다"(A. N. Leont'ev 1973, 431).

는 행위의 특수한 경우"라고 이해되어야 한다. 그래서 언어로 된 의사소통적 활동이라는 말을 하는 것도 정당하다는 것이다. 언어로 된 과정은 사물을 다루는 다른 모든 활동이나 정신 활동과 똑같은 기본적 특징을 보여 준다. 그러나 언어로 된 과정의 또 다른 특성은 객체가 아니라 원칙적으로 주체(다른 사람)를 대상으로 한다는 것이다.

그러나 언어로 된 의사소통 활동의 **주체 중심성**은 오로지 정보전달이나 파트너에게 단순히 영향을 끼치는 것으로 해석되는 데 그쳐서는 안 되고, 상호작용으로, 사상과 관심의 교환으로, 의사소통 참여자 사이의 마음자세의 형성이라고도(A. A. Leont'ev 1984a, 47) 해석되어야 하며, 따라서 사회의 내적 조직에 본질적으로 기여하는 사회적 현상이라고도 해석되어야 한다. 의사소통은 "그 내용으로 보아 **사회적으로 규정된 것임이 밝혀지는 것이다.**"

따라서 텍스트산출자가 이러한 주체 중심성 및 의식의 내용을 언어발화로 옮기는 것 그리고 청자가 텍스트에 물질화되어 나타난 이 의식 내용을 내면화하는 것은 언어로 된 의사소통적 활동을 다른 활동과 구별해 주는 본질적 특질이라고 보아도 좋다.

활동과 텍스트

위에서 개략적으로 설명한 소련 언어심리학의 활동구상은 많은 나라에서 수많은 언어학자들이 받아 들여 논의하였다. 이들은 이미 레온쩨브(1969, 15)가 제시한 기본 논제, 즉 의사소통이 개인간의 정보전달 과정일 뿐만 아니라 활동의 특수한 형식이라고도 이해될 수 있다는 것을 언어학적 자료를 들어 증명하려고 했다. 이러한 요구는 일련의 발전적인 과제들을 내포하고 있었는데, 무엇보다도 언어가 활동으로서 가지는 기능적 의존성을 증명하려는, 다시 말해 (잘 알다시피 그 자체가 과정/활동이면서 동시에 활동의 결과라고도 말할 수 있는) 텍스트와 포괄적인 (비언어적) 활동의 관계를 밝혀 내려는 것이 그것이었다. 그리고 이 새로운 목표는 70년 대에 언어학 모형을 만드는 데 "주된 사상"이 되었다(Hartung 1982, 390).

이 구상을 완성하는 데 특히 중요하다고 입증된 것은 의사소통을 조정해 주는 중심인 **목표 성분**을 세분하고 정밀히 하려는 노력이었다. 목적이란 "파트너의 의식에 대해 구체적으로 영향을 끼치려는 의도"라고 설명하는 것은 너무 협소함이 밝혀졌다. 주지하다시피 파트너는 기호의 해석과정을 통해 화자의 의도만 알면 되는 것이 아니라 무엇보다도 화자가 원하는 방식으로 반응해야 하기 때문이다. 그리고 이러한 반응은 화자가 원하는 청자의 행동으로 나타날 수도 있고 (화자의 요구에 따른 행위의 수행도 해당된다) 아니면 의식 상태, 지식, 마음자세 또는 기본 태도에 무엇인가가 더 늘어나게 되어서 청자는 이차적으로 다시금 - 화자가 원한 - 일정한 활동을 하게 될 수도 있다. 여기서 명백히 알 수 있는 것은 사회적 관계도 목표를 구성하는 성분의 본질적인 요소라는 사실이다.

보통 이런 식의 논의는 우선 개별 언어행위를 보기로 들어 구체적으로 설명하되 텍스트의 전체목적에 비추어 이 언어행위의 부분목적과 관련시키면서 이루어졌다. 그래서 텍스트 전체의 언어조직도 특수한 목적으로 파악되어야 하며(이에 관해서는 Harnisch/Michel 1986, 393), 그리고 목적 개념 전체가 언제나 (개별 행위가 아니라) 전체 활동에 의존하고 있음을 아는 것이 중요하다(A. N. Leonte'v 1979, 101이하 참조).

행위란 언제나 구체적 사회 여건의 틀 내에서 수행되므로 활동중심적 언어학 연구의 관심은 행위에 기초가 되는 조건의 구조, 곧 **상황**의 구체화를 지향한다. "(의사소통) 과정을 야기하는 사회 현장의 단편적 특징을 설명해 주는 모든 것을 총괄하여 (의사소통) 상황이라고 부를 수 있다"(Hartung 1976, 242).

상황요인에 관해서는 많이 기술되었는데, 여기서 우리는 하르퉁 (W. Hartung 1983a, 360이하)의 상황모형을 설명하는 데 국한하기로 한다. 하르퉁은 활동을 수행하는 데 본질적인 세 관점으로

활동 상황(전체 상황의 행동적 틀), **사회적 상황**(사회적 변수의 구조) 그리고 **주위 상황**(감각으로 지각할 수 있는 행위의 장)을 들고 있다. 활동 상황은 언어에 의한 의사소통의 내용, 목적 그리고 형식도 상당히 규정하므로 전체 상황에 기초가 된다.66) 그러나 하르퉁(1983a, 360)은 또 상황의 주관적 측면, 곧 상황에 대한 주체의 이해도까지도 이미 언급하고 있다.

여기서 암시적으로 보여 준, 행위의 조건을 정확히 하려는 여러 시도에서 상황적인 것이 개별 행위 및 개별 언어행위에 관련되는 것은 특별한 경우일 뿐, 대개 사물을 다루는 실제 활동이나 전체 텍스트와 연계되어 있음을 볼 수 있다.

이리하여 여러 가지 활동이 공동으로 작용하는 문제도 언어학의 주요 관심사가 되었는데, 이러한 일반적 관계를 밝힘으로써 무엇보다도 의사소통적 활동이 지니는 특수성에 관한 보다 자세한 정보도 기대할 수 있기 때문이었다.

이러한 논의들에서 큰 역할을 하는 것은 **상위활동**이라는 개념으로서 하르퉁(1983a, 353)에 의하면 그 유용성은 입증되었다.67) 그러나 이 개념이 "상위활동"의 각 특수성에 관해서는 그렇게 많은 것을 말해 주지는 못하는 보조 개념에 불과하다는 것을 지적하지 않을 수 없다. 그렇다고는 해도 이러한 방법으로 의사소통적 활동이 (따라서 텍스트도) 보다 큰 활동맥락에 연계되어 있다는 것을 모형으로 보일 수 있으며,68) 그리고 의사소통적 활동을 함으로써 파트너간의 모든 협력 형식이 비로소 가능해진다는 것이 분명해진다.

---

66) 활동 상황의 분류에 대한 첫 몇 가지 접근법에 관해서는 하르퉁 외 (1974, 275)를 보라. 더 자세한 것은 하르퉁(1983a, 362), 슈바르츠 (Schwarz 1985, 51이하), 보다 발전된 논의로는 하르니쉬/미헬 (Harnisch/Michel 1986, 54이하)이 있다.

67) 이에 관한 비판적인 논의로는 모쉬(1986, 278)가 있다.

68) 물론 이 접근법은, 가령 어떤 일상대화나 교육제도 영역의 텍스트처럼 상위활동과 관련 짓기 어려운 의사소통 행위도 있으므로, 절대화되어서는 안 된다.

이제 언어학은 의사소통적 활동의 **사회적 국면**도 새롭게 발견하거나 아니면 적어도 보다 힘주어 강조하게 된다. 사회적 국면은 의사소통 참여자의 사회적 특수성(즉 이들이 특정 사회 집단에 소속되어 있다거나 이 집단 내에서 가지는 지위)의 결과일 뿐만 아니라 무엇보다도 다름 아닌 활동의 사회적 특수성, 즉 사회화 과정에서 의사소통이 하는 역할의 결과이기도 하다(Fiehler 1980).

한 화자가 의사소통의 틀 내에서 어떤 텍스트를 산출할 뿐만 아니라 동시에 또 파트너에게 작용하려고 함으로써 좁은 의미의 의사소통을 통하여 사회 관계도 활성화된다. 이 사실에서 하르퉁(1982, 399)은 다음과 같이 추론한다. "의사소통 활동의 대상"은 공동의 행위(상호작용)에서 비롯되거나 아니면 개인들의 관계에서 비롯되는 "사회적 관계"이다.

개인의 위치는 사회 관계 체계 내의 사회적 생산 및 수용 과정 내에 다소간 확정되어 있으므로 개인에게는 어느 정도 정해진 과제와 역할이 부여된다. 따라서 다른 사람에 대한 개인의 관계도 어떤 한계 내에서 미리 주어져 있는 것이다. 그리고 이러한 일반적 사회적 관계에 의해서 또 의사소통 참여자들간의 의사소통 관계의 특수성도 미리 분명하게 정해져 있기도 하다. 특히 제도적 의사소통 내에서는 누가 누구와 말해도 되는지 또는 말해야 하는지, 누가 의사소통을 개시하고 토론을 이끌어야 하는지 등이 주로 정해져 있다. 이러한 의미에서 의사소통 관계는 사회 관계가 실현된 특별한 형식이라고 할 수 있다.[69] 이 점에서 의사소통적 활동의 특별한 점, 즉 협동이 중개된다는 사실이 나타나며, 따라서 의사소통적 활동은 "본질상 독자적인 것"이라고 할 수 있다(Lomov 1981).

뿐만 아니라 이 활동 개념은 텍스트를 이해하는 데에도 영향을 미친다. 즉 텍스트는 텍스트 자체를 넘어서는, 포괄적 의사소통의 한 부분으로 이해되는 것이다. 이와 같은 복합성을 띤 활동에서 텍스트의 위치는 처음도 끝도 아니다. 오히려 텍스트는 청자의 이해와 반

---

69) 이 문제점에 관해서는 특히 하르퉁(1983a, 358)을 참조.

응을 포함하는 전 과정 중의 한 단계만을 표시할 뿐이다.70)

성과와 전망

행위이론 지향의 텍스트 기술방향과 마찬가지로 활동모형도 텍스트언어학 영역의 발전적 연구에 토대가 된다. 이 구상의 도움으로 지금까지 이룩한 가장 중요한 **성과**를 요약하면 다음과 같다.71)

1. 텍스트를 연구할 때 텍스트를 이제 더 이상 완결된 구조로서만 보는 것이 아니라, 의사소통 참여자가 텍스트를 구성하고 언어화하여 처리하는 과정 속에서 텍스트를 연구한다.
2. 의사소통적 활동을 규정하는, 비교적 좁은 언어 영역을 넘어서는 요소를 정확히 서술하는 것이 가능했다. 그리하여 언어가 사회에 의해 규정된다는 새로운 인식을 얻게 되었다.
3. 의사소통의 사회적 성격을 보다 분명하게 밝혀 냈고 사회적 관계가 언어학적 탐구의 진정한 대상이 되었다. 의사소통 과정이 사회에 의해 규정된다는 사실로 인해 의사소통적 활동의 독자성과 의사소통적 관계의 특수성도 보다 분명하게 드러난다.
4. 이 모형은 (특히 사회학 및 심리학의) 학제적 연구에 대한 전제를 마련해 주고 있다. 언어학에서 개발된 개념장치는 부분적으로 다른 학문도 사용할 수 있다.
5. 끝으로 활동 중심 접근법은 언어학의 수많은 영역에서 연구가 더 진척되 는 데 자극을 주었다.

다른 한편 의사소통에 대한 활동 중심적 접근법이 현재 지니고 있는 한계점도 간과할 수 없다. 그 한계점을 열거하면 다음과 같다.

---

70) 기능적 의사소통적 언어 기술모형(=FKS)도 이러한 활동 지향적 전략 구상의 특수한 경우로 볼 수 있다. 이에 관해서는 슈미트(1981), 미헬 (1985)을 참조.
71) 이에 관해서는 하르퉁(1982, 396이하)을 참조.

1. 이 모형은 일방적으로 목적성분을 중심으로 하고 있다. 그러면서 목적 개념을 "목표로 한 상태를 의식을 통하여 선취하는 것"이라고 너무 일반적으로 이해하고 있다. 텍스트와 관련된 목적, 청자와 관련된 목적 그리고 이 범위를 넘어서 추구된 상태와 관련된 목적이 구별되지 않고 있는 것이다. 특히 텍스트가 산출되고 수용될 때의 정신적 조건이 지니는 복합성에 비추어 볼 때 활동모형은 충분하지 못하다.

2. 의도면을 지나치게 강조함으로써 의사소통이란 객관적으로 보아 사회과정이라는 사실을 중요하지 않게 만들며, 상호작용에서 화자 활동과 청자 활동의 공동 작용이 전체 의사소통 과정에서의 욕구와 조건에 종속되어 있음을 분명히 해 주지 않는다.

3. 의사소통 과정이 사회 관계와 의사소통 관계를 변화시키거나 뒷받침해 주는 데 혹은 의사소통 참여자의 성품을 형성하는 데 가져오는 결과는 초보적인 정도로만 밝혀질 수 있었다.

4. 언어 의사소통 활동에 관한 일반적인 기능유형의 설명과 그 세분화의 일반적 기준을 넘어서는(Hartung 1983a, 354) 활동에 대한 충분하고도 상세한 하위분류가 여전히 되어 있지 않다.

5. 텍스트구조를 활동 성분에 대응시키는 문제는 거의 어렴풋하게밖에 서술될 수 없다. 이러한 관계들을 사고를 통해 처리할 수 있게 하고 그럼으로써 엄격하고도 그 자체로 완벽한 활동이론을 도출하는 것은 현 시점에서는 시도해 보는 정도에만 머물고 있다.

활동 지향적 접근법이 이와 같은 제한성을 (물론 다른 제한성도) 지니고 있으며 또 몇 가지 설명에서 언어로 된 텍스트구조를 활동구조에 비해 소홀히 하고 있음에도 불구하고[72] 활동구상의 주된 사고를 포기하고 엄격한 규칙성을 가진 "본래의" 언어학에만 다시 전념한다는 것은 의미 있지도 않고 정당하지도 않아 보인다. 우리는 언어학의 계속적 발전을 위해 활동모형의 포괄적 설명력을 (의사소통적 활동과 결부된 정신과정의 관점에서도) 철저히 적용해 본 다음 "개

---

72) 이 기술방식은 "내적 텍스트구조"를 일방적으로 강조하기 때문에 "의사소통주의"라는 비난을 받았다(Reinecke 1985, 258).

선된 활동구상"을 개발하는 것이 반드시 필요하다고 여기고 있다
(Hartung 1987, 11).

1.2.6 정신과정의 산물인 텍스트

1.2.6.1 진행단계적 접근법

최근 언어학에서나 텍스트언어학에서도 전반적으로 새로운 경향이
두드러지는 것 같다. 언어과정을 보다 강도 높게 심리학적으로 설명
하려는 경향이 그것인데, 이 현상을 언어학에서의 일종의 "인지적 전
환"이라고 할 수 있을 것이다. 활동과 의식이 하나라는 원칙에서 출
발하여 행위란 모두 - 사물을 다루는 실제 행위까지도 - 인지과정을
수반하며, 모든 행위자는 조작과 조작원형의 내적 모형을 다룰 줄
안다는 사실을 점점 더 많이 자각하게 된 것이다. 이렇게 인지적 면
을 보다 강조하면 텍스트는 일차적으로 심리에 기반을 둔 현상, 곧
정신과정의 산출물로 나타나게 된다.

이제 다음과 같은 이의가 제기될지도 모른다. 텍스트언어학이나
활동구상도 심리학에 토대를 둔 모형이지 않는가라고 말이다. 그렇
다면 오늘날 그렇게 많이 인용되는 인지심리학73)이 언어학에 (그리
고 무엇보다도 텍스트언어학에) 그 이상의 어떤 인식을 가져다 줄
수 있는가? 소련의 활동심리학도 더 이상 텍스트단위나 텍스트구조
를 출발점으로 삼지 않았으며, 전체 심리과정에서 오직 텍스트 생산
과정의 의도면만 파악했다는 제한이 있기는 하지만, 텍스트 구성과
정의 심리적 진행단계를 재구성하려고 시도했었다.

이에 비하여 인지심리학의 대표자들은 더 나아가서 다른 수많은
심리적 진행단계가 텍스트를 생산해내는 데 (그리고 텍스트를 이해

---

73) 인지심리학은 오늘날 "인간의 정보 처리과정과 행위 조정과정을 평가라
는 점과 보유 지식이라는 점에 비추어 해석하려고 하는 여러 연구방식을
나타내는 총괄적 명칭으로 사용되고 있다"(Fröhlich 1987, 203).

하는 데에도 같은 식으로) 관련되어 있음을 강조한다. 사물을 다루
는 실제 행위나 의사소통을 시작하기 전 화자의 의식은 잘 알다시피
아무 것도 쓰여 있지 않은 종이(tabula rasa)가 아니다. 행위자는
특정한 (그리고 다른) 활동(들)을 수행하기 위해 경험을 축적했고
다양한 종류의 지식을 저장하고 있으며, 자신의 행위나 언어행위가
"성공하려"면, 이와 같은 것들을 활성화해야 한다. 이렇게 행위자는
이미 어떤 것을 기대하는 마음자세로 활동에 임하며, 텍스트생산을
준비하는 모든 단계에서 어떤 동기나 목적을 형성하거나 실제로 내
면의 계획을 언어기호로 옮길 때 그리고 특히 텍스트를 이해할 때에
도 일정한 지식이나 경험을 활성화한다.74) 이렇게 볼 때 텍스트는
실제로 서로 맞물려 있는 많은 심리적 조작의 산물, 즉 "결정, 선택
과정 및 결합과정의 기록"(de Beaugrande/Dressler 1981, 37)이
다. 따라서 언어학의 과제는 텍스트가 생산되고 처리될 때의 많은
심리적 과정을 고려하면서 동시에 어떤 방식으로 행위자가 일정한
양의 의식 내용과 단계를 사용하여 여러 유형의 활동(물론 특히 언
어에 의한 의사소통 활동)을 조직하는지 규명하는 **진행단계 중심의
텍스트 기술모형**을 개발하는 것이다.

1.2.6.2 토대

진행단계적 접근법에서 실제로 새로운 점은 무엇보다도 텍스트를
기술하는 데 의사소통 파트너의 여러 지식체계를 고려한다는 점과

---

74) 가령 행인에게 어떤 건물로 가는 길을 물으면, 질문을 받은 행인은 우선
　　그 건물을 *떠올리려고* 하고 - 그리고 경우에 따라서는 그 건물과 결부된
　　어떤 경험을 - *상기해* 보려고 한다. 행인은 자신이 서 있는 위치를 의식
　　적으로 *지각하고* 그리고 나서 가능한 여러 길을 생각해 보고 어떤 *결론*
　　에 이르게 된다(행인은 목표에 도달할 수 있는 여러 가지 가능성을 서로
　　비교해 보고 가장 유리해 보이는 하나를 *선택한다*). 그는 자기 견해를
　　언어화하고 그런 다음 이를 (길묻기에서의) "대답" 언어행위의 형태로 실
　　현한다.

텍스트를 산출하고 이해하는 동기와 전략의 범위 내에서 지식체계를
활성화하고 처리할 때의 여러 진행단계를 밝혀 낸다는 점이다.

1.2.6.2.1 지식체계의 정신적 조직 문제

의사소통자가 자신이 가지고 있는 지식의 일정한 요소를 의사소통
과정 속에 투입한다는 것은 진부한 사실로서 의사소통자들이 서로
다른 지식체계를 가지고 있다는 것에 대해서는 여전히 아무 것도 말
해 주는 것이 없다. 현재 우리가 알기로는 지식 전체의 수효와 특징
에 관해 몇 가지 가설들이 제시될 수 있을 뿐이다.75) 우리가 앞으
로 서술해 나갈 때 기초로 삼고 있는 지식체계는 백과사전적 지식,
언어지식, 상호작용에 관한 지식과 총괄적 텍스트원형에 관한 지식
이라는 것을 말해 두고자 한다(이에 관해 자세한 것은 2장 참조).

언어학적 연구에는 모든 지식체계가 관련 있는데, 여기서는 언어행위
지식을 그 토대로 보겠다(Motsch/Pasch 1984, 1986, Viehweger
1987b).

각 지식체계의 내부가 **어떤 식**의 구조를 이루고 있는지, 그 유형
에 관해서는 인지심리학이 흥미로운 대답을 주고 있다. 보관된 지식
의 정점 형태는 의문의 여지없이 개념/구상이라고 해도 좋을 것이다
(Klix 1984, 10). 개념과 구상은 관련 있는 어떤 특징과 함께 의식
에 저장되어 있으며, 따라서 개념의 인식과정은 특징을 확인하고 일
정한 대상(또는 일정한 대상의 부류)에 이 특징을 대응시킴으로써도
진행된다.

뿐만 아니라 개념적 지식은 기억 속에 고립되어 저장되어 있지 않

---

75) 간혹 백과사전적 지식과 일상지식을 구별하기도 한다(Helbig 1988,
   157, Hannappel/Melenk 1979, 27). 다른 논의에서는 또 세상지식
   과 상황지식을 덧붙이기도 한다(van Dijk/Kintsch 1983). 그리고 로
   트케겔(Rothkegel 1984, 260이하)은 세상지식과 언어지식이라는 두
   부류의 주요 지식체계를 강조하고 있다 (이 경우 언어지식에는 언어체계
   에 관한 지식, 텍스트 및 텍스트원형에 관한 지식이 속한다).

다는 것이 (연상시험을 통해) 실험적으로 증명되었다. 그래서 어떤 개념들은 특별히 밀접하게 관련되어 있고(*개-짖다, 학생-배우다-학교*), 다른 어떤 개념들의 관계는 느슨하며(*개-당기다*) 그리고 비교적 많은 양의 개념들은 이렇게 결합하여 저장하는 것이 원칙적으로 불가능하다(*터널-금발*). 마지막에 언급한 집단을 제외하면, 기억 속에서 서로 연결된 개념 전체에는 어떤 조직망("의미망")이 나타나며, 이 망을 보면 저장물의 양과 질에 몇 가지 개인적 차이가 있다는 것도 알 수 있다.

장기적으로 고정된 의미보유체(구상, 개념)의 이러한 조직망 내에는 기본적으로 구별되는 두 가지 **관계 유형**이 있다(Klix/Kukla/Kühn 1979, 13이하, Klix 1984, 16이하를 따름).

1. 개념 내적 관계 (자질관계)
이 관계의 특징은 자질 상호간에 그리고 자질과 개념간에 관계가 성립한다는 것이다.

예)

X는 Y	상하 관계	/나무 – 자작나무/
X는 어떠하다	질적 관계	/설탕 – 달콤하다/
X는 Y 이상이다	비교 관계	/폭풍 – 바람/
X는 Y의 반대이다	대조 관계	/높다 – 낮다/

개념 내적 관계에 해당하는 부류의 공통점은 개념 자질들을 비교해 보면 관여 정보가 나온다는 것이다. 이런 관계들은 – 클릭스(Klix)에 의하면 – 기억에 확고하게 저장되어 있는 것이 아니라 사고조작에 의해 형성되는 것이다.

2. 개념간의 관계
이 관계는 자질에서 도출할 수 있는 것이 아니라 개념들 사이에 확정되어 있는 관계로 고정되어 있다.

예)

행위자 관계(행위자 = 생물)	/원숭이 - 기어오르다/
동작주 관계(동작주 = 무생물)	/유리창 - 덜거덕거리다/
장소 관계	/잉어 - 연못/
도구 관계	/도끼 - 쪼개다/
대상 관계	/가르치다 - 학생/
목적 관계	/닦다 - 윤이 나다/

이러한 의미 기본관계들을 결합함으로써 생기는 복합단위도 분명한 형태로 의식 속에 저장되어 있다.

심리학적 실험과 인식을 바탕으로 발전된 이 구상은 언어학적 단위나 범주와 상관관계에 있다는 장점이 있다. 또 강조해야 할 것은 이렇게 하여 텍스트산출에뿐만 아니라 수용에도 중요한 기본 기억구조가 모형화된다는 것이다.

의식내용의 조직망에 관한 다른 가설들은 특히 미국 인지심리학 (그리고 인공지능 연구=artificial intelligence)에서 개발되었다. 이 가설들은 주로 의식 속에 있는 복합적인 구조단위들이 서로 같은 범주에 속한다는 가정과 관련되어 있다.

인간의 능동적 기억저장소는, 동시에 저장된 약 일곱 개의 단위에 국한되어 있는 반면, 이러한 저장소의 효율성은 훨씬 더 높다는 사실을 보면, 개개 요소들이 서로 관련 없이 의식 속에 고착되어 있는 것이 아니라 "잘 통합된 덩이"(영어로 chunk(s)라고 한다. de Beugrande/Dressler 1981. 93을 참조)로 되어 있으며, 또 지식체계는 **총괄적 원형**이라는 의미에서 "고도로 조직되어 있다"(van Dijk 1982. 4)는 결론을 내릴 수 있다.

(그림 8) 과정유형 학습 (클릭스(1984, 21)를 따름)

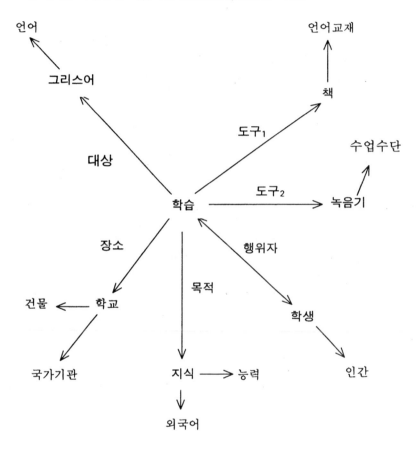

인지심리학에서는 - 그리고 이에 의거한 인지 지향적 언어학에서는 - 이러한 총괄적 원형의 여러 유형에 대한 몇 가지 가설이 제시되었다. 그 중 다음 가설들만 표본적으로 뽑아 예로 들어보겠다.

(1) 인지도식(Schema)/틀(Frame)[76]

"인지도식이란 경험을 토대로 하여 현실 영역의 **전형적 관계**가 표상되어 있는 망조직 내에 있는 개념적 부분체계로서, 그 경계를 지을 수 있다"(Ballstedt 외 1981, 27). 인지도식은 위계구조로 되어 있으며, 요소간의 주요 관계는 시간적 인접관계이거나 인과관계이다. "한 인지도식은 사물, 상태, 사건, 행위에 관한 개념적 구상을 통일시켜 준다"(Mandl 1981, 6).

자동차 인지도식을 예로 들면 자동차의 구성성분(가령, 모터)이나 또 자동차 인지도식과 직접 관련되는 생활 영역(가령, 도로)은 해당 하위 인지도식이다. 가령 서사구조의 여러 단계에는 시간적으로 정리된 인지도식이 있다고 가정하고 있다. 여기서 중요한 것은 의식을 구조화하는 데에는 여러 가지 현실 관계가 기초가 되어 있으며, 인지의 총괄적 구조에는 "사물이나 사태의 모든 특성이 표상되는 것이 아니라 전형적 특성만"이 표상된다는 가정이다(Rumelhart 1977, 80). 따라서 인지도식은 개별 정보를 그룹으로 묶어 이를 보다 포괄적인 기억단위(=chunk)로 통합하는 데 결정적인 것이며, 인지도식이 위계구조를 이룬 것이 원형이다.

인지도식에 대한 지식은 (킨취/반 다이크 1978에 의하면) 텍스트를 이해하는 토대이기도 하다. 인지도식은 청자가 실제로 텍스트를 수용하기 전 자신의 기대 형태를 잡아 주고 그리고 이해하는 데 여러 가지 틀을 만들어 주어서 청자는 이미 저장된 구상들과 관련된 정보만 받아 들이게 되는 것이다. 그 다음 이 정보들은 어떤 인지도식 안에 통합되게 되는데 - 이 가설에 의하자면 - 여기서 더 처리되는 것은 어떤 정보의 의미일 뿐 그 형태는 아니다.

---

76) "인지도식"이라는 용어는 특히 인지심리학에서 사용되고 있다. 이와 관련된 언어학 연구에서 틀(Rahmen)이란 동일하거나 거의 동일한 총괄적 구조를 일컫는다. 보그랑드/드레슬러(1981, 95)는 틀과 인지도식을 구별하고 있는데, 인지도식은 한 범주에 속하는 요소들의 순서라는 특성을 더 지니고 있다.

인지도식 이론에 제기되는 이의(Thorndyke/Yekovich 1980)는
무엇보다도 이 모형이 충분히 구체적이지 못해서 정보의 수용 및 저
장 현상을 설명하는 데는 특별한 조건하에서만 적합하다는 것이다.
이 논거가 대본이론을 고안해 내는 단초가 되었으므로 대본이론은
인지도식 이론을 구체화한 것이라고 볼 수 있다.

(2) 대본(Skript)

줄거리 진행과정에 필요한 각본을 연극이나 영화의 전문어에서 "
대본"이라고 하는 것과 비슷하게 인지심리학과 언어학에서도 "대본"
이라는 용어는 의식 속에 저장된 "전형적 행위연속체", 말하자면 자
주 반복되는 행위연속체를 수행하기 위한 역할 대본이라고 이해하고
있다.77) 차례가 엄격히 정해져 있는지 그렇지 않은지에 따라 강한
대본(식당 가기, 의사 찾아가기)과 약한 대본(물건 구입하기, 시장
보기)으로 구분한다. 일반적으로 대본은 - 인지도식이 그런 것처럼
- 행위 수행에 대해서뿐 아니라 텍스트를 이해할 때 청자의 기대자
세를 형성하거나 범주 확인적 사고조작을 하는 데에도 총괄적 원형
으로 작용한다. 그래서 텍스트에 명시적으로 나타나 있지 않은 많은
행위는 청자가 한 대본에 대응시키기만 하면 문제 없이 저절로 이해
될 수 있다.

우일(Uyl)/반 오스텐도르프(Van Oostendorp)(1980)는 의사소
통 파트너의 기대자세란 오로지 이런 유형의 총괄적 원형으로 소급
시킬 수 있는 것이 아니라 상호작용의 결과라고 비판적으로 언급하
고 있다. 또 대본이 총체적으로 활성화되는지 아니면 부분적인 대본
의 연속체로 단계적으로 활성화되는지도 밝혀지지 않았다는 것이다.

---

77) 샹크/아벨손(Schank/Abelson 1977, 41)은 대본을 "잘 알려져 있는 상황
   을 규정해 주는, 이미 정해진 판박이 식의 행위연속체"라고 이해하고 있다.
   그리고 반 다이크(1980a, 234)는 대본을 "틀 속에서 일어나는 전형적인
   일화들, 즉 사건과 행위의 연속체"라고 보고 있다.

(3) 정신(mental) 모형

존슨-레이어드(Johnson-Laird 1977, 1983, Brown/Yule 1983도 참조)가 제안한 정신모형 이론은 사회 상황의 전형적 구성요소와 행위자의 사회적 역할을 고려하면서 일반적 세상지식의 구조를 확대하여 보다 포괄적인 행위모형을 만듦으로써 위에 언급한 두 방법의 한계를 극복하려고 한다. 이 가설에 의하면 기억 속의 지식구조의 조직형태는 이 지식구조가 사용되고 도구화되는 것과 같은 형태로 되어 있다. 그래서 지식구조 속에는 개체/구상 및 이들간의 동일성이 표상되어 있을 뿐만 아니라 언제나 특정 목적과 관련한 시간 관계, 공간 관계, 원인 관계도 들어 있다고 가정하고 있다. "모형이란 그 목적에 맞는 내용과 형식을 가지고 있다. 예를 들면 설명하기 위해서, 예견하기 위해서 또는 조정하기 위해서 […] "(1983, 422).

따라서 식당에 가는 사람은 식당의 외적 상황적 틀을 아는 데 그치지 않고 이 틀 내에서 손님으로서 자신의 사회적 역할(다른 손님들과의 관계, 여종업원과의 관계…) 및 있을 수 있는 상호작용에 참여하는 이들이 모두 가지고 있는 다른 어떤 목적 및 행위연쇄와 그 결과에 관해서 알고 있는 것이다.

시나리오(Szenario) 구상도 같은 이론적 기본 가정을 출발점으로 삼고 있는데(Sanford/Garrod 1981), 차이점은 매우 복합성을 띤 세상모형 구조의 인지적 조작과정에서 진행단계의 면이 구체적 "시나리오"의 형태로 서술의 중심이 된다는 것이다.

존슨-레이어드는 각각 하위 부류를 지니고 있는 여러 가지 유형의 - 개념모형(conceptual models), 신체모형(physical models) - 정신모형을 구별하고 있기는 하지만 이 부분유형들을 하나로 묶을 수 있는지에 대해서는 암시만 할 뿐이다.

1.2.6.2.2 인지과정의 진행단계

이제 개인이 가지고 있는 서로 다른 지식구조/총괄적 원형이 어떻게 활성화되는지가 매우 큰 관심사이다. 지식의 활성화 과정에는 일반적으로 두 가지 기본형이 있다고 보고 있다(Klix 1984, 11).

1. 지식 총체의 일부를 활성화한다는 것은 기억 내용을 **연상적 저장**에 에 기초하여 자극한 결과를 말한다. 가령 어떤 텍스트에서 "메르체데스"나 "카뷰레터(기화기)"라는 어휘소로 청자에게 (이 어휘소로 인해 상황에 따라 일어날 수 있는 온갖 연상과 더불어) "자동차-틀"이 활성화될 수 있다. 그러니까 이때 자극이나 이로 인한 특정 지식구조의 활성화를 토대로 하여 비교하거나 확인하는 과정이 일어나는 것이다. 따라서 이러한 "고정된 지식(개념적 지식, 총괄적 원형)"의 활성화 원칙을 "불붙이기"라고 풀어 쓸 수 있다(Klix 1984, 11).[78]

2. **기억의 내용에 기초를 둔** 사고조작의 **진행단계**를 사용한 활성화. 여기서는 여러 진행단계에 대한 입력뿐만 아니라(특히 텍스트나 텍스트요소) 진행단계 자체도, 그러니까 진행단계가 기능하는 방식도 관심사이다. 비교과정이나 추론과정(아래를 보라!) 형태의 유도과정은 저장된 일부 내용이나 어떤 전제를 기초로 하여 일어난 다음 저장되어 있지 않은 어떤 결과에 이르게 된다.

이 진행단계들도 기억 속에 저장되어 있으며, 서로 합쳐지면 "행위에 관한 지식" 혹은 "진행단계에 관한 지식"이 된다(Lurija 1982, 67이하).

지식을 이용하는 이 두 기본 유형은 함께 작용하며 또 서로 맞물려 있기도 하다(이에 관해 클릭스(1984, 44)가 그림으로 나타낸 것을 참조).

텍스트 산출 및 수용과 결부되어 있는 많은 심리적 진행단계 중

---

78) 만들(Mandl 1981, 14)은 저장되어 있는 의미단위를 그저 "불러낸다"거나 아니면 "끄집어낸다"는 생각에 반대하면서 이러한 활성화 형태는 "이해할 때 일어난 과정의 반복"으로 생기는 것임을 강조하고 있다.

이 맥락에서는 추론과정과 거시구조의 형성에 쓰이는 과정만을 언급하겠다.

추론이란 "청자가 - 한 텍스트에서 출발하여 - 주어진 명제에서부터 이 명제와 연계된 새로운 명제를 구성할 때 사용하는 인지조작이다. 여기서는 조작뿐만 아니라 결과도, 즉 이끌어 낸 명제도 추론이라고 한다."[79] 그러니까 이러한 추론하기("inferencing")는 텍스트 세계를 짜맞추기 위해 "자신의 지식이 부가될 때"면 언제나 일어난다 (de Beaugrande/Dressler 1981, 8).

그러므로 이해과정이란 모두 청자의 능동적 행위를 전제로 하므로 결론적으로 청자가 능동적으로 계속하는 **구성과정**인데(재구성과정에 불과한 것이 아니다!), 이 구성과정에서는 텍스트에 의해 청자의 의식에 활성화된 의미단위들이, 역시 청자에게 활성화된 총괄적 원형에서 나오는 다른 지식요소와 연결되는 것이다. 보통 한 텍스트는 이렇듯 복합적인 구성과정을 토대로 해야만 비로소 정말 이해되는 것이다. 화자는 텍스트를 생산할 때 이러한 추론을 계획에 넣고 있으므로 잠재적인 어떤 텍스트부분을 의식적으로 생략하게 되는데, 청자가 자신의 지식을 토대로 "이 공백"을 어려움 없이 보충하리라고 화자가 생각할 수 있을 때 그러하다. 따라서 동일한 텍스트구조라도 청자가 다르면 사회지식과 문맥에 따라 해석에 차이가 날 수 있다 (Hörmann 1976).

이런 식으로 추론은 텍스트에 표현된 것을 훨씬 넘어서는 어떤 관련성을 조성하곤 한다. 텍스트는 추론에 의해서만 비로소 독자/청자에게 응집성을 띤 것이 되는 것이다.[80]

---

79) 만들(1981, 8), 프리드릭슨(Frederiksen 1975)을 참조.
80) 그 이상의 재구성 진행단계에 관해서는 라이저/블랙(Reiser/Black 1982, 231), 멧칭(Metzing 1980)을 보라.

1.2.6.3 진행단계적 텍스트 기술모형

보그랑드/드레슬러(de Beaugrade/Dressler 1981)의 연구방향은 그 자체로 완결성을 지니고 있으며 인지 지향 언어학의 텍스트모형의 보기로 널리 알려져 있다. 여기 그 기본 특징을 소개하겠다. 이 두 저자는 특정 텍스트단위나 텍스트구조를 설명하기보다는 이들 텍스트단위를 구성하거나 이해하는 데 중요한 인지적 결정 조작이나 선택조작을 밝혀 내려 한다. 이러한 의미에서 텍스트는 서로 맞물려 있는 많은 조작의 결과물이라고, 즉 "의사소통적 출현"이라고 이해되고 있다(de Beaugrande/Dressler 1981, 3).

그래서 이 인지적 과정, 곧 "주요 처리 단계"(de Beaugrande/ Dressler 1981, 41이하)를 중심으로 서술하겠다.

텍스트산출 모형

1. 계획하기: 목표 설정 및 텍스트종류 선택 단계.
이 단계에서 텍스트산출자는 "수단-목적-분석"을 기초로 하여 자신이 원하는 목표 상태를 어떻게 하면 가장 합목적적으로 달성할 수 있는지 생각한다. 이때 텍스트산출은 주 목표를 향해 가고 있는 하위 목표일 수도 있다. 선택할 수 있는 많은 텍스트종류 가운데 가장 적합하다고 생각되는 형을 택한다.
2. 착상: 이 단계는 수사학의 "착상(inventio)", "생각 찾기"에 해당한다. 아이디어(이것은 텍스트주제에 비교할 수 있다)란 "내용의 내적 형태"라고 이해할 수 있으며 이것으로 이미 조정 중심(control center)은 주어지는 것이다.
3. 전개: 이 단계에서는 찾은 아이디어를 보다 자세히 규정하고 또 확장하기 위해서 여러 내용을 기억장치에 내적으로 조직하여 배열한다. 즉 저장된 지식공간("knowledge spaces")을 찾는다 (텍스트의 주제전개와 비슷하다).
4. 표현: 앞선 단계들을 "심상적 표상"이라고도 생각할 수 있으므로 이제

각 정신적 내용을 활성화하는 데 적합한 (특히 언어)표현을 찾는다. 이때
이미 화자가 활성화한 표현을 선호하는 현상이 나타난다.
5. 문법적 종합(parsing): 이 단계에서는 여러 표현들이 문법 관계에 맞
게 자리를 잡고 선형으로 연결되어 표층텍스트에 배열된다.

이 다섯 단계는 선형으로 차례차례 진행되는 것이 아니다. 경우에
따라서 "다섯 단계는 모두 동시에 상호작용하되 어느 단계가 더 활
성화되는지는 일정하지 않다"(de Beaugrande/Dressler 1981,
45). 이러한 단계로 된 인지도식에서 벗어나는 경우는 특히 한 단계
에서 유지되기 어렵거나 불만족스러운 결과가 나타날 때이다. 텍스
트 산출과정은 "만족한 선이 도달되었으면" 완결된 것으로 간주된다.
보그랑드/드레슬러(1981, 46이하)는 **텍스트수용**이란 이 주요 처
리단계를 비슷한 식으로 "반대 방향으로" 배열한 것이라고 본다. 즉
(1)문법 분석 (2)개념 불러내기(=표현의 활성화) (3)압축하기와
중점 인식하기 (4)생각 되불러내기 (5)계획 되불러내기.
추론과정은 텍스트수용의 모든 단계에서 중요하므로 텍스트가 만
족스럽게 이해되었고 또 청자의 총괄적 기대모형에 만족스럽게 통합
되었다고 여겨질 때에야, 즉 개개인이 각각 어떤 완결점에 도달했을
때에야 비로소 텍스트는 완결된 것이다.
텍스트 이해과정을 설명할 때 지식과 경험 그리고 상황을 고려하
는 것이 얼마나 중요한지 보그랑드/드레슬러 같은 이들은 다음의 실
제 보기에서 보여 주고 있다.

　　(12) Slow children at play
　　　　(천천히 노는 아이들)

한 문장으로 된 이 텍스트는 뜻이 모호하다. 이 텍스트는 - 전적
으로 표층구조에서 출발한다면 - 놀이할 때 동작이 굼뜬 아이들을
언급하고 있다고 할 수 있다. 그러나 독자가 자신의 지식체계의 특
정 요소를 활성화하고 상황(어떤 고장 내의 길가에 있는 교통표지

판)을 고려하면 이 텍스트를 두 부분으로(천천히 - 노는 아이들) 나누고 (규정에 정해진 대로) 속력을 줄여 달라는, 차량에 대한 요청으로 적절히 해석할 것이다.

따라서 이 텍스트를 정확히 이해하려면 수용자는 (가령 더 이상의 입력물 없는 컴퓨터처럼) 표층구조를 처리하는 데 머무르지 말고 광범위한 텍스트수용 단계 모형이 요구하는 방법을 취해야 한다.

다른 한편 보그랑드/드레슬러는 "텍스트가 정신과정 뒤로 완전히" 물러나서는 안 된다고 강조한다. 비록 여러 청자가 지식체계와 진행 단계, 관심이 서로 달라서 동일한 텍스트구조를 달리 해석한다고는 하지만, 그렇다고 해서 청자가 텍스트를 마음대로 해석할 수는 없다. 즉 이해행위가 이루어지려면 청자는 텍스트가 수용될 수 있는 가능성의 범위를 지켜야 한다 (과장하자면, 화자는 결혼광고를 스포츠보도로 해석할 수는 없는 것이다). 그런데 이 가능성의 범위는 텍스트구조 및 그와 결부된 **텍스트성**(텍스트의 본질적 자질의 총체)에 의해 그 경계가 지어진다. 그래서 보그랑드/드레슬러는 모든 텍스트에 충족되어야 하는 이 텍스트성에 대한 일곱 가지 기준을 도출해 낸다. "이 기준 가운데 하나라도 충족되지 않은 것으로 여겨지면, 텍스트는 의사소통성이 없는 것으로 간주된다"(Neubert 1982, 30).

텍스트성의 기준

1. 응결성(Kohäsion): 이 속성은 한 텍스트의 표층구조 단위들의 공통적 소속성을 반영해 주고 있으며 문법적 의존관계에 기초하고 있다.
2. 응집성(Kohärenz): "의미의 형상"이라는 뜻에서 내용의 연속성을 말한다. 응집성은 "그저 텍스트의 속성에 불과한 것이 아니라 텍스트 사용자의 **인지과정의 결과**"이다. 따라서 응집성은 텍스트에 다듬어 놓은 지식("텍스트세계")과 의사소통자에게 저장된 "세상지식"의 결합에 의해 비로소 생겨 난다. 텍스트 중심의(그러니까 텍스트에서 바로 확정할 수 있는) 두 개념 외에 보그랑드/드레슬러는 다섯 가지 "사용자 중심" 범주도 들고 있다.
3. 의도성(Intentionalität): "지식을 전파하거나 어떤 계획에 제시된 목

표에 도달하기 위해" 응결성과 응집성을 지닌 텍스트를 만들려고 하는 텍스트생산자의 마음자세(attitude)를 말한다. 한 기호연속체는 비로소 이 기본 속성에 의해 텍스트가 된다(Neubert 1982, 32).

4. 용인성(Akzeptabilität): "자신에게 유용하거나 중요하며 응결성과 응집성을 지닌 텍스트를 **기대하는**(강조는 저자 하이네만이 한 것임) 텍스트수용자의 마음자세"를 말한다. 이때 청자는 응집성과 텍스트 의의를 생산해 내기 위한 작업인 추론을 하기 위해서 자신의 전제지식을 투입한다.

5. 정보성(Informativität): "서술된 텍스트요소들을 청자가 어느 정도 기대했는지 또는 기대하지 못했는지, 청자가 어느 정도 알고 있는 것인지 아니면 알지 못하는 것인지 또는 어느 정도 불확실한 것인지를 말한다. 물론 텍스트라면 모두 적어도 최소한의 정보를 전해 주고 있으므로 어떻게든 정보성이 있다. 그러나 정보성의 정도가 청자의 관심을 조절한다. 즉 정보가 너무 적으면(진부한 사실, 어떤 청자 집단에게는 당연한 것) 지루하게 되어 텍스트를 거부하게 될 수 있고 또 정보성이 (어떤 청자 집단에게) 너무 높으면 상대편에게 무리가 되어 텍스트에 등을 돌리게 할 수도 있는 것이다. 따라서 한 텍스트가 지녀야 할 적절한 정보성은 - 이는 의도, 기대, 상황에 달려있다 - 텍스트를 구성하는 기본 성분이며 또 의사소통성의 정도를 나타내 준다.

6. 상황성(Situativität): "한 텍스트가 어떤 의사소통 상황에 관련되도록 해 주는 요인의 총체"를 말한다. 텍스트의 의미와 사용은 바로 상황에 의해 규정되기 때문에 상황 관련성 없이는 텍스트도 없다.

7. 텍스트상호성(Intertextualität): 한 텍스트가 다른 텍스트와 갖는 관계 및 특정 텍스트종류나 텍스트부류의 요소로서 갖는 특징을 말한다. 즉 학술텍스트는 일상대화와는 다른 구조로 되어 있고 진정서는 신문보도와는 다른 구조로 되어 있다.

여기 언급한 일곱 가지 기준은 보그랑드/드레슬러(1981, 13이하)의 모형에서 "텍스트에 의한 의사소통의 구성원칙으로 작용한다. 이 기준들은 텍스트에 의한 의사소통이라고 규정할 수 있는 행동양식을 규정하고 생성하며, 만약 이 기준들이 파괴된다면 행동양식은 망가지게 된다."

가령 여러 텍스트종류나 텍스트 하나하나에서 여기 언급한 텍스트성의 속성이 어느 정도로 심화되는지의 문제가 아직 전혀 해결되어 있지 않으므로 이 텍스트 기술방식은 "최종 해결책과는 거리가 멀다고" 저자들 스스로 인정하고 있다고 하더라도 이 모형이 언어학 내의 새로운 인지적 사고를 대표하는 것이라고 보아도 될 것이다.81)

1.2.7 대화분석

1.2.7.1 민족방법론에 입각한 대화분석

50년 대 초반 미국의 사회학과 민족학적 언어학에서 의사소통 진행과정의 형식적 구조 문제, 특히 대화에서 화자교체와 수정기제를 처음 언어학적 분석의 중심으로 만든 논의 맥락이 형성되었다. 무엇보다도 현상학, 인지사회학, 민족방법론, 형식사회학, 발화의 민족방법론 등의 영향하에 생긴 연구방향은 예외 없이 실제 언어자료를 대상으로 하여 실제 의사소통 과정의 분석을 유일한 연구대상이라고 단언했으며, 이 점에서 언어분석철학의 영향 아래 생긴 연구방향들, 특히 오스틴과 써얼의 화행론에서 제안된 모형과는 인식의 관심사가 달랐다. 이것을 주된 동기로 삼고 있는 많은 연구방향들은 오늘날 회화분석(Konversationsanalyse) 혹은 대화분석(Dialoganalyse)이라는 개념으로 집약하여 일컬어지곤 한다. 이렇게 집약하는 것은 이 연구방향들이 모두 민족방법론적 분석 정신의 영향을 받고 있다고 생각한다는 점에서 정당하며 그 기본 입장은 다음과 같이 설명할 수 있다.

---

81) 이 모형의 자극 기능은 무엇보다도 그라우슈타인/티일레(Graustein/ Thiele 1983)가 개발한 텍스트 기술방식에서도 나타난다. 여기서는 실제 과정과 세계(세계층위＝W) 현상 및 의사소통 과정(텍스트 층위＝T) 사이를 중개하는 과제가 인지적 기술층위(＝C)의 몫이다.

(i) 대화는 우리 사회 세계의 기초를 이루고 있는 일상활동의 주요 구성 성분이다. 한 텍스트 혹은 대화는 - 다른 모든 사회활동과 마찬가지로 - 상호작용의 산출물이며 이 산출물 속에서 대화참여자는 자신의 언어활동을 일정한 유형의 활동으로 규정하고 이를 쌍방에게 분명히 해 주며 공동으로 활동을 조직함으로써 서로 소통을 이루게 된다. 이렇게 활동함으로써 대화참여자들은 자기 자신을 규정하고 또 이 활동에 뒤따르게 되는 어떤 일에 스스로 또는 서로간에 의무를 지게 되고 이것을 해석하는 일에 대해 교섭하게 된다.

(ii) 대화구성에 요구되는 행위는 차례차례 수행된다. 다시 말해, 상호작용 참여자는 (학문적이지는 않지만) 방법을 알고 있으며, 이 방법으로 대화를 차례대로 조직하고 대화와 결부된 의사소통 과제를 해결하게 된다.

(iii) 대화활동의 의미는 외적 조건이나 규범에 의해 규정되거나 주어져 있다기보다는 상호작용하는 파트너의 활동 자체에 의해 "산출"되는 것이다. 따라서 대화분석 연구방향들은 의미란 언어발화에 의해 전해지는 것이 아니라, 대화파트너 쌍방에 관련된 활동과정에서 상호작용하여 형성된다는 입장을 취하고 있다(Psathas(1979), Atkinson/Heritage(1984), Levinson(1983) 참조). 그러나 거의 모든 대화분석 연구방향이 한결같이 공통적으로 이러한 입장을 표방하고 있다고 하더라도 간과해서는 안 되는 것은 대화분석 내에 존재하는 많은 연구 방향들은 이론적 입장에서는 말할 것도 없고 분석과 결부되어 있는 인식의 관심사에서는 훨씬 더 많은 차이가 난다는 것이다. 이 차이는 무엇보다도 각 연구방향들이 서로 아주 다른 연구방향의 사회학, 인류학, 심리학에 입각하고 있다는 데서 기인하기도 한다. 칼마이어(Kallmeyer)/쉿체(Schütze)(1976), 헤네(Henne)/레복(Rehbock)(1982) 및 반 다이크(1980a)는 이 사실을 강조하고 있다.

대화분석 초기부터 이미 비교적 분명한 윤곽을 가진 세 연구방향을 구분할 수 있다. 이 세 연구방향은 대화분석의 목표 설정에는 원칙적으로 동의하지만 완전히 다른 현상을 분석의 중심에 두고 있다.

1. 민족방법론적 연구방향은 색스(Sacks)에서 시작되었고 그후 색스, 제퍼슨(Jefferson), 쉐글로프(Schegloff)가 목적 의식을 가지고 더 발전시

켰으며, 쉥크아인(Schenkein), 터너(Turner) 및 다른 많은 이들이 받
아 들여 자세히 분석함으로써 그 중요성을 확인하였다. 이 연구방향은 가
핑컬(1967)의 영향 아래 대화 진행과정의 형식구조(화자교체, 수정)의
분석을 대화분석의 중심에 두었으며, 상호작용 파트너가 사회화 과정에서
습득하여 대화를 구성하는 데 도구로 사용하는 방법을 목적 의식을 가지
고 기술하였다. 이 연구방향이 특히 주의를 기울였고 또 여전히 주의를 기
울이고 있는 것은 가령 대화개시 구조나 대화종료 구조 같은, 대화를 조직하는
기본 구조이다(특히 Pomerantz 1984, Davidson 1984, Drew 1984를 참
조). 미국 대화 분석의 한 유형인 이 연구방향의 연구 강령은 서유럽의 많
은 연구방향에 영향을 끼쳤으며 적어도 몇 연구방향들은 색스와 쉐겔로
프, 제퍼슨의 연구를 중심으로 삼았다(Sacks 1984를 참조).
2. 소위 "발화의 민족학(Ethnographie)"이라는 민족언어학적, 인류학적
연구방향은 특히 하임스(Hymes)가 창시하여 알렸으며 나중에 굼퍼즈
(Gumperz), 에르빈-트립(Ervin-Tripp), 셔져(Sherzer)가 받아 들여
계속 발전시켰다. 이 대화분석 연구방향은 색스와 그 제자들과는 달리 일
차적으로 언어와 사회문화적 맥락 사이에 존재하는 관련성을 체계적으로
분석함으로써 밝혀지게 될 언어사용의 기능에 관심이 있었다. 더 나아가
발화의 민족학은 색스학파나 나중에 설명하게 될 인지심리학과는 본질적
차이점이 있었다. 발화민족학은 서로 다른 사회문화적 문맥이나 인간 공
동체 내의 의사소통 진행과정을 목적 의식을 가지고 연구하여 대비 관점
에서 분석한 홍미로운 자료를 많이 얻게 되었다는 점이 그것이다. 이 연
구방향은 또 의사소통 진행과정과 상황의 관련에만 집중하는 것이 아니라
언제나 사회적 요인을(문법적, 문체적, 텍스트구조적) 언어의 변이형들에
도 관련시키고 있다.
3. 시쿠럴(Cicourel), 메한(Mehan), 찌머만 등의 인지사회학 혹은 해석
적-민족방법적 사회학은 먼저 언급한 두 방향과는 입장을 달리하고 있다.
즉 이들은, 수많은 일상활동의 반복성을 고려한다면, 상호작용 파트너들
이 대화를 조직하는 데 사용하는 방법은 다른 지식체계와 결부되어 있는
특유한 사회지식의 한 유형이라는 가정이 정당하다고 본다. 따라서 시쿠
럴에 따르면 대화분석의 과제는 대화의 생산과정과 해석과정을 이러한 지
식체계와 관련하여 자세하게 연구하는 것이어야 하며, 또 "직관적 사회지

식"의 재구성에 특별한 의미가 부여된다. 이러한 근본적 입장을 보면 대화분석의 해석적-민족방법적 방향이 가핑컬이나 쉇츠의 영향을 받았을 뿐만 아니라 베버(Weber)의 사회학 이론에서도 - 이 이론에서는 이해의 문제가 사회적 상호작용에서 매우 핵심적 역할을 한다 - 결정적 영향을 받았다는 것을 어렵지 않게 알 수 있다. 시쿠럴과 그 추종자들은 이 구상에서 무엇보다도 의미구성 문제를 중심으로 삼았는데, 여기서 의미란 이들의 견해로는 해석 방법이나 상호작용의 전제를 적용함으로써 구성되는 것이다.

민족방법론의 영향을 받은 대화분석 연구방향들을 분류하려는 시도는 개념의 다양성을 반영해 주지도 않을 뿐더러 처음에 언급한 학문분과의 영향하에 제안된 개개 모형들의 이론적 복합성을 반영해 주지도 않는다(이에 관해 특히 반 다이크(1985)를 보라). 더 나아가서 이 연구방향들을 간단하게 설명하면 각 연구방향이 어떤 이론적 입장에서 보았을 때 부족한지 혹은 어떤 점에서 저마다 연구강령에 설정해 놓은 목적에 부합하는지가 충분히 분명해지지 않는다. 이러한 질문들에 대해 제 4장에서 몇 가지 대답을 할 것이다. 멩 (Meng 1985)은 이에 대해 비판적 분석을 시도하고 있다. 게다가 각 연구방향을 서술해 보니 최근 각 방향들간에 많은 통합과정이 있었다는 것이 드러나지도 않았으므로 특정한 이론적 입장이 이 방향들 중의 하나에 반드시 반영될 수 있는 것도 아니다.

그러나 모든 연구방향에 공통된 견해는 대화분석의 경험적 연구가 원칙적으로 실제 의사소통 과정의 기록을 토대로 수행되어야 한다는 것이다. 여기서 상호작용 파트너가 대화에서 만들어 내는 조직구조는 가능하다면 상호작용 파트너가 스스로 사용한 범주나 혹은 이들과 관련 있는 범주를 사용하여 밝혀져야 한다. 다시 말해, 대화분석은 가능하다면 사전에 미리 정의된 범주로 이루어지지 않는다는 뜻이다. 오히려 이러한 분석은 화자가 발화를 무엇이라고 정의하는지 혹은 한 파트너가 다른 파트너의 발화를 어떻게 다루는지를 밝혀 내야 한다는 것이다. 따라서 대화활동은 원칙적으로 상호작용하는 파

트너의 시각, 곧 대화 진행과정의 시각에서 재구성되어야 한다. 이러한
실제적 요구 때문에 민족방법론적 대화분석은 비이론적이라고 혹은 이론
이전의 방식으로 작업하고 있으며 인식의 발견에 대한 가설들의 중요성
을 문제삼는다고 자주 비난받곤 했다. 그러나 구체적인 분석을 보면 대
화분석 연구방향 하나하나가 이 원칙을 전혀 일관성 있게 따르지 않았다
는 것이 아주 금방 분명해진다. 어떤 이론적 가정 없는 언어학적 분석이
란 목적과 인식의 관심사를 사전에 명확히 규정하지 않은 분석과 꼭 마
찬가지로 동의할 수 없는 것이기 때문이다. 이른바 화용론적 전환 후 서
유럽에서 생긴 대화분석 연구방향들은 어느덧 회화분석(Konversations-
analyse:Kallmeyer/Schütze 1976, Dittmann 1979, Franck 1980,
Streeck 1983),담론분석(Diskursanalyse:Wunderlich 1976a), 대화언
어학(Steger 1976), 대화분석(Ungeheuer 1977, Henne /Rehbock 1982),
담화분석(Discourse Analysis: Coulthard 1977), 대화연구(Dialogfor-
schung:Hundsnurscher/Weigand 1986) 등의 명칭으로 독자적인
언어학 학문분과의 일부로 자리를 굳혔다. 이 연구방향들은 대체로 미국
회화분석을 수용한 것이거나 아주 결정적으로 그 영향을 받고 있기는 하
지만, 다른 한편 부분적으로 이전에 유럽에서 생긴 철학적 대화이론 혹
은 대화의 시학을 받아 들이고 있기도 하다. 이 말에 이미 함축적으로
표현된 것은 미국 회화분석과 서유럽 연구방향의 다수가 근본 이론
적 입장에서나 방법론적 입장에서는 일치하지만 부분적으로는 아주
본질적인 차이도 있다는 사실이다. 그 이유는 무엇보다도 서유럽에
서 발전한 연구방향들이 대화분석에 새로운 연구 전망을 열어 준 문
제제기를 받아 들인 데 있다. 가령 이들은 대화를 상세하게 연구하
여 대화와 대화단편의 분절구조(Berens 외 1976), 대화개시와 대
화종료의 규칙성(Berens 1981, Gülich 1981) 및 대화의 내부 분
절구조와 그에 상응하는 분절신호(Schank 1979)에 대해 훨씬 더
깊은 인식에 이르게 되었다. 뿐만 아니라 이러한 연구들은 대화를
조정하는 수단과 형식(Schwitalla 1979a), 특히 화자신호와 청자
신호의 기능을 밝혀 냈으며 대화에서의 복합적 행위원형을 드러내

주었다(Rehbein 1977, Ehlich/Rehbein 1979, 4.2.1도 참조). 그리고 처음으로 대화의 주제층위의 조직에도 특별한 관심을 두고 (Kallmeyer 1977, 1981) 또 대화나 대화행위 유형에 이론적 근거를 둔 유형화도 목표로 삼게 된다(Schwitalla 1978, Meyer-Hermann 1978, Streeck 1979). 연구대상 문제에 합의가 유지되고 있는 것처럼 보인다 하더라도, "민족방법론적 분석 정신"이 곧잘 튼튼한 대화분석의 이론 형성으로 대체되거나 문법론적 구상과 체계적으로 관련을 맺게 되는 것을 아주 금방 알 수 있다. 가령 운게호이어(Ungeheuer 1977, 30)는 실제 대화를 가설에 입각하여 분석하여 의사소통이론이나 부분적인 의사소통이론을 고안할 수 있어야, 즉 대화이론에 이를 수 있어야 한다는 것을 분명히 해 주었다. 그럴 때 각 이론영역은 지속적이고 의도적인 검토를 받게 되고 서로 다른 실제 자료영역에서 수정되게 된다. 아마도 방법론적 문제에 관한 토론을 강화한 것이 대화분석과 텍스트언어학이 근본적으로 새롭게 방향을 설정한 데 대한, 적어도 몇 년 전부터 볼 수 있는 새로운 방향 설정에 대한 원인의 하나일 것이다. 즉 대화분석과 텍스트언어학은 지금까지 따로따로 진행된 발전과정을 점점 버리면서 쌍방의 학문분과의 연구 결과를 서로 수용하고 있다. 그 필연적 결과는 대개 그동안 너무 좁게 잡았던 몇몇 연구방향들의 범주적 틀이 깨졌다는 것이다. 이렇듯 이 두 연구방향이 서로 접근하였음에도 불구하고 통합으로 가는 길은 현재로서는 아직 매우 멀다. 이 길을 일관성 있게 가고 있다는 것은 퀼리히/코취(Gülich/Kotsch 1987), 룰레(Roulet 1988), 훈츠누르셔/바이간트(Hundsnurscher/Weigand 1986), 쿨사드(Coulthard)/몽고메리(Montgomery)(1984), 카니지우스(Canisius 1986)의 연구에서 확실히 알 수 있다.

1.2.7.2 활동중심적 대화분석

여기서 방법적 절차를 근거로 하여 "활동중심적 대화분석 혹은 담소분석"이라는 구상으로 집약하는 대화분석 연구방향들은 민족방법론의 영향을 받은 모형과는 특히 사회이론에서 출발한다는 입장에서 아주 본질적 차이가 난다.

활동중심적 대화모형에서 상호작용이 일어나는 사회구조란 객관적으로 존재하는 물질적 토대를 가지고 있는 사회관계의 앙상블이지, 계속 새롭게 만들어져 의도적으로 조율되었으며 개인의 행위를 규정하는, 세계의 해석물이 아니다. 따라서 상호작용이 일어나는 사회세계는 객관적 세계, 곧 특별한 성질의 세계이지 상호작용 파트너들이 서로 조율한 활동이 수행됨으로써 비로소 생겨나는 사회 현실이 아니다. 이러한 근본적 문제에서 합의가 있다고는 하지만 활동중심 대화분석 내에도 여러 발전방향이 있다는 것을 알 수 있다. 이 발전방향들은 - 민족방법론적 대화분석에서처럼 언제나 그렇게 윤곽이 분명한 것은 아니지만 - 서로 다른 심리학이론의 영향 아래 생긴 것이다. 많은 모형들이 문화사적 심리학의 이론적 방법론적 원칙에, 특히 비고츠키와 레온쩨브의 이론에 기반을 두고 있다. 그런가 하면 어떤 모형들은 루빈스테인, 아나네프(Anan'ev) 같은 이들의 활동심리학적 논의에 보다 강하게 의거하고 있으며, 또 다른 모형들은 문화사적 심리학의 활동이론적 접근법을 야꾸빈스키(Jakubinskij 1923), 바흐찐(Bachtin 1979a,b) 등의 주목할 만한 대화이론적 논의와 연결시킴으로써 대화로 된 발화에 대한 중요한 논의를 현대적 대화분석 방법과 통합하고 있다. 여러 연구방향의 다양성은 멩(1980), 르이조프(Ryžov 1980)와 꾸찐스키(Kučinskij 1983)가 강조하여 언급하고 있다. 활동이론적 대화분석 모형들이 지향하고 있는 심리학이론 가운데 그 어떤 것도 대화이론 혹은 대화이론의 토대를 고안해 내지는 못했지만, 이 이론들은 모두 대화에 의한 의사소통을 의사소통 형식의 전형으로 여기고 있으며, 의사소통하는 한 쌍은 인간 의사소통의 본원적 형식으로서 독화(Monolog)는 결국 대화에서 발전할 수 있었다고 이해하고 있다. 이러한 가정을 지탱해 주는 것은 무엇보다도 기본이 되는 이론적 입장 두 가지와 근본적 방법론적 원칙 하나이다. 즉 언어는 원칙적으로 언어에 의한 의사소통을 실현하는 데 목적을 두고 있는 기능적이고 역동적인 체계라고 이해되고 있다. 또 언어에 의한 의사소통은 - 다른 모든 활동도 마찬가지지만 - 인간의 사회 활동으로서 사회 관계의 밖에는 존재하지 않는, 역사적으로 구체적으로 존재하는 특정 체계의 기능으로 연구할 수 있는 것이며, 따라서 개인 활동이나 두 개인이 서로 조율한 활동도 사회 활동이라고 이해되어야 한다(이에 관해 자세한 것은 2.2를 참조). 여기서 방법론적으로 중요한 것은 특히 활동이라는 개념을 개별 학문의 개념으로 이해하는 것이 아니라 한 학문분과의 범위를 훨씬 넘어서는 것으로서, 그리고 이 보편적 설명력을 기초로 하여 개인, 의식, 사회의 상호작용을 밝혀 내는 데 쓰이는 범주로 이해한다는 것이다(Judin 1984를 참조). 물론 이러한 입장이 아직 구체적 자료를 기술하는 것과 관련해서나 체계적 대화분석을 통해 충분히 그 중요성이 확인되지는 못했다는 것은 의심할 바 없다. 그렇지만 텍스트분석과 대화분석에서 볼 때 이 입장의 기본적 방향설정은 논란의 여지가 없다.

1.3 종합적 상황 점검 :
텍스트언어학이여, 어디로 가고 있는가?

 텍스트언어학이 지금까지 발전해 온 상황을 개괄해 보면, 대부분의 텍스트언어학 기술방향은 텍스트 현상 하나하나를 단순히 기술하는 데 그치지 않고 텍스트 전체의 특성을 가능한 한 적절히 설명하려고 애쓰고 있음을 알 수 있다. 여러 가지 개별 언어에 나타나는 특정 텍스트부류의 텍스트구조를 복합성을 띠고 있는 행위맥락에서 설명하려는 노력이 함께 나타나고 있는 것이다.
 이러한 모든 노력의 결과 다음과 같은 사실이 밝혀진다.

- 텍스트언어학은 오늘날 거의 독자적인 학문분과로 국제적으로 자리를 굳혔다. 구조를 지니고 있으며 기능에서 연유하는 특성을 지닌 텍스트는 언어학적 연구의 중심 대상이 되었다.
- 많은 개별 문제들이 충분히 설명될 수 있었고 텍스트가 어떻게 작동하는지에 대해 여러 가지 해결 방식이 제시될 수 있었다.
- 텍스트를 기술하는 것은 학제적 문제 영역으로 보아야 한다. 텍스트 현상을 설명하는 데는 문법이론과 행위이론 혹은 활동이론 외에 무엇보다도 다음과 같은 학문분과가 중요한 역할을 한다. 의사소통연구(특히 대중 의사소통 문제 탐구), 사회학, 심리학(특히 인지심리학), 교육학, 법학이 그것이다. 여기서 주목할 것은 학제성이란 부분적인 계획들을 단순히 합친 것이 아니라 이 계획들의 공동작용, 곧 서로 다른 방법론적 구상의 통합이라고 이해할 수 있다는 사실이다.

그럼에도 지금까지 텍스트언어학의 기본 목표는 달성될 수 없었다는 - 아니면 기껏해야 초보적인 정도로만 달성될 수 있었다 - 것을 간과할 수 없다. 그 기본 목표란 그 자체로 완벽한 텍스트이론을 도출하는 것 그리고 언어 외적 사실을 한편으로는 의사소통 과정의 요인과 연결해 주고, 다른 한편으로는 이 언어 외적 사실에 부합하는 언어로 텍스트에 표현할 가능성과 연결해 주는 성분과 방법을 정확히 서술하는 것을 말한다.82)

이 사실에서, 이론적 결함이 있으니 다시 언어학의 "본래" 과제를 생각해 보고 문장모형의 범위 내에서 실제 언어자료를 정확히 기술하는 것을 더 진척시키자는 결론을 도출할 수도 있을 것이다. 이 체념적 자세에 언어현장의 요구가 맞서 있다. 즉 텍스트를 실제로 다룰 때 방향을 잡아 주고 도와 줄 목적으로 텍스트를 기술하여 제시하고 그리고 적어도 아주 중요한 실제적 요구를 충족시키면서도 더

---

82) 이것을 헬비히(1988, 157)는 "[…] 텍스트언어학은 […] 언어학에서 가장 현대적이고 가장 총애받는 연구방향에 속하지만, 근본적인 범주 문제를 해결함으로써 텍스트언어학을 독자적인 학문분과로 완전히 정당화하는 것은 이루어지지 않았다"는 주장에서 암시하고 있다.

보충할 수 있고 또 이론적으로 정밀하게 할 수 있는 가능성을 열어
놓고 있는 모형을 개발하라는 요구 말이다.

우리가 서술하고 있는 것은 여기서 윤곽이 드러나고 있는 이 길에
서 작게 한 걸음 앞으로 나아가려는 시도이다. 1.2장의 서술에서 알
수 있는 것은 여기서 개발하고 있는 텍스트 기술방향은 지금까지 텍
스트언어학의 발전과정을 말하자면 단지 "상쇄하고" 지금까지의 모형
에 대결하는 것이 아니라 이를 집약하거나 통합한다고 이해할 수 있
으며, 계속적인 발전이나 새로운 방향 설정을 배제하는 것이 아니라
포함하고 있다는 것은 말할 필요도 없다.

그리고 이미 여러 번 주장한 **통합** 경향이 점점 더 분명하게 나타
나고 있다.

- (독화를 다루는) 텍스트언어학과 대화를 다루는 의사소통 연구, 발화된
  입말과 문자로 된 글말 연구, 활동 중심 텍스트연구와 행위 중심 텍스
  트연구가 서로 마주 향해 가고 있다.
- 표층구조와 텍스트의미의 상호 맞물림, 텍스트구조와 발화수반행위 구
  조의 맞물림, 언어 의사소통과 비언어 의사소통의 맞물림, 사물을 다루
  는 실제 활동과 텍스트구조의 맞물림, 실제 활동 및 인지과정과 감정의
  맞물림(Daneš 1987, 272이하), 활동 및 사회구조와 텍스트구조의
  맞물림, 텍스트생산과 텍스트이해의 맞물림 등을 파악하려는 시도가 있다.

사실 포괄적인 시각에서 보면 모든 것이 위에 언급한 서로 다른 기술
방식과 연구 전망이 "상쇄"되기를 촉구하고 있다. 이 책의 서술은 이 기
본 경향을 수용하려고 한다. 그러면서 필자들은 위에서 서술한 텍스트
현상을 개괄하는 것이 꼭 필요하며 그렇게 하는 데는 **사회적 상호작
용**이 방향 설정의 중심점이 될 수 있다는 가설에서 출발하겠다.

의사소통 과정에 관여한 이들의 활동/행위가 집약되는 곳은 상호
작용 속이다. 아래 서술하게 될 연구방향은 특히 이 사고를 중심에
두면서 의사소통의 여러 측면과 의사소통 과정에 토대가 되는 인지
적 진행단계를 체계적으로 관련지으려고 한다.

제 2 장

텍스트, 텍스트산출, 텍스트해석

2.1 기본 입장

제 1장에서 텍스트언어학 또는 텍스트학이라는 명칭하에 최근 언어학의 독자적 학문분과로 자리를 잡은 주요한 여러 발전 방향들을 개략적으로 살펴보았다. 이번 장에서는 이제 텍스트산출과 텍스트해석(텍스트이해, 텍스트수용) 과정을 상세하게 고찰해 보고 그와 관련하여 이 책을 서술해 나가는 데 길잡이 역할을 하는 몇 가지 기본적 구상을 전개하려고 한다. 따라서 이 장의 중심은 누구나 매일 여러 차례 실현하거나 또는 사람들의 사회적 공동생활 과정에서 일어나는 언어활동에서 볼 수 있는 아주 일상적인 과정이다. 그런데 이러한 과정들이 일상적이고 또 심지어 언어행위에서 일부 관찰될 수 있다고 해서 우리가 이를 직접 관찰하여 비교적 쉽게 기술할 수 있다는 것은 아니다. 실은 정반대이다. 우리가 관찰할 수 있는 것은 무엇보다도 우리 언어활동의 결과인 발화나 텍스트이다. 우리가 텍스트를 산출하거나 해석하게 되면 인간의 기억장치 내에서 어떤 과정과 절차가 진행되고 어떤 사고조작이 수행되는지는 직접 관찰할 수 있는 것이 아니라고 할 수 있다. 따라서 앞으로 서술하게 될 내용은 기억장치 내에서 실제로 진행되는 과정을 기술한 것이 아니라, 지난 몇 년 동안 텍스트처리 과정에 대한 언어학, 심리학 그리고 인공지능의 연구 결과를 토대로 하여 제시된 가설이라고 이해해야 한다. 여기서 특히 강조하건대, 가설이란 지금까지 알려져 있지도 않고 직접 관찰할 수도 없는 사실에 대해 과학적으로 입증된 추측을

주장 형태로 나타낸 것이다.

2.2 언어 활동

텍스트산출 과정과 텍스트해석 과정을 모형화하기 위해서는 우선 언어활동에 대한 몇 가지 일반적 원리의 특징을 상세하게 설명하고 이 원리들이 텍스트처리 과정에서 어떤 설명적 기능을 하는지 정확하게 규정하는 것이 반드시 필요하다. 문화심리학, 특히 비고츠키와 A.N.레온쩨브가 고안한 활동이론은 서로 의사소통을 하는 인간이 각 행위를 함께 조직하면서 공동의 일을 수행한다는 사실을 거듭 강조했다. 언어활동은 이를테면 사물을 다루는 실제 활동이나 정신 활동 같은, 다른 형태의 인간 활동과 공통점이 많다. 이 모든 활동과 마찬가지로 언어활동도 독특한 구조로 되어 있고, 일정한 과제나 목적을 해결하는 것과 관련되어 있으며 사회적 목표를 지향하고 있다. 다른 활동에서도 그렇듯이 언어활동에서도 특정 공동체의 인간이 사회화 과정에서 습득하여 여러 실제 영역에서 사용하고 있는 일정한 도구나 수단이 사용되며, 인간은 이 수단을 계속 더 발전시키고 또 완벽하게 만들어 나간다.

그렇지만 다른 활동과는 달리 언어활동은 언제나 다른 사람을 대상으로 하고 있으며, 사람들은 이 고유한 언어활동 양식과 다양하게 관련을 맺게 된다. 따라서 언어활동이란 언어가 발생한 이래 원칙적으로 사회 상황과 그 상황 속에 있는 개인들의 사회적 관계를 중심으로 하고 있는 상호작용적이고 협력적인 활동이다(A. N. Leont'ev 1984a를 참조). 상호작용성이 언어활동의 기본 속성이며 언어활동은 사회에서 일어나는 교환 작용의 특수한 형태의 하나라는 것은 간단한 보기를 통해서도 매우 쉽게 보여 줄 수 있다.

낯선 도시에 있게 된 어떤 사람이 기차역으로 가는 길을 모른다고 가정해 보자. 이 사람은 필요한 정보를 얻기 위해 자신에게 원하는 정보를 줄 수 있으리라는 생각이 드는 어떤 행인에게 어떤 발화를 사용하여 다가가야 한다. 이럴 때 화자는 수용자가 자신의 의도를 알 수 있도록 발화를 실현해야 한다. 즉 화자는 수용자에게 자신의 의도를 이해시킬 수 있는 도구장치를 사용할 것이다. 원하는 정보를 달라는 요청을 받은 청자는 보통 자신의 활동을 화자의 활동과 관련하여 조정하고, 만일 능력이 있다면, 화자에게 의사소통 규범을 고려하면서 정보를 주게 될 것이다. 필요한 지식이 없을 경우 청자는 정보를 달라는 요청을 들어줄 능력이 없음을 화자에게 설명해 주게 된다. 이것은 어떤 경우든 의사소통 참여자가 사회적 경험을 활성화하여 서로 관련짓게 되는 협력적 활동이며, 의사소통 참여자는 또 이 협력적 활동에서 언어활동 과정에서 습득하여 비슷한 많은 상황에서 성공적으로 적용했던 경험을 사용하게 된다. 이와는 반대로 만약 청자가 의사소통에 대한 제의를 - 위의 구체적인 보기의 경우 길을 묻는 요청을 - 거부한다면, 다시 말해 무시한다면 협력적 활동은 아니다.

제 1장에서 기존의 텍스트분석 모형들을 서술할 때 보여 주었듯이, 텍스트산출 과정과 텍스트이해 과정이라는 언어활동의 특징이기도 한 복합성은 텍스트문법이 기술하거나 설명할 수 있는 게 아니다. 최근에야 고안된 많은 의사소통 중심 텍스트모형도 이러한 복합성을 반영하고 있지 못하거나 반영하고 있다고 하더라도 충분하지는 못하며, 텍스트를 산출하거나 수용하는 행위참여자를 제외한 채 주로 언어활동의 결과를 분석하는 데만 국한하는 일이 빈번하다. 기존의 불충분한 텍스트분석 모형을 극복하려면 먼저 텍스트를 바라보는 지금까지의 지배적 견해을 바꿔야 한다. 즉 텍스트를 정태적이고 경직된 것이 아니라 역동적인 것으로 보아야 하며, 또 텍스트를 더 이상 완성된 어떤 것이 아니라 사회적으로 행위하는 개인이 구체적 행위맥락에 통합되어 사회적 목적을 실현하기 위해 행하는 역동적이고 창조적인 활동의 결과로 이해해야 한다는 것은 분명하다. 이 사실은 얼핏 보면 당연하고 진부하기까지 하여 특별히 강조할 필요도 없는

듯하다. 적지 않은 의사소통 중심 텍스트모형들은 앞에서 설명한 언어활동의 범주적 특성들이 타당성 있다고 여기도록 해 주었지만 언어활동이 지니는 아주 특수한 양상들을 그대로 담아내 주는 기초 범주로 이해되도록 해 주지는 못했다.

2.3 텍스트산출

2.2에서 언어활동의 일반 원칙을 간략히 서술했는데, 이 원칙에서 우선 끌어낼 수 있는 결론은 텍스트를 산출하는 화자는 어떤 특수한 활동을 이행하고 또 언어를 빌어 행위를 한다는 사실이다. 언어행위가 인간의 다른 모든 활동과 동일한 범주적 특성을 지니고 있으며 의지로 조정된 의식적인 활동이라는 것은 오늘날 활동이론이나 텍스트처리의 심리언어학계에서 논란의 여지가 없다. 활동이론에서 공리로 여겨지는 이 사실이 텍스트산출 과정을 모형화하는 데 극히 중요한 위상을 지님에도 불구하고, 언어활동의 범주는 대상의 특성에 맞게 해석될 때에만 어떤 설명적 기능을 얻게 된다는 것을 강조하지 않을 수 없다. 다른 말로 하면, 텍스트산출뿐만 아니라 텍스트해석도 구조적으로 조직된 활동이라고 이해되어야 하고, 또 각 대상의 특성에 맞게 이루어져야 한다. 활동 중심 또는 행위 중심적 언어관에서 나오는 이러한 방법론적 요구를 유딘(Judin 1984)은 강력하게 주장했다. 일반적인 활동이론적 관점과 인지심리학의 연구 결과를 고려하면, 텍스트를 산출하는 화자는 언제나 주위에서 얻은 정보에 의해서나 혹은 어떤 욕구를 의식함으로써 야기되는 어떤 의도, 곧 사회적 목표를 추구하고 있다고 전제할 수 있다. 가령 화자는 상대방에게 어떤 정보를 전하기 위해서나 어떤 정보를 얻기 위해, 또 상대방이 실제적인 어떤 행위를 하도록 하기 위해서나 어떤 활동을 이행할 동기를 주기 위해, 상대방을 설득하기 위해, 상대방에게 어떤 심미적 느낌을 일으키기 위해, 상대방이 어떤 반응을 나타내도록

하기 위해 그리고 어떤 것을 하지 못하도록 하기 위해 텍스트를 산출할 수 있다. 화자가 텍스트산출과 결부시킬 수 있는 잠재적 의도를 설명해 보면, 체계성도 없고 또 결코 완벽하지도 않지만, 다음과 같은 기능 영역이 사회에서 가능한 목표로 설정될 수 있다는 것을 알 수 있다.

- 정보전달에 쓰이는 텍스트
- 학습에 쓰이는 텍스트
- 행위의 지침으로 사용되는 텍스트
- 문학적 심미성을 생성하는 데 쓰이는 텍스트
- 설득하기 위해 쓰이는 텍스트(Rickheit/Strohner 1985a)

텍스트산출 과정을 설명하기 위해 위 사실에서 도출할 수 있는 근본적 특성은 다음 세 가지이다.

(i) 텍스트산출은 사회적 목적에 쓰이며, 따라서 보다 복합적인 활동맥락에 통합되는 일이 매우 빈번한 언어활동이다.
(ii) 텍스트산출은 구체적 행위전략의 전개나 목적을 달성하기 위한 적절한 수단의 선택을 포함하는 의식적이고 창조적인 활동이다. 텍스트산출은 언제나 텍스트가 산출되는 조건에 맞춰 화자가 행하는 의도적 활동이다.
(iii) 텍스트산출은 언제나 상호작용성을 띠고 있고 또 파트너와 관련된 활동이며 그리고 텍스트산출자의 언어활동과 늘 여러 방식으로 연관되어 있는 의사소통 참여자와의 관련 속에서 일어나는 것이다.

위에 언급한 이 세 가지 특성은 텍스트산출을 설명하는 데 특별히 중요하지만, 그 중 마지막 측면이 텍스트를 언어학적으로 분석하는 데 각별한 위상을 차지한다. 그래서 이 상호작용적 관점을 여기서 좀더 자세히 설명하려고 한다. 오늘날 텍스트산출이나 텍스트수용이 근원적으로나 기능적인 면에서 상호작용적 활동이라는 것은 더 이상 증명할 필요가 없다. 이른바 화용론적 전환이 있은 후 고안된 텍스

트언어학적 모형들에서 이 점이 거듭 강조되기는 했지만 이 모형들
에서 구체적으로 텍스트를 분석하는 데 필요한 결론을 언제나 끌어
낼 수 있었던 것은 아니었다. 주로 독화텍스트를 기술하는 데 전념
한 텍스트언어학적 모형들은 텍스트의 상호작용성을 원칙적으로 강
조하기는 했지만, 텍스트를 구체적으로 분석할 때에는 대체로 고려
하지 않았다. 그로 인해 상호작용성과 협력성 그리고 무엇보다도 이
와 결부된 활동의 조직 문제를 심지어는 상호작용적 의사소통의 대
표적 형식인 대화에만 전적으로 관련시키고 또 원천적으로 언어활동
의 이러한 범주적 속성을 지나치게 제한하는 결과가 초래되었다. 대
화는 언어활동의 상호작용적 측면과 협력적 측면을 다른 방식으로도
분명히 해 준다. 대화에는 산출자나 수용자라는 게 아예 없다. 즉
대화참여자는 언어활동과 관련하여 독백텍스트의 산출자나 수용자의
경우와 같은 확정된 "역할"이 없다. 두 사람이 하는 의사소통인 대화
는 언어활동의 본원적 형식이고, 독화텍스트는 대화에서 파생된 언
어활동 형식이므로, 상호작용성은 모든 언어활동의 특성이며 따라서
대화에 국한될 수는 없다는 사실을 출발점으로 삼는 것이 정당해 보
인다. 판매대화, 호소 혹은 확약 사이에는 중대한 차이가 있으며 이
차이가 산출조건에 반영된다는 것은 논란의 여지가 없다. 그렇지만
이 사실이 독화텍스트를 분석할 때 상호작용 맥락을 고려하지 않을
이유가 되지는 못한다. 독화텍스트도 일정한 상호작용 맥락에서 산
출되므로 이 맥락과 관련시켜야 하기 때문이다. 이 책의 여러 곳에
서 우리는 상호작용성이 텍스트의 구조에 아주 독특하게 반영된다는
것을 보여 주고자 한다. 텍스트를 이렇게 이해하게 되면 지금까지
적잖이 볼 수 있었던 텍스트와 대화의 차이는 필요 없게 되고, 수십
년 동안 주로 독화텍스트를 중심으로 했던 텍스트언어학과 대화분석
이 각각 고립된 채 발전해 가는 상황을 없애 주게 될 것이다.

　이와 같이 꼭 필요한 개념규정을 하고 보면, 텍스트란 일단 사회
적으로 행위하는 개인의 언어활동의 결과라고 이해할 수 있고, 개인
은 일정한 조건에 맞춰 언어활동을 하면서 사회적 목표를 달성하기

위해 행위를 조직하게 되는 것이다.

의도성, 상호작용성, 사회적 목표 설정이라는 세 가지 범주의 특성을 빌어 텍스트산출의 본질적 양상과 아울러 텍스트의 근본적 특성도 언급하기는 했지만 아직도 텍스트산출 과정에 대한 설명은 충분하지 않다. 텍스트를 산출할 때 화자는 기억 속에 저장되어 있던 어느 정도 "완성된" 텍스트를 그저 재산출하고 있다기보다는 구성적이고 창조적 활동을 이행하는 것이며, 이 활동을 실현하거나 통제하기 위해 사회적으로 획득한 지식이나 사회적 경험을 사용한다. 따라서 텍스트산출은 인지심리학이나 활동심리학에서 종종 복합성을 띤 과제를 해결하는 것과 비교되기도 하며, 텍스트를 산출할 때 화자는 텍스트를 산출함으로써 추구하는 결과와 그 실현하는 방법을 정신적으로 선취하고 있는 것이다. 다른 말로 하면, 텍스트산출에 필요한 것은 목적이 무엇인지 정확히 아는 것, 목적과 조건에 적합한 행위를 계획하는 것 그리고 계획과 관련된 행위를 수행하는 것이다. 텍스트산출에 대한 계획이란 목적 및 총괄적 행위에 대한 정신적 표상이라고 이해될 수 있으며 이 목적을 달성하기 위해 텍스트를 사용하여 수행되는 것이 총괄적 행위이다. 따라서 텍스트에 대한 계획에는 화자가 선취한 결과나 또 이 결과가 구체적 상황에서 달성될 수 있는 방법이 들어 있게 된다. 어떤 텍스트계획이 구상되어 마침내 언어발화로 실현되는 데 중심이 되는 사고조작은 텍스트에 아주 독특하게 표명된다. 가령 텍스트를 보면, 텍스트산출자가 자신의 목적을 실현하기 위해 어떤 방법을 선택했고, 상대방의 지식, 마음자세 또는 동기와 관련하여 어떤 가정을 했으며 해석자가 텍스트를 인지적으로 처리하는 것과 관련하여서는 어떤 가정을 선취했는지 알 수 있다. 이 문제를 더 이상 순전히 이론적인 면에서 논의하지 않기 위해 지금까지 논의한 텍스트산출 현상을 매우 잘 알 수 있는 기본적인 보기를 살펴보도록 하겠다. 이 보기 텍스트에 대해 다음과 같은 상황을 상상해 보자. A는 자동차가 고장나서 차를 세워 놓고 길가에 서 있다. A는 자신에게 도움을 주리라 기대할 수 있는 다른 어떤 자동차 운전자 B를 세웠다.

(13)

A: 여기를 지나가셔서 다행이군요. 벌써 한 시간도 넘게 여기 서 있었거든요. 지금까지 차가 다시 가도록 하려고 온갖 노력을 다 해 봤지만 소용이 없었어요. 혹시 자동차에 대해 좀 알고 계신지 모르겠습니다만, 둘이 살펴보면 어디가 고장인지 찾을 수 있을 것 같아서요.

B: 저도 기계에 대해 아는 게 별로 없지만 고장난 데를 찾을 수 있는지 한번 살펴보지요.

A: 바쁘실 텐데… 어떻게 감사해야 할지 모르겠습니다.

B: 별 말씀을. 할 수 있는 게 있는지 우선 좀 보겠습니다.

A: 고맙습니다. 근데… 고장난 데를 찾지 못하면 제 차를 다음 동네까지만이라도 끌고 가 주실 수 없겠습니까? 비용은 당연히 제가 지불하지요.

B: 비용이 문제가 아닙니다. 보시다시피 제 차는 최신 모델이 아니어서 클러치가 잘 작동하지 않아요. 하지만 어쨌든 가능한 한 빨리 도움을 받으실 수 있게 견인서비스에 전화해 드리지요. 우선 우리가 고장난 데를 찾을 수 있을지 정말 한번 시험해 봅시다.

A는 긴급한 상황에 처해 있으며 이 구체적 상황에서 B에게 어떤 변명을 해야 하는 것은 아니다. A는 이 긴급한 상황에서 스스로 벗어날 수 없어서 B를 자신의 행위에 관련시키려고 하며, 그래서 어떤 텍스트를 가지고 B에게 자신의 의도를 이해시키려고 한다. A는 자신이 한 의사소통 경험과 사회 경험을 토대로 하여 B가 자신의 부탁에 반드시 응해야 하는 것은 아니지만 일반적 행위규범이 있다는 것을 전제할 수 있으므로 B가 이 규범에 따라 행위하리라 기대할 수 있다는 것을 알고 있다. 그럼에도 A는 B에게 자신이 부탁하는 근거를 대고, 이렇게 해서 B가 이 부탁을 들어 줄 계기를 부여하는 것으로 시작하고 있다. 그런데 A를 도와 줄 의사가 있음을 밝히는 B는 고장난 데를 찾아 볼 의사는 있지만 그에 필요한 지식은 없다

는 것도 분명히 해 준다. 그러자 A는 B가 잘못된 곳을 찾지 못할
경우 자신의 자동차를 끌고 가 주는 게 좋겠다고 말한다. A는 이 부
탁에 대해 이유는 대지 않고 대신 B가 이 친절을 거저 베풀어야 하
는 것은 아님을 알려 줌으로써 B에게 동기를 주려고 한다. 끝으로
B는 일반적 행위규범에 의거하여 A에게 이 부탁을 들어 주겠다고
말한다. A는 이 텍스트로 B에게 자신의 의도를 알려 주었고, B는
A가 원하는 상태를 조성하는 데 자신이 A의 언어행위에 일정한 방
식으로 관련되고 있음을 알았다. 우리가 만든 것이기는 하지만 이러
한 상황에 문제 없이 들어맞는 이 간단한 보기텍스트는 지금까지 논
의한 텍스트산출 현상을 명료하게 보여 주고 있다. 우선 알 수 있는
것은 (13)이 상호작용에 의한 텍스트의 산출과정에 대해서뿐만 아
니라 언어활동에 기초가 되는 행위의 조직에 대해서도 전형적 보기
라는 것이다. 이 보기텍스트는 또한 텍스트산출은 결코 전제 없이
일어나는 일이 아니라 산출자가 원하는 상태를 조성하도록 해 주는
계획된 활동이라는 것도 보여 주고 있다. 그리고 지금까지 논의하지
않았던 다른 두 가지 현상도 이 보기에서 드러난다. 즉 행위계획은
변하지 않는 구조체가 아니라 조건에 따라 달라질 수 있다는 것이
다. 우선 (13)에서 A는 자신이 원하는 상태가 자동차의 고장난 데
를 수용자가 찾아냄으로써 조성될 수 있다고 생각한다. 수용자가 자
신의 능력이 아마도 충분하지 못할 거라고 말하자 A는 수용자에게
자기 차를 끌고 가 달라고 부탁한다. 텍스트산출자는 이렇게 **인지적
판단**을 함으로써, 즉 행위상황과 행위참여자에 대해 인지적 평가를
함으로써 주어진 행위맥락에서 사회적으로나 상황적으로 적절한 그
언어발화를 선택하는 것이다. 이제 위에서 제시한 텍스트에 대한 일
반적 정의는 다음과 같이 명확하게 서술될 수 있다.

텍스트란 하나 또는 여러 화자가 어떤 행위상황에서 어떤 의도를
가지고 이 산출자 또는 산출자들이 원하는 상태를 조성하기 위해 생
산하는 발화연속체이다. 이러할 때 산출자는 상대편이 발화를 기초
로 하고 또 상황요인과 맥락요인 및 문맥요인을 고려하여 산출자의

의도를 인식할 수 있다는 것을 전제한다. 다른 말로 하면, 언어활동의 결과에는 행위상황과 행위참여자에 대한 인지적 평가의 결과가 반영된다.

이 텍스트정의도 역시 많은 문제를 해결해 주지 못하고 있는데, 왜 그런지에 대한 답은 아래에서 찾게 될 것이다. 지금까지 일단 매우 개략적인 입장에서 텍스트산출 과정을 살펴보았는데, 이것은 언어활동의 기본 특성인 의도성과 상호작용성 및 사회적 목표 설정을 설명하는 데 전적으로 충분하다.

그러나 텍스트가 그저 재산출되는 것이 아니라 복합성을 띤 행위에 의해 생기는 것이라면, 텍스트를 산출하는 데는 어떠한 지식이 필요하며 여러 가지 지식체계나 정보체계의 특징적 표상단위는 어떤 것인가라는 질문이 제기된다. 아래에서 우리는 최근에야 텍스트언어학적 관심의 중심이 된 텍스트처리 문제, 곧 텍스트산출 과정에 쓰이는 지식, 지식의 표상 및 지식의 활성화를 다루겠다.

2.4 지식체계와 텍스트산출

2.2에서 이미 우리는 텍스트를 산출할 때나 텍스트를 해석할 때 사회적 경험을 사용하고 텍스트의 정신적 표상체를 발화구조로 변형하는 데 쓰는 지식을 활성화하며 그럼으로써 의식의 내용을 전달하는 것이 가능하다는 것을 전반적으로 언급했다. 텍스트구조의 복합성을 보면 텍스트를 산출할 때 화자가 여러 가지 유형의 지식을 활성화한다는 것이 분명해진다. 텍스트처리 과정에 관여된 각 지식체계나 정보체계의 유형론은 현재도 거의 존재하지 않기는 하지만 그렇더라도 텍스트산출을 위해 다음과 같은 지식체계가 꼭 필요하다는 것을 출발점으로 삼는 것은 정당해 보인다. 그 지식체계는 언어지식, 백과사전적 지식, 상호작용에 대한 지식이다.

2.4.1 언어지식

어떤 텍스트든 모두 구체적 언어체계에 의해 실현된다는 것은 진부한 사실이다. 다른 말로 하면, 텍스트를 산출하려면 우리는 문법지식뿐만 아니라 어휘지식도 필요하다. 그러니까 텍스트산출자는 어떻게 평서문을 실현하는지, 어떤 규칙에 따라 대명사화를 해야 하는지, 명제기저에 대한 정보, 곧 행위계획과 관련하여 구상된 주제가 어떻게 각 문장의 기초 의미단위인 명제에 분배되어야 하는지, 텍스트에서 이야기되는 어떤 대상이 이미 알려진 것인지 또는 앞에서 언급된 것인지를 어떤 규칙에 의거하여 상대편이 이해하도록 할 수 있는지 등등에 대해 알고 있다. 끝으로, 언어지식에는 또 어떤 어휘단위로 문장구조 내의 통사자리를 채워야 하는지, 문장들을 어떻게 연결할 것인지, 어떤 음운규칙에 의해 문장성분이 특히 강조되어야, 즉 강세가 주어져야 하는지에 대한 지식도 포함된다. 이것이 문법영역을 모두 열거한 것은 아니다. 우리가 몇 가지 선별한 보기를 가지고 보여 주려고 하는 것은, 텍스트를 산출할 때 한 텍스트를 구성하는 발화의 음운적, 통사적, 의미적 내부구조를 규정해 주는 매우 다양한 언어규칙 및 언어단위 목록이 필요하다는 사실이다. 텍스트가 하나의 발화로 되어 있는 경우는 특수한 경우이고 대개는 텍스트 내용을 그대로 담아내 주는 발화연속체로 구성된다. 따라서 우리는 의미단위 사이의 연관관계가 발화에 어떻게 표시되어야 하는지에 대한 지식 그리고 기초 의미단위를 연결하여 복합 단위로 만드는 데 대한 지식 그리고 또 텍스트 내의 연관관계가 어떻게 통합되어 의미관계의 망이 되는지에 대한 지식을 필요로 한다.

지금까지의 고찰에서는 언어체계의 수단을 어느 정도 대체할 수 있지만 이 수단에 동반되거나 아니면 동시에 출현하여 이를 강화할 수 있는 다른 기호수단도 텍스트를 산출하는 데 사용할 수 있다는 것을 전혀 고려하지 않았다. 여기서 다른 기호수단이란 일차적으로 표정과 몸짓을 말하는데, 이 수단들의 표현기능은 논란의 여지 없으

므로 텍스트의 정의에도 고려하지 않으면 안 된다. 이 유사언어 수
단의 몇 가지 특성은 제 4장에서 설명하겠다.

앞서 표본적으로 몇 가지 문법규칙과 어휘규칙에서 설명했던 언어
지식은 그 기능에 따라 대략 일반화하면 두 가지 지식유형에 넣을
수 있다.

(a) 우리가 정신적 표상을 음운구조에 그대로 담아내는 데 필요한 언어지
식. 간단히 말해, 이것은 말소리와 의미의 대응 과정에 꼭 필요한 지식이다.
(b) 우리가 여러 가지 구조층위에서 언어복합체를 구성할 때, 가령 어휘
기호를 결합하거나 여러 명제들을 연결하여 명제복합체나 명제구조로 만
드는 데 필요한 언어지식. 언어복합체 구성에 대한 이 지식은 - 적어도
이 지식의 몇 영역은 - 종종 응집성에 대한 지식이라고 불리기도 한다.
응집성 지식이란 발화 또는 명제나 명제복합체뿐만 아니라 발화수반행위나
발화수반행위 복합체를 공동의 통합체에 대응시키는 데 기준이 되는 특수
한 정보를 뜻한다(이에 관해 보다 자세한 것은 2.6.3과 2.6.4를 참조).

2.4.2 백과사전적 지식 또는 전문분야 지식

인간 공동체의 구성원이라면 누구나 일을 하면서 그 자연환경이나
사회환경에 대처하거나 사회적 분업의 토대 위에서 세상에 대한 특
유의 지식을 획득하게 된다. 이 지식은 범위나 깊이에서 서로 차이
가 있을 뿐더러 더 나아가서는 아주 다르게 평가될 수도 있다. 사회
적 의사소통 영역은 점점 분화되고 사회에서 어떤 문제가 결정되는
과정은 점점 더 복합성을 띠어가고 있으므로 이러한 특수한 목표에
부응하는 조직 형태뿐만 아니라 의사소통 수단도 점점 더 강력하게
요구되고 있다. 따라서 백과사전적 지식이나 전문분야 지식이 텍스
트처리 과정에서 지니는 중요성은 논란의 여지가 없다. "백과사전적
지식"이라는 독자적인 사실정보 영역을 설정하는 것이 정당하냐고
질문할 수 있겠는데, 그 대답은 텍스트처리 과정에서 사전(어휘)과
언어지식을 모형화할 때 어떤 가정을 할 수 있는지에 아주 결정적으

로 달려있다. 어휘지식, 곧 의미적 지식이란 오늘날 어떤 인간 공동체의 구성원들이 사전에 등재된 어휘를 의미표상의 형태로 소유하고 있는 많은 수의 지식을 말한다. 이와 같은 지식은 이른바 백과사전적 지식과는 구별되며, 따라서 사전 외에 전문분야 지식이나 전문가 지식이라고 부를 수 있을 정보 영역을 총괄하는 또 다른 지식 저장 장치가 기억장치 속에 있다고 가정하는 것이 불가피해진다. 여기서 논의한 대로 어휘지식을 나누는 것이 정당한지 정당하지 않은지는 현재의 연구 상태에서는 아직 확실하게 답할 수 없다. 그래서 의미지식이나 백과사전적 지식이 정말, 기원이 서로 다르고 또 기능적 속성이 차이가 있기 때문에 구별될 수 있는 서로 다른 두 가지 지식 체계인지는 일단 해결하지 않은 채로 두는 수밖에 없다. 그렇지만 어떤 경우에든 이 두 지식 영역의 경계를 명확하게 긋는다는 것은, 즉 어디까지가 의미지식이고 어디서부터가 백과사전적 지식인지 결정하는 것은 극히 어렵다는 것을 지적해야 한다. 현재로서는 혹 의미지식과 백과사전적 지식이 동일한 의미원칙에 따라 조직되어 있는지 아니면 백과사전적 지식은 다른 구조원칙과 기능원칙을 따르는지는 아직 대부분 해결하지 못한 상태이다. 여전히 미해결인 이 문제들에 대해 앞으로의 연구가 언젠가 답해 줄 것인지와는 무관하게, 전문분야 지식이 텍스트처리에 아주 결정적 역할을 한다는 것은 논박의 여지가 없다. 그래서 위에서 제기한 문제들이 대부분 미해결인 한, 특유의 사회적 분업을 토대로 얻게 되는 특유의 지식을 통합해 주는 독자적 정보체계를 설정하는 것이 정당할 것 같다. 텍스트해석 과정을 기술해 보면, 전문분야지식 또는 백과사전적 지식에 부여되는 중요성이 명백하게 드러나게 될 것이다(2.6을 참조).

2.4.3 상호작용에 대한 지식

이미 여러 번 명시적으로나 함축적으로 표현되었듯이 텍스트산출은 그 자체가 목적이 아니다. 텍스트산출은 언제나 화자의 의도가 실현된 것이며 또 언제나 의사소통 욕구를 실현하는 데 쓰인다. 텍스트가 생긴 이래 텍스트는 언어에 의한 의사소통의 기본 형태이므로, 사회적으로 행위하는 개인의 의도를 실현하고 화자가 원하는 상태를 조성하는 보편적 수단으로 보아야 하며, 화자가 사회에서 상호작용하는 과정에서 무엇인가를 이룩하는 데 쓰는 수단이다. 언어행위의 목적지향성에 대해서는 이제 언어학이나 인지심리학뿐 아니라 행위이론과 행위논리학 내에서 생긴 모든 행위 중심적 또는 활동 중심적 모형들이 거듭 언급하였으므로 언어행위의 이 근본적 특성은 오늘날 더 이상 문제시되지 않는다(Hartung 외 1974, Techtmeier 1984, Motsch/Viehweger 1981을 참조). 그렇지만 연구문헌에서 합의를 확인할 수 있다고 해서 언어활동의 목적이 여전히 아주 다른 현상으로 이해되기도 한다는 것을 간과해서는 안 된다. 그러니까 적지 않은 모형에서는 목적이라는 개념이 구체적인 행위의 결과와 동일시되고 있는 것이다. 이와는 달리 다른 연구방향에서는 목적이란 행위를 실행함으로써 도달되게 되는 상대방의 의식 상태라고 이해하고 있다. 또 다른 모형들은 언어행위의 목적을 그 상위에 있는 활동에서 도출하려고 꾀하고 있는데, 이 모형에 따르면 화자는, 보기 (14)의 경우는 글씨를 더 잘 쓰려는 목적을, 그리고 보기 (15)의 경우는 자동차로 제법 긴 여행을 시작하려는 목적을 가지고 있다는 것이다.

(14) 연필깎기 좀 줘!
(15) 완전히 꽉 채워 주세요!

이에 비해 목적이라는 개념을 발화 (14)와 (15)를 토대로 하여 상대편에게 생기게 될 정신적 상태와 관련시키는 연구방향에서는 이 두 발화의 목적이란 청자가 어떤 행위를 이행해 주기를 화자가 원한다는 것을 청자가 알게 되는 것이라고 표현할 것이다. 우리는 여기서 마지막에 언급한 목적 개념을 지지하지만, 그렇다고 화자가 (14)

와 (15)를 가지고 달성하려고 생각하고 있는 목적들이 보다 상위에 있는 활동 맥락에 포함되어 있을 수 있으며 따라서 상위의 목적에 쓰일 수도 있다는 것을 부인하는 것은 결코 아니다. 그렇지만 우리가 따르는 모형의 설명력이 미치는 범위 내에서는 언어발화로 청자에게 일정한 의식 내용을 일으키게 해 주는 목적만을 언어행위의 목적이라고 이해한다. 이렇게 이해하는 것은 얼핏 보기에 제한적으로 보일 수도 있겠지만, 이 목적 개념은 언어표현과 체계적으로 관련될 수 있으며 또 명확하게 규정될 수 있다는 것이 2.4.3.1에서 분명해질 것이다.

2.4.3.1 발화수반행위에 대한 지식

화자가 무엇인가를 야기하기 위해, 이를테면 청자에게 일정한 행동 반응을 일으키거나 또는 자신의 자연적 환경과 사회적 환경에 다른 의사소통 참여자의 행위가 요구되는 일정한 상태를 이룩하려고 텍스트를 산출하면, 특정 공동체의 화자는 특유의 정보를 지니고 있으며 또 어떤 구체적인 상황에서 어떤 언어발화를 사용하여 어떤 상태가 조성될 수 있는지 그리고 어떤 발화를 가지고 청자로 하여금 자신의 의도를 알도록 할 수 있는지 알고 있다고 전제할 수 있다. 복합성을 띤 발화연속체인 텍스트는 복합성을 띤 행위맥락에 편입되어 있으며 이 사실로 인해 언어행위의 의도성이 아주 결정적으로 규정되는 경우가 매우 빈번하기는 하다. 그렇다고 하더라도 텍스트를 수용한 청자는 화자가 텍스트를 산출함으로써 어떤 의도를 추구하고 있는지 그리고 자신이 어떤 식으로 언어행위에 관련되어 있으며 또 화자가 원하는 상태가 조성되는 데 어떻게 이바지해야 하는지를 알 수 있을 때에만 화자가 조성하려고 한 상태가 달성될 수 있다는 것을 간과해서는 안 된다. 이해된다는 것은 언어행위의 유일한 목적일 수는 없지만 청자가 어떤 텍스트를 인지적으로 처리함으로써 화자가 원하는 상태를 조성할 수 있기 위한 기본 전제의 하나이다.

텍스트산출자는, 청자가 산출자의 목적을 실현하기 위해 텍스트를
보고 적합한 평가를 할 수 있게끔 텍스트의 발화구조를 구성하려고
한다면, 그리고 또 청자가 자신의 의도를 알도록 하기 위해서 어떤
상황에서는 텍스트가 적합한 수단일 수 있다는 사실을 전제하고 있
다고 한다면, 그렇게 하기 위해서는 - 여기서는 따로 서술하고 있지
만 - 언어지식과 아주 밀접하게 결부되어 있는 특수한 정보가 필요
하다는 것도 함축적으로 말해 준다. 우리는, 언어에는 화자가 어떤
상황에서 발화를 사용하여 어떤 의도를 추구하는지 보여 주는 단위
들이 문법이나 사전(어휘)에 마련되어 있다고 전제한다.

　상호작용에 대한 지식, 즉 언어행위에 대한 지식과 언어지식의 관
계는 지금까지 연구문헌에서 각기 다른 방식으로 모형화되어 왔다.
그러니까 힌델랑(Hindelang 1978), 롤프(Rolf 1990)같은 사람들
은, 화자와 청자는 어떤 목적을 달성하는 데 쓰이는 특징적 발화방
식을 포함하고 있는 목적 유형에 대한 지식을 가지고 있다는 것을
전제하고 있다. 가령 힌델랑에 의하면 "대등적 부탁"이라는 목적 유
형 혹은 언어행위 유형에는 다음과 같은 발화방식이 속하는 것이다.

(i) 이행표현: "내일 그 책 나한테 갖다 주기를 부탁한다."
(ii) 양태성을 띤 의문문: "내일 그 책 나한테 갖다 줄 수 있겠니?"
　　"내일 그 책 나한테 갖다 주겠니?", "내일 그 책 나한테 좀 갖다 줄
　　수 없겠니?"
(iii) 명령적 표현: "그 책!"

　반면 대등 부탁은 독일어에서는 부정형(동사 원형)을 사용하여 실
현될 수 없다. 다른 말로 하면, 한 언어행위 유형에 해당하는 발화
방식 부류는 여러 개가 있고, 화자는 그 가운데서 자신의 의도를 청
자로 하여금 가장 잘 이해하도록 할 수 있고 또 목적을 실현하는 데
사회적으로나 상황적으로 적합하다고 생각되는 발화방식을 선택하게
된다. 이런 식의 접근방법에서는 언어지식과 상호작용 지식의 직접
적 연관관계를 상정하지 않으므로 언어표현이 언어행위의 목적을 직

접 나타내 주지는 않는다. 그러니까 여기서는 두 지식 영역 사이에 어떤 상관관계만이 있다고 가정하며, 상호작용에 대한 지식이 발화 구조에 표명되고 또 언어표현에 반영된다고 주장하지는 않는다. 반면 다른 행위이론적 모형은 어떤 언어든 그 문법에는 언어행위 유형을 지시해 줌으로써 의도를 이해하도록 만드는 것이 산출자에게 가능하도록 해 주는 범주들이 있다는 견해를 따르고 있다. 그러니까 써얼(1977)과 모취(1987) 같은 사람들은 문장서법이 화자가 자신의 의도를 전달할 수 있도록 해 주는 근본적 표지라고 전제한다.

> (16) 소금 좀 줘!
> (17) 내일 나한테 전화 좀 할래?
> (18) 철수는 소포를 우체국으로 나른다.

위 보기에서 문장발화는 명령(서)법, 의문(서)법, 평서(서)법으로 실현되어 있고 이 문장서법은 각각 언어행위의 목적 유형과 관련되어 있다. 명령(서)법은 요구와, 의문(서)법은 질문과 그리고 평서(서)법은 진술과 관련되어 있다. 이 모형에서 문장서법에 부여되는 중심적 역할을 토대로 하여 문장서법을 곧잘 일차적 표지라고도 부르고, 반면 (독일어의) 불변화사나 억양, 그리고 마찬가지로 화자의 의도를 지시해 주는 데 쓰일 수 있는 다른 언어현상은 이차적 표지라고 부른다.

이 두 가정은 각각 장점과 단점이 있다. 가령 언어행위 유형의 직접적 대응물이 문법에 있다고 전제하고 따라서 언어행위 유형이 문장서법과 직접 관련 있으며 그로 인해 동사의 태(Verbmodus)나 어순과도 직접 관련이 있다고 가정하는 언어행위 분석은 정확히 규정할 수 있는 방법으로 텍스트를 기초 언어행위로 나눌 수 있고 그리고 어떤 유형의 어떤 단위에 의해 텍스트가 구성되는지 보여 줄 수 있다. 한편 여기서 의문법으로 실현된 발화가 모두 질문행위를 나타내는 것은 결코 아니라는 것을 간과해서는 안 된다. 마찬가지로 평서법으로 실현된 발화가 모두 "진술" 유형에 속하는 것도 결코 아니다. 위에서 언급한 경우에서 문장서법과 언어행위 유형 또는 목적 유형은 어떤 식으로도 일치하지 않는다. 이로 인해 이차적 해석의 문제가 생기는데, 이 문제는 언어행위 유형을 문장서법과 결부시키지 않는 연구방향에는 존재하지 않는다. 그렇지만 이 연구방향에는 다른 어려움이 생기는데, 가령 언어행위 유형과 발화방식을 구체적으로 관련짓는 문제가 그것이다.

지금까지 언어행위를 주로 추상적인 면에서 논의하였다. 행위 중심적 텍스트분석의 기본 문제의 하나는 무엇을 언어행위로 이해해야 하는지 그리고 언어행위를 어떻게 텍스트분석 모형의 틀 내에서 명확하게 규정할 수 있는지이다. 다른 많은 행위이론적 기본 범주처럼 (지금까지 "목적"이라는 범주가 사용될 때 개념상의 차이가 있었다는 사실을 참조) 언어행위라는 개념도 오랫동안 불명료했을 뿐더러 여러 의미로 사용되기도 했다. 한 언어행위가 어느 정도의 "크기"인지, 하나의 언어행위가 하나의 문장발화와 일치하는지 아니면 하나의 텍스트와 동일한지는 오랫동안 명확하지 않았다. 써얼(1977, 34)에서 볼 수 있는 것은 가능한 모든 화행을 실현할 수 있는 가능한 문장 혹은 일련의 가능한 문장이 있으며 이를 어떤 특정한 맥락에서 진실하게 발화함으로써 한 화행이 실현된다는 언급뿐이다. 반 다이크(1972a, 51)는 텍스트를 화행 또는 언어행위와 동일한 것으로 보고 있으며, 이에 반해 쿠머(Kummer 1972, 51), 마르텐스(Martens 1974) 그리고 반 다이크(1975)는 한 화행은 언제나 한 문장에 의해 실현되며, 화행의 경계를 짓는 데 문장 경계는 중요한 단서라는 견해이다. 특히 행위 중심적 텍스트분석의 초기 단계에서는 언어행위와 텍스트를 동일시하는 경우가 있었는데, 이는 여러 면에서 문제가 있는 것으로 밝혀지고 있다. 첫째, 이러한 견해는 언어활동의 창조적 면을 거의 감추고 있다. 텍스트란 그냥 단순히 재산출되는 것이 아니라 독자적이면서도 경계가 뚜렷한 기본성분에 의해 구성되기 때문이다. 이런 점에서 기본 언어행위는 또한 발화수반행위에 대한 지식의 기본 표상 단위이고 한 텍스트가 산출될 때 행위계획에 따라 서로 독특하게 연결되며 또 이렇게 하여 복합행위를 구성한다고도 전제할 수 있다. 뿐만 아니라 텍스트와 언어행위를 동일시하면 텍스트산출에뿐만 아니라 텍스트해석에도 토대가 되는 기본적 구성원칙을 부정하게 된다.

발화수반행위 지식은 상호작용 지식의 기본 지식영역이라는 견해를 따르게 되면 우리는 동시에 발화수반행위 지식이란 기본 언어행위와 이것이 연결된 복합행위에 대한 지식뿐만 아니라 발화수반행위 구조와 그리고 이 구조와 체계적으로 결부된 목적에 대한 지식도 포괄하고 있다는 견해를 따르게 된다(2.4.3.2를 참조).

이렇게 발화수반행위에 대한 지식을 상호작용 지식의 기본 성분이라고 설명했으므로 이제 기초 언어행위 개념을 보다 자세하게 규정해야겠다. 화행론이나 활동이론의 연구문헌에는 이 개념의 정의에 대한 제안이 많이 있다. 이 제안들은 이론적 근거와 정당성이 서로 다르고 또 기본적 방법론에서 차이가 있기는 하지만 적어도 기초 언어행위를 정의하는 데는 목적 개념이 근본 범주라는 데 의견이 일치하고 있다(Searle 1977, Wunderlich 1976a, Searle/Vanderveken 1975를 참조). 이제부터는 기초 언어행위를 모취/파쉬(1987)와 모취(1987)에 의거하여 다음과 같은 범주적 속성에 의해 규정되는 발화수반행위라고 이해하겠다.

발화수반행위 = (발화, 의도, 조건, 결과)

이것을 설명하면 다음과 같다.

발화: 어떤 시점 t_i에 구체적인 음운적, 통사적, 의미적 구조를 갖추고 있는 어떤 언어표현을 발화하는 것을 말한다.

의도: 발화 a를 사용하여 일정한 목적을 달성하려는 생산자의 의도를 말한다. 일정한 목적이란 산출자가 생각한 것, 다시 말해, 발화의 수신자인 하나 또는 여럿의 수용자가 나타내게 될 어떤 태도를 달성하려는 것이다. 여기서 특히 중요한 것은 산출자가 이 목적을 실제로 달성하려고 하며 또

이 목적을 다른 목적에 비해 선호하며 이를 발화를 사용하여 달성할 수 있다고 확신하고 있다는 것이다.

조건: 발화수반행위가 성공적으로 수행될 수 있기 위해 발화가 산출되는 상황에서 충족되어야만 하는 유한한 수의 조건을 뜻한다.

결과: 어떤 발화수반행위가 수행됨으로써 일어날 수 있는 결과의 집합을 말한다.

발화수반행위에 대해 언급한 네 가지 범주적 특성 중 마지막 세 가지를 아래에서 간단히 설명하겠다. **의도**라는 범주는 언어행위의 의도성을 명시적으로 나타내 주며 따라서 언어발화를 사용하여 특정한 상태를 이루려고 하는 화자의 의지를 말한다. 이때 화자는 언어발화를 사용하여 자신의 의도를 청자로 하여금 알게 할 수 있으며, 그리고 의도란 특정한 언어범주에 의해 표시될 수 있다고 원칙적으로 가정한다. 이 말이 언어범주가 의도를 명백하게 표시해 주며 그리고 이 언어범주에서 의도를 간단히 읽어 낼 수 있다는 것을 주장하는 것은 절대 아니다. 표시해 준다는 것은 언어범주로 인해 어떤 해석 방법이 제한되거나 제외될 수 있으며 그리고 또 더 선호되는 해석 방법이 있다면 이것이 어떤 언어범주와 결부되어 있을 수 있다는 것을 뜻한다.

발화수반행위란 아주 특수한 행위 맥락이나 행위 구도를 전제로 한다는 사실에 대해서는 분명 특별한 근거를 제시할 필요가 없다. 이 사실은 몇 가지 보기를 들어 매우 쉽게 구체적으로 보여 줄 수 있다. 가령 특수한 요구 형식인 명령은 이를테면 "군사기관"이라고 말할 수 있는 제도적 틀을 전제로 한다. 반면 화자는 요구에 대한 특수한 권능을 갖추고 있고 또 오직 자신의 직능이나 지위를 근거로 다른 사람에게 명령할 수 있을 때에만 명령할 수 있다. 그런데 청자는 이 명령의 수행 여부를 절대로 마음대로 정할 수 없다. 이 유형의 요구는 구체적 행위 상황에서 청자에게 구속력이 있으므로 청자가 따라야 하는 요구 행위이다. 청자가 이를 행하지 않을 경우 산출자에게는 여러 성질의 제재 가능성이 주어져 있다.

청자에게 무언가를 알려 주는 발화수반행위도 비슷하게 설명할 수 있다. 정보행위에 원칙적으로 적용되는 것은 산출자 또한 전달하려고 하는 사태를 확신하고 있어야 하고 또 그 사태가 존재하며 필요한 경우 그에 대한 증거를 제시해야 함을 알고 있어야 한다는 것이다.

정보행위들 중에는 청자가 자신이 받은 정보를 더 이상 다른 사람에게 전하지 말도록 화자가 규정하는 데 사용하는 발화수반행위 부류가 있다. 이러한 유형의 정보행위는 행위참여자 사이의 일정한 사회적 구도 및 화자가 청자에게 흥미롭고 또 중요하리라 생각하는 특수한 행위 내용을 전제한다. 그래서 다음과 같은 사실을 청자에게 믿고 털어놓는 일은 당연히 생기지 않는다.

(19) 비인은 오스트리아의 수도이다.
(20) 물은 섭씨 100도에 끓는다.

그러나 다음과 같은 정보는 그렇게 하는 것이 가능할 것이다.

(21) 철수는 벌써 세 번이나 운전면허 시험에 떨어졌어.

위 보기들이 극명하게 보여 주고 있듯이 **조건**이라는 범주에 들어가는 조건들은 서로 아주 다른 언어행위 현상을 반영해 주고 있다. 가령 행위참여자 사이의 특수한 사회적 관계를 요구하거나 혹은 이를 성공적으로 실행하기 위해 일정한 상황적, 제도적 문맥을 전제로 하는 발화수반행위가 많이 있다는 것이다. 반면 다른 어떤 발화수반행위들은 또 청자의 특정한 동기, 마음자세 또는 능력을 요구하거나 아니면 행위참여자 중의 한 사람 또는 두 사람 모두의 선호 사항을 정해 준다. 여기서 일단 간추려 확인할 수 있는 것은, 특정 공동체의 화자는 한 발화수반행위가 어떤 조건에서 성공적으로 실현될 수 있는지에 대한 특수한 정보를 가지고 있다는 것이다. 행위조건에 대한 이 특수한 지식은 발화수반행위 지식의 본질적 성분이다. 이 지식을 **조건** 지식이라고 부를 수 있다. 발화수반행위의 구조와 기능에 대해 지금까지 얻은 인식에서 다음과 같은 사실을 추론할 수 있다. 즉 발화수반행위와 결부된 목적 및 목적을 실현하는 데 필요한 조건은 하나의 발화수반행위 원형이며, 텍스트를 산출할 때 화자는 행위 상황과 행위참여자에 대한 인지적 평가 여부에 따라 이 원형에서 어떤 선택을 할 수 있다. 그러니까 가령 대등 부탁은 상황과 청자에 대한 인지적 판단에 따라 다음과 같은 보기로 실현될 수 있다.

> (22) 나 오늘 지갑을 깜빡 잊었어. 커피 한 잔 좀 사 줄래? 적당한 기회에 내가 갚아 줄 게.
> (23) 오늘 나한테 커피 한 잔 좀 살래?
> (24) 난 오늘 커피를 단념해야 할 것 같아. 바보같이 지갑을 집에 두고 왔어.

이 보기에서 다음과 같은 사실을 분명히 알 수 있다. 즉 대등 부탁은 기초 발화수반행위에 의해서, 즉 화자가 이유를 대면서 어떤 요구를 함으로써 이루어질 수도 있고 또 청자가 행위를 수행할 만한 동기를 줄 다른 발화수반행위에 의해서도 실현될 수 있으며 또 청자에게 어떤 행위를 요구하지 않고 자신의 곤란한 상황을 설명함으로써 실현될 수도 있는 것이다. 구체적 상황에서 어떤 발화수반행위를 선택하는지는 산출자의 전략적 결정이다. 어떤 발화수반행위가 실행됨으로써 그 전에 존재하지 않았던 사실이 생겨 난다는 것, 다시 말해 우리가 어떤 사실이 발생할 수 있는지, 또 발화수반행위가 실행됨으로써 어떤 결과가 생기는지에 대해 알고 있다는 것은 위에서 논의한 보기에서도 이미 볼 수 있다. 구체적인 어떤 상황에서 필요한 권능을 갖추고 있는 화자가 다음과 같은 발화수반행위를 이행하면,

> (25) 이것으로 오늘 회의를 개최하겠습니다.

화자는 이 발화수반행위를 실행함으로써 이전까지 존재하지 않았던 어떤 사실을 만들어 낸다. 명령의 경우는 요구받은 청자가 요구

를 따라야 한다는 것과 또 따르지 않을 경우 산출자에게는 제재 수
단이 주어져 있다는 것이 분명해졌다. 이것은 대등 부탁에는 적용되
지 않는다. 한 발화수반행위를 실행함으로써 생긴 결과에 대한 지식
은 **결과**라는 범주로 나타나 있다. 이때 **결과**란 하나의 발화수반행위
를 실행함으로써 관습적으로 나타나는 사회적 결과를 뜻하는 것이
지, 발화수반행위에 의해 생길 수 있는 많은 수의 가능한 효과를 뜻
하지는 않는다. 그러니까 가령 산출자가 의도하지 않았는데도 청자
는 어떤 발화수반행위를 모욕이나 비난으로 이해할 수 있는 것이다.
이러한 작용은 연구문헌에 발화효과행위라는 개념으로 집약되어 있
다.

　문장을 문장유형에 대응시킬 수 있는 것처럼 발화수반행위도 행위
유형에 속한다는 데서 출발할 수 있다. 어떤 유형의 발화수반행위를
상정할 수 있느냐의 문제는 유형화하는 데 어떤 기준을 선택하느냐에
따라 그리고 또 언어지식과 상호작용 지식의 관계를 어떻게 가정하느
냐에 따라 연구문헌에서는 지금까지 달리 답변되어 왔다(Ballmer
1979, Searle 1976, Wunderlich 1976a). 위에서 시도한 발화수
반행위의 개념 규정과 명시적으로나 함축적으로 이미 여러 번 언급
한 의도, 그리고 또 자연어에는 화자가 발화수반행위로 추구하는 의
도를 나타내 주는 발화수반행위를 표시해 주는 범주가 갖추어져 있
다는 데 입각하여, 한 발화수반행위 유형은 다음 기준에 의해 규정
될 수 있다.

$$\textbf{발화수반행위}_i = (\textbf{발화}_i, \ \textbf{목적}_i, \ \textbf{조건}_i, \ \textbf{결과}_i)$$

　다시 말해, 발화수반행위 유형의 특징은 발화유형$_i$, 목적유형$_i$, 이
목적유형의 특징인 특수한 조건$_i$의 집합 및 발화수반행위를 실행함으
로써 생길 수 있는 사회적 결과$_i$의 집합에 의해 정해진다(Motsch
1987 참조). 문장서법이 발화수반행위 유형에 해당하는 문법 범주
를 나타낸다고 전제하게 되면 결과적으로 다음과 같은 발화수반행위

유형화가 생긴다.

1. 목적유형 **믿다**로 된 정보행위(*청자*, *p*). 산출자는 청자로 하여금 어떤 사실이 주어져 있다는 것(*p*)이 확실하다고 믿게 할 의도가 있다.
2. 목적유형 **실행하다**로 된 요구행위(*청자*, *p*). 청자는 산출자가 규정한 행위나 반응적 행동을 수행해야 한다.
3. 목적유형 **말하다**로 된 질문행위(*청자*, *p'*). 청자는 산출자가 갖추고 있지 않고 있으며 질문행위에 의해 구체화된 지식을 산출자에게 전해야 한다.

이러한 발화수반행위 기본 유형은 모두 각각 유한한 수의 발화수반행위 부류로 이루어진다. 이 발화수반행위 부류는 근본 목적 및 전제가 되는 여러 조건을 기초로 하여 발화수반행위 유형과 결부되어 있고, 발화수반행위를 실행함으로써 발생하는 여러 가지 결과를 기초로 하여 독자적 발화수반행위 부류를 이룬다. 가령 요구유형은 대등 부탁과 비대등 부탁, 명령, 지침, 지령, 추천 따위로 나뉘며, 이들은 모두 근본 목적인 **실행하기**(*청자*, *p*)를 토대로 하면 이 유형에 해당하지만 조건이 서로 다르기 때문에 각각 독자적 발화수반행위 부류를 구성하게 된다. 이에 반해 정보행위는 단언, 확언, 주장 따위로 나눌 수 있다. 위에서 이미 보여 주었듯이 각 부류는 특수한 행위원형, 즉 특수한 발화수반행위 원형을 표상하고 있다고 전제할 수 있으며, 이 원형 내에서는 목적에 대한 특수한 지식이나 본질 조건 및 사회적 결과가 조직되어 하나의 지식구조가 되는 것이다. 여기 소개한 유형화는 발화수반행위에 대한 지식, 곧 기본 언어행위 유형이지, 복합적 발화연속체 유형, 즉 텍스트부류에 대한 지식은 아니다.

2.4.3.2 발화수반행위의 구조

우리는 목적이란 직접 실현되는 경우보다는 부분(하위) 목적을 거쳐야만 실현될 수 있는 경우가 많으며 또 특정 목적을 실현하는 데에는 여러 가지 가능성이 있어서 구체적 상황에서 텍스트산출자는 이 중 어떤 것을 선택할 수 있다는 것을 우리는 의사소통 경험을 통해 알고 있다. 따라서 위에서 설명한 의미의 발화수반행위 지식도 단지 기초 발화수반행위의 산출이나 해석에 대한 정보 이상을 포함하고 있을 뿐만 아니라 복합적 행위목적을 실현하는 데 대한 지식을 포함하고 있으며 따라서 발화수반행위를 연결하여 행위단위, 곧 복합적 기능단위로 통합하도록 해 주는 조건에 대한 지식도 포함하고 있다.

화자가 이러한 지식 총체를 도구로 사용하게 되면 텍스트의 구조에 많은 흔적이 남게 되고 이 흔적은 지금까지 주로 텍스트의 행위구조라고 불렀던 발화의 특별한 구조에 표명된다. 이 문제는 이미 2.3에서 일반적 활동이론적 관점에서 살펴보았으며 또 텍스트보기 (13)을 가지고 밝힌 바 있다. 한 목적을 달성하려면 대부분의 경우 우선 일정한 전제를 마련하는 것, 다시 말해 본래의 목적을 실현하는 데 쓰이는 도구적 목적 혹은 부분목적이 필요하다. 목적을 실현하는 데 산출자가 어떤 전제를 필수불가결한 것으로 여기는지는 결정적으로 의사소통 상황 및 행위참여자에 대한 인지적 평가의 결과에 달려있다. 청자로 하여금 어떤 행위를 수행하도록 하며, 따라서 청자가 p를 실현하는 것을 목적으로 추구하는 화자는 자신이 원하는 목적을 이루기 위해 필요한 행위를 왜 화자 스스로 하지 않고 청자가 해야 하는지 그 정당성이나 근거를 댄다는 것을 이미 (13)에서 알 수 있었다. 그런데 화자는 행위참여자의 지식, 동기, 마음자세에 대해 인지적 평가를 함으로써 청자가 화자 자신이 원하는 행위를 하지 않으면 안 되도록 할 수 있지만 청자는 이 행위를 수행할 동기가 별로 없을 수도 있다는 결과에 이를 수도 있다. 마지막으로 화자는 청자가 행위를 수행하기 위해 정보나 능력 및 솜씨를 다분히 갖추고 있다는 것을 청자에게 한 번 더 분명히할 수 있다. 이러한 발화수반행위는 모두 각각 특정한 목적과 결부되어 있으며 이 목적에 의해

결국 복합적 발화단위를 빌어서 실행하기(*청자, p*)라는 목적을 이룰
수 있는 전제가 마련되게 된다. 따라서 한 발화연속체를 구성하는
발화수반행위들은 목적의 실현과 관련시켜 볼 때 같은 가치를 지닌
다고 볼 수는 없다. 오히려 이 발화수반행위들은 각 발화수반행위로
달성되어야 하는 목적으로 인해 서로 구조가 다른 발화수반행위 복
합체를 이루게 된다.

그래서 어떤 복합적 행위단위 내에서 **하나의** 발화수반행위가 특출
하고 주도적인 기능을 하고 또 산출자나 수용자에게 각별한 것일 수
있으며, 반면 다른 어떤 발화수반행위는 주 행위에 비추어 볼 때 상
대적으로 부차적 목적, 즉 주 발화수반행위의 목적을 실현하기 위해
산출자가 꼭 필요하다고 여기는 부분목적을 실현한다고 전제하는 것
이 정당해 보인다. 이 사실은 모취/피이베거(1981)에서 **화행의 위
계적 연결**이라고 불린 바 있다. 써얼(1980), 반 다이크(1980a),
페라라(Ferara 1980a와 1980b)도 비슷한 인식에 이르렀다. 즉 이
들은 **주화행** 혹은 **주도화행**이 있으며 그 성공적 실현은 **종속화행**
혹은 **보조화행**에 의해 뒷받침되어야 한다는 것을 출발점으로 하고
있다(이에 관해 보다 자세한 것은 (그림 9)와 (그림 10)을 참조).
그런가 하면 발화수반행위의 위계 형태로 조직된 발화수반행위 복합
체는 다른 발화수반행위 복합체의 성공을 보장해 주는 보조기능, 곧
뒷받침 기능을 한다. 현재로서는 아직 주 발화수반행위(혹은 발화수
반행위 복합체)와 보조 발화수반행위(혹은 발화수반행위 복합체) 사
이에 어떤 뒷받침 관계, 즉 어떤 유형의 보조관계가 존재하는지는
거의 밝혀지지 않은 상태이다. 어떤 유형의 보조관계가 가능한지에
대해서는 발화수반행위 유형의 본질 조건을 설명할 때 이미 언급하
였다(2.4.3.1을 참조). 거기서 발화수반행위 유형이란 근본 목적에
대한 지식 및 목적을 실현하기 위해 충족되어야만 하는 조건으로 이
루어지는 지식구조라는 것을 이야기했다. 텍스트에서 행위상황에 대
한 인지적 평가 여부에 따라 설명될 수 있는, 즉 발화수반행위에 의
해 실현될 수 있는 이러한 본질 조건은 모두 각각 특징적인 뒷받침

관계를 반영하고 있다.

(그림 9)가 이 사실을 한 번 더 분명하게 보여 줄 것이다.

(그림 9)

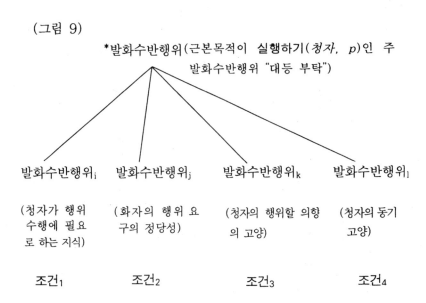

발화수반행위$_{i-1}$은 근본 목적에 비추어 뒷받침 기능을 하는 도구적 목적과 결부되어 있다. 주 발화수반행위와 보조 발화수반행위의 관계는 근본 목적을 설명해 주는 발화수반행위와 도구적 목적을 실현하는 발화수반행위 사이의 전형적 관계로 볼 수 있는 특징적 뒷받침 관계이다.

그런데 화자가 발화수반행위를 실행함으로써 달성하려고 하는 근본 목적은 화자가 청자에게 자신의 미래의 행위에 관해 알려 줌으로써, 그리고 청자에게 소통상의 도움을 주거나 텍스트이해 과정을 수월하게 함으로써도 뒷받침될 수 있다. 보통 이른바 메타 의사소통적 발화나 하나 또는 여러 발화수반행위로 구성되는 이러한 유형의 뒷받침 관계는 위에서 설명한 유형과는 차이가 있다. 발화수반행위 중의 하나가 언제나 의사소통 과정의 진행과 관련된다는 점에서 그러하다. 끝으로 또 화자는 근본 목적을 이해시키고 자신의 의도를 전달 가능하게 만드는 데 사용하는 발화수반행위를 발화수반행위 복합체, 즉 기능적으로 통합된 행위단위를 가지고 뒷받침하려고 함으로써 근본 목적을 달성하려고 꾀할 수도 있다. 이러한 성질의 뒷받침 관계 혹은 보조관계는 모취/피이베거(1981) 및 피이베거(1983a)가 호소텍스트를 빌어서 분명하게 보여 주었다. 이러한 유형의 텍스트에서 여기서 *표로 나타낸 요구행위, 곧 근본 목적을 나타내 주는 발화수반행위를 기능적으로 뒷받침해 주는 것은 상황 분석, 상황 평가, 목적 분석, 행위 부과라고 부를 수 있는 여러 행위단위이다.

(그림 10)

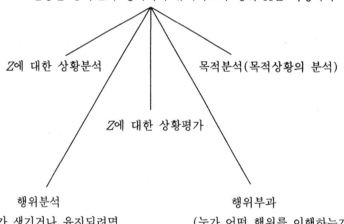

*일정한 상태 Z가 생기거나 유지되도록 행위 H를 이행하라

Z에 대한 상황분석　　　　목적분석(목적상황의 분석)

Z에 대한 상황평가

행위분석　　　　　　　　행위부과
(Z가 생기거나 유지되려면　　(누가 어떤 행위를 이행하는가?)
어떤 행위가 이행되어야 하는가?)

2.4.3.3 일반적 의사소통 규범에 대한 지식

　텍스트를 산출하는 화자는 텍스트를 사용하여 어떻게 청자로 하여금 어떤 의도를 알게 할 수 있는지 또 어떤 텍스트가 어떻게 하여 실제 조건 또는 화자가 가정한 이해의 조건에 비춰 청자에 의해 수

용될 수 있을 것이며 따라서 수용을 도와 줄 수단을 갖추고 있게 되
는지에 대한 지식을 갖추고 있다. 그뿐 아니라 화자는 또 기억에 저
장된 지식 중 얼마 만큼이 구체적인 어떤 상황에서 목적의 실현에
부합되게 활성화되어야 하는지에 대한 지식도 갖추고 있다. 다른 말
로 하면, 텍스트를 산출하는 화자는 기본적 **의사소통 규범**을 알고
있고 또 협력적 상호작용 활동인 텍스트산출과 텍스트수용이 어떤
구체적 상황에서 어떻게 일어나는지도 알고 있다. 이러한 일반적 의
사소통 규범에 대한 지식을 그라이스(Grice 1968)는 일반적 협력
원칙으로 집약하려고 했으며, 이 원칙을 모든 화자가 다 지킨다고
보고 있다.

> 네가 참여하고 있는 대화가 진행되는 각 단계에서 대화에서 인정
> 된 목표나 방향에 맞게 필요한 만큼 기여하라

그라이스는 이 원칙에서 네 가지 격률(양의 격률, 질의 격률, 관
련성의 격률, 태도의 격률)을 도출하고는, 다른 사회적, 미적, 도덕
적 격률이 더 있을 수 있지만 이 격률들은 일반 협력원칙에는 해당
되지 않는다고 밝히고 있다. 여기서 그라이스의 격률이 **일반 의사소
통 규범에 대한 지식**으로서 언어행위에 대한 지식 내에서 독립되어
야 하는 지식 영역인지 그리고 만약 그렇다면 어떤 점에서 그러한지
는 더 살펴보지 않겠다. 그라이스의 격률로 말하고자 하는 것은 청
자가 화자의 의도를 재구성할 수 있기 위해서는 한 텍스트가 어떤
구체적 상황에서 "정보"를 얼마나 담고 있어야 하는지를, 다시 말해
한 텍스트가 어떤 상황에서 언제 적절하며 반대로 언제 적절하지 않
은지를 텍스트산출자는 알고 있다는 것이다. 이렇게 산출자는 정보
가 상대방에게 새롭고 또 관련이 있다고 전제할 수 있을 때에만 상
대방에게 어떤 것에 대해 정보를 주게 될 것이다. 그렇게 하기 위해
서 산출자는 언제나 명제기저 전체를 언어화해야 하는 것은 절대 아
니다. 청자는 사고를 통해 재구성할 능력이 있으므로, 구체적 상황

에서 요구되는 것보다 더 "정보가 많은" 텍스트를 산출하는 것은 심지어 극도로 비경제적일 것이다. 한편 텍스트산출자는 또 텍스트란 청자가 이미 알고 있는 사실의 한 부분을 담고 있어야 하며, 따라서 텍스트산출자와 텍스트수용자는 "담화의 화용적 우주(pragmatic universe of discourse)"를 갖추고 있으며, 이것이 텍스트산출자나 텍스트수용자에게 모두 공동의 준거이며 상호작용하고 대화를 유지하는 데 필수조건이라는 것도 알고 있다. 기본 의사소통 규범에 대한 지식에는 한 언어 내에서 상황맥락에 비추어 보았을 때 어떤 지역적 또는 사회적 변이형을 선택해야 하는지에 대한 지식도 속한다. 가즈다(Gazdar 1979)는 오스트레일리아 원주민들에게는 보통 일상어 외에 소위 "시어머니어"가 있는데, 시어머니어는 (가령 시부모나 장인, 장모나 며느리, 사위 같은) 어떤 금기 대상의 친척이 자리에 있을 때면 언제나 사용해야 한다는 것을 지적했다. 콤리(Comrie 1976)가 자바어 연구에서 확인한 것은 "쌀"을 나타내는 표현이 여럿 있으며, 어떤 것을 선택하느냐는 화자가 청자에 대해 어느 정도 공손하게 말을 하려고 하는지 또는 해야 하는지에 달려있다는 것이다. 이러한 보기는 얼마든지 더 들 수 있을 것이다. 그렇지만 우리가 하려고 하는 설명에서는 몇 가지 보기를 들어 화자가 자신의 언어행위에서 지키는 다양한 유형의 의사소통 규범을 언급하는 것으로 충분하겠다.

2.4.4 메타 의사소통적 지식

이미 여러 번 언급했듯이, 화자는 텍스트를 산출할 때 상대방이 그 텍스트를 이해하게 될 때의 조건을 거의 선취하려고 한다. 선취란 화자가 구체적인 어떤 상황에서 텍스트로 달성하려고 하는 구체적 목적 및 텍스트생산 과정에서 명제연속체에 나타내려고 하는 명제기저와 관련하여 텍스트의 뼈대 구성이나 수용에 필요한 도움장치를 텍스트 속에 마련하는 것이다. 그리고 이 도움장치를 사용하여 화자는 의도한 텍스트 또는 이미 실현된 텍스트의 생산과정에 대해 청자에게 정보를 주는 것이다. 이와 같이 화자는 구성상이나 수용상의 도움장치를 빌어서 예상 가능한 의사소통 방해를 피하거나 또는 이미 발생한 의사소통적 갈등을 제거하려고 하는데, 이러한 도움장치란 이미 텍스트를 계획할 때 그 구성성분으로 고려될 수 있거나 아니면 - 텍스트산출자가 청자의 텍스트수용을 직접 통제함으로써 바로 영향을 미칠 수도 있는 입말 의사소통에서처럼 - 피드백의 결과를 토대로 하여 텍스트의 실현에 받아들여질 수도 있다. 이렇게 텍스트산출자는 텍스트를 계획할 때 미리 반복이나 요약을 고려함으로써 청자가 텍스트를 수월하게 이해하도록 해 주며, 또 청자가 텍스트를 화자가 의도한 의미에서 해석하지 않아 화자를 제대로 이해하지 못했을 경우 화자는 수정 작업을 하여 자신이 어떻게 이해되기를 원하는지 명시적으로 지적할 수도 있다. 의사소통상의 방해를 미리 방지하고 의사소통상의 갈등을 수정하거나 제거하기 위해 텍스트산출자는 저장되어 있는 많은 양의 언어발화를 사용하여 의사소통 상황을 조정하고 텍스트의 이해를 보장해 줄 수 있다. 화자가 어떤 것을 반복하고, 바꿔쓰고, 요약하고, 자세히 설명하고, 자신이나 상대방의 발화를 수정하는 데 쓰는 언어행위는 연구문헌에서 **텍스트조직 행위**(Antos 1982), **발화조직 화행**(Wunderlich 1976a), **작성방식**(Garfinkel/Sacks 1976, Bliesener/Notdurft 1978), **메타 의사소통 화행**(Meyer-Hermann 1978, Techtmeier 1984), **의사소통 관련 언어행위**(Viehweger 1983a), **텍스트구성 행위** 혹은 **재작성행위**(Gülich/Kotschi 1987), **텍스트구성 절차**(Rath 1979)라고 일컬어졌다. 청자가 텍스트를 이해하는 데 "도움"을 주기 위해 사용하는 이러한 언어행위에 속하는 것은 "바꿔쓰기, 반박하기, 정정하기, 구체화하기, 설명하기, 일반화하기"(Rath 1975), "반복하기, 수정하기, 보충하기, 요약하기, 바꿔쓰기"(Wunderlich 1976a), "설명계속하기, 확인해 주기, 반복하기, 개선하기, 강화하기, 강조하기"(Weiss 1975), "설명하기, 보충하기, 구체화하기, 명백히 하기, 논평하기"(Daneš 1983) 같은 행위이다. 이 간단한 결론이 분명히 해 주듯, 화자가 이러한 언어행위를 빌어 아주 다른 목적을 달성할 수 있다고 하더라도 이 행위들은 기능적 차이에 상관없이 어떤 공통적 특징이 있다. 즉 이 행위들은 텍스트산출자가 텍스트의 이해를 보장 하려 하고 또 의사소통 과정에 직접 관계하기 위해 사용하는 행위라 는 것이다. 다른 말로 하면, 화자와 청자는 텍스트를 산출하기 위해 의사소통의 방해를 막는 데 사용하는 특수한 지식을 활성화할 수 있 다는 것이다. 이 지식을 메타 의사소통적 지식이라고 부르며, 상호 작용 지식의 특수한 정보영역으로 여기기로 한다.

2.4.5 총괄적 텍스트구조에 대한 지식

텍스트를 산출하게 되면 화자는 텍스트가 실현되는 형태인 총괄구 조와 관련한 어떤 결정도 동시에 하게 된다. 가령 어떤 교통사고의 경우 화자는 상대방에게 이 사건을 이야기할 수도 있고 목격자로서 보험사에 진술서를 작성할 수도 있으며 또 사고경위에 대해 조서를 꾸미는 것 등 여러 가지를 할 수 있다. 어떤 경우에든 명제의 기저 "교통사고"는 화자가 텍스트를 가지고 추구하는 여러 가지 목적에 따 라 특성이 매우 다른 여러 가지 텍스트유형으로 실현된다. 화자가 어떤 사고에 대해 상대방에게 이야기하게 되면 무엇보다도 입말로 하게 되는 반면, 여기서 상정한 그외 다른 텍스트는 모두 글말로 실 현될 것이다. 이야기나 조서 또는 진술서는 또한 특수한 구성 원칙, 곧 전형적인 총괄적 특징 혹은 "텍스트형식"이 각기 다르기 때문에도 서로 구별된다. 여기 제시한 보기를 토대로 하여 우선 동일한 "내용" 이 화자의 목적에 따라 아주 다른 텍스트형식으로 실현될 수 있으므 로, 한편 명제기저와 (위의 보기에서는 교통사고) 목적 사이에, 다 른 한편 명제기저와 총괄적 텍스트구조 사이에 아무런 연관관계도 없다는 결론을 이끌어 낼 수 있을 것이다. 그렇지만 자세히 분석해 보면, 얼핏 봐서 받게 되는 그 인상이 맞지 않다는 것을 알 수 있 다. 화자와 청자는 텍스트를 한 부류나 종류의 표본으로 규정할 수 있도록 해 주는, **총괄적 텍스트구조에 대한** 특수한 **지식** 또는 텍스트종류에 대한 지식을 지니고 있다. 반 다이크(1980b)는 텍스트의 이러한 **총괄구조** 특성을 "초대형구조(Superstruktur)" 또는 "상위구조(Hyperstruktur)"라고 부르자고 제안했다.

총괄적 텍스트구조에 관한 지식에는 텍스트의 특징이 되는 "총괄적" 단위 및 텍스트의 조직, 목적, 명제기저, 총괄적 텍스트구조의 연관관계에 대한 특수한 지식도 포함된다. 이제는 텍스트유형의 언어학적 분류에 대한 제안이 많이 있고 이 총괄구조가 최근 몇 년 동안 텍스트처리의 심리언어학에 대한 연구에서 보다 집중적으로 고려되기는 했지만(3.1을 참조), 우리가 이른바 "초대형구조"에 대해 알고 있는 것은 여전히 극히 잠정적인 것이다. 이런 점에서, 어떤 특수한 지식이 총괄적 텍스트구조에 대한 지식에 속하는가 하는 질문에 우리가 대답할 수 있는 것은 철저하지도 만족스럽지도 않을 것이다. 화자와 청자는 총괄적 텍스트구조에 대한 특수한 지식을 갖추고 있으며 자신들이 산출하고 수용하는 텍스트를 각각 어떤 텍스트부류에 상응시킬 수 있다는 것은 실제 자료를 보면 분명해진다. 즉 텍스트가 어떤 텍스트종류에 해당하는지 명시적으로 제시되지 않는 것이 많이 있지만, 그럼에도 수용자는 텍스트를 인지적으로 평가할 때 화자가 어떤 것을 이야기하는지, 보고하는지, 논증하는지 등을 분별할 수 있다. 다시 말해, 수용자는 텍스트의 총괄적 특성을 보고 서사텍스트인지, 기술텍스트인지 또는 논증텍스트인지 분별할 수 있는 것이 분명하다. 이러한 문제들을 이른바 서사텍스트를 가지고 간단히 설명하겠다. 화자는 한 사건을 여러 번 이야기할 수 있으며 사건의 순서가 그대로 텍스트에서 언급하는 순서가 되어야 하는 것은 결코 아니며 여러 면에서 달라질 수 있다는 것은 잘 알려져 있다. 화자가 동일한 사건을 여러 가지 이야기 형태로 변형하여 서술할 수 있고 또 동일한 언어표현을 선택하는 것도 결코 아니기는 하지만, 이 이야기변형들은 전형적인 구조적 공통점을 나타내게 될 것이고 또 독특한 단위를 특징으로 나타내 보일 것이다. 지금까지 서사텍스트에 대해 이루어진 광범위한 연구에서 이런 유형의 텍스트가 특수한 단위로 구성되는 독특한 **서사구조**의 특징을 보이고 있다는 결론을 이끌어 낸 바 있다. 우리가 제안한 텍스트언어학적 모형에서처럼 화자와 청자가 총괄적 텍스트구조에 대한 특수한 지식을 갖추고 있다고 전제한다면, 우선 이들이 구체적 "서사 대상"에 대한 지식을 가지고 있다고 가정할 수 있다. 이 지식에는 물은 섭씨 100도에 끓기 시작한다든가, 피히텔베르크(Fichtelberg)는 구 동독에서 가장 높은 산이라는 것은 포함되지 않는 것은 확실하지만, 아마도 비공식적이지만 일단 사건이라고 할 수 있는 대상들은 포함될 텐데, 이 대상에는 화자 자신과 청자가 아는 인물 따위가 관련되어 있다. 따라서 대화에서 하는 이야기에서는 일차적으로 화자가 흥미롭게 생각하기 때문에 전할 만한 가치가 있다고 여기는 인물의 행위가 문제이며, 여기서 흥미롭다는 것은 규범에서 벗어나거나 아니면 행위의 진행과정이 뜻밖이라는 데서 연유한다. 따라서 지금까지 서사텍스트에 대한 연구에서 이야기란 **사건**이라고 부를 수 있는 하나의 단위로 구성되고 그리고 또 사건은 **갈등**과 **해결**이라는 단위로 이루어진다고 가정해 왔다. 사건이란 언제나 구체적인 상황적, 즉 시간과 공간 및 제도적 틀 내에서 일어났던 것이다. 이렇듯 상황적 틀은 "서사"라는 텍스트의 총괄구조에서 중요한 또 하나의 단위이다. 우리는 하나의 이야기에서 여러가지 사건을 전할 수 있고 이것을 모으면 하나의 일화가 되며 그리고 화자는 발생한 이야기를 평가하고 이야기의 사건에서 "배울 점(교훈)"을 끌어 내려 한다는 것을 의사소통 경험을 통해 알고 있다(서사텍스트의 구조에 대해서는 Daneš/Viehweger(Hrsg.) 1979, 그리고 이 책의 5.3.4.3을 참조).

2.5 텍스트 계획하기, 텍스트산출 전략

2.3 - 2.4에서 텍스트산출의 몇 가지 양상을 상세하게 분석해 보았다. 이 분석에서는 텍스트를 산출하는 화자가 다양한 유형의 정보를 도구로 삼는다는 것을 출발점으로 했는데, 이 정보는 다음과 같은 세 가지 지식체계에 상응시킬 수 있다.

- 언어지식
- 전문분야 지식 또는 백과사전적 지식
- 상호작용 지식. 여기에는 발화수반행위에 대한 지식 및 의사소통 규범에 대한 지식, 상호이해를 보장해 주고 의사소통상의 갈등을 방지하거나 제거하는 특수한 지식인 메타 의사소통적 지식과(이에 관해서는 4.4도 참조) 총괄적 텍스트구조 및 텍스트종류에 대한 지식이 포함된다.

이 분류는 완벽하지 않을 뿐만 아니라, 한편으론 각 지식체계의 조직과 구조를, 다른 한편으론 텍스트산출 과정 내의 상호작용을 확실하게 설명하는 것이 가능한 것도 아니다. 이런 점에서 다시 한 번 분명히 말하건대, 현재 각 지식체계에 대한 이론의 정교함의 정도에는 큰 차이가 있으며 따라서 이 체계들의 조직과 작용 원칙에 대해 우리가 알고 있는 것은 아직 매우 잠정적인 경우가 많다. 현재 우리가 비교적 확실히 알고 있는 것은 언어지식에 관해서이다. 그리고 지난 몇 년 동안 체계적인 연구가 이루어진 덕분에 상호작용 지식의 구조와 기능에 대한 초보적 인식도 이미 가능하다.

백과사전적 지식의 조직에 관해 현재 만족한 해결책을 제안하는 것은 대략적으로도 할 수 없는 경우가 빈번하다. 그렇지만 이렇게 부족한 점이 있기는 하지만 지금으로서도 몇 가지 중요한 토대가 되는 구상을 할 수 있으며, 이 구상에서 또 다음 단계의 텍스트언어학적 연구를 위해 검토 가능한 가정들을 도출할 수 있다. 이 가정들 중 몇 가지를 아래에서 간략히 설명해 보겠다.

텍스트를 산출하는 데 지식을 활성화하는 것은 순차적 과정이 아니라 각 지식체계가 상호작용하는 협력작용이라고 전제하는 것은 의심의 여지 없이 정당하다. 그렇기 때문에 각 지식체계를 기술한 차례가 텍스트를 산출할 때 지식이 활성화되는 차례라고 추론할 수는 없다. 또 복합적 과제를 해결하는 일인 텍스트산출에는 계획이 포함된다는 사실도 확실해졌다. 다시 말해, 텍스트산출이란 화자가 각 지식을 전략적으로 활성화하고 자신의 언어행위로 이룩하려고 하는 목적을 머리 속에서 선취해 보는 창조적 과정이라는 것이다. 여기에서 추론할 수 있는 또 한 가지 명백한 사실은 한 텍스트가 구체적으로 언어로 실현되는 것, 곧 해당 발화를 선택하는 일은 이 과정의 비교적 나중 단계인 반면, 총괄적 행위를 구상하고 그에 부합하는 명제기저를 구상하는 일은 텍스트산출의 시작 단계라는 것이다.

화자가 텍스트를 산출할 때 도구로 삼는 각 지식체계는 화자가 자신의 목적에 맞춰 사용하는 단순히 고정되어 있는 지식도 아니고 또 단순히 저장된 지식도 아니다. 오히려 여기서 고안한 모형에서 전제로 하고 있는 것은 이 지식체계에는 모두 각각 이 지식을 "다루는 데"관한 특수한 지식도, 즉 **진행단계에 대한 지식**도 들어 있다는 것이다. 이러한 지식의 활성화에 기준이 되는 진행단계는 반복적이고 익숙한 방식이라고 이해할 수 있는가 하면, 특별한 행위조건하에서는 특별한 진행단계가 사용된다고 전제하는 것도 정당해 보인다 (Winograd 1972, Minsky 1975, 1979를 참조). 여기서 따르는 텍스트분석모형이 지니고 있는 본질적이고 방법론적인 특성을 이 진행단계 면을 빌어서 언급한 바 있다. 이 모형은 화자가 어떤 상호작용 맥락에서 자신의 행위목적에 맞춰 행위맥락 및 행위참여자에 대한 인지적 평가를 토대로 하여, 자신이 습득하여 기억에 저장시켜 둔 지식 가운데 텍스트산출에 필요하다고 여기는 부분을 활성화한다고 전제한다. 여기서 지식의 활성화란 그저 여러 가지 지식을 기억에서 "불러 내는 것"이 아니라, 사고과정을 체계적으로 고려하고 있는 어떤 과정으로 이해해야 한다. 지금까지 텍스트산출 과정은 비교적 많이 연구되

지 않았기 때문에(Fodor, Bever/Garret 1974, Goldman 1975,
Kintsch 1982, Lurija 1982, de Beaugrande 1984를 참조), 텍스
트산출 과정 내에 있는 구성성분 사이의 경계를 짓기란 매우 어렵다. 이
런 점에서 현재로서는 아직 각 지식체계가 어떤 순서로 활성화되는지,
그리고 그 결과 어떤 표상 형태가 나타나는지, 어떤 사고조작이 다
른 사고조작을 전제로 하는지 또 그와 반대로 어떤 사고조작이 주도
적인지도 확실하게 말할 수 없다.

상황은 텍스트산출에 다양한 영향을 끼치며 그래서 언제나 텍스트
산출은 완결된 것이 아니라 "열려 있는 것"으로 봐야 한다. 이 생각
은 위에서 설명한, 텍스트산출이란 계획하는 것이라는 사실에 모순
되지 않는다. 그래서 텍스트가 산출됨으로써 다시 새로운 상호작용
맥락이 생기고, 화자가 텍스트를 빌어 의사소통 상대방의 지식, 마
음자세, 동기나 가치에 영향을 미치고 변화를 가하므로, 텍스트산출
은 역동적이고 창의적이면서 단계적으로 일어나는 것이며, 파트너와
관련된 협동적 측면이 특히 부각되는 과정이라고만 기술되고 설명되
어야 한다. 다음 그림은 지금까지 다룬 텍스트산출의 여러 측면을
한 번 더 요약하여 나타낸 것이다.

(그림 11)

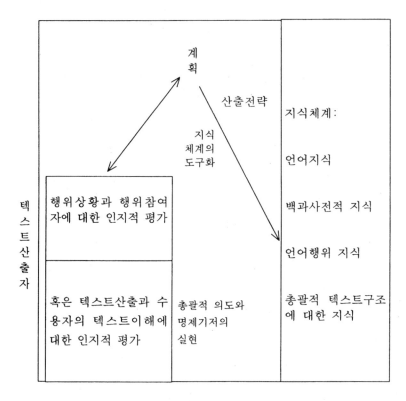

계
획

산출전략

지식
체계의
도구화

지식체계:

언어지식

텍
스
트
산
출
자

행위상황과 행위참여
자에 대한 인지적 평가

백과사전적 지식

언어행위 지식

혹은 텍스트산출과 수
용자의 텍스트이해에
대한 인지적 평가

총괄적 의도와
명제기저의
실현

총괄적 텍스트구조
에 대한 지식

텍스트

각 지식체계가 드러나 있는 다차원적 구조

2.6 텍스트해석

2.4와 2.5에서 텍스트산출 과정을 설명하고 텍스트를 산출하는 데 활성화되는 지식체계를 상세히 기술했으므로 이제부터는 해석자가 어떻게 텍스트를 이해하는지 표본적으로 대략 서술하겠다. 텍스

트해석 과정도 겉보기엔 자동적으로 진행되며, 텍스트가 이해되지 않거나 아니면 의도한 의미로 이해되지 않을 경우에만 의사소통 참여자들이 의식하게 되는 아주 일상적 과정임에 분명하다. 텍스트산출 과정과는 달리 해석 과정은 오래 전부터 언어학에서도 또 심리학에서도 관심의 중심이었다. 특히 지난 몇 년 동안에는 텍스트이해에 관한 이론이나 방법론적 문제에 대해 늘 새로운 연구가 있었다. 텍스트해석 문제에 들어가기 전, 방법론적 입장 중 두 가지를 자세히 설명하려고 한다.

(i) 텍스트이해(텍스트해석, 텍스트수용) 과정은 텍스트산출과정을 거울에 비춘 것, 즉 단순히 도치시켜 놓은 것이 아니다. 또 텍스트이해는, 원칙적으로 텍스트산출과 관련하여 보다 상세하게 서술했던 그 지식체계가 활성화되는 것이기는 하지만, 언어정보를 단순히 인지적 표상형태로 옮겨 놓은 것도 아니다. 해석이나 이해란 복합적이고 구성적인 활동으로서 이 활동을 하면서 수용자는 보통 한 텍스트의 모호한 정보자료 구조를 사전 지식이나 정보로 "채움"으로써, 감각기관으로 파악한 자료를 처리하는 단계를 넘어서게 되는데, 사전 지식이나 정보는 이미 자신의 기억에 저장해 두었거나 또는 텍스트를 이해하기 전에 일어나는 인지적 평가로 획득되거나 활성화되는 것이다.

(ii) 그렇기 때문에 텍스트이해 과정이란 해석과 관련하여 수정가능성을 염두에 두고 있는 잠정적인 어떤 결정이다. 그리고 텍스트이해는 해석 결과를 다분히 변화시킬 수도 있고 심지어는 수정할 수도 있는 국지적 해석 단계와 총괄적 해석 단계가 서로 맞물리는 "잠정적으로 확실한 해석"인 것이다. 텍스트이해는 원칙적으로 **텍스트에 의거한** 과정 또는 **지식에 의거한** 과정이라고, 곧 텍스트에 나타나 있는 정보가 해석자의 사전 지식에 이미 들어 있는 지식과 통합되는 과정이라고 이해해야 한다. 우리가 텍스트에 의거한 이해과정 또는 지식에 의거한 이해 과정이라고 설명한 해석방법은 연구문헌에서 자주 하향식(top-down) 텍스트이해 전략이나 상향식(bottom-up) 텍스트이해 전략이라고 불리곤 한다. 모든 모형에서 강력히 강조되고 있는 점은 이 두 가지 처리 전략이 순차적으로 진행되는 것이 아니라 상호작용하는 가운데 서로 보충하면서 작용하고 있다는 것이다.

2.6.1 행위참여자의 인지적 평가

텍스트산출이 그렇듯 텍스트이해도 결코 전제 없이 일어나는 것이
아니다. 텍스트를 해석하는 수용자는 우선 행위상황 및 행위참여자
에 대해 어떤 모형을 만들고 "다른 사람에 대해 어떤 상을 만든다".
행위상황과 행위참여자에 대한 이러한 인지적 평가의 결과는 모든
텍스트해석에 선행하며 텍스트이해 과정을 아주 결정적으로 규정한
다. 뿐만 아니라 심리학적 인식을 토대로 하자면, 텍스트이해란 기
대할 수 있는 어떤 것의 기본 기준에 아주 본질적으로 기초하고 있
다는 것이다. 이렇게 텍스트해석자는 우선 텍스트산출자와 사회적,
정서적으로 어떤 관계에 있는지 그리고 해석자가 산출자와 이전에
이미 공동으로 의사소통 과제를 해결한 데서 비롯되는 의사소통의
역사 속에 자신이 해석하려는 텍스트를 넣을 수 있는지를 검토하게
된다. 더 나아가서 해석자는 어떤 텍스트를 어떤 제도적 맥락에 두
어야 하는지도 검토하게 되고 또 예술적 형태의 텍스트나 학술텍스
트를 해석할 때는 저자에 대해 자신이 지니고 있는 일정한 기대를
투입하게 된다. 텍스트의 이해에 영향을 미치는 잠재적 변수를 늘이
는 것은 얼마든지 가능할 것이다. 대체로 확실한 것은 텍스트이해를
규정하고 텍스트의 해석가능성을 제한하는 것은 의사소통적, 인지적
그리고 또 사회적 변수라는 사실이다. 인지심리학이나 텍스트처리
심리학에서 지난 몇 년 동안 텍스트이해 과정 전체를 모형화하거나
또는 이 과정의 각 측면을 상세하게 기술하고 설명할 수 있는 모형
이 많이 개발되었다. 텍스트이해에 대한 연구방향이 많이 있는데 그
가운데 여기 대표적으로 다음과 같은 몇 가지만 들어보겠다(특히
1.2.6.2를 참조).

(a) 스토리 문법(story-grammar), 즉 이야기 문법 이론(Mandler/Johnson
1977, Rumelhart 1977, Thorndyke 1977)의 출발점은, 이야기란 활성화되
고 있는 인지도식의 도움으로 처리된다는 가정이다. 그래서 이 방향의 대표

자들은 이야기의 행위구조를 구조화해 주며, 텍스트이해 과정에서는 하나의
이야기를 이미 알려져 있는 어떤 틀의 표본이라고 파악하는 데 쓰이는 어떤
규칙장치를 구성하려고 시도하고 있다. 이야기문법 이론은 일련의 심리학적
연구로 검증되었는데도 오늘날 아주 뒷전으로 밀려났거나 아니면 보다 포괄적
인 이론적 맥락에 통합되어 버렸다(van Dijk/Kintsch 1983).
(b) 텍스트 내의 문제해결 이론(Black 1978)은 본질적으로 이야기문법
의 변형이라고 볼 수 있다. 방법면에서 볼 때 이야기의 해석과정이란 문
제의 여러 단계를 차례차례 처리해 나가는 과정으로 모형화하는 것으로
서, 처리과정에서 일반성의 정도가 서로 다른 여러 문제해결 행위들이 복
합적 위계관계를 이루게 된다는 것이 이 이론의 핵심이다.
(c) 정신(mental)모형 이론(Johnson-Laird 1980, 1983)은 텍스트처리
이론의 새로운 "세대"의 기반을 마련해 주고 있다. 먼저 언급한 두 이론과
는 달리 정신모형 이론의 목적은 각 행위 연속체나 문제해결 구조를 모형
화하는 데 있는 게 아니라, 전체 "텍스트세계"를 모형화하는 데 있다. 이
텍스트이해 모형에서 텍스트이해란 물론 텍스트에 명시적으로 나타나 있는
사태에 기초를 두고 있기는 하지만, 명제 표상 층위에 이른바 텍스 트세
계 층위가 구축됨으로써 텍스트와 무관한 지식을 아주 결정적으로 포함한
다는 사실을 출발점으로 삼고 있다. 존슨-레이어드에 의하면 이 텍스트세
계 층위는 세상지식뿐만 아니라 의사소통 지식도 망라한다(1.2.6.2참조).
(d) 문제해결 이론(Clark 1977)이 시도하는 모형화에 의하면 언어 이해
과정이란 문제해결의 독특한 유형으로서 청자는 전달된 텍스트, 언어맥락
및 비언어맥락 그리고 의사소통 규범을 토대로 하여 상호소통이라는 문제
를 해결한다. 텍스트란 언제나 상황에 통합되어 있고 또 관습과 결부되어
있으며 보통 행위참여자가 공동으로 가지고 있는 지식을 배경으로 하고
있으므로, 메시지의 비교적 작은 부분만을(Clark) 텍스트에 표현하는 것
이 가능하다. 이 메시지는 텍스트이해 과정에서 세상지식으로 보충된다.
다시 말해, 해석자는 각 발화 사이에 연결점을 만들어 사태 사이에 연관
성을 조성함으로써 텍스트에 명시적으로 표현되어 있지 않은 지식을 추론
한다는 것이다.
(e) 전략이론(Kintsch/van Dijk 1978, van Dijk/Kintsch 1983). 이
이론에 대해서는 2.6.2에서 상세하게 다루었으므로 여기서 다시 설명할

필요는 없겠다(2.6.2 참조).

여기 언급한 여러 이론적 접근법은 각각 서로 다른 출발점에서 텍스트이해의 어떤 측면을 기술하려는 것이다. 따라서 현재 이 복합적인 과정의 다양성을 그대로 나타내 주는 포괄적이고 통일된 이론은 아직 존재하지 않는다는 것을 지적할 수밖에 없다. 위의 모형들의 특징이 **방법론적**으로나 이론적으로 차이가 있기는 하지만, 그럼에도 텍스트이해를 **창의적이고** 연속성 있는 활동으로 보고 있으며, 말한 것을 그저 해독하는 것이나 또 뜻한 바를 재구성하는 것, 곧 텍스트의 정보가 단순히 정신적 표상으로 전이된 것이라고 보는 것은 아니라고 전제할 수 있다. 텍스트이해는 언제나 말한 것, 뜻한 것 그리고 상황의 연관관계에 대해 해석자가 일정한 입장을 가지고 성찰하는 것이기도 하다. 더 나아가서 지금까지 존재하는 거의 모든 접근 방식에서는 다음 사실이 지적되고 있다. 즉 텍스트는 이해과정에서 순환적으로 처리되고, 텍스트이해는 기능적으로 서로 관련된 구성성분들로 나뉘어져 있으며, 또 텍스트의 다차원적 구조에는 산출자의 인지과정의 결과가 구체화되어 있으며 그리고 이 과정을 해석자는 텍스트 이해과정에서 추측하게 되고 이 과정에 사용된 지식을 자기 것으로 만들게 된다는 것이다. 이 작업은 언제나 수용자가 이미 지니고 있는 지식의 총체를 활성화함으로써 일어난다. 텍스트의 이해과정을 더 이상 순전히 추상적인 층위에서 논의하지 않기 위해, 이제 위에 제시한 모형들을 빌어 텍스트이해가 이론적 가정과 경험적 사실을 통합함으로써 어떻게 모형에 맞게 설명될 수 있는지 간략히 그려 보려고 한다. 지금까지 얻은 많은 인식은 아직 잠정적이고 가설적 성격을 띠고 있으므로 텍스트이해에 관해 여기서 서술한 것이 심리학적으로 맞는 사실이라고 주장하는 것은 아니라고 따로 언급할 필요는 없을 것이다. 여기서 우리가 전략이론을 선택한 것은 이 이론이 다른 이론들에 비해 이미 비교적 잘 완성되어 있으며 게다가 비교적 넓은 경험 자료를 이론적으로 포괄하고 있기 때문이다.

2.6.2 텍스트수용 전략

특히 반 다이크와 킨취가 개발한 전략적 텍스트처리 모형이 출발점으로 삼고 있는 가정은 텍스트이해란 기존의 구조층위 중심의 모형에 의해서가 아니라 복합성 중심 모형에 의해 적절하게 기술되고 설명될 수 있다는 것이다. 이 모형은 진정한 기능적, 진행단계 중심적 모형으로서 비고츠키와 레온쩨브의 문화사 중심 심리학의 활동이론과 공통점이 매우 많다(Leont'ev A.A.1984a를 참조). 행위이론을 토대로 하여 정의되는 전략 개념은 반 다이크/킨취(1983)에서 텍스트이해 과정을 설명하는 핵심 개념으로 승격되고 있다. 반 다이크와 킨취는 베버(Bever 1970), 클라크/클라크(Clark/Clark 1977) 등을 언급하면서 텍스트이해에서 지식은 **전략에 따라** 도구화된다는 견해를 나타낸다. 이 견해를 뒷받침하는 것은 다음과 같은 기본 가정들이다.

(a) 텍스트해석자는 산출자가 텍스트에 전달 가능한 것으로 만들어 놓은 사태의 정신적 표상을 "구성해 낸다". 다시 말해, 텍스트해석자는 여러 가지 전략을 사용하여 텍스트에서 수용한 정보에 질서를 부여하고 이 정보를 자신이 이미 가지고 있던 지식으로 보충한다.
(b) 텍스트해석자는 사태라는 것을 언제나 일정한 유형의 사태로 이해한다. 다른 말로 하면, 질서를 부여한다는 것은 언제나 사태의 부류, 의사소통 상황, 상호작용, 상호작용적 활동과 관련이 있다.
(c) 텍스트의 정신적 표상을 구성할 때 해석자는 텍스트가 끝날 때까지 기다리지 않고 발화구조의 첫 낱말에서 이 작업을 시작하며 그러는 가운데 발생하는 해석의 결과를 단계적으로 수정한다.
(d) 텍스트의 정신적 표상을 구성할 때 텍스트해석자는 자신의 마음자세, 가치관, 확신, 의견을 출발점으로 삼아서 정보의 질서에 중요한 어떤 평가를 한다.
(e) 텍스트의 정신적 표상을 구성할 때 텍스트해석자는 그 텍스트가 사회적 맥락에서 하는 기능을 고려한다.

(f) 텍스트해석자는 더 나아가서 텍스트의 발화수반행위 기능을 고려한
다. 다시 말해, 텍스트해석자는 화자의 의도를 상황 맥락과 상호작용 맥
락에 비춰 재구성한다.

(g) 텍스트해석자는 목적, 동기, 규범을 지니고 있는 텍스트가 사회적 상
호작용에 통합되어 있음을 고려한다.

(h) 텍스트를 해석할 때 수용자는 텍스트의미를 구성하기 위해 자연환경
및 사회환경에 일을 통해 대처하면서 얻은 개인적 경험을 토대로 축적한
이론, 가설 및 주관적 이론을 끌어 들인다.

   (a)-(h)에 제시한 전략적 텍스트처리에 대한 기본 입장은 위에서
일단 매우 일반적으로 소개했던 텍스트해석 개념을 자세하고도 아주
본격적으로 설명해 주고 있다.

   반 다이크와 킨취는 텍스트이해 과정을 모형화하면서 다층위 모형
에서 출발하고 있는데, 이 모형에서 텍스트처리는 모든 층위에서 동
시에 진행되며 국지적 층위와 총괄적 층위의 처리과정이 서로 맞물
리고 있다. 한 층위의 처리과정은 다른 층위들의 처리과정과는 독립
된 것으로 보지만 그럼에도 - 이미 암시했듯이 - 각 층위간의 상호
작용성이나 상호의존성이 상당히 높다고 가정하고 있다. 하나하나
살펴보면 이 모형은 다음과 같은 층위에 근거하고 있다.

(i) 의미 기본단위인 핵 명제 층위
(ii) 복합 명제 층위
(iii) 국지적 응집성 층위
(iv) 거시구조 층위
(v) 초대형구조 층위, 즉 특정한 텍스트종류가 관습화한 형태의 층위

   반 다이크와 킨취가 주장하는 텍스트처리의 층위 및 그에 해당하
는 표상단위가 아직 이론적으로나 개념적으로 기반이 확고한 것은
아니므로 이제부터는 무엇보다도 우리가 현재 이미 비교적 확실하게
인식하고 있는 처리단계와 단위를 언급하려고 한다. 이러한 문제들

을 논의할 때에는 다른 이론적 맥락에서 획득되었고 따라서 다른 연구방향에 영향을 받은 인식들도 많이 끌어 오게 된다.

텍스트의 전체 의미구조를 구성해 주는 중심 단위가 어떤 것인가 하는 질문에 대한 대답은 지금까지 차이가 있었다. 킨취(1974)가 제안한 것은 텍스트의미란 명제로 구성된다는 것이다. 이에 비해 루멜하르트(Rumelhart 1977)는 인지도식이 텍스트구성의 중심 단위라고 생각했으며, 반대로 샹크/아벨손(Schank/Abelson 1977)은 대본을 중심 단위라고 여겼다(1.2.6.2를 참조).

현재 존재하고 있는 텍스트이해에 관한 모형을 비판적으로 분석해 보면, 다른 모든 의미단위를 유도해 내는 기준이 되는 중심 의미단위를 확인하는 것은 분명 어렵다는 것을 알게 된다. 이 이유 때문에 텍스트의미를 구성하는 데 여러 단위를 상정하는 것이다. 전략이론도 이 가정에서 출발하여 가장 하위의 의미 표상층위에 명제가 있다고 가정하고 있다.

명제란 기초적 사태를 그대로 담아내 주는 개념적 구조를 뜻한다. 의미론에 대한 이론에서 명제는 술어-논항 구조 또는 기능소(Funktor)-논항 구조로 기술되며, 여기에서 의미적 술어, 곧 기능소는 개체(Individuum) 혹은 개체상수(Individuenkonstante)에 어떤 특성을 부여하거나 아니면 두 개체를 서로 관련시켜 준다. 그래서 명제 *학생(x)*에서 기능소 "학생"은 어떤 개체상수에 "학생이다"라는 특성을 부여해 주고, 이와 반대로 명제 *읽다(아버지, 책)*에서는 기능소 "읽다"가 이 두 논항 "아버지"와 "책" 사이에 어떤 관계를 조성해 준다. 텍스트처리 심리학에서는, 텍스트를 이해할 때 텍스트의미들이 이러한 기초명제들로 분할되고 이 기초명제들에 의해 텍스트기반, "텍스트세계"(Petöfi 1978)가 구성된다는 것을 출발점으로 삼고 있다.

(26) 비가 왔다. 길이 젖어 있다.

이 보기에서 텍스트해석자가 기초 사태를 나타내 주는 두 발화를 서로 관련지을 수 있는 것은, 다름 아니라 자신이 이 두 사태가 서로 관련성이 있다는 것을 알고 있고 또 이 두 사태 사이에 어떤 **연결관계**를 조성할 수 있기 때문이다. 이것은 텍스트해석자가 어떤 추론과정을 거쳐 이 두 명제를 명제 인지도식에 대응시키고, "그러므로"나 "왜냐하면" 같은 연접어로 묶을 수 있기 때문이다. 이미 보기 (26)에서 분명히 알 수 있는 것은 원인-결과 관계를 명시적으로 나타내 주는 연결표현은 없지만, 이를 해석자가 사태 및 가능한 그 연관관계에 대한 자신의 지식을 토대로 하여 보충할 수 있다는 것이다(Fritsche(Hrsg.) 1982; Kayser(Hrsg.) 1983; Metzeltin/Jaksche 1983; Meyer 1975, 1983).

달리 표현하면, 텍스트해석자는 명제에 반영되는 사태의 연결관계에 대해 자신이 알고 있는 것을 바탕으로 하여 어떤 발화연속체에 "응집성 있음"이라는 특성을 부여할 수 있다. 그러니까 응집성이란 (더 자세한 것은 2.7을 참조) 텍스트문법의 연구방향에서처럼 텍스트의 내재적 특성이 아니라, 텍스트를 해석한 결과 어떤 발화연속체에 "응집성 있음" 또는 "응집성 없음"이라는 특성을 부여하도록 해 주는, 어떤 평가를 나타내는 것으로 이해해야 한다는 뜻이다(Charolles, Petöfi/Sözer(Hrsg.) 1983; Fritz 1982; Heydrich/Petöfi(Hrsg.) 1986; Lundquist 1980; Neubauer(Hrsg.) 1983; Petöfi(Hrsg.) 1986; Petöfi/Sözer(Hrsg.) 1983; Sözer(Hrsg.) 1985).

따라서 언어적 증거인 응집성의 연결점이나 또는 표지를 빈다든가 텍스트해석자가 사회환경과 자연환경에 대해 지니고 있는 지식을 바탕으로 하면 명제들 사이에는 어떤 관계가 조성될 수 있으며, 그리고 두 명제는 서로 어떤 관련성을 맺을 수 있는가 하는 문제는 텍스트해석자가 일을 통해 현실에 대처하면서 어떤 지식을 얻었고 어떤 학습된 지식을 지니고 있으며 그리고 또 어떤 개인적 경험을 보유하고 있는지에 아주 결정적으로 달려있다. 2.4.3.3에서 그 특징을 설명한 일반적 의사소통 규범에 따라 텍스트는 산출자가 텍스트를 이해하는 데 **충분**하다고 생각하는 지식만을 담고 있다는 것은 알려진 사실이다. 한 텍스트에 모든 지식을 설명한다는 것은 상당히 비경제

적일 뿐만 아니라 이러한 일반적 의사소통 규범이나 사고를 통해 재
구성할 수 있는 수용자의 능력에도 모순될 것이다. 가령 어떤 텍스
트해석자가 다음 발화연속체를 처리하여 이 두 명제의 관련성을 조
성해 내려고 한다고 해 보자.

> (27) 어떤 여자가 자동차로 나무를 들이받았다. 그녀는 자기 고양
> 이에게 물렸던 것이다.

보기 (27)이 (26)만큼 분명하고 명백하지 않다는 것은 아주 분명
하다. (26)에서는 길이 젖어 있는 것은 다른 원인이 있을 수도 있겠
지만, "어떤 사실을 어떤 것에서 알 수 있다"라는 인지적 평가의 결
과를 토대로 하면 비와 인과적 관련이 있다. (27)에서 두 명제의 관
련성을 조성하기 위해서는 텍스트에 명시적으로 표현되지 않은 다른
지식이 더 필요하다. 이러한 지식은 행위맥락이 마련해 주는 경우가
적지 않고(Dorfmüller-Karpusa/Petöfi(Hrsg.) 1981을 참조), 많
은 경우 부족한 지식은 인지적 조작에 의해서도 추론될 수 있으며 ―
이 말은 고정되어 있는 지식, 즉 기억에 저장되어 있는 지식으로 보
충될 수 있다는 것을 뜻한다 ― 그리고 또 가령 이론, 곧 우리가 복
합적 사태나 사건의 진행 따위에 대해 지니고 있는 지식의 표상에
의해서도 추론될 수 있다. (27)의 경우 이 두 명제를 명제 인지도식
에 대응시키는 데 전제가 되는 어떤 연관성을 밝혀 주는 것은 이 텍
스트의 그 다음 부분이다. 이 텍스트는 ― 여기서는 지면 관계로 다
시 인용하지 않겠지만 ― 사고를 낸 여자가 차에 언제나 고양이를 태
우고 다녔으며 이 고양이가 무언가에 놀란 나머지 운전하고 있던 여
자를 물자 여자는 차를 통제하지 못하고 나무를 들이받고 말았다는
것을 말해 준다.
　보기 (27)은 어떤 신문기사에서 발췌한 것인데, 텍스트이해란 문
맥에 극도로 민감하다는 것을 보여 주면서 다른 한편 또 문맥, 상호
작용 등등에 대한 지식이란 텍스트이해에서 특별히 중요한 구조형성

적 기능이 있다는 것을 보여 주고 있다. 이 사실에서 나오는 불가피
한 결론은 다음과 같다. 즉 수용자가 다르면 텍스트이해 과정에서
방법이 서로 다르고 또 구성과정도 서로 달리 진행되므로, 도달하게
되는 해석의 결과도 차이가 날 수 있다는 것이다. 그 이유는 모든
수용자가 이해과정에서 텍스트구조, 즉 텍스트정보를 채울 수 있는
동일한 지식을 갖추고 있는 것은 절대 아니라는 데 있다(Van de
Velde 1986, Rickheim/Strohner 1985b).

추론, 즉 (26)과 (27)의 텍스트이해 과정에서 필수불가결해지는
지식의 보충과정은 형식논리학적 삼단논법의 엄격한 방식으로 진행
되지 않으며 또 이러한 추론절차가 언제나 실제로 작용하는 원인과
조건을 따르는 것도 결코 아니다. 오히려 이러한 성질의 추론적 사
고조작은 특정한 상호작용 맥락에서 중요하다고 여겨지는 속성이나
해석자의 선호도, 가치관, 의견 등을 따르고 있다.

두 명제를 하나의 명제 인지도식으로 통합하는 것이 인과적 인지
도식에 의해 통제되는 일이 매우 많다는 것은 물론 맞는 말이다. 그
렇지만 명제의 통합이 이 인과관계로 축소될 수 있는 것은 절대 아
니다. 원인으로 등장할 수 있는, 서로 아주 다른 현상들이 인과적
인지도식에 그대로 나타난다는 것을 (26)과 (27)에서 이미 알 수
있다. 첫째, 가령 아래 보기에서와 같이 물리적, 화학적, 생물학적
등등의 성질을 띤, 객관적으로 작용하는 원인이 있다.

> (28) 이번 여름에 몇 주 동안 비가 왔다. 강물이 강둑 위로 넘쳤다.
> (29) 이번 여름에 몇 주 동안 비가 왔다. 곡물을 추수할 수 없었다.
> (30) 시월에 밤서리가 내렸다. 포도주용 포도가 냉해를 입었다.

다른 한편 연구문헌에서는 명제 P_i이 명제 P_{ii}가 나타내고 있는 행
위의 실행 또는 비실행에 대한 근거를 표현하는 경우도 인과적 인지
도식에 포함시킨다.

(31) 페터는 그 영화를 볼 수 없었다. 그의 자동차 타이어가 고장
났었다.

또 두 명제에서 한 명제가 복합적인 사태를 나타내 주고 다른 명
제 또는 이 사태의 다른 부분들이 이를 구체화해 주면 이 두 명제는
하나의 명제 인지도식에 대응시킬 수도 있다. 이러한 구체화관계는
사태들 또는 사태의 구성성분들이 지니고 있는 부분-전체 관계 및
연결관계에 기초하고 있다. 구체화관계의 반대 경우는 일반화관계이
다.

(32) 어제 국회가 소집되었다. 국회의원들은 세 가지 새 법안에 대
해 협의했다.

끝으로, 여러 명제가 어떤 사건구조의 구성성분이나 순차적으로
수행되는 행위를 나타내 주면 하나의 명제 인지도식에 통합될 수 있
다(Enkvist 1987도 참조).

(33) 페터는 늘 두 시에 학교에서 온다. 우선 과제를 처리한다. 이
어서 장보러 간다.

지금까지 논의한 명제 인지도식은 명제들을 통합하는 데, 즉 어떤
관련성을 맺도록 하는 데 기준이 되는 원칙을 분명히 해 줘야 할 것
이다. (34)에서 드러나듯이, 여기서 명제에 나타나는 사태들의 연결
관계는 필요조건은 되지만 여전히 충분조건은 아니다.

(34) 핀란드는 유럽에서 호수가 가장 많은 나라이다. 핀란디아 관은
A. 아알토가 설계했다. 핀란드 북부에는 순록이 산다. 남부에
는 고라니가 산다. 니케낸은 금메달을 세 개 땄다.

(34)의 명제들 사이에 연결관계를 확립해 내는 것은 두말할 나위

없이 가능하다. 그렇지만 여기에 나타나 있는 지식은 인식가능한 어 떤 통합소로 요약할 수 없다. 텍스트이해와 명제통합 과정은 언제 나, 핵심적이고 구조형성적 힘으로 작용하는 "주된 사고", "주제", "핵 심 생각", "상호작용 맥락" 같은 것을 따른다는 것은 명백하다.

2.6.3 수평적 명제 통합과 수직적 명제 통합

지금까지 텍스트이해 과정을 다루었다. 이 과정은 텍스트내용을 여러 개의 기초명제로 나누고 그런 다음 이를 묶어서 명제복합체로 만들기 위해 이들 사이에 다시 어떤 관련성을 구성하는 것으로서 텍 스트해석자가 자연 환경과 사회 환경에 대해 알고 있는 지식에 의해 아주 결정적으로 규정된다. 따라서 명제의 통합은 언제나 사태와 그 연결관계, 또 상호작용 맥락에 대한 사전 지식이나 문맥 지식, 의사 소통의 역사 같은 것을 전제로 하기 마련이다. 결국 위에서 논의한 의미의 명제 통합이란 백과사전적 지식, 과학적 이론 및 주관적 이 론 또는 일화에 대한 지식 없이는 생각할 수 없다. 이러한 지식들이 텍스트의 해석에 필요한 추론을 수행하는 데 필수불가결한 지식을 마련해 준다. 그래서 오버비젠탈과 동계 스포츠에 대해 해당 분야의 전문지식을 갖추고 있는 사람은 (35)의 두 명제를 문제없이 통합할 수 있고 텍스트에 명시적으로 표현되어 있지 않은 지식을 추론, 즉 대체할 수 있을 것이다.

> (35) 레나테는 오버비젠탈에서 성장했다. 그녀는 훌륭한 활강스키 선수다.

지금까지 다룬 통합장치는 사태의 부류 및 이들 사이의 특징적인 관계와 관련되어 있는 명제 인지도식에 입각하고 있으며, "처리 방 향"을 근거로 하여 **수평적 명제 통합**이라고 부를 수 있다. 여기서는 국지적 층위에서 두 명제 사이에 사태 혹은 사태의 구도 및 이들 사이의 연결관계에 입각하고 있는 명제 인지도식이 확립된다. 이러한 통합과정의 흔적이 텍스트의 표면에 **응결** 수단의 형태로 나타나는 일이 빈번하지만, 이 수단은 텍스트이해 과정에서 명제에 가해지는 통합과정에 대한 필수 전제조건은 아니다. 그렇지만 명제를 통합하는 데 공동의 통합소, 즉 공통되는 어떤 준거를 찾아 내야만 하는 발화연속체가 매우 많다(Lang 1983을 참조). 이 경우 통합과정은 수직적으로 진행되고 수정될 가능성이 매우 많으며, 이러한 통합과정에서는 우선 각 명제를 포괄할 수 있는 어떤 개념을 찾아 내야만 한다. 이런 식의 명제 통합은 예를 들어 특히 장편소설이나 단편소설 등에서 흔히 그렇듯이 행위의 현장이 도입되는 텍스트 혹은 텍스트의 단락을 처리하는 데 특징적으로 나타난다.

수평적 통합장치와 수직적 통합장치는 기초명제들을 묶어서 명제복합체나 거시명제 또는 거시단위로 만드는데, 이것은 국지적 또는 총괄적 처리과정과 처리층위에서 나온 결과들의 협력 작용을 통해 일어난다. 반 다이크(1980a,c)는 의미단위 구성 원칙이 어떻게 규칙성 있게 설명될 수 있는지, 다시 말해 어떤 거시규칙에 의해 의미 거시구조가 형성되는지를 보여 주려고 했다.

2.6.4 발화수반행위의 인지도식과 화용론적 전략

비록 텍스트처리의 심리언어학에 대한 모든 모형들이 텍스트이해란 절대 텍스트의미를 형성한다거나 텍스트기반 혹은 텍스트세계를 형성한다는 것으로 축소될 수 있는 것이 아니라, 필연적으로 텍스트기능 혹은 텍스트 발화수반행위의 해석을 포함한다는 것을 시인한다고 하더라도, 지금까지 이 모형들의 중심은 의미적 텍스트처리 과정이었다. 이 사실은 의문의 여지가 없는데도 텍스트이해에서 이 발화수반행위 통합과정을 기술하고 설명해 주는 장치에 대해서는 현재 의미단위 형성장치보다 연구가 훨씬 덜 이루어지고 있다.

그럼에도 텍스트기능의 해석과 관련하여 다분히 이와 유사한 절차가 사용된다는 데서 출발하는 것은 정당한 것 같다. 다시 말하면, 텍스트가 수용될 때 기초 언어행위와 발화수반행위로 나뉘어지며 이 행위들 사이에는 특수한 관계가 확립되고 그 결과 발화수반행위 복합체 혹은 발화수반행위 위계가 구축된다는 것이다.

텍스트이해 과정에서 통합되어 하나의 발화수반행위 인지도식이 되는 발화수반행위도 마찬가지로 일정한 조건을 충족해야 한다. 그래서 발화수반행위 인지도식은 기본목적을 이루는 데 쓰이는 발화수반행위 및 이 기본목적과 관련한 도구적 목적을 실현할 행위로 이루어진다고 전제할 수 있다. 이때 기본목적을 이루는 데 쓰일 발화수반행위와 이 목적을 실현하는 데 대한 전제를 만들어 주는 발화수반행위 사이에 특징적인 관계, 곧 특징적인 뒷받침관계가 있다고 가정할 수 있다. 이런 점에서 발화수반행위란 언제나 명시적인 것은 절대 아니기 때문에 추론될 수도 있는 것이다. 발화수반행위적 관련성을 재구성하는 데 중요한 한 전제는 이 관련성에 대한 지식을 원형의 형태나 인지도식의 형태로 조직하는 것인 듯하다.

2.3 -2.5에서 지식이 텍스트산출 및 텍스트해석 과정에서 어떻게 전략적으로 도구가 되는지, 또 이 지식이 어떤 절차를 거쳐 텍스트구조에 표명되는지 표본적으로 보여 줬을 것이다. 그리고 이 두 과정이 창조적 활동이며 역동적으로 진행되는 과정으로 이해되어야 함이 우리의 설명에서 분명히 드러났을 것이다. 텍스트의 언어학적 분석은 텍스트산출이나 텍스트수용에서 실제로 진행되는 과정을 기술하고 설명하거나, 심지어는 이 과정에서 동시에 일어나는 것은 무엇이며, 반대로 순차적으로나 나란히 일어나는 것은 무엇인지, 또 어떤 사고조작이나 과정이 다른 사고조작이나 과정을 전제로 하며, 반대로 어떤 사고조작이나 과정이 우위에 있는지 등을 탐구할 수는 없다. 이러한 문제들에 답하려고 하는 것은 심리학적 모형들이다. 지금까지의 설명이 요구하고 있듯이, 언어학적 텍스트분석모형이 기술해야 하는 것은 어떤 지식체계가 텍스트의 다차원적 구조에 표명되며 이 구조가 어떻게 구체적인 기능을 갖게 되는지이다. 이런 점에

서 이 책에서 개략적으로 서술하였고 또 다음 몇 장에서 상세하게 전개할 텍스트분석의 이론적 틀은 과정(Prozeß) 중심 모형이 아니라 **진행단계(Prozedur) 중심** 모형이다. 진행단계 중심 모형은 텍스트생산과 텍스트이해의 구체적인 각 과정은 도외시하지만, 어떤 지식이 사회적으로 행위하는 인간의 상호작용 활동에 의해 어떻게 텍스트구조에 표명되었는지 그리고 이것이 다시 이 구조에서 해석될 수 있는지를 보여 주려고 한다. 이런 점에서 진행단계 중심 모형은 텍스트를 완성된 어떤 것으로 보지 않고 그 산출조건과 수용조건의 복합적 변수와 관련시켜서 보며, 따라서 텍스트란 그 자체로서는 아무런 의미도 기능도 없으며 오로지 사회적으로 행위하는 인간과 관련해서만 의미와 기능을 지닌다는 것을 분명히 해 준다. 이 모형은 말하자면 "놀이"가 어떻게 진행되는지를 기술하는 것이 아니라 무엇이 "놀이에서 작용하는지"를 기술하는 것이다.

2.7 텍스트와 텍스트이론

이 장에서 개략적으로 서술하려고 했던 역동적인 진행단계 중심 텍스트 분석모형은 비단 텍스트와 대화가 분리되어 연구되는 지금까지의 상황을 해소할 뿐만 아니라, **텍스트**라는 개념을 포함하여 텍스트언어학의 많은 기본 개념의 내용을 새롭게 만들어 준다.

지금까지의 설명에서 우리는 아직도 텍스트 개념을 서로 매우 다른 의미로 사용하였다. 한편으로 텍스트는 산출자의 시각에서 총괄적 행위와 그에 부합하는 명제기저 중의 하나가 언어로 실현된 것이라고 이해되었다. 다시 말해, 이 관점에서 텍스트는 텍스트산출 과정에서 단계적으로 언어로 실현되고 표면화되는 정신적 단위라고 이해되었다. 다른 한편 텍스트는 해석의 시각에서 조명되었는데, 여기서 특히 하나의 텍스트에서부터 어떻게 다시 해석자의 의식 속에 정신적 표상, 즉 텍스트의미 혹은 텍스트기능의 표상이 생기는지를 분명히 하였다. 끝으로 세 번째, 텍스트 개념은 언어활동의 결과물, 곧 글이나 말로 나타나 있는 지각할 수 있는 존재를 의미했다. 기본 개념들을 더 이상 의미 차이를 둔 채 사용하지 않기 위해 이제부터는 텍스트를 오로지 마지막에 언급한 의미로만 사용하겠으며, 따라서 말과 글이라는 두 가지 형식 중 하나로 나타나 있고 이 두 가지 존재 양식 중 하나에 넣을 수 있는 발화를 뜻할 때 사용하겠다. 실제 의사소통 경험을 통해 우리는 텍스트가 2.4에서 자세히 기술한 지식체계에 의해서만 실현되는 것은 절대 아니라는 것을 알고 있다. 텍스트를 구성하기 위해서는 수많은 의사소통 상황 혹은 의사소통 유형에는 텍스트이해에 지극히 중요한 단서로 기능하는 몸짓과 표정이 사용된다. 위에서 언급한 지식체계 외에 부호, 식, 그림, 사진 같은 것을 포함하고 있는 텍스트로 된 의사소통 유형이 존재하는 것이다. 이런 점에서 텍스트를 **넓게** 이해하는 경우와 **좁게** 이해하는 경우를 구분하는 것이 합당하며, 넓게 보는 경우는 언어라는 기호체계 외에 텍스트의 구조에 표명되는 모든 기호체계를 망라하게 된다. 지금까지 존재하고 있는 텍스트언어학적 연구방향들은 대개 좁은 의미의 텍스트 개념에 입각하고 있다. 이렇게 텍스트를 제한적으로 이해하는 것은 허용될 수 없는 것이 아니라 현재의 인식 상황에서 도출되는 필수적인 방법론상의 결론이다. 어떻게 언어학적 수단과 몸짓, 표정 등의 유사언어적 수단이 상호작용하며 그리고 유사언어적 도구장치가 어떻게 상세하게 기술되고 또 텍스트 분석모형에 통합될 수 있는지는 오늘도 여전히 대부분 해결되지 않은 문제이다. 이렇게 본다면 이러한 현상들을 제외한다는 것은 일종의 추상화이므로 허용할 수 없다든가 심지어 텍스트구조의 본질적 양상들을 무시하는 것이라고 이해하기보다는 이러한 현상들에 대한 인식이 여전히 부족한 만큼 정당한 접근방식이라고 이해해야 한다. 본 연구에서도 텍스트를 좁은 의미로 이해하며 따라서 텍스트분석도 언어로 확인된 사실만을 반영해 줄 뿐이다. 지금까지 텍스트산출과 텍스트수용의 중요한 구성요소를 기술하면서 시험적으로 두 가지 텍스트정의를 제안하였는

데, 이 정의는 이 책의 필자들이 여기서 개략적으로 서술하고 있는
이론적 틀의 각 발전 단계에서 도출한 것이다. 이제 끝으로 이 두
정의를 역동적 텍스트 분석모형과 관련하여 명확히 서술해 보려고
한다. 여기서 문제가 되는 것은, 한편으로 가능한 한 모든 텍스트출
현을 망라할 수 있을 만큼 일반적이고, 다른 한편으로 텍스트성을
띤 발화와 그렇지 않은 발화를 구별하는 것을 가능하게 해 줄 만큼
구체적인 텍스트정의이다. 이때 구별한다는 것을, 텍스트를 더 이상
텍스트로 볼 수 없게 되는 지점이 어디인지를 명확하게 규정할 수
있도록 해 주는 뚜렷한 경계선으로 보아서는 안 된다. 그렇게 생각
한다면 역동적 텍스트 분석모형에 원칙적으로 모순될 것이다. 그렇
지만 다른 한편 모든 텍스트 분석모형은 이론적으로 지탱될 수 있는
텍스트개념에서 출발해야 한다고 요구해야 한다. 그럴 경우 이러한
텍스트개념이 텍스트와 그 특성 및 기능에 대한 우리의 일상적 이해
와 소박한 지식을 어느 정도 반영하는지는 다른 문제이다.

　텍스트란 사회적으로 행위하는 인간 언어활동의 결과로서, 언어활
동을 통해 텍스트산출자는 행위참여자와 행위맥락에 대한 인지적 평
가에 따라 텍스트에 독특하게 표명되고 텍스트의 다차원적 구조를
형성해 주는 여러 유형의 지식을 활성화한다. 아울러 한 텍스트의
구조는 텍스트산출자가 일정한 상호작용 맥락에서 부여한 기능을 표
시해 주며 텍스트수용자의 복잡한 해석과정의 기초가 된다. 이미 여
러 번 강조했듯이, 여기서 이해하고 있는 의미의 텍스트는 활동이
물체화한 결과이다. 텍스트를 이렇게 역동적으로 이해하면 텍스트는
그 자체로서는 아무 의미도 기능도 없으며 언제나 상호작용 맥락 및
텍스트를 산출하고 수용하는 행위참여자와 관련하여서만 의미와 기
능이 있다고 전제하게 된다. 따라서 텍스트는 지금까지 대다수의 모
형이 가정한 것처럼 그 자체로서 응집성이 있는 것도 아니다. 오히
려 어떤 텍스트에 관련성을 조성하고 이를 텍스트구조에 표명하는
것은 행위참여자이고, 응집성이란 산출자가 의도한 것이다. 수용자
는 응집성을 기대하고, 텍스트이해 과정에서 발화연속체에 응집성을

부여하며 그 결과 텍스트의 정보와 이미 존재하고 있는 지식이 서로 밀접하게 함께 작용하는 복잡한 이해과정에서 이 관련성을 다시 구성해 내게 된다.

이러한 텍스트의 개념규정 및 여기서 도출된 범주적 특성을 가령 텍스트문법과 관련하여 고안된 텍스트정의와 비교하면 여러 면에서 근본적 차이가 드러난다. 기존의 많은 텍스트정의는 텍스트가 주로 네 가지 범주적 속성을 가지고 있다고 가정하고 있다. 첫째, 텍스트는 둘 이상에서 n까지의 발화연속체라고 이해해야 하기 때문에 원칙적으로 문장보다 복잡성을 띠고 있다는 주장이다. 텍스트의 최하위 경계는 보통 가령 문장 또는 문장발화 같은 문법론적 용어로 규정되며, 반대로 최상위 경계는 가령 장편소설, 단편소설 등 문예학적 표현으로 규정된다. 복합성이라는 기준은 텍스트를 텍스트성이 없는 발화와 구별하는 데 충분하지 않다. 거의 모든 텍스트정의에서 텍스트와 비텍스트를 응집성이라는 기준을 토대로 구별하려 하는데, 여기서 응집성이란 의미자질 동위성 연쇄, 연결 표현 같은 많은 결합장치로 나타나는 텍스트 내적 속성을 말한다. 마찬가지로 텍스트다운 발화와 그렇지 않은 발화를 구별하는 데 사용되는 텍스트주제가 세 번째 기준인데, 이것이 기존의 정의에서 쓰이는 경우는 드물다. 끝으로 네 번째, 텍스트의 범주적 속성으로 어느 정도의 완결성이 요구된다. 이러한 개념들의 잠재적 설명력이 지금까지 확정되어 있지는 않지만, 기존의 텍스트정의는 거의 모두 이 범주적 속성들에서 출발하고 있다(Petöfi(Hrsg.) 1979, 1982).

우리가 제안한 텍스트정의가 아직 이론적으로 확립된 정의에 제기될 수 있는 모든 요구에 부합되는 것은 아니라는 것은 전혀 의심의 여지가 없다. 그렇지만 이 텍스트정의가 기존의 텍스트정의를 넘어서도록 해 주며 지금까지 지배적이었던, 텍스트에 대한 정태적인 이해를 극복하도록 해 준다는 데에는 논란의 여지가 없다. 다른 한편 텍스트의 근본 속성들을 더 이상 실제 언어자료에서 하나하나 정하지 않고, 복합적 해석행위의 결과라고 이해하며, 이때 해석행위란 명제의 통합뿐만 아니라 발화수반행위, 행위단위 및 총괄적 텍스트 구조 단위의 통합도 포함하고 있다.

텍스트에 대한 이러한 역동적 이해를 바탕으로 하면 텍스트언어학의 역사에서 빈번히 제기된 텍스트이론 및 그 구조의 대상 영역에 대한 질문에도 답변하게 된다.

여기서 전개한 통합적 접근방식의 틀 내에서 시도하는 것은 텍스트의 복합적인 자료영역에서 구조적, 기능적 속성을 공통적으로 가지고 있는 각 영역들의 경계를 짓고 이 영역들을 각각 고유한 이론으로 기술하고 설명하는 것이다. 다른 말로 하면, 텍스트이론은 상호 연관성 있게 결부된 부분이론들의 체계라고 이해하게 되며, 이 부분이론들은 각각 복합적인 텍스트구조의 고유한 속성을 나타내 주고 그리고 이 구조들이 어떻게 일정한 기능을 갖게 되는지를 설명해 준다. 따라서 각 모형의 범주적 틀을 넘어서는 사실에 부딪히기만 하면 기존 모형들을 단계적으로 확장하려던 지금까지의 많은 시도와 마찬가지로, 텍스트이론을 일종의 상위이론으로 보는 것은 부적절하다고 본다. 여기서 텍스트문법을 만들거나 문장초월적 특성 혹은 의사소통적-화용적 측면을 기술하도록 해 주는 소위 의사소통적-화용적 성분을 문법에 고려하려는 시도를 다시 한 번 상기시키고 싶다. 이러한 접근방식은 적절하지 않은 것으로 밝혀졌다.

우리가 이해하기로는 텍스트이론은 다음과 같은 커다란 세 이론 영역을 망라하고 있다.

- 문법이론
- 언어행위이론
- 텍스트구성 이론

이 이론들은 모두 다시 제각기 텍스트구조의 고유한 특성을 그대로 담아내 주는 많은 수의 부분이론을 포함하고 있다. 문법이론과 사전(어휘)이론은 텍스트에 표명된 지식체계를 기술하는 것으로서

2.4에서 언어지식이라고 부른 것이다. 그에 비해 언어행위이론은 텍스트산출과 텍스트해석에 요구되는 발화수반행위 지식, 일반 의사소통규범에 대한 지식 및 메타 의사소통적 지식의 구성과 도구화를 설명해준다. 끝으로 텍스트구성 이론은 총괄적 텍스트구조의 조직원칙 및 텍스트유형의 특성을 설명해준다. 텍스트구조의 특정한 양상을 각 이론에 그대로 담아낸다고 해서 여기서 다루고 있는 것이 고도로 상호 의존적인 현상임을 부인하는 것은 절대 아니다. 학문적으로 고찰할 때 각 이론들을 분리하는 목적은 오로지 이 이론들을 체계적으로 분석함으로써 보다 심도 있게 그 상호 관련성에 이르기 위해서이다. 이 세 가지 이론영역의 연구 진척 정도는 현재 아직 차이가 있다. 즉 문법의 대상 영역과 그 표상단위 영역, 사전(어휘)의 구조와 기능 그리고 문법지식과 어휘지식에 대해 우리는 비교적 잘 알고 있다. 그에 비해 개별 문장발화의 분석에 머무르고 있지 않은 언어행위이론은 여전히 덜 정교하다. 끝으로 총괄적 텍스트구조에 대해서는, 비록 특정 텍스트의 대형구조에 대한 인식을 얻는 것이 가능하기는 했다고 하더라도, 현 시점에서는 매우 잠정적인 지식만을 지니고 있는 경우가 많다.

제 3 장

텍스트, 텍스트종류, 텍스트유형

3.1 문제점

제 2장에서 설명한 대로, 텍스트를 산출하려는 화자는 전체 행위 및 그에 부합하는 명제기저를 해당 인지도식에 맞춰 실현해야 하며, 텍스트내용 및 텍스트를 가지고 이루려고 하는 행위 목적을 포괄적 층위에서 조직하는 인지도식은 독특한 방식으로 텍스트의 복잡한 구조에 드러난다는 것은 잘 알려져 있다.

이러한 총괄적 구조화는 텍스트의 산출에 필수적 전제조건일 뿐만 아니라, 해석자가 텍스트를 이해하는 데에도 아주 결정적인 요인이다. 텍스트의 인지도식에 도구로 사용되고 텍스트의 전체 구조를 조직하는 특수한 지식을 2.4.5에서 **총괄적 텍스트구조에 대한 지식 혹은 텍스트종류에 대한 지식**이라고 불렀다. 물론 이 용어는 이 구조에 대해 우리들이 알고 있는 것만큼이나 여전히 잠정적이다. 총괄적 구조화 원칙에 관련되는 고유한 어떤 정보체계가 있다고 가정하는 것이 타당한지는 일단 여러 차례 검증을 거쳐야 확인될 수 있다. 그 중 몇 가지를 간략하게 들어 보겠다.

(a) 화자는 언어활동을 하면서 텍스트종류나 유형화에 대한 지식을 습득했으며 이 지식을 토대로 언제나 상황, 문맥, 제도와 체계적으로 관련지을 수 있는 텍스트를 산출하고 이해함으로써 특정 인간 공동체의 여러 의사소통 영역에서 함께 일할 수 있다. 다시 말해, 의사소통 참여자는 문맥이 어떤 부류에 속하는지 인지하면 여러 의사소통 영역에서 상황적으로나

사회적으로 적절하게 행위할 수 있는 것이다.

(b) 총괄적 텍스트구조에 대한 지식을 가정하는 것은 의사소통 유형학의 면에서 볼 때 정당할 뿐만 아니라 화자가 똑같은 통사구조를 사용하지 않고 또 통사구조를 똑같은 어휘로 실현하지도 않으면서 동일한 텍스트를 서로 다른 의사소통 상황에서 거듭 산출할 능력이 있기 때문이기도 하다. 뿐만 아니라 이런 식으로 반복할 때 특정 행위단위의 순서가 달라질 수도 있으며, 이렇게 되어도 텍스트형태 및 텍스트 인지도식뿐만 아니라 통사구조의 변화와 어휘적 재현에 별 영향을 미치지 않는다. 그 전형적 보기는 대화 중의 이야기이다(Quasthoff 1980a, 1980b를 참조).

(c) 화자는 자신이 수용한 텍스트가 그 사회에 존재하기 때문에, 이를 구속력을 띤 어떤 유형으로 분류하고 이 유형을 한 인간 공동체 내에 마련되어 있는 어휘기호로 명시할 능력이 있다. 이를테면 여러 가지 텍스트를 해석한 수용자는, 비록 한 텍스트에 어휘요소나 명사구로 된 그 어떤 사전 신호가 있어야 하는 것도 아니고 또 있지도 않지만, 이 텍스트가 서사적 이야기 부류인지, 요리법 부류인지, 법률조문 부류인지 따위의 말을 할 수 있다.

(d) 텍스트부류를 나타내 주는 기능을 할 수 있는 특징적 신호(전형적 발화, 조직 원칙, 구성에 대한 규정 또는 구성에 대한 권고 사항 등)가 있는 텍스트가 많이 있다. 이를테면 "옛날 옛날에…" 같이 텍스트를 도입하는 전형적 구조는 텍스트가 동화라거나 우스개이야기 부류라는 것을 암시해 주고, "국민의 이름으로" 같은 것은 법정 판결문의 전형적 형식이며 "사랑하는 영희에게", "존경하는 소장님" 등은 편지의 시작을 말해 주는 전형적 신호이다. 이 신호들 외에 텍스트에는 텍스트부류나 어떤 의사 소통 영역을 암시해 주는 조직 형태가 많이 나타난다. 이를테면 조항(Paragraph) 구조가 있으면 법률텍스트이거나 계약서일 가능성이 매우 높다는 것을, 행구조가 있으면 서정시이고, 텍스트에 기입해야 하는 "빈 곳"이 많으면 어떤 서식임을 추측할 수 있다. 끝으로 또 텍스트가 어디에 "출현하는지"도 텍스트부류를 구성하는 기능을 한다. 적지 않은 텍스트나 텍스트부류는 물건에 대한 지침 혹은 품질보증서, 기계 설비 관련 문서 따위를 포함하고 있으므로 특정 생산품에 첨부된다. 따라서 생산품에 동반되는 텍스트도 일정한 출판 방식이 중요한 텍스트와 마찬가지로 "유형이나 텍스트종

류와 관련된 표지"가 있다(Hensel 1987을 참조).

(e) 화자는 관습적인 텍스트형태 혹은 인지도식이란 언제나 특유의 내용과 주제뿐만 아니라 "기능"과도 결부될 수 있다는 사실을 사회화 과정에서 습득했음에 분명하다. 대략 단순화하여 말하자면 다음과 같다. 개인적 편지에는 (상호작용 파트너 사이의 사회적 감정 관계에 따라) 개인적으로 경험한 것과 수신자와 관련 있는 사실을 전달하는 것이 보통이다. 따라서 이런 성질의 텍스트에 나타나는 요소들은 감정과 가치 판단을 알려 주거나 야기할 수도 있다. 이것은 서간문에서 수용자가 이런 속성의 텍스트를 "해석할 때" 가지는 기대의 범위에 속하는 것이며, 반면 감정적인 것이나 심리 상태의 표현 따위는 특허명세서의 주제는 아닐 것이다.

(f) 한 인간 공동체의 화자는 언어활동을 통해 텍스트에 있는 텍스트유형상의 오류를 식별할 수 있는 능력을 습득했다. 화자는 또 상호작용 과정 속에서 "텍스트종류가 교체되고 있음"을 알려 주거나 확인할 능력도 갖추고 있다.

(g) 텍스트 인지도식과 총괄적 텍스트구조는 한 인간 공동체의 언어활동의 결과이자 동시에 전제이기도 하다. 이런 속성의 인지도식은 의사소통 욕구와 의사소통 과제가 변함에 따라, 그리고 한 인간 공동체의 상호작용 조건이 지속적으로 발전해 감에 따라 달라진다.

텍스트종류의 형태가 변화한다는 것을 대표적으로 요리법을 예로 들어 설명하려고 한다. 이 보기를 보면 이를테면 (보기 36)의 초기 신고지독어 (*역자주: 1350-1650 시기의 독일어를 뜻함, 현대 한국어로 번역하였음)로 된 요리법에 나타나는 명령법이(내놓으라) 현대 독일어에서 동사원형(…한다) 혹은 수동태구조(…된다)로 대치된 것과 같은 단지 언어적 실현과 관련한 변화만 있는 것이 결코 아니라는 것을 알 수 있다. 보기 (37)-(39)가 극명하게 보여 주고 있듯이 대형구조 자체도 역사적 변화의 지배를 받는다.

(36) 고상한 음식
이것은 고상한 음식이다. 골 하나, 밀가루, 사과, 계란을 준비해야 하고 이것을 양념과 섞어 꼬지에 끼워 잘 구어 내 놓으라. 이것을 골구이라고 하고 삶은 허파도 같은 식으로 한다.

(37) 고상한 음식

이것은 고상한 음식이다. 골 하나, 밀가루, 사과, 계란을 준비하라. 이것을 양념과 섞어 꼬지에 끼워 잘 구어 내 놓으라. 이것을 '골구이' 라고 한다. 같은 방법으로 삶은 허파도 요리할 수 있다.

(38) 비계를 곁들인 콩스프

비계 한 조각을 물에 넣어 부드럽도록 삶은 후 체로 걸러 국물을 만 든다. 그 다음, 콩은 무르도록 삶아 물을 쏟아버리고 콩의 반은 체 로 거르고, 남비에 남겨 둔 콩에 비계소스를 넣고 그 위에 버터로 볶 은 밀가루를 넣고서 저어 걸죽하게 만든다. 그 다음 체로 걸러 둔 콩 을 넣고 1/4시간 동안 끓이고 나서 비계조각을 넣는다.

(39) 불가리아식 고기라이스

재료: 고기 400g, 쌀 250g, 육수 1리터, 토마토 4, 양파 4, 피망 2, 농축토마토 2 큰술, 마늘 2 쪽, 후추 1/4 작은술, 단맛 나는 고 추가루 2 작은술, 기름 1 큰술, 소금 1 큰술.

조리: 고기는 잘게 썰어 10분간 기름에 살짝 볶는다. 양념과 농축토 마토는 뜨거운 국물에 넣어 끓어 오르면 두껑을 덮은 채 익힌다. 피 망은 속을 파 내고 길게 썰고 양파는 까서 4등분한다. 토마토는 껍 질을 벗기고 4등분한다. 그 다음 쌀, 피망, 양파를 그 속에 섞고 전 부 익힌다. 토마토는 조리가 끝나기 5분 전에 넣는다. 마지막으로 맛을 보고 간을 맞춘다.

이 요리에 호밀빵과 적포도주 한 잔을 곁들이면 좋다. 1 인분 당 701 칼로리 혹은 2938 줄(J).

(h) 텍스트언어학적 접근법이 유형학적 문제를 다루기 훨씬 전 많은 의 사소통 영역에서는 해당 의사소통 영역의 특징적 텍스트를 부류별로 나누 었으며 따라서 - 유형화의 특질을 설명하는 것과는 무관하게 - 텍스트란 원칙적으로 어떤 부류로 나눌 수 있다는 것과 그리고 부류마다 특징적인 인지도식이 있다는 것을 확실히 증명해 주었다. 이렇게 각 의사소통 영역 에서 텍스트가 분류되었으며 그 보기는 다음과 같다.

- 법률텍스트를 헌법, 명령, 지침, 시행령, 청원(서), 판결(문), 공소장 등으로 분류
- 문학 장르 (장편소설, 중편소설, 단편소설, 소네트, 시 등)
- 교육용 텍스트를 교재용 텍스트, 연습용 텍스트, 듣기용 텍스트, 번역용 텍스트 등에 따라 체계화

　이렇게 간단히 서술해 보기만 해도 여러 의사소통 영역에서 서로 아주 다른 기준에 따라 분류했다는 것을 알 수 있다. 그럼에도 우선적으로 기능적 관점(텍스트의 사용, 텍스트의 용도)을 분류 기준으로 선호했던 것 같다(Gutenberg 1981을 참조).
　텍스트 인지도식 혹은 텍스트부류가 있다는 사실을 정당화하기 위해 여기 제시한 타당성에 관한 논의는 최근 몇 년 동안 많은 과학적 연구에서 사실로 증명되었고 또 신빙성이 확인되었다. 인지심리학과 텍스트처리의 심리언어학은 가설을 실험으로 증명하려는 맥락에서 분류란 인지적 활동의 전제이며, 처리된 산물이 다양한 구조로 되어 있지 않다면 이러한 복합성과 기능성을 띤 정보는 처리될 수 없을 것이라고 거듭 지적했다. 그렇지만 총괄적 텍스트구조가 있다고 가정할 만한 명백한 증거는 텍스트이해의 구체적 측면에 대한 연구에서도 많이 얻을 수 있는데, 이를테면 텍스트를 이해하는 능력, 텍스트를 기억하는 능력, 텍스트를 요약하고 재구성하는 능력, 주요 요점을 다시 식별할 수 있는 능력 따위에 대한 연구가 그것이다(Mandler/ Goodman 1982, Denhiere 1980, Schnotz, Ballstedt/Mandl 1981, Stein/Glenn 1979 등). 총괄적 텍스트구조에 대한 연구는 이제 더 이상 초기 단계에 있지 않고 또 심리학적 연구 결과나 언어학적 연구 결과로 심화되기는 하였지만 텍스트의 총괄구조의 원칙과 조직원칙을 기술하고 설명해 주는, 텍스트구성에 관한 이론은 아직도 여전히 미흡한 부분임을 간과해서는 안 된다.

3.2 텍스트를 언어학적으로 분류하는 방법

텍스트를 분류하는 문제는 여러 차례 언어학적 관심의 중심이었기에 최초의 텍스트분류는 텍스트언어학적 접근방식이 생기기 오래 전제시되었다는 것을 이미 3.1에서 지적했다 (텍스트언어학은 유형학적 문제를 거의 소홀히 하거나 아니면 의식적으로 배제했다). 대다수의 텍스트언어학적 모형들이 유형화를 거의 일괄적으로 고려하지 않은 것은 비단 이 대상의 복합성 때문만이 아니라 적지 않은 텍스트언어학적 접근방식의 특징인 두 가지 방법론적 판단 오류 때문이기도 하다.

그 하나는 텍스트이론이 텍스트의 복합적 구조관계와 기능관계를 밝혀낼 수 있게 되면 유형화는 자동적으로 이루어진다는 인식이었다. 다른 하나는 유형화와 텍스트구성 이론이란 귀납적 방법을 통해, 즉 텍스트종류를 점점 더 많이 분석하고 그 결과를 점점 더 일반화함으로써 이룩할 수 있다는 견해가 널리 퍼져 있었다는 것이다. 물론 텍스트종류와 텍스트종류의 부류를 체계적으로 분석함으로써 텍스트의 총괄구조에 대한 본질적 인식을 얻을 수 있다는 것은 논란의 여지가 없다 (이야기텍스트 및 서사텍스트에 관한 상세한 연구 (Labov/Waletzky 1967, Quasthoff 1980a, b), 우스개이야기 (Marfurt 1977), 서간문 종류(Emert 1979), 인터뷰(Ecker/Landwehr/Settekorn/Walther 1977), 구호와 슬로건(Motsch/Viehweger 1981, Viehweger 1983b), 길묻기(Wunderlich 1976a), 판매대화(Henne/Rehbock 1982), 심리치료 상황에서 문제 서술하기 (Wodak-Leodolter 1980) 등을 참조). 그렇지만 이런 방법으로 유형화는 가능하지 않다. 더 나아가서 다른 한 방법론상의 문제도 오랫 동안 명확하지 않았는데, 이 문제를 다음과 같이 질문으로 풀어 쓰려고 한다. 텍스트유형화는 한 인간 공동체에 마련되어 있는 분류에 대한 지식과 이 지식에 기반을 둔 텍스트종류의 분류 상태를 반영하는가? 혹은 이렇게 질문할 수도 있다. 유형화란 이 지식과는 무관하게 제시될 수 있는, 언어학자의 이론적 구성물인가?

어떤 시대의 텍스트분류는 - 텍스트분류가 언어학적 관찰의 대상
이었던 한에서는 - 그 시대의 주도적 언어학적 견해를 반영해준다. 가
령 텍스트문법적 모형들은(Harweg 1968, 323이하를 참조) 오로지
실제 언어자료에 중심을 두고 있으며 따라서 언어 내적, 곧 주로 텍스
트 내적 현상을 고려하는 텍스트종류의 분류를 요구하였다. 이러한 텍
스트종류 분류의 출발점은 하르베크에 의하면 소위 "기능적 텍스트 개
념"이다. 즉 통합관계상의 대치(syntagmatische Substitution)의 유
형화에서 텍스트유형화의 대립을 도출하고 있는데, 주로 일차원적 통
합관계상의 대치로 된 텍스트는 "학술텍스트" 유형에 넣을 수 있는
반면, 이차원적 대치로 된 텍스트는 비학술텍스트에 속한다는 사실
을 그 근거로 들고 있다. 텍스트종류 혹은 텍스트부류는 텍스트문법
의 관점에서 이해해 보자면 텍스트모형에서 도출될 수 있는 언어 구
조유형이다. 가령 하르베크에 의하면 자신이 조사한 연쇄유형 혹은
대치유형은 모두 각각 텍스트유형의 기초가 될 수 있다. 비슷한 방
법을 바인리히(1972b)에서도 볼 수 있는데 이 사람도 역시 텍스트
종류를 분류하는 데 텍스트의 문법적 특성을 사용한다. 이렇게 몇
가지 초기의 노력을 대략 살펴보니, 텍스트종류를 분류하려는 시도
가 아직도 텍스트의 범주적 본질 속성을 개별 텍스트의 특성에서 확
인하려고 했던 문장초월적 텍스트 분석모형의 전통에서 전혀 벗어나
지 않고 있다는 것이 분명해진다. 뿐만 아니라 이 모형들의 전형적
특징은 일정 부분만을 제한하여 "텍스트문법적으로" 분석하였다는 것
이다. 텍스트문법적 모형도, 독화로 구성된 텍스트뿐만 아니라 대화
로 구성된 텍스트도 텍스트문법의 설명 영역에 속한다는 입장을 표
방하고 있기는 하다. 텍스트문법적 분석의 범위를 이야기할 때 이미
지적되었던 이 사실은 텍스트를 유형화하려는 시도에도 적용되고 있
다. 즉 텍스트를 유형화하고자 할 때에도 대화는 전혀 고려되지 않고
있는 것이다.

"기능적 혹은 의사소통 중심적 텍스트모형"이 등장하는 맥락에서

기능적 혹은 행위 중심적 텍스트유형학도 생겨났다. 이 유형화에서는 텍스트종류를 행위종류 혹은 행위원형과 거의 동일시하거나 아니면 행위종류나 행위원형에서 파생된 분류라고 이해하고 있다. 이제 텍스트종류 혹은 텍스트부류는 더 이상 문법구조가 아니고 의사소통 유형의 실현이라고 여겨지고 있다. 그러므로 텍스트종류의 분류는 행위유형학이나 상황유형학으로 소급될 수 있다. 이와 같은 목표 설정에서 이미 알 수 있는 것은 이런 식의 유형화의 설명 영역은 비단 텍스트의 의사소통 기능을 지향하는, 문장초월적 텍스트분류의 설명 영역보다 훨씬 더 광범위할 뿐만 아니라 더 적절하기도 하다는 것이다. 기능적 텍스트분류의 방법론적 토대와 관련시켜 보면 유형화란 (찾을 수 있는 보기텍스트를 분석하고 그 다음 일반화하는) 귀납적 방법으로도 (각 텍스트종류를 텍스트 기술모형에서 도출하는) 연역적 방법으로도 만들어질 수 있다는 것이다. 이 결론은, 특히 가설을 설정하지 않는 순수 귀납적 방법이 이 단계의 텍스트언어학적 분석에 해당되지 않은 지 오래 되었다는 것을 고려하지 않고 있으므로, 매우 단순화하는 것임에 틀림없다. 그럼에도 이 결론은 언어학적으로 텍스트종류를 세분화하기 위한 우선적 접근방식에 해당하는 이 두 가지 방법을 반영해 주고 있다.

텍스트종류의 분류가 언어학의 지배적인 이론적, 방법론적 입장에 아주 결정적 영향을 받았다는 것을 이미 언급하였다. 가령 1970년대 초반 유형화 혹은 분류는 무엇보다도 언어단위란 원칙적으로 분리되어 있는 기본 구성요소로 이루어진다는 구성성분주의를 지향했다. 따라서 한 텍스트종류는 자질의 결합 혹은 합성이라고, 곧 텍스트종류의 독특한 각 측면을 반영해 주는 기본적 구성요소의 결합물이라고 이해되었다. 텍스트종류의 분류에 대한 제안 중 가장 잘 완성된 하나를 제시한 사람은 잔디히(Sandig 1972)였다. 이 모형을 가지고 속성 중심적 텍스트종류 분류의 방법적 절차를 간단히 설명해 보겠다. 잔디히는 20가지의 변별 자질/속성을 가지고 텍스트종류를 세분하려고 한다. 변별 자질이란 - 아래 도표가 보여 주듯 - 일반 의사소통 조건이나 텍스트의 문법적 특성뿐만 아니라 행위조건과 사전신호, 다시 말해, 텍스트가 어디 속하는지 추측할 수 있게 해 주는 특징적인 발화 표현방식을 망라하는 것이다. 그래서 슈템펠(Stempel 1972)은 "텍스트 성분 종류 혹은 의사소통 성분 종류"라고 말하기도 한다.

잔디히(1972)

	입말	즉흥성	독화성	대화적 텍스트형식	공간적교류	시간적교류	음성적교류	텍스트 시작형식	텍스트 끝형식	거의 정해진 텍스트구성	주제확정	한 사람	두 사람	세 사람	명령형식	시제형식	경제적 형태	잉여성	비언어적인것	대등한 의사소통 파트너
인터뷰	+	±	−	−	±	+	+	±	±	−	+	+	+	+	±	±	±	±	+	−
편지	−	±	±	−	−	−	−	−	+	+	−	±	+	+	+	±	±	±	+	±
전화통화	+	±	−	−	−	+	+	±	+	−	±	+	+	+	±	±	±	±	+	±
법조문	−	−	+	−	−	−	−	+	+	−	+	−	−	+	−	−	−	−	+	−
처방전	−	−	+	−	−	−	−	+	+	+	+	−	−	−	−	−	+	−	+	−
요리법	±	−	+	−	±	±	±	−	+	−	+	−	+	±	−	+	±	−	+	−
일기예보	±	−	+	−	−	+	±	−	+	−	+	−	+	−	±	−	−	±	+	−
부고	−	−	+	−	−	−	+	+	+	+	−	±	−	+	−	−	−	±	+	−
강의(시간)	+	±	+	−	+	+	+	±	−	+	−	±	±	−	±	±	−	+	−
강의록	−	−	+	−	−	−	−	−	±	−	+	−	+	−	−	+	−	+	−	±	+
광고	±	±	±	±	±	±	±	−	+	±	±	±	±	±	±	±	±	±	±	+
구인광고	−	−	+	−	−	−	−	+	+	+	±	±	±	±	±	−	±	−	+
라디오뉴스	+	−	+	−	+	+	+	+	−	+	−	+	−	+	−	±	+	−
신문기사	−	−	+	−	−	−	−	+	+	−	+	−	+	−	+	−	−	+	−
전보	−	−	+	−	−	−	+	+	−	+	±	+	−	±	±	−	+	−	+	±
사용설명서	−	−	+	−	−	−	−	±	−	+	−	±	±	−	+	−	±	±	+	−
토론	+	±	−	−	+	+	+	+	±	+	+	+	±	+	−	±	+	+
가족대화	+	+	−	±	+	+	+	±	−	−	−	+	±	±	±	±	+	±	+

물론 텍스트종류의 분류가 일단 속성이나 속성의 결합을 나타내는 용어로 이루어진 것은 우연이 아니다(Gülich/Raible 1975, Longacre /Levinsohn 1978, Ermert 1979를 참조). 무엇보다도 음운론뿐만

아니라 의미론도 변별자질 개념으로 오랫 동안 언어학적 현상을 매우 성공적으로 분석하여 그 구조원칙이나 조직원칙도 규명할 수 있었음이 분명했기 때문이다. 그뿐 아니라 자질 지향적 텍스트종류 분류는 다른 몇 가지 가정에서도 여러 언어층위에서 이루어져서 일반화된 구성성분 분석과 유사하다. 가령 귈리히/라이블레(Gülich/Raible 1975)의 분류에는 텍스트종류와 의사소통 유형을 구별해 주는 또 하나의 세분화 과정이 있었으며 여기서 텍스트종류는 모든 자질 차원에서 설명되고 반대로 의사소통 유형은 부분적으로만 설명되어 있다. 끝으로 미스트리크(Mistrik 1973)는 통계적 방법을 사용하여 정확한 텍스트유형학을 정립하려고 했다.

얼핏 보면 변별자질을 토대로 한 텍스트종류의 분류는 각 텍스트 부류를 유형학적으로 규정하는 데 아주 적합한 방법인 것 같다. 그렇지만 이 접근방법을 보다 자세히 분석해 보면, 의미론의 성분분석 때와 똑같은 어려움과 미흡함이 분명해진다. 가령 이 성분 원칙을 중심으로 하는 분석은 각 자질들을 어떻게 얻을 수 있는가, 이 자질들은 어떤 지위를 차지하는가 그리고 어떤 언어학적 특성을 그대로 모사해 주는가라는 질문을 진지하게 제기하지 않았음에 분명하다. 그에 대한 흔한 대답은 인지적 조작이 가능하다는 사실이 각 자질의 세분화와 결합에 대한 주된 기준이라는 것인데, 이 대답은 여러 가지 이유에서 만족스럽지 못하다. 또 이런 식의 많은 텍스트종류의 세분화에서 가정하고 있는 위계구조 원칙도 논란이 되고 있다. 가령 슈테거(Steger 1974 외)에서는 어떤 점에서 각 자질들이 서로 독립적으로도 달라질 수 있으며 그래서 서로 어떤 구도를 이룰 수 있는지가 논의되고 있기는 하다. 그렇지만 위계원칙을 원칙적으로 문제삼아 텍스트종류에는 무한한 수의 자질이 있다고(그리고 행위요인이나 문맥요인이 다양한 만큼 우세하거나 두드러지는 자질도 다양하다고) 가정하는 구상으로 대치하고 있는 것은 아니다.

텍스트종류의 분류는 자질 혹은 자질결합체라는 용어를 사용하여 텍스트를 규정하려는 시도로서, 유형화할 때 여러 가지 성질의 기준을 사용할 수 있다는 가정에서 출발함이 분명하다. 적어도 이러한 텍스트종류 분류는 비단 내적 (다시 말해, 언어적) 요인뿐만 아니라 "외적" (상황적, 문맥적, 행위관련적) 요인도 - 이때 외적 요인이 언어적 요인을 규정한다 - 똑같이 고려해야 한다고 요구한다. 이것은 직관적으로 보아 우선, 특히 텍스트를 특징짓는 실제 자료의 복합성을 겨냥하고 있기 때문에 매우 그럴 듯해 보인다. 그렇지만 잔디히의 자질표를 분석해 보면 이 유형화 시도가 서로 아주 다른 기준을 사용하고 있고 이 자질을 결합하게 되면 이질적인 분류 토대가 나오며 그래서 결국 텍스트종류를 이러한 자질이나 자질결합체의 일정한 융합으로 규정하게 된다는 것을 알 수 있다. 잔디히(1972, 122)가 이런 식의 자질표가 포착하고 있는 것은 매우 "대략적인 텍스트 특징"일 뿐, 텍스트종류의 내적 구조는 절대 아니라고 적고 있는 것을 보면, 자신이 이 문제를 알고 있음이 분명하다. 끝으로, 이런 접근법의 이원적 대립도 문제가 있다는 것이 밝혀지고 있다.

지금까지의 논의를 요약해 보면, 텍스트문법적 모형화의 영향을 받아 생긴 유형화 및 초기의 의사소통 중심의 유형화는 원칙적으로 동질적이지 않은 분류 토대에서 출발한 변별자질 용어를 가지고 텍스트종류를 규정하려고 시도했다는 것을 확인할 수 있다. 이젠베르크(1978)는 이런 식의 유형화 토대의 부적합성을 분명하게 부각시켰다. 이런 식의 분류가 요구하는 효력과 효력이 미치는 실제 영역 사이에는 보통 큰 괴리가 있게 마련이다. 이를테면 대개 유형화에 대한 이러한 제안들이 모든 의사소통 영역의 텍스트를 망라하여 어떤 부류에 넣어 준다고 생각하지만 실제로는 총체적 유형화에 부합하지 않는 **부분적 유형화**에 불과하다.

3.2.1 유형화의 기초와 분류 원칙

그렇지만 텍스트분류를 시도하던 초기부터 중요하거나 우세한 하나의 기준에 따라 텍스트나 대화를 규정하려고 함으로써 - 어떤 형태로든 - 동질적 유형화 기초를 추구하는 유형화도 많이 있다. 그 보기로는 아이겐발트(Eigenwald 1974), 그로세(Grosse 1976), 헤네/레복(Henne/Rehbock 1982)이 있는데, 이들은 텍스트나 대화를 활동영역, 텍스트기능 혹은 사회학적으로 중요한 대화영역에 따라 분류하고 있다.

가령 아이겐발트는 대략적으로 나눈 활동영역에 해당하는 다섯 가지 유형에 텍스트를 대응시키고 있다.

텍스트유형   **텍스트견본**
1. 신문텍스트   뉴스텍스트, 보도, 사설, 논평
2. 경제텍스트   신문의 경제면
3. 정치텍스트   정치연설, 결의(안), 전단, 팜플렛, 구호
4. 법률텍스트   변호사 변론서, 법조문, 판결문, 계약서
5. 학술텍스트   자연과학 텍스트, 사회과학 텍스트

이 분류는 테히트마이어(Techtmeier 1984, 60)가 제도적 관점에 따라 제안한 대화유형화와 일정한 유사성을 보이고 있다.

경제영역(공업, 농업)에서의 대화
교육기관에서의 대화
법률기관에서의 대화
학술영역에서의 대화
대중매체에서의 대화
사회기구 영역에서의 대화
가정에서의 대화 등

얼핏 보면 이 분류는 텍스트유형이나 대화유형을 오로지 신문, 정치, 경제, 법률 제정 및 교육기관, 법률기관, 학술, 경제 같은 개략적 범주에 따라 분류하고 있기 때문에 이젠베르크(1978)가 말하는 동질적 유형화라고 할 수 있다. 그렇지만 아이겐발트의 분류를 더

자세히 들여다 보면, 이 분류가 자의적이라는 것이 금방 눈에 띈다. 끝으로 아이겐발트의 유형화는 결코 통일된 기준을 토대로 하고 있지 않으므로 이젠베르크의 동질성 요구도 충족시키지 못한다는 것을 알 수 있다. 제도를 유일한 출발점으로 삼고 있는 테히트마이어는 이 동질성 요구를 충족하고 있다.

그로세(1976)의 텍스트유형화는 텍스트기능 개념, 곧 텍스트의 의사소통기능에서 출발하여 독일어 및 프랑스어로 된 모든 글말텍스트를 여덟 가지 부류에 분류해 넣고 있다.

텍스트부류	텍스트기능	보기
1. 규범텍스트	규범기능	법령, 정관, 위임장, 인증된 출생신고서와 혼인 신고서
2. 친교텍스트	친교기능	축하서한, 애도서한
3. 집단표시적 텍스트	집단표시기능	집단노래 (보기, 프랑스국가)
4. 문학텍스트	문학적기능	시, 장편소설, 희극
5. 자기표현중심 텍스트	자기표현기능	일기, 전기, 자서전, 문학적 일기
6. 요구중심 텍스트	요구	상품광고, 정당의 계획, 언론 논평, 청원서, 신청서
7. 중간부류	(주 기능이 두 가지)	가령 요구기능과 정보전달 기능을 지닌 텍스트
8. 사실정보중심 텍스트	정보전달	뉴스, 일기예보, 학술텍스트

텍스트기능이란 "발신자의 의도에 따라 규정된 것으로서 한 텍스트가 수신자에게 주는 교시"라고 이해된다. 여기서 교시란 수신자에게 발신자가 원하는 이해의 양식에 대해 알려 주는 것이다. 따라서 텍스트기능은 발신자의 의도와 동일한 것이 아니라 오히려 "한 텍스트에 약호화된, 의사소통 수단인 텍스트에 각인되는 의도"이다(Grosse 1974, 20). 어떤 텍스트부류를 설명하는 데 결정적인 것은 텍스트의 일반

기능이 아니라 그 **주도적** 기능이다. 이 개념은 유형화에 극히 중요
하지만 "주도적"이라는 기준이 서로 아주 달리 규정되기 때문에 유감
스럽게도 그 설명력은 제한적이다. 가령 그로세는 한편으로 이 기준
을 기능적 기준이라고 이해하고 다른 한편으로 구조적 기준이라고,
심지어는 통계적 기준이라고도 이해하고 있다. 이와 같은 부적절한
설명과는 관계없이 그로세는 기능적 기준을 선택할 뿐만 아니라 주
도적 기준이라는 개념을 가지고 텍스트종류의 분류에 새로운 전망을
열어 주었다. 더 나아가서 그로세의 분류화는 잘 쓰이지 않는 기준
인 분류화의 적용영역을 고려하고 있다. 그로세는 자신의 분류가 오
로지 독일어와 프랑스어로 된 텍스트를 망라하고 있을 뿐이기에 다
른 텍스트에는 들어맞지 않는다는 것을 분명히 언급하고 있다. 주된
기준에 대해서는 나중에 한번 더 논의하게 될 것이므로 기능적 텍스
트유형화 논의는 일단 여기서 끝맺을 수 있을 것이다.

끝으로 헤네/레복(1982)은 대화를 유형화할 때 대화영역을 기능적
범주로 이해하고 이를 분류의 기초로 삼았다. "대화영역은 공동체의 구
성원에게 각각 특유의 기능(용도)을 충족해 주므로 목적 지향적, 다시
말해 대화참여자의 목적과 용도에 근거를 두고 있다"(Henne/Rehbock
1982, 29). 헤네(1975)를 출발점으로 하여 헤네/레복(1982)에서는
대화를 분류하는 데 의사소통과 화용적 시각에서 중요한 다음과 같
은 범주를 사용하고 있다.

1. 대화종류
   1.1 자연적 대화
       1.1.1 자연적 즉흥 대화
       1.1.2 자연적 계획 대화
   1.2 허구적/가상적 대화
       1.2.1 허구적 대화
       1.2.2 가상적 대화
   1.3 상연 대화
2. 시간과 공간의 관계 (상황 문맥)

2.1 근거리 의사소통: 시간적으로 동시, 공간적으로 근접 (대면 상태)

2.2 원거리 의사소통: 시간적으로 동시, 공간적으로 떨어져 있음 (전화통화)

3. 대화참여자의 수

3.1 개인간의 이인 대화

3.2 집단대화

3.2.1 소집단

3.2.2 대집단

4. 공개성 정도

4.1 사적

4.2 비공개적

4.3 반공개적

4.4 공개적

5. 대화참여자의 사회적 관계

5.1 대등 관계

5.2 비대등 관계

5.2.1 인류학적 이유

5.2.2 사회문화적 이유

5.2.3 전문적, 내용적 이유

5.2.4 대화구조적 이유

6. 대화의 행위적 차원

6.1 지시적

6.2 서사적

6.3 담론적

6.3.1 일상적

6.3.2 학술적

7. 대화참여자 사이의 친분 정도

7.1 친밀한

7.2 친한, 잘 아는

7.3 아는

7.4 피상적으로 아는

7.5 모르는
8. 대화참여자의 준비 정도
   8.1 준비하지 않은
   8.2 해 본 경험이 있는
   8.3 특별히 준비한
9. 대화 주제의 고정성
   9.1 주제에 고정되지 않은
   9.2 주제 영역에 고정된
   9.3 특별히 주제에 고정된
10. 의사소통과 비언어적 행위의 관계
   10. 1 실제행위적
   10. 2 비실제행위적

   헤네/레복이 대화를 분류하는 데 관련 있는 특성을 사용하고 있다
는 것은 전혀 의심의 여지 없다. 그렇지만 다른 한편 이 분류가 동
질적 분류의 기초에는 이르지 못하고 있다는 것을 보아야만 한다.
더 나아가서 이 자질들이 모두 동등한 지위를 차지하는지 아니면 이
자질들 사이에 어떤 중요성의 차이가 있다고 보아야 하는지의 질문
이 제기된다. 끝으로 어떤 대화유형의 특징이 모든 자질의 집합에
의해 설명되어야 하는지, 아니면 범주화하는 데는 오로지 특출한 전
형적 자질이 있을 뿐, 다른 자질들은 무관할 수 있는지 물어 보아야
한다. 여기서 문제가 되는 것은 관여성 기준이지 각 자질들의 위계
성 문제가 아니다.
   여기서 많은 수의 대화유형 및 텍스트유형의 모형을 대표하여 세
가지 제안을 논의하였다. 이 제안들을 모두 오랫 동안 어떤 유형화
도 거의 불가능하다고 여겨져 온 대상영역을 정리하고 체계화하려는
것이다. (그림 11-13)에서 설명한 것과 같은 유형화는 의심할 바
없이 동질적 분류원칙을 추구하고 있지만, 구체적으로 텍스트종류를
규정할 때에는 이 원칙을 언제나 일관성 있게 따르고 있지는 않기
때문에 각 대화유형화나 텍스트종류의 유형화에서는 아직도 언제나

이 요구된 엄격성에 이르고 있는 것은 아니다. 이 유형화는 모두 텍스트와 대화의 유형을 명백하게 규정할 수 있다는, 다시 말해 정확히 단 하나의 유형에 대응시킬 수 있다는 가정에서 출발하고 있다. 이와 같은 명백한 분류는 여러 가지 이유에서 문제가 있어 보인다. 개념 형성과 분류 능력에 대한 심리학적 연구에서는 동일한 하나의 대상에 대해 서로 다른 유형의 분류가 가능하다는 것이 거듭 지적된 바 있다(Klix 1984를 참조). 분류란 한편 방향 설정적 동기에서 규정되기도 하고 다른 한편 활동의 목적에 의해, 곧 서로 다른 상황에서 분류에 관련될 수 있는 우선성에 의해 규정되기도 한다. 가령 "다리"와 "배" 같은, 사전에 등재된 어휘를 여러 상위 개념어에 분류해 넣는 것은 동일한 하나의 대상에 여러 분류 결과가 있을 수 있다는 명백한 보기이며 또 사전을 다차원적으로 구성할 수 있다는 표시이기도 하다. 이런 류의 분류원칙은 결코 사전에 등재된 어휘나 문장을 어떤 문장유형으로 범주화하거나 분류하는 데만 국한되는 것이 아니라 보편성을 띠고 있는 것 같다. 이런 점에서 한 대상이 여러 범주에 속할 수 있다는 사실은 텍스트유형화나 대화유형화의 목표 설정에도 특별한 의미가 있다. 베얼리히(Werlich 1975)는 이 문제를 특별히 지적하고, 한 텍스트가 대등하게 여러 텍스트유형에 해당될 수 있다는 것을 유형화에서 고려하고 있다. 이젠베르크(1978, 1983)는 베얼리히의 이 동질적 분류 토대가 모범적이라고 강조하기는 하지만 텍스트가 여러 텍스트유형으로 대등하게 분류될 수 있다는 가정을 비판하고 있다. 이젠베르크는 이 가정을 이른바 단독 유형에 대한 요구와 대치시키고 있다. 단독 유형 요구란, 여러 범주에 속한다는 것은 언제나 위계성을 말해 주는 것이며 그 위계에서 가장 높은 지위의 어떤 텍스트유형이 전체 텍스트에 마련되어 있음을 뜻한다. 그렇지만 이론적으로 확립된 이젠베르크의 텍스트유형화에서 파생된 이 요구와 관련하여 단독 유형 요구가 실제 사실에 부합하는지, 어떤 인간 공동체의 화자가 습득한 유형화에 대한 지식을 정말 재구성해 주는지, 아니면 단독 유형이 오로지 텍스트의 총괄적 특성

에 대해 이론적 설명을 체계화한다는 뜻에서 유형화에 대한 요구에
불과한 것은 아닌지 질문하지 않을 수 없다. 그런데 이 요구를 유형
화에 대한 지식과 관련시켜 보면 단독 유형이 적절하지 않은 요구라
는 것이 입증될 것이다. 왜냐하면 총괄적 텍스트구조에 대한 지식이
란 - 이미 보여 주었듯이 - 전형적인 지식 같아 보이기 때문이다.
이 지식은 비중이 서로 다른 다수의 판박이형(Stereotyp) 특성으로
나타나는 한 전형(Prototyp)을 포함하고 있지만 그 중 몇 가지 특
성은 분류의 동기에 비추어 볼 때 중요하므로 부류의 구성에 기여하
는 특성일 수 있는 것이다.

3.2.2 텍스트분류 영역의 새로운 접근방식

텍스트와 대화를 유형화하는 데 아직도 여전히 존재하고 있는 어
려움이 무엇인지 지금까지의 설명에서 분명해졌다. 이렇게 부적합한
것이 많은 까닭은 우선 텍스트분석과 대화분석이 지금까지 유형화의
측면을 거의 소홀히 하였거나 아니면 이론에 입각하지 않은 차원에
서 해결하려고 한 데서 비롯된 게 확실하다. 유형화 문제를 중심 관
심사로 삼고 언어학적 텍스트유형화에 대한 일반적 요구사항을 언급
한 것은 이젠베르크의 업적이다. 또 다른 이유는 지금까지 서로 아
주 다른 유형화 기준을 사용하였으며 유형화 기준의 설명력을 종종
명확하게 규정하지 않은 데서 비롯되기도 한다. 가령 활동 영역, 상
황 같은 언어 외적 요인에서 출발하고 있는 분류가 많이 있는 반면,
어떤 분류에서는 목적, 기능, 의도 등이 중요한 분류기준으로 여겨지고
있기도 하다. 뿐만 아니라 이 기준들을 결합하고 있는 분류화도 적지
않다. 텍스트유형화가 처한 이 궁지의 원인 하나는(Isenberg 1983)
현재 아직도 실제 자료를 바탕으로 연구된 텍스트부류가 너무 적어
서 여러 가지 유형화가 이젠베르크가 제기한 완전성 요구를 충족하
고 있지 못하다는 데 있기도 하다.

한편 이러한 불만족스러운 연구 현황에 대해 방법론적 이유도 들

수 있는데, 이것은 텍스트유형화에 이르게 해 줄 가능한 방법에 대한 **방법론상의 불명확성**이라고 표현할 수 있다. 이젠베르크(1983, 328)는 이 방법 중 네 가지를 논의하여 서로 비교했다.

(a) 전통적 텍스트종류에서 시작하여 각 텍스트종류의 특징적 자질을 규정해 보도록 한다.
(b) 먼저 텍스트이론을 개발하고 나서 그 결과 쓸모 있는 텍스트유형화가 생기는지 검토한다.
(c) 텍스트이론을 고안할 때 이 이론이 텍스트유형화에 적용되도록 노력하는데, 그렇게 해서 전통적 텍스트종류가 정의될 수 있도록 한다.
(d) 텍스트이론의 범위에 머물면서 전통적 텍스트종류와는 무관하게 텍스트유형화를 개발한다.

(a)는 이론적으로 만족스러운 텍스트유형화에 적합한 방법이 아니라는 이젠베르크의 견해에 동의해야 하며, 또 텍스트이론이 유형화와 무관하게 만들어질 수 없기에 텍스트유형화는 텍스트이론의 부분이론이어야 하므로(2.4의 텍스트구성 이론을 참조) (b)도 성공을 보장해 주지 않는다는 것이 드러날 것이다.
(c)와 (d)는 그와 결부된 어려움에도 불구하고 텍스트의 분류를 가능하게 해 줄 방법인 것 같다. 적어도 텍스트유형화와 대화유형화는 인간 공동체에서 생겨난 텍스트종류 혹은 텍스트부류를 도외시하면 안 된다는 것을 요구해야 할 것이다.
3.3에서 제시한 유형화를 위해 텍스트분류의 핵심적 범주가 지니고 있는 설명력을 현재 연구 현황을 가지고 한 번 더 명확하게 규정하고, 이와 관련하여 앞으로 이 분야 연구에서 두드러지는 몇 가지 발전 전망을 대략 서술하는 것이 합당할 것이다.
"텍스트종류", "텍스트부류", "텍스트유형"이라는 개념의 사용과 관련하여 최근 출판된 연구에서는 대체적인 합의를 확인할 수 있다. **텍스트종류**와 **텍스트부류**는 오늘날 우선적으로, 실제로 볼 수 있는 텍스트와 대화의 – 어떤 인간 공동체가 하고 있는 것과 같은 – 분류와 관련된 개념이다. 따라서 텍스트종류 혹은 텍스트부류는 한 인간 공동체 내에서 이룩되어 사전에 등재되어 있으며 어떤 텍스트종류에 대한 지식을 "응축해 주고 있는" 일상적 분류를 지칭한다. 의사소통 영역이 형성되고 분화되면서 한 공동체가 지니는 텍스트종류의 잠재력을 확장해 주는 다른 분류가 더 생겨났다. 다른 분류란 전문영역 의사소통이나 예술적 의사소통의 텍스트종류를 의미한다. 독일어로 된 텍스트종류에 대한 구상은 가령 딤터(Dimter 1981)에서 상세하게 기술된 바 있다. 따라서 여기서 이해한 의미의 텍스트종류 혹은 텍스트부류는 잠재력, 곧 인간 공동체의 구성원들이 언어활동에서 사용하는 지식의 저장체이다. 의사소통 과제를 해결하기 위해 존재하는 이러한 잠재적 텍스트종류 혹은 텍스트부류의 구조와 규모를 아주 결정적으로 규정하는 것은 인간 공동체에 존재하는 의사소통 욕구이다. 이 사실은 잠재력뿐만 아니라 모든 텍스트종류까지도 역사적으로 변화할 수 있다는 것을 함축하고 있다(3.1을 참조).

반대로 **텍스트유형**은 텍스트를 학문적으로 분류하기 위한 이론 중심적 범주로서 텍스트유형화나 대화유형화의 틀 내에서 기술되고 정의되며 텍스트의 외형과 관련되어 있다. 그러므로 한 인간 공동체의 화자는 텍스트종류나 총괄적 텍스트구조에 대한 지식은 가지고 있지만 텍스트유형에 대한 지식은 가지고 있지 않다. 일상적 분류와 학문적 유형화를 근본적으로 구별함으로써 텍스트분석과 대화분석에는 새로운 전망이 열렸을 뿐더러 심리학이 설명하고 있는 유연성 원칙과 다중 분류 원칙을 보다 강력하게 지향하는 것도 가능해졌다. 그래서 유형화의 면에서 텍스트와 대화에 관련 있는 모든 특성을 파악하는 데는 **하나의** 유형화로는 충분하지 않다는 것이 일관성 있어 보였다. 그렇다면 텍스트유형화는 여러 가지 개별적 유형화를 통합해 주는 복합성 있는 분류체계의 형태로 이루어져야 할 것이다. 하르베크(1977, 229)는 이러한 생각을 맨 먼저 받아 들인 한 사람으로, 터버(Thurber)의 우화텍스트를 원칙적으로 서로 다른 일곱 가지 "텍스트유형"에 분류해 넣을 수 있다는 것을 보여 주었다. 즉 이 우화텍스트는 독백텍스트, 서사(이야기)텍스트, 사건텍스트, 체험텍스트, 배경직시적 텍스트, 허구텍스트, 우화텍스트에 해당한다는 것이다. 이 보기에서 하르베크는 이 텍스트가 속할 수 있는 텍스트유형은 각각 텍스트의 구성에 대한 특유의 요구를 제기하고 있다는 것을 분명하고 설득력 있게 보여 주었다.

이젠베르크(1984)도 비슷한 생각에 이르렀다. 즉 지금까지 "텍스트유형화가 처한 궁지"를 특히 일반적 의사소통 유형 혹은 의사소통 과정의 유형을 완성함으로써 해결하려고 하고 그리고 텍스트를 전체 상호작용 과정의 산물이라고 규정하고 있으며 이 상호과정에 관해서 한 인간 공동체의 구성원들은 총괄적 평가 기준을 가지고 있다고 보고 있다. 가령 장편소설, 동화, 우화, 단편소설, 방송극 따위는 "x는 아름답다, 흥미진진하다, 매혹적이다, 흥분시킨다, 감동적이다, 충격적이다, 고양시킨다, 재미있다, 지루하다, 진부하다 등"의 "평가 원형에 따라 평가될 수 있으며 이 원형들은 심미적 기능성"이라는 포괄적 기준에 소급될 수 있다. 퀼리히(1986)는 이와 같은 이젠베르크의 생각을 받아 들여 실제 텍스트종류의 분석에 사용하였다.

담화유형 혹은 대화유형의 분류 방법을 개략적으로 서술하고 있는 이는 프랑케(Franke 1984a)이다. 그는, 불충분한 점을 많이 지적한다면, 대부분의 분류 제안이 기껏해야 신빙성은 있지만 체계성은 없다는 것을 분명히 해 주고 있다(Franke 1984b를 참고). 발화상황이나 대화구도에 따른 텍스트종류의 분류와는 달리 프랑케는 대화와 대화구조로 된 연속체원형을 고유한 방식으로 하위범주화된 세 가지 대화유형으로 크게 분류하고 있다. 그 세 가지는 상보적 대화유형, 협력적 대화유형 그리고 경쟁적 대화유형이다.

3.3 다층위 분류의 기본 특징

텍스트를 분류하려는 목적은 모두 실제 존재하는 무한히 다양한 텍스트를 일목요연한 수의 기본 유형으로 축소하려는 것으로서 이렇게 함으로써 의사소통의 실제 현장과 궁극적으로는 사회관계 및 사회구조도 한층 투명하게 만들 수 있을 것이다. 왜냐하면 의사소통 구조는 "사회의 존립과 직접 관련되어 있기 때문이다. 의사소통 구조는 상호작용의 결과이자 동시에 상호작용에 필수적인 것이다"(E. U. Grosse 1974, 254).83) 의사소통 구조는 사회적 과제 설정과 어떤 면에서는 또 사회제도의 작동 모습도 반영해 준다. 그래서 전형적 과제 설정과 해결 방법을 전형적 의사소통 유형을 빌어 의식화한다면 장기적으로는 의사소통 과정의 획기적 개선을 가져올 것이다.

텍스트원형에 대한 지식의 의식화와 결부된 문제들은 3.2에서 이미 지적하였으므로 여기서는 총괄적으로 다음과 같은 기본 문제를 검토하려고 한다.

1. 오로지 텍스트 내적 자질에 따른 분류는 "텍스트 고유성을 나타내 주기는" 하지만 사회적 의사소통에서 텍스트를 사용하여 무엇을 할 수 있는지에 대해서는 말해 주는 바가 없다. 그러니까 텍스트의 의사소통적 작동 상태에 대해서는 조금밖에 알려 주지 않는다는 것이다. 이렇게 보면 목적이나 전략이 모두 텍스트구조에서 도출될 수 있는 것은 전혀 아니므로 엄격히 텍스트 중심적인 접근법은 충분하지 않을 수밖에 없다. 따라서 텍스트 내적 자질은 여러 가지 텍스트종류를 서로 경계짓는 데에 필수조건이기는 하지만 절대 충분조건은 아니다.
2. 그래서 텍스트원형에 대한 지식을 의사소통자의 목적 및 전략과 관련짓는 것이 반드시 필요하다. 그런데 오로지 상호작용하는 이들의 목적만을 지향하는 분류방법은 또 "텍스트에 고유한 점"(즉 언어학적 사실)을 무시하게 된다. 동일한 목적을 실현하는 데에는 상황에 따라 서로 아주 다른 텍스트구조(그리고 또 대상을 다루는 실제 행위)가 사용될 수도 있는 것이다.

---

83) 칼마이어(1986, 332)의 "의사소통 유형은 방향 설정적 힘과 정돈적 힘이 있는데, 각 의사소통 과정과 관련해서 뿐만 아니라 사회적 관심을 처리하기 위한 포괄적 뼈대의 구성과 관련해서도 그러하다"도 참조.

(40) 목적: 자동차 수리 (자동차를 운전 가능하게, 사용 가능하게
　　　　하는 것)
　　목적 실현 방법
　　ⅰ) 정비공장에 전화, 수리 일정 잡기
　　　텍스트구조: **전화통화**
　　ⅱ) 정비공장에 편지 보내기
　　　텍스트구조: **사무편지**
　　ⅲ) 정비공장으로 가서 전문정비사, 수리공 또는 사무원에게
　　　문제 설명하기
　　　텍스트구조: **고객대화**
　　ⅳ) 자동차를 잘 아는 사람이면 직접 수리 (상응하는 능력과
　　　전제가 주어져 있다면)
　　　텍스트 없음

여기서, 목적이란 텍스트구조 유형과는 간접적으로만 결부되어 있으며
여러 가지 텍스트구조(그리고 비언어적 행위)가 동일한 목적을 달성하는
데 적합하다는 것이 분명해진다. 그러므로 이와 같은 토대 위의 텍스트분
류는 텍스트의 언어구조와는 관계가 매우 약할 뿐이다.
3. 마지막으로, 다른 한 문제는 전형적 텍스트구조 원형이 사회의 과제
설정과 욕구의 변화에 따라 달라질 수 있다는 데서 비롯된다.
　따라서 텍스트유형화란 근본적이며 시대에 관계 없이 유효하고 확고한
모형으로 볼 수 없다. 오히려 텍스트유형화는 어떤 성질의 것이든 원칙적
으로 변화에 열려 있어야 한다. 이 점에서 체계화하려는 강력한 시도의
한계와 융통성 있는 분류방법의 필연성이 나타나는 것이다.
　따라서 제 2장에서 서술한 텍스트원형에 대한 일반적 지식을 재구성하
려 시도는 애초부터 불완전하며 어떤 사회나 집단에 특징적인 텍스트유형
을 설명하는 데 국한될 수밖에 없다.
　단 한 가지 기준에 의거한 텍스트유형화를 고안하여 여러 텍스트부류를
모순 없이 서로 구별하는 것은 - 불가능하지는 않다고 하더라도 - 어려운
일임에 분명하므로 우리는 텍스트원형에 대한 지식이 전형적 재현체를 여
러 층위(계층)에서 다차원적으로 분류함으로써 이루어진다는 가정에서 출
발하기로 한다.

(그림 12) 텍스트 유형화층위

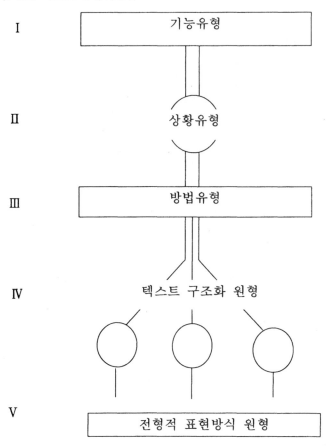

3.4 유형화 층위

이제 이 유형화 층위를 각 층위의 전형적 기본 부류를 빌어 개략적으로 기술하겠다.

3.4.1 기능유형

우리의 기본 접근법에서는 의사소통자의 상호작용적 협력층위의 분류가 텍스트유형화를 제시하는 데 근본적 출발점이 된다. 텍스트가 상호작용 속에서 하는 역할, 즉 사회적 과제 설정 및 개인적 목적을 실현하고 사회관계를 구성하는 데 텍스트가 하는 기여를 앞으로는 **텍스트기능**84)이라고 총괄하겠다. 우리가 이해하고 있는 기능 개념에 기초가 되는 것은 고립된 개별 텍스트나 텍스트산출자의 시각 자체가 아니라85) 사회적 상호작용에 통합되어 있는 텍스트/담화, 곧 의사소통에 관여된 모든 이들의 마음자세 유형과 목적의 구도 유형을 기초로 하여 개인적 혹은 사회적 과제를 해결하기 위해 작동하고 있는 텍스트/담화이다. 따라서 이 분류방식에서 결정적 역할을 하는 것은 "사회적 역할체"인 파트너들의 관계이다.

그런데 이렇게 텍스트기능을 상호작용에 기초하여 이해하게 되면 어떠한 기본적 기능을 가정할 수 있을까? 언어학 전문문헌에서도 기능 개념은 텍스트와 관련성이 점점 더 많아지고 있으며, 텍스트 일반(혹은 특정 텍스트부류)의 특징으로 무엇보다도 다음과 같은 것이 언급되고 있다.

몇 가지만 든다면, 화행기능, 인지적/인식창조적(인식론적) 기능,

---

84) "기능"이란 여기서 체계이론의 의미에서 전체 체계(여기서는 의사소통 체계)가 작용하는 데 한 요소가 하는 기여만을 뜻한다. 같은 의미에서 보그랑드/드레슬러(1981, 190)도 "텍스트의 기능을 상호작용에 대한 텍스트의 기여"라고 규정하고 있다. "활동의 목적 지향성과 도구/수단의 용도 규정성을 우리는 그 기능이라고 일컫는다"라고 기능 개념을 새롭게 이해하고 있는 미헬 외(1985, 14)도 참조하라.

85) 가령 슈미트 외(1981, 42)에서 기능이란 "텍스트에 아로새겨지는 텍스트산출자의 의사소통 의도"라고 규정되어 있다. 여기서는 수용자의 역할이 고려되고 있지 않음이 분명하다. 이에 비해 미헬(1983, 68)에는 다음과 같이 되어 있다. 텍스트기능은 "[⋯] 원칙적으로 한편 화자/필자중심성과 다른 한편 청자/독자중심성이라는 이중적 면에서 규정되어야 한다." 그로세(1974, 20)도 텍스트기능은 "그 정의상 수용자 지향의 구성성분"을 지니고 있다고 강조하고 있다.

심미적 기능, 정서적(감정적) 기능, 사회적 기능, 해명기능, 자기표현 기능, 집단확인적 기능, 상호작용 조정기능, 평가기능, 종교적(종교적 입장과 관련된) 기능, 정보기능, 도구기능, 친교기능 등이 있다.

물론 이러한 관점들은 모두 어떤 형태로든 텍스트유형화에 들어가 야 한다. 그렇지만 텍스트가 지니고 있는 기능적 면의 단순한 열거 는 - 특히 여기서 분명히 알 수 있듯이 기능의 중복 때문에 - 특별 한 경우에만 텍스트부류에 대한 기초가 될 수 있다. 중요한 것은 오 히려 여기 언급한 기능면 전체에서 이미 언급한 기초적 텍스트기능 을 구별해 내는 것이다.

그러기 위해 우리는 텍스트가 상호작용 행위에서 일반적으로 무엇 을 할 수 있는가라는 질문에서 출발한다. 텍스트를 빌어 텍스트산출 자는

- 심리적 부담에서 벗어날 수 있다 → 자기 자신의 상태를 표현하기 (자 기 자신을 나타내기)
- 파트너와 교류를 시작하거나 유지할 수 있다 → 교류하기
- 파트너의 정보를 알아내거나 파트너에게 정보를 전할 수 있다 → 정보 교환하기
- 파트너로 하여금 어떤 일을 하게 할 수 있다 → 조정하기

의사소통의 이 네 가지 일차적 기능은[86] 서로 포함관계에 있다. 조 정적 텍스트도 (적어도 간접적으로는) 정보를 전달하며, 정보를 주는 텍스트도 파트너 사이의 교류를 전제로 한다. 그리고 보통 교류를 조성 하거나 유지하려면 행위자들이 서로 "헤어지는 것"이 반드시 필요하다.

따라서 이들 기본유형 사이에는 유동적 중간 과정이 있기 때문에 이 들 기능유형의 경계를 짓는 것은 우세한 기준을 빌어서만 가능해 보인 다. 즉 상호작용자 중 한 사람에게 우연히 어떤 정보를 전해야겠다는 생

---

86) 텍스트산출자는 어떤 텍스트로든지 - 정도는 다르겠지만 - 평가를 표현 하므로 **평가하기**는 기초 기능으로 보지 않는다. 텍스트의 "사회적 기 능" 현상도 비슷하다.

각이 든다면, 단순한 친교텍스트(인사하기)가 경우에 따라서는 정보적
교류로 발전할 수 있다. 반대로 친교기능이 종속적 기능만 하는 데 그친
다면 (즉 정보교환하기가 우세하다면) 그것은 "친교-정보"인 것이다.

 의사소통적 텍스트기능에서 특별한 위치를 차지하는 것은 텍스트를
빌어 상대편에게 심미적 작용을 일으키려고 하는 의사소통자의 노력
이다. 이것은 특히 텍스트산출자가 텍스트를 빌어 허구적 실제를 창조
해 내고 그리하여 수용자에게 화용적 정보를 전함으로써, 특히 "감정
적 의식과정"을 유발함으로써 일어난다.87) 그래서 텍스트의 일차적
기능을 설명하는 다음 도해는 문학텍스트의 이 특수한 기능을 고려한
것이다.

(그림 13) 기본 텍스트기능

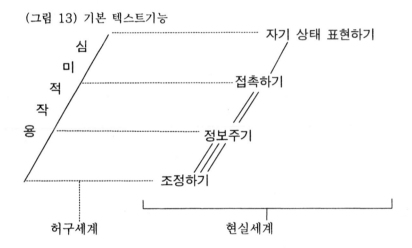

 텍스트기능의 이러한 개략적 분류는 엄격히 보아 언어학적 유형화
가 아니다. 동일한 의사소통 기능이 경우에 따라서는 (매우 제한적
인 범위라고 할지라도) 비언어적 수단을 빌어서도 이루어질 수 있기
때문이다. 그럼에도 확실한 것은 이 기능들이 실제 의사소통 과정에
서 - 무엇보다도(!) - 텍스트를 빌어서도 실현된다는 사실이다. 이

87) 이에 관해서는 레르허너(Lerchner 1983, 267이하, 1984, 20이하)를
    참조하라. 이 문제에 관해서는 5.4.3도 참조하라.

점에서 목적성분과 의도성분에 의거한 이 기본 접근법은 직접 혹은 간접적으로 언어학적 사실과도 관련성이 있다.

텍스트를 사용할 때 가장 일반적인 기본 기능은 뷜러(1934)가 뜻하는 공통적 기능인 **자기 표현하기**라고 보아도 좋을 것이다. 따라서 **자기 표현하기**는 매우 넓은 의미로 이해해야 한다. 이것은 감정 분출 역할(Hartung 1974 외, 299이하)뿐 아니라 "자기 표현" 역할과 "개인 사이의 의견 표명"(E. U. Gross 1974, 31이하) 역할을 망라하는 것으로서 모두 의사소통의 다른 일차적 기능에 잠재적으로 들어 있다.

어떤 식으로든 **자기 표현하기**는 텍스트산출자의 심리적 균형을 유지시키는 데 기여한다. 몇 가지 예외를 제외한다면(감정 분출) 텍스트도 이 가장 일반적 기본 기능이 우세할 때 상호작용의 면에서 규정되는 것이기 때문이다.

이 상호작용적 면이 특히 두드러지는 것은 "집단 확인적 텍스트"의 경우이다(E. U. Grosse 1974, 37이하). 이 경우 일반적인 **자기 표현** 의지는 텍스트산출자가 서로 연대하는 (동시에 다른 집단과는 구별짓는) 한 집단과 관련된 것이다. 자기 **표현**의 비언어적 상징 (옷, 머리 모양, 숭배물…) 외에 이 유형의 텍스트에서는 언어가 중요한 역할을 한다 (집단적 노래, 청소년어로 된 텍스트, 4.5를 참조).

교류하기, 곧 의사소통을 통해 협력하려는 의향과 의사소통적 협력의 실현은 모든 의사소통의 전제로 보아도 좋다. 친교기능이 우세한 텍스트에서 (인사, 휴식시간의 대화, 기차 안에서의 담소, 안부엽서…) 의사소통자에게 중요한 것은 상호작용의 조성과 유지, 즉 상대방의 마음자세에 영향을 주려는 목적 없이 사회관계를 유지하거나 각인하는 것이다 ("친교"기능). 여러 형태의 교류 중단도 여기 넣을 수 있다.

위에 언급한 류의 비강제적 담소에서 그 내용은 (안부엽서의 내용도 마찬가지로) 사실 중요하지 않다. 담소에서는 아이들의 건강, 직업 또는 휴가 때의 경험에 대해 얘기하게 되고 따라서 서로 아는 사이임을 증명하거나 혹은 - 이를 바탕으로 - 유지되고 있는 교류를 어떤 형태로든 더 다지는 기능만을 하는 별 뜻 없는 말을 교환하는 것이다.

정보텍스트나 조정텍스트의 경우에도 친교성 문구나 친교성 텍스트 부분은 중요하지 않은 역할을 하는 게 아니다. 많은 텍스트원형에서 시작 부분의 인사와 호칭, 가령 강연 중 교류를 유지하기 위한 신호들(/…그래서, 친애하는 동포여러분, 이제… x를 살펴봅시다/), 텍스트의 끝에 있는, 교류에 대한 표시가(/계속 즐거운 시간을 보내시길 바랍니다!/ 안녕!/) 그것이다.

무엇보다도 정보교환(정보확인 혹은 정보전달)에 쓰이는 텍스트는 **정보**텍스트라고 일컫는다. 실제로 나타나는 텍스트의 대다수가 이 기본 기능부류에 속한다고 할 수 있으며 따라서 이 기본기능은 오랫동안 - 다른 기초적 기능을 소홀히 한다면 - 의사소통 그 자체와 동일시되었다.

정보교환하기의 여러 가지 역할에 따라 이 기능유형은 많은 하위부류로 구별될 수 있다. 정보를 확인하는 텍스트는 다음과 같은 주요 부류로 나뉜다.

ⅰ) 새로운 지식 또는 인식을 얻기 위한 텍스트: 실험에 동반되는 텍스트, (진찰하기 위한) 의사와 환자의 대화, 연구텍스트… 일차적으로 상대편이 보통 방향을 잡는 데 쓰이는 텍스트도(길묻기를 위한 질문-대답 대화) 여기 넣겠다.
ⅱ) 상대편의 지식 상태를 확인하는 텍스트: 시험대화, 성과를 테스트하는 글말텍스트…

정보전달 텍스트라는 큰 부류에서는 전달된 각 정보의 특수성에 따라 하위분류가 생긴다. 정보의 유형은 다음과 같다.

ⅰ) 텍스트 - 행위와 결부된 사회적 결과에 대한 정보: 초빙, 임명, 사

면, 증여…88)

ii) 수신자에 대한 텍스트산출자의 마음자세에 대한 정보: 축하, 감사편
지, 사과…89)

- 한 집단에 대한 텍스트산출자의 마음자세(= 집단 확인적 텍스트, E.
U. 그로세(1974, 37이하)를 보라): 집단노래, 청소년들의 집단대화…
- 파트너지향성을 띤 계획된 행위에 대한 텍스트산출자의 마음자세(= 언
약텍스트): 약속, 확인, 의무, 서약, 경고, 협박…
- 실제의 어떤 사태복합체에 대한 텍스트산출자의 마음자세 (= "체험을
강조하면서 정보주기": 인상을 서술하기, 서술 양식의 구상에 따라 "묘사
하기"(Heinemann 1979, 292 이하))

iii) 수신자에게 중요하거나 새로운, 현실의 사태에 관한 정보. 산출자는
텍스트를 빌어 상대방의 마음자세에 영향을 주려고 하며 상대편이 미래에
행동할 때 이 새 지식을 사용하도록 하려고 한다. 간단한 공표나 보고에
서부터 고발하기, 법정에서의 진술 그리고 복합성을 띤 서사적, 기술적
혹은 논증적 텍스트에 이르는 수많은 텍스트가 이와 같은 재현적 텍스트
에 해당한다.90)

　수신자에게 중요한 사태복합체에는 또 의사소통 실제에서 특수한
지위를 차지하는 일군의 정보도 들어간다. 이런 정보는 - 특정한 제
도 영역에 속하는 모든 사람에게 구속력 있는 - 규정에 대한 정보로
서 사회집단과 개인의 상호작용적 행동을 조정해 준다. 이러한 규범
설정적 텍스트는 **정보전달** 텍스트와 **조정텍스트**의 중간에 위치한다.
법률, 명령, 계약, 협정, 전권 위임, 법령, 직무규정 같은 것이 이러한
텍스트이다(이에 관해서는 특히 Viehweger/Spies 1987, 98이하를
보라).
　끝으로 텍스트의 **조정적** 기능에는 텍스트산출자가 수신자의 행위

---

88) 이에 관해서는 로제니렌(Rosengren 1978, 198)의 구성적 언어행위를
　　참고.
89) 이 부분부류는 로제니렌(1979, 199)에 의거하여 경계를 지은 것이다.
90) 이에 관해서는 써얼의 화행분류(1976)를 참고. 모취(1987, 53)도 이런
　　유형의 (텍스트가 아니라!) 언어행위를 열거하고 있다.

에 직접 영향을 끼칠 수 있도록 (혹은 적어도 그런 의도가 있도록)
하고 그 결과 수용자로 하여금 행위를 실행하도록 하는 데 쓰이는
언어행위 복합체가 들어간다(=좁은 의미의 행위조정적 텍스트). 여
기에 속하는 것은 지시적 텍스트(모든 유형의 행위지시, 작업지시,
텍스트작성 지시…), 명령, 요구 등으로서 이 텍스트들은 산출자가
특별한 행위 권한과 결정 권한을 지니고 있으므로 요구에 구속성이
있다 (이러한 텍스트부류에서 수용자는 언제나 요구된 행위에 응할
의무가 있거나 그렇게 하는 수밖에 없다).

　의사소통 상대방의 요구에 응할 것인지 응하지 않을 것인지를 수
신자가 결정할 선택권을 가지고 있는 텍스트도 여기에 들어간다. 지
도(가르침, 교시), 호소, 충고, 제안, 신청, 청원, 입말 의사소통에
서의 대등 부탁과 비대등 부탁 같은 것이 있다.91)

　더 나아가서 이 기능유형에는 의사소통 파트너의 공동행위에 대한
조건을 나타내는 텍스트도 들어간다(=행위준비적 텍스트). 온갖 종
류의 계획(작업계획, 학업계획…), 약속, 집을 개조할 때 파트너들
의 활동을 조정하기 위한 협의 같은 것이 있다.

　일차적으로 **심미적 작용**을 하는 텍스트에는 위에서 설명한 기본기
능인 **자기 표현하기**와 **자기 나타내기**(특히 서정시 텍스트에서), **정
보주기**(중단편소설, 장편소설…), 그리고 **조정하기**까지(모든 문학
장르) 겹치기도 한다. 보통 심미적 텍스트는 - 이 시각에서도 - 다
의적이라고 보아도 좋다.

　그런데 **심미적 작용**을 하는 모든 텍스트에서는 허구세계가 만들어
진다.92) 그래서 허구세계와 결부된, 구체적 상황의 추상화는 심미적
텍스트 자체에서 보상되지 않으면 안 된다. 즉 의사소통 파트너들의

---

91) (텍스트가 아니라) 언어행위 유형 "요구"에 대한 더 자세한 구별에 대해
　　서는 힌델랑(Hindelang 1978, 24이하)을 보라. E. U. 그로세(1974,
　　402)는 이와 달리 요구텍스트를 지시적, 설득적, 청원적 텍스트의 세 가
　　지로 나누고 있다.
92) 이 말이, 허구텍스트라면 어떤 것이든 문학텍스트로 볼 수 있다는 뜻은
　　아니다.

실제 지식과 관련되는 텍스트와는 대조적으로 허구적 상황 세계는 문학텍스트에서야 비로소 점차적으로 구성되는 것이다. 그래야만 비로소 수용자는 허구 현실모형을 따를 수 있고, 특유의 심미성을 느낄 수 있다(이에 관해서는 Lerchner 1984a를 보라).

3.4.2 상황유형

그런데 기능유형화의 도움을 빌어서는 텍스트는 단 하나의 관점에서만 파악될 뿐이다. 그 결과 생기는 체계는, 우리 견해로는, 텍스트를 세분화하기에는 너무 거친 망이다. 이것은 가령 요청의 의사소통 기능이 다양한 방식으로 텍스트에 재현될 수 있다는 것을 보면 알 수 있다. 사회적으로 대등한 파트너에게 하는 부탁은 (동일한 내용으로!) 상사에게 하는 부탁과는 다른 방법으로 하게 마련이다. 뿐만 아니라 부탁이 입말로 발화되는지 글말로 표현되는지에 따라, 그리고 일상 의사소통인지 제도적 의사소통인지에 따라 텍스트구성에서 차이가 생기는 것이다. 이 사실에서 비롯되는 불가피한 결론은 여기서 말하고 있는 상황요인도 어떤 형태로든 텍스트분류에 고려해야 한다는 것이다. 이 요구는 오늘날 "일반적 견해(opinio communis)"라고 보아도 좋다.

문제는 다만 이것을 어떻게 해야 하는지, 어떤 "상황" 영역을 텍스트분류에 중요한 것으로 보아야 하는지이다. 가령 보통 "지각 상황"이라고 불리는 것을 집약하는 것으로 충분한가? 아니면 파트너간의 사회적 관계, 여러 가지 제도의 설명 또는 심지어 여러 가지 사회형식의 토대도 텍스트의 상황성에 속하는가?

이런 류의 문제제기는 사실 언어학자의 능력을 넘어서는 것이다. 그런데 우리가 아는 바로는 이 특수한 목적에 쓸 사회학적 연구가 없기 때문에 언어학자들도 "자연적 의사소통 상황에서 언어발화를 의도에 맞고 또 성공적으로 사용하도록 해 주는"(Edmondson 1981, 1) 상황적 조건을 적어도 "파악하도록" 해야 한다. 우리는 의사소통자가 상황

에 대한 지식도 저장했고 의사소통 과제를 해결하는 데 일정한 상황
원형도 (그러니까 특정 유형의 텍스트가 어떤 상황에서 가장 성공을
약속해 주는 것으로 사용될 수 있는지에 대한 지식) 활성화한다는
것을 출발점으로 삼고자 한다.

상황원형에는 분명 특징적인 "환경상황"(Hartung u.a. 1974)의
자질만 들어 있는 것이 아니라 무엇보다도 잠재적 혹은 전형적 행위
영역과 활동 진행과정에 대한 경험적 가치도 들어 있다. 따라서 우
리는 의사소통 영역, 제도, 사회구성의 양태에 관한 지식도 통합되
어 있는 넓은 상황 개념을 선택하기로 한다.

우리 견해로는, 이 상황적 기본조건에서부터 중요한 **상황유형**을
도출할 수 있다. 우리는 언어 의사소통에는 "엄청나게 다양한 서로
다른 상황"이 있으며 따라서 상황지식의 유형화란 애초부터 불가능
하다는 많은 언어학자들의 생각에 동의하지 않는다. 이와 대조적으
로 우리는 - 슈바르쯔(Schwarz 1985, 55)와 더불어 - "실제로 존
재하며 유일무이한 구도를 지니고 있는 상황이란 모두, 제한된 수의
기능적 상황유형/상황원형을 배경으로 하여 경험되고 처리되며, 한
공동체/특수한 집단은 모두 이러한 상황유형의 기본적 특성을 알고
있다고 전제할 수 있다"는 견해이다.

그런데 이러한 상황유형을 어떻게 서로 구별할 수 있는가? 이 상
황유형들은 서로 어떤 관계에 있는가? 이 질문에 대해서는 현재 아
직 명백히 답할 수 없다. 그래서 이제 개략적으로 서술하게 될 접근
법은 연속성을 이루고 있는 상황요인의 총체에서 - 우리가 보기에
중요한 - 몇 가지 관점들을 부각시키려는 시도라고 이해될 수밖에
없다. 이때 우리는 - 상호작용이라는 기본적 이해에 부합하게 - 상
호작용을 (그리고 상호작용과 함께 주어지는, 하르퉁 외(1974)가
의미하는 활동상황을) 전체 분류의 출발점으로 삼는다.

(그림 14)

(ⅰ)

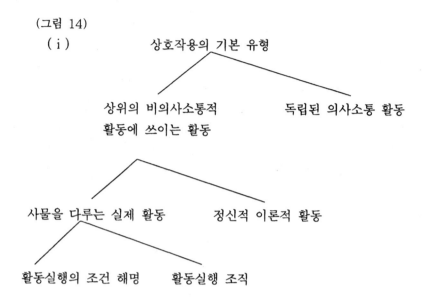

이런 식의 구분에 대한 기준으로 볼 수 있는 것은 일단 기본이 되는 각 상호작용적 활동이다. 텍스트의 한 부분은 상위의 비언어적 활동에 들어가 있다. 그 결과 이 텍스트들은 주제면에서 상위의 활동영역에 통합되어 있다는 것이다. 간단히 언급하건대, 여기서 그저 암시만 한 부분부류는 다시 다양하게 하위분류될 수 있다. 그런데 모든 언어활동이 비언어적 활동에 부속된 것은 아니다. "일정한 다른 활동에 의해 규정되는 것이 아니라 비교적 추상적이고 일반적이거나 혹은 먼 미래의 활동에 의해서만 규정되는 의사소통이 많이 있다"93)

(ⅱ) 활동의 사회적 조직에 따른 세분화

대부분의 의사소통 과정의 특징은 제도에서 비롯된 것이다 (예외: 일상 의사소통, 개인적인 스포츠와 여가의 내용 구성). 의사소통 활동도 일정한 의사소통 영역의 범위 내에서 이루어진다. 즉 물질 생

---

93) 이를테면 교육 의사소통 영역을 참고하라. 하르퉁(1983, 353)을 보라.

산(대화), 산업과 서비스, 국가행정과 지방자치행정, 정당과 대중매
체기구, 교통제도, 의료제도, 체신 및 통신제도, 법률제도, 시민교
육, 경제, 문화, 종교기구, 국제관계 같은 영역이 그것이다. 여기서
제도라는 개념은 사회 전체의 특수한 과제를 해결하기 위한 사회기
구라고 이해한다.94)

　이러한 과제들을 해결하기 위해서는 특수한 장비를 빌어 효율적
조직 형태를 개발하는 특정 개인(집단)이 투입된다. 그래서 제도적
활동의 특징은 어느 정도 확고하게 내면화된 행위원형(활동의 표준)
에 따라 행위가 수행된다는 것이다. 제도적 의사소통은 일차적으로
사회 전체의 관점에서 규정된 것이다 (그러니까 제도적 의사소통은
사회 전체의 과제에서 기인하는 것이며 따라서 개인은 독특한 사회
적 역할을 담당하게 되는 것이다).

(그림 15)

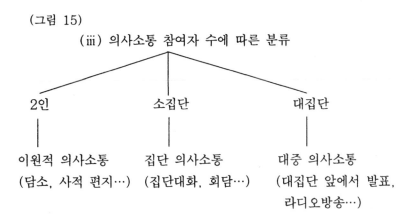

(iii) 의사소통 참여자 수에 따른 분류

2인	소집단	대집단
이원적 의사소통	집단 의사소통	대중 의사소통
(담소, 사적 편지…)	(집단대화, 회담…)	(대집단 앞에서 발표, 라디오방송…)

(iv) 상호작용자의 사회적 역할에 따른 유형화

　여기서 파생되는 부류는 오로지 의사소통하는 동안의 상호작용자
의 사회적 관계와 관련되는 것이지 사회적 지위(노동자, 사무원…)

---

94) 쉘스키(Schelsky 1970. 10)에 의하면 제도란 "사회 현실의 객관적 체
　　계"이다.

혹은 사회적 서열과 관련되는 것은 아니다. 그럼에도 지위적 속성은 종종 실제 의사소통 과정에서 상호작용자의 역할 분담과 사회적 관계와 밀접한 관련을 맺고 있다.

(그림 16)

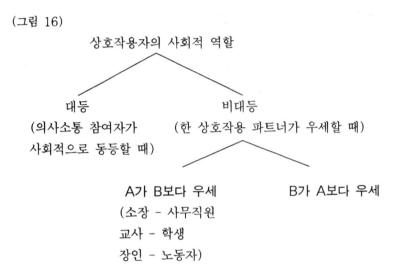

상호작용자의 사회적 역할

대등
(의사소통 참여자가
사회적으로 동등할 때)

비대등
(한 상호작용 파트너가 우세할 때)

A가 B보다 우세
(소장 - 사무직원
교사 - 학생
장인 - 노동자)

B가 A보다 우세

일정한 반복적 원형에 따라 진행되는 상호작용 과정일 경우 이러한 역할 분담은 처음부터 확정되어 있다. 작업에 대한 상담을 하거나, 법정 소송을 제기할 때면 누구든 자신의 권한과 의무를 알고 있다. 반대로 어떤 과제를 처음 해결하거나 그 과제가 유일무이한 경우 이 역할에 대해서는 협의가 이루어져야 한다.

(ⅴ) 환경상황의 기본유형

공간과 시간이라는 두 주요 성분으로 된 지각상황/환경상황이 두 상호작용 파트너에게 공통적인지, 일부만 공통적인지 혹은 서로 다른지에 따라(Gülich/Raible 1975, 153을 보라), 다음 상황유형이 구별된다.

(그림 17)

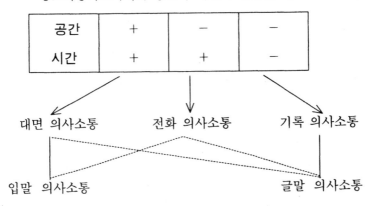

상호작용파트너에게 공간과 시간이 공통될 때

상호작용 과정이 일어나는 구체적 장소에 따라 공간 성분을 더 세분화하는 것도, 즉 수퍼마켓, 공장, 디스코, 학교 내에서의 의사소통 등도 이 맥락에 넣을 수 있다. 그렇지만 (흔히 상황의 유형화에 토대가 된다고 보고 있는) 이 구분이 텍스트언어학적 연구에 부차적 중요성밖에 있지 않다는 것을 알 수 있다. 장소가 바뀜으로써 달라지는 것은 보통 텍스트 내용일 뿐, 의도적, 전략적 혹은 구조적 변화까지 생기는 건 아니기 때문이다.

한 시민이 어떤 사회기관에 공적 편지를 쓰는 상황적 틀은 가령 다음 사항에 의해 정해진다.

- 시민(전화가입자)은 자신의 새 집에 전화가 가설되기를 원한다 (=목적).
- 이 시민은 전화가설과 관련하여 실제 행위를 할 능력도 없고 권한도 없으므로 공적 편지를(ⅴ)/텍스트주제: 새 집에 전화 개통/체신기관이나 전화국의 관할 기관장 앞으로 보낸다 (제도적 의사소통, 두 사람 사이의 의사소통 (ⅱ), (ⅲ)).
- 이 시민은 관할 기관장에게 의사소통 관련 활동(답장)을 실행하고, 무엇보다도 자신이 원하는 상태를 조성할 실제 활동을 지시할 것을 요구한다 (행위조정 텍스트, (ⅰ)).

- 텍스트산출자는 (관계기관과는 달리) 그에 부합하는 행위를 할 권한이 없고 상대편은 텍스트산출자가 원하는 활동을 실행할 의무가 있는 것은 아니므로, 이 경우는 비대등 의사소통이다 (신청/청원. (iv)).

따라서 이 시민은 총괄적 텍스트원형 "공적 편지"와 "요청하기/신청하기"를 활성화한다(3.4.3, 3.5, 5.3.1을 참조).

요약해 보자.
행위조정적 텍스트:
(i) 수용자의 (특히) 사물을 다루는 실제 활동을 목표로 한다
(ii) 제도적 의사소통
(iii) 두 사람 사이의 의사소통
(iv) 비대등성
(v) 기록 의사소통

3.4.3 방법유형

그런데 텍스트는 의사소통 기능이 다르면 서로 아주 다른 상황에 통합되어 있을 뿐만 아니라, 성공적으로 의사소통하려고 한다면, 텍스트산출자와 수용자가 사용해야만 하는 특유한 방법 때문에도 차이가 난다. "방법"이란 아주 일반적으로 대략, 이미 생각했거나 어떤 상황에서 비롯되는 목적을 효과적으로 해결하기 위한 행위자의 행동방식이라고 이해할 수 있을 것이다. 그래서 텍스트를 생산하거나 해석하는 특수한 행동방식을 텍스트생산방식 혹은 텍스트이해 방식이라고 부를 수 있을 것이다 ("의사소통의 방법"이라는 용어에는 엄격하게 보아 비언어적 행동방식도 포함되어야 할 것이다). 이러한 방법을 목적 지향적인, 텍스트를 생산할 때나 수용할 때 대개 의식적으로 진행되는 처리조작이라고, 그러니까 텍스트생산 혹은 텍스트이해의 **전략적 구상**의 특수한 실현이라고 칭하겠다(이에 관해서는

5.2.2를 참조).

먼저 우리의 출발점은 텍스트생산의 방법에 집중하여 상호작용자가 전략에 대한 구체적인 지식, 곧 어떤 방법이 어떤 상황에서 특정 총괄적 원형과 관련하여 성공적인지에 대한 경험도 지니고 있다는 것이다. 이 포괄적 전략 개념에는 엔크비스트(Enkvist 1987, 19이하)가 언급한, 전략적 측면의 동시성 혹은 순차성이라는 의미의 세 가지 전략적 기본 구상도 들어가는데,95) 그것은 원형 적용, 수신자 지향성, 내용의 순차적 나열이다.

전략 과정은 사실 텍스트주제와 화자의 관심사를 실현하기 위한 기초 단계를 결정할 때 이미 시작된다 (우리가 든 보기텍스트에서는 /전화가설/, /신청하기/). 전략에는 당연히 특정 의도의 변이형 및 (특히 정보전달 혹은 조정 등의 수단과 관련한) 상황의 확정에 대한 결정도 포함된다.

여기서는 텍스트를 구조화하는 데 있어서 텍스트산출자의 방법적 행동방식에 표준이 되는 단계만을 특수한 방법적 결정으로 선별하겠다.96) 상호작용 진행의 많은 단계 가운데 다음 단계를 강조하겠다.

(ⅰ) 텍스트전개 과정. 텍스트생산 단계에서는 우선 어떤 정보량, 즉 텍스트주제가 전개되어야 하는지 혹은 전개되지 않아야 하는지 그리고 전개되어야 한다면 텍스트주제가 어떤 뒷받침 성분으로 가장 합당하게 확장될 수 있는지가 문제이다 (텍스트주제를 구체화함으로써, 텍스트주제에 나타난 사태에 대한 근거를 제시함으로써, 보기나 인지도식을 빌어 사태를 설

---

95) 결과적으로 텍스트전략이란 다음과 같은 것이다. "1. 일련의 진술을 연결하여 하나의 텍스트로 만드는 목적 지향적 원칙"(Enkvist 1987, 25), 2. 해석하는 데 있어서 "수용적 불확실성"의 제거, 3. 새로운 한 텍스트를 "텍스트 거시구조의 전통적 원형에 적용함에 있어서 그에 조화시키거나 아니면 그에 위반되게 하는 것"(1987, 27).

96) 이해과정의 방법의 구성성분에 관해서는 5장을 보라. 레온쩨브(1979, 105이하)도 행위의 "조작적 면"을 주제로 삼으면서, 행위는 "의도면(달성되어야 할 것) 외에 조작적 면도(어떻게, 어떤 방법으로 달성될 수 있는지) 지니고 있다"고 말하고 있다.

명함으로써…). 이 맥락에서 얻고자 하는 것은 텍스트가 복합성을 띠고 있
다면 보통 여러 가지 뒷받침 성분이 결합되어 있다는 것이다. 그러나 어떤
경우에든 텍스트생산자는 자신의 관심사가 "용무에 적합한지를"(Antos
1984, 188) 그에 부합하는 명제들을 선택하여 활성화함으로써 확실히 해
야 한다.

(ⅱ) 전략의 방법. 어떻게 정보를 전달 혹은 조정할 것인가를 목표로 하
고 있는 전략적 결정은 텍스트생산의 특별한 관심사이다. 이 전략적 결정
은 무엇보다도 어떤 관심사의 달성을 위해서 성공을 보장해 주는 것이 단
순한 방법일 것인가 혹은 복잡한 방법일 것인가라는 질문과 관련된 것
이다 (서사적, 기술적, 논증적 방법… 이에 관해서는 5.3.4를 보라).

(ⅲ) 전술적 구체화 방법. 이것도 특히 기본 방법의 결정을 더 구체화하
거나 강화하는 데 쓰인다. 여기서 보기로 들고자 하는 것은 상대편을 높
이 평가하거나 독차지하는 것, 관심사를 감정적으로 강화하는 것, 사태를
단순화하거나 의도적으로 복잡하게 하는 것 등이다(이에 관해서는 5.2).

이렇게 하여 좁은 의미의 방법적 결정의 총체는 텍스트산출자가
내리는 구조화 결정에 토대가 된다. 도해로 나타내면 다음과 같다.

(그림 18)

　　텍스트산출에서 일어나는 결정과정

　　기능유형: 조정적 텍스트

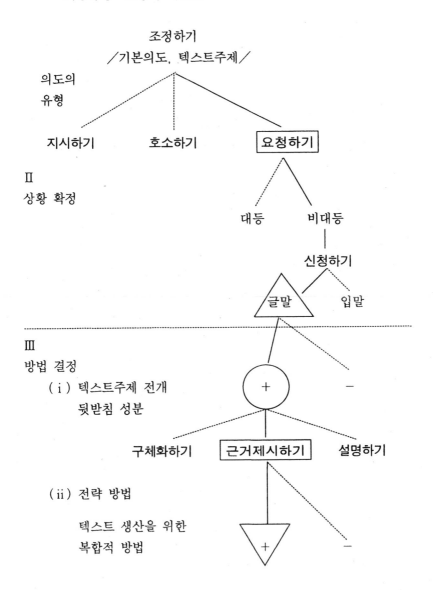

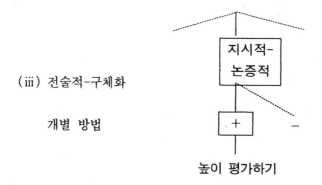

(iii) 전술적-구체화

개별 방법

높이 평가하기

위에 언급한 전화가설 신청 보기와 관련시켜 보면 다음과 같은 방법 성분을 확인할 수 있다.

(i) 텍스트주제는 보통 근거제시하기 성분에 의해 전개된다
(가령 일이 급하다거나 꼭 필요하다는 것을 언급한다).

(그림 19)

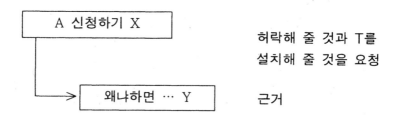

(5.3.3.2를 참조)

(ii) 텍스트에 근거제시 성분이 있으면 주된 텍스트 구성방법은 무엇보다도 논증하기이다(5.3.4.2를 보라). 이때 텍스트산출자는 원래 관심사(전화가설 신청=d)에 대한 결론을 도출하도록 일정한 명제(a, b, e…)를 서로 관련시킨다.
도식으로 나타내면: a 그리고 b 그리고 ~e, 그러므로 d. (~ =부정기호)

(ⅲ) 비교적 많은 수의 잠재적 전술방법이 있는데 그 중 여기서는 텍스트 산출자가 수신자에게 바라는 반응행위인 높이 평가하기라는 전술방법을 보기로 들겠다(이에 관해서는 5.3.3.1). 이 반응행위를 텍스트산출자는 어떤 사회 집단이나 사회 전체에 중요한 행위라고 서술한다(W(d)).

이와 같은 결정과정들이 합쳐지면 진정한 텍스트구조화의 기본틀 이 된다.

3.4.4 텍스트구조화 유형

기능면, 상황면, 벙법면에서 잠재적으로 가능한 결정의 수는 많으 므로 모든 텍스트부류에 적용되는 확실한 구조화원형을 제시하는 것 은 원칙적으로 가능하지 않다. 그래서 기본적 구조화유형을 설명하 는 데 국한하고 구체적 텍스트의 구조는 이 구조화유형에 대응시킬 수 있도록 하겠다.

(ⅰ) 계획하고 있는 텍스트를 대강 구조화하려면 텍스트산출자는 먼저 **포 괄적인 구성적 관점과 내부구조적 관점에서 결정**을 내려야 한다. 다시 말해 선택한 부분텍스트 복합체의 순서에 대한 결정을 내려야 하는 것이 다($=i_a$). 무엇보다도 본래의 텍스트핵심($=TK$) 앞에 특별한 도입부 ($=IT$)를 둬야 할지 아니면 두지 말아야 할지($=i_b$)가 여기에 해당하는 문제이다. 아울러 도입부에서 활성화하는 데 필요한 명제구조 원형은 무 엇인지도 문제이다. 텍스트의 잠재적 종결부($=TT$)에서도 비슷한 식으로 생각해 보아야 한다.
또 텍스트핵심에서는 주제가 고정적인지 그렇지 않은지도($=i_c$), 특히 부 분텍스트 단위가 어떤 순서로 서로 연결되는지도($=i_d$) 중요하다. 이때 관심사는 주제의 핵심정보 혹은 의도의 핵심정보($=K$)가 텍스트핵심의 처음에, 가운데 아니면 끝에서 전달되어야 하는지(혹은 텍스트핵심이 도 입부 혹은 종결부와 통합되어야 하는지)이다.

(그림 20) 텍스트구조화 유형
(1)

(i) 포괄적 구성 유형
　(i_a) 부분텍스트 단위로 분할

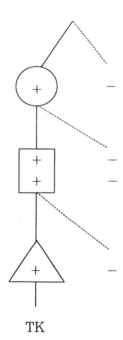

　(i_b) 도입부(IT),
　　　 종결부(TT)로 분할

　(i_d) 부분텍스트의 순서97)　　　　　TK

K　A　B　C
A　**K**　B　C
A　B　C　**K**
C　B　A　-

우리가 든 텍스트보기의 경우 여기서부터 도출되는 것은 다음과 같다.

---

97) K=핵심정보. A, B, C… = 임의의 부분텍스트 단위. 마지막에 열거한 구성유형은 텍스트산출자가 K를 명시적으로 언급하지 않은 구조이다.
물론 구체적 텍스트에서 K는 다분히 여러 부분텍스트에 나타날 수도 있으므로 여기 개략적으로 서술한 부분텍스트 순서 유형은 이상적인 구조원형에 불과하다.

- 이 텍스트는 부분텍스트 K(=신청하기…)와 A(=근거제시하기)로 되어 있는 복합성을 띤 텍스트이다(=i_a).
- K의 주제는 확정되어 있다(i_b).
- (K와 A로 이루어져 있는) 텍스트핵심은 총괄적 텍스트원형 "공적 사무편지"(=i_b 도입부와 종결부는 필수적이다)와 연결되어야 한다.

(그림 21) 공적 사무편지

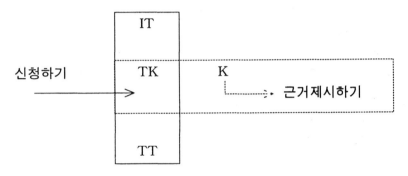

IT= 편지머리(날짜, 수신자의 주소, 용건의 강조, 경우에 따라 호칭)
TT= 편지끝(경우에 따라 요약적인 종결부, 인사말, 서명)

텍스트핵심의 부분텍스트 단위의 순서를 정할 때(=i_d) 텍스트산출자는 K(…에 대한 신청서)가 텍스트핵심의 도입부에 있어야 할지 (근거는 그 뒤에 온다), K를 그 중심에 둬야 할지, 아니면 상승원칙이 뜻하는 대로 텍스트핵심의 마지막에 오도록 해야 할지 결정해야 한다.

(ii) 연속체 유형
부분텍스트 복합체의 내부구조화에 중요한 것은 특히 연속체 과정과 연결 과정이다. 발화수반행위도(여기서는 a, b, c, … n으로 표현되어 있다) (이에 관해서는 5.3.4.1을 참조) 부분텍스트 단위를 구성하는 방법으로 설명할 수 있다 (여기서 "K"는 각 부분텍스트에 중요한 정보를 나타내 주는 기호로 이해할 수 있다). 그리고 끝으로 명제의 통합은 서로 다른 연결 유형(접속유형)에 의해 설명될 수 있다 (부가적, 부가적-시간적, 평가적-시간적, 포함적 관계…). 그렇지만 부분텍스트의 의미를 찾아 내는 데는 보통 우세한 연결유형을 표시하는 것만으로도 충분하다.

(그림 22) 텍스트구조화 유형
(2)

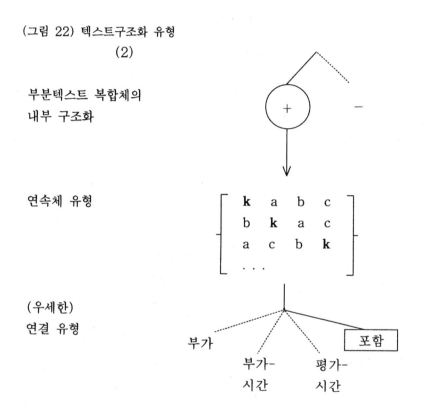

부분텍스트 복합체의
내부 구조화

연속체 유형

(우세한)
연결 유형

우리 보기텍스트를 보면 A의 경우 기본 접근법이 논증적이므로 부가적-포함적 연결유형이 우세하며, 따라서 확인해야 할 각 발화수반행위의 연속체가 비교적 확실해진다. 반대로 K를 더 세분화하는 것은(그리고 그렇게 함으로써 더 구조화하는 것은) 예외의 경우에만 기대할 수 있다.

이렇게 도입부와 종결부를 보충하여 얻을 수 있는, 신청에 대한

선형의 기본구조는 다음과 같다.98)

> 도입부: 편지머리
> 텍스트핵심: 편지핵심: K 왜냐하면 A
> k(T를 신청하기)
> 왜냐하면: a 그리고 b 그리고 ~c, 그러므로 W(d).
> 종결부: 편지끝

3.4.5 표현방식 원형

유형화하려는 시도는 개별 언어를 사용한 텍스트서술 및 텍스트생산(표현 단계의 기본 두 행위이다. 5.3.3.3을 보라) 층위에서 특별한 어려움에 부딪힌다. 사실 똑같은 텍스트란 없다. 심지어 동일한 텍스트산출자가 (거의 같은 성질의 상황 조건하에서) 동일한 의사소통 과제를 여러 번 구성하는 경우에도 극히 예외적 경우에만 언어표현방식이 동일한 텍스트가 생기게 된다. 여기서부터 텍스트의 표현방식이란 사실상 일반화나 유형화 또는 원형화가 가능하지 않다는 사실을 도출할 수 있다.

다른 한편 텍스트산출자는 텍스트를 작성할 때 결코 자유롭지 않으며, 의미적, 문법적 제한을 지키는 것으로는 충분치 않음이 분명하다. 그러므로 텍스트 표현방식의 규범/원형 비슷한 것이 (텍스트 구조화의 기본틀이 동일할 때) 있다는 것도 틀림없는 사실이다.

수용자가 서로 달리 작성된 특정 텍스트표본을 어려움 없이 동일한 텍스트부류로 분류할 수 있다는 사실이 이 가설을 뒷받침해 준다. 아니 심지어는 (완전히 다른 언어로 되어 있는) 번역본에서도 의사소통 참여자는 보통 동일한 텍스트종류의 특징을 확인할 수 있는 것이다. 이 사실에서 두 가지를 유추할 수 있다. 첫째, 텍스트 표현방식은 - 텍스트구성이 각각 매우 독특함에도 불구하고 - 전형적

---

98) 텍스트산출자가 여기서 가정한 두 변이형을 선택한다는 전제하에.

인 것이나 보편적인 것도 반영함에 틀림없으며, 둘째, 우리는 텍스트를 생산할 때 특정 텍스트부류의 표현상의 특성에 대한 지식을 활성화한다는 (그리고 이 지식을 텍스트를 이해할 때 사용한다는) 것이다. 전보를 지원서나 서사텍스트와 구별해 주는 것은 텍스트구성뿐만 아니라 표현방식이기도 하다.99) 그런데 이러한 표현상의 공통점(그리고 차이점)은 어떻게 찾아 낼 수 있으며 어떻게 텍스트분류에 유용하게 쓸 수 있을까?

(i) 의사소통 참여자가 지니고 있는 지식의 일부 영역도 분명 일반적 분류원칙과 표현원칙이며 이것을 우리는 여기서 텍스트부류에 고유한 의사소통 격률이라고 일컬으려 한다. 의사소통 격률은 대체로 위계상 더 높은 곳에 있는 텍스트분류 층위에서 비롯되는 것이며(이에 관해서는 3.4.3) 따라서 의사소통 과제 설정의 어떤 측면을 반영해 준다.

텍스트산출자는 텍스트를 구성할 때면 언제나 각 텍스트를 개성 있게 구성할 수 있는 자유가 극히 많지만, 표현의 선택가능성의 범위는 여기 언급한 텍스트부류 고유의 구성원칙에 의해 제한된다.

실제 사실에서 비롯되는 이와 같은 결과들을 이론적으로 처리하는 것은 아직 초기 단계에 머물러 있다. 반 다이크(1980a, 106)도 명료성이나 간결성 같은 "직관적 개념"을 사용하고 있다. 일반적 텍스트구성 원칙을 설명하고 정리하려는 체계적 노력은 문체 지향적 목적의 연구들에서 볼 수 있다. 이 연구들에서는 분류원칙과 표현방식을 ("텍스트 내의 문체요소의 선택과 배열을 야기하고 유발하는"(E. 리이젤 (Riesel 1970, 76)) 문체 특징이라고 부르고 있다.100) 문체특징의 수와 분류 문제는 현재 아

---

99) 미헬(1987, 5)은 "문체원형", "관계구조체에 부합하는 정리구조에서 반복적으로 나타나는 표현상의 특질"이라고 한다. 잔디히(1986, 49이하)도 비슷한 견해이다. 잔디히는 다른 곳(1986, 194)에서 이 현상을 "텍스트 원형문체"라는 집약적 용어로 부르고 있다.

100) 레르히너(Lerchner 1976, 260)에 "문체특징" 개념에 대해 다음과 같은 설명이 있다. "따라서 문체특징이란 (한 텍스트에 대한 계획의) 의사소통 전략이 지니고 있는, 위계적으로 구성된 성분이라고 이해할 수 있겠는데, 이는 문장의 함축의미에 대한 통합적 조작작업에 의해 구성되며 발신자가 의사소통 과정의 대상과 메시지에 대해 취하는 마음자세

직도 대부분 해결되지 않은 것으로 보아야 하며 문체요소들과 이러한 일반 텍스트구성 원칙의 "종속관계" 문제도 마찬가지이다(이에 관해서는 Heinemann 1979, 270, Lerchner 1976, M. Hoffmann 1987, Heinemann 1974, 57이하).

우리가 주장한 **텍스트부류에 따른** 의사소통 격률은 이러한 일반적 텍스트구성 원칙을 구체적 텍스트부류에 투영시킨 것이라고 이해할 수 있다. 이 격률은 잠재적 표현방식의 자유를 특정 텍스트부류의 특수성에 맞춰 제한하고 그럼으로써 특징적 텍스트 표현법의 기본틀을 이루게 된다. 위에 언급한 전화가설 신청과 관련시켜 본다면, 텍스트부류에 따른 의사소통 격률은 다음과 같이 풀어쓸 수 있을 것이다. 즉 수용자가 결정권한을 지닌 경우로서 조정적 특성(=요청하기), 제도적 특성(중앙정부 행정, 지방자치 행정), 글말, 용건적-정보적 토대 위의 논증성, 용건중심성, 간결성$_1$, 정확성$_1$, 공손성이 있어야 한다.

여기서 숫자는 각 격률의 "정도"(상호작용 구도에 비추어 본 등급)를 나타내주는 것이며(Heinemann 1974, 58을 보라), 이 틀에서 "벗어나는" 텍스트 표현방식은 적절하지 않거나 비효율적인 것이다.

(ii) 의사소통 참여자가 지니고 있는 표현방식에 대한 지식에는 또 특정 표현방식 원형, 낱말, 구조도 들어가는데, 이것들은 앞서 있었던 표준화된 의사소통 과제에서 입증된 것들이다. 이러한 원형들의 활성화는 텍스트산출자가 **빠르고도** 적절하게 텍스트구조를 "언어로 실현하도록" 도와 준다. 따라서 표현방식 원형 개념은 "이미 주어져 있는", "미리 작성되어 있는" 혹은 "모범적"이라고 볼 수 있는 모든 언어단위와 관련되어야 할 것이다.

특정 상황에 결부된 **개별 어휘도**, 텍스트부류에 따른 특징이 있고 어떤 상황의 전형적 특징을 정확하게 집약해 주는 한 (즉 상대방에게 원하는 연상이나 반응을 유발하는 한), 같은 역할을 한다. 텍스트부류 혹은 의사소통 영역에 대한 이러한 표지의 보기로 여기서 다음과 같은 것을 들려고 한다. 법률제도 영역의 *변호, 구금, 판결,* 물품 생산 영역의 *지속 운반장치, 진자식 운반장치, 먼지 제거장치,* 교육제도 영역의 *수업대화, 학부모 활동, 성적 관리.*

를 나타내 준다".

그런데 이러한 표현방식 원형의 특별한 관심사는 어휘단위와 전형적인 통사구조의 특징적 연결관계이다. 이것은 의사소통 참여자가 지니고 있는 특수한 **어휘연대성(Kollokation)**에 대한 지식, 곧 자주 반복되는 어휘단위의 연결관계와 연결가능성에 대한 지식이다.[101] 우리가 사회환경에 대처하면서 얻은 경험은 우리 의식에 복잡한 형태로 저장되어 있으며 ("사건의 모사체로서 기억 속에 직접 묶여 있으므로")(Klix/Kukla/Kuhn 1979, 142), 흔히 같은 형태를 띤 확실한 통합적 연결 형태로 활성화된다.

이 어휘연대성 가운데 많은 수는 특정 의사소통 영역에 전형적으로 나타나기도 한다. 즉, *교사와 교육자, 성적이 낮은 학생을 독려하다, 학부모와 학생간의 신뢰있는 협력작업*은 교육제도라는 의사소통 영역의 전형적 표현이며, *허락없는 사용…, 고의적 훼손…, 형법상의 책임…* 등은 법률제도 영역에 전형적인 것이다. 다른 어휘연대성은 특정 텍스트종류의 표지로 기능한다. 보기를 들자면 *깊은 애도 - 부고, 국민의 이름으로 - 법정판결, 옛날 옛적에 - 동화* 등이 있다.

마지막에 언급한 그룹과 가까운 부류는 **판박이유형의 텍스트구성체**이다(Heinemann 1984, 38). 판박이유형의 텍스트구성체는 어휘단위와 통사구조의 연상적 결합도가 각별히 높으므로 언제나 총체적으로 활성화된다(A. A. Leont'ev 1984a, 185). 공식처럼 각인된 단위로 된 그룹은 그 수가 매우 많으며 텍스트구성의 일정한 단계와 결부되어 있다는 특징이 있다.

교류시작과 텍스트도입: *안녕하세요! 안녕! 어이!* = 인사형식, *우리는 오늘 형사사건 X를 심리하겠습니다* = 법정소송, *뭘 봐 드릴까요? 찾는 것 있으세요?* = 판매대화, *다음 환자!* = 의사 진료시, *귀하가 보내신 편지와 관련하여…* = 사무편지…(Heinemann 1984, 38이하를 참조). 텍스트종결과 교류종결: *안녕! 안녕히 가세요! 잘 가!* = 인사말. *건승을 빌면서! 내내 안녕하시기를!* = 편지의 인사

---

101) 물론 어휘연대성에 대한 지식에서 의사소통 참여자의 나이, 교육, 직업 그리고 특히 사회적 통합도에 따라 세분화하는 것은 다분히 중요하다.

말. 들어 주셔서 감사합니다! = 강연. 이것으로서 …을 마치겠습니다 = 회합.

이제 일련의 전형적 표현방식 원형인 **분절신호**를 특별히 언급하겠다. 분절신호는 텍스트산출자가 텍스트의 이해를 보장하기 위해 텍스트에 집어 넣은, 구조에 대한 지시형식을 말한다. 따라서 분절신호는 일차적으로 수용자가 방향을 설정하거나 분절구조를 인식하는 데 도움을 주며 텍스트산출자에게는 텍스트를 작성할 때 (미리 각인된 형식으로) 도움을 준다(Gülich 1970).

전문문헌에서는 분절신호를 여러 가지 하위부류로 나누고 있다(기본적인 것으로 특히 Gülich 1970, 그 외 Gülich/Raible, 1975 Schank 1981, Gobyn 1984가 있다). 이 모두가 각 텍스트의 분절구조를 파악하는 것을 손쉽게 해 줄 뿐만 아니라 더 나아가서 특정 텍스트부류를 확인할 때 추론을 허락해 주기도 한다(이에 관해서는 특히 Schank 1981, 95이하).

우리의 기술접근법의 시각에서 보면 표현층위는 다음과 같이 나타낼 수 있다.

이 도해는 개인적 텍스트 표현방식의 자유가 별반 제한되지 않는다는 것을 암시해 줄 것이다. 아울러 의사소통 참여자가 제법 많은 양의 표현방식 원형을 갖추고 있으면 효율적이고 적절하게 텍스트를 구성하는 데 유리하다는 것도 분명해진다.

한편 여기 설명한 표현방식의 제한과 표현방식 원형은 특수하면서도 서로 분명히 차이나는 "표현방식의 유형"을 구성하는 데는 충분하지 않다. 텍스트의 표현방식 및 특수한 표현방식 원형의 기본조건은 텍스트부류의 잠재적 표지로 기능하기는 하지만, 그 자체만 보면 표현층위는 보통 텍스트부류를 확인하는 데 불충분한 것으로 밝혀지고 있다. 오히려 텍스트부류에 대한 보다 정확한 설명은 - 이렇게 하여 우리는 논의의 출발점으로 되돌아오게 된다 - 여러 가지 유형화 방식을 고려함으로써만 (상호작용 지식, 원형 지식 그리고 언어화 지식이 맞물림으로써) 비로소 가능해 보인다.

(그림 23)

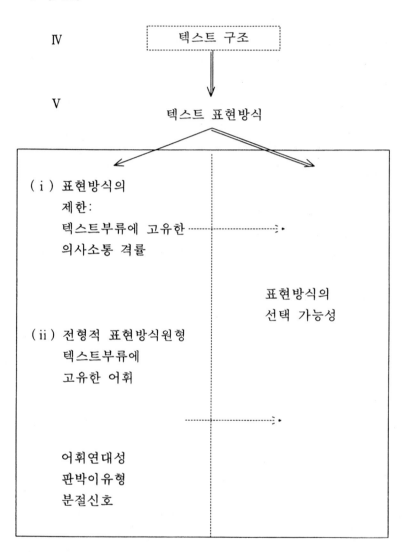

이 논의를 분명히 보여 주기 위해 위에서 여러 번 언급한 전화이
전 신청에 사용될 수 있는 가능한 많은 표현방식 중 하나를 완성된

형태로 덧붙이겠다.

(41)

라이프찌히, 5. 5. 1995

막스 마이어 박사
사투른슈트라세 57
라이프찌히 7063

독일 체신청
라이프찌히 전신전화국
가입자 설비부 귀중

용무: 전화 이전
이사로 인해 전화번호 14123(헤르더슈트라세 18, 라이프찌히
7010)을 새 집(사투른슈트라세 57, 라이프찌히 7063)으로 이
전해 주시기를 요청합니다.
이유: 저는 의료계 종사자이며(=a) 따라서 저의 진료 때문만이
아니라 환자를 위해서도 위급한 상황에서 언제나 빨리 연락받을
수 있어야 합니다 (=b).
저의 일을 가능한 한 빨리 처리해주시기를 요청합니다 (=d).

가정의학의

3.5 각 층위의 특성과 통합 과정

이와 같이 유형화 지식을 일목요연하게 설명하기 위한 논의가 있었으니 이제 끝으로 여기서 설명한 유형화가 실제 의사소통 과정에서 하는 역할, 그 통합 양상 그리고 마지막으로 여기 제안한 모형의 실제 적용가능성에 대해 질문해 보아야 한다.

텍스트부류에 대한 지식의 확립과 결부된 어려움은 이미 3.1장에서 다루었다. 여기서는 (사적 편지, 행위조정용 일상대화, 신문광고,

사과하기 같은) 빈도가 높은 텍스트종류에서 능동적 텍스트원형 지식과 수동적 텍스트원형 지식을 거의 모든 의사소통자에게 전제할 수 있다는 사실도 지적하려고 한다. 그밖의 다른 텍스트부류에서는 세분화가 필요하다. 의사소통자는 어떤 텍스트부류 그룹은 능동적으로도 수동적으로도 잘 구사하고 있는 반면(가령, 신문의 르뽀), 다른 부류에 대해서는 (보통 수동적 능력만 요구되니까) 수용할 능력만 있다. 그리고 세 번째, 작은 텍스트부류 그룹(가령 에세이)을 몇몇 시험자는 아예 알고 있지 못했다 (이 텍스트부류 그룹은 이들의 실제 의사소통 과정에서 "사용되지" 않기 때문이다).

이 사실에서 한 의사소통 공동체의 의사소통 참여자가 지니고 있는 텍스트부류 지식은 고정된 단위가 아니며, 개인이 가지고 있는 이 인지적 부분체계의 범위와 내용은 구체적 의사소통 과제를 해결할 때 의사소통 참여자가 하는 경험에 달려있다는 것이 드러난다. 이런 류의 경험은 저장되고 나서 해당 상황이 주어지면 총괄적 텍스트원형으로 활성화된다.

따라서 텍스트유형화 체계를 도출하려는 시도는 개인적 저장 상태(그리고 구체적 텍스트 실현)를 거의 무시해야 하는데, 실제 경험적 자료를 추상화해야만 비로소 현실을 일목요연하게 만들 수 있기 때문이다.

따라서 **텍스트종류**란 유형화 체계 내의 이상적/전형적 현상, 곧 (어떤 의사소통 공동체의 화자가 지니고 있는) 평균적 경험을 토대로 한 일반화인 것이다. 그래서 텍스트종류는 어떤 상황에서 특수한 의사소통 과제를 해결하기 위한 총괄적 언어원형이라고 할 수 있다. 여기서 "총괄적 텍스트원형"이라는 용어는 "총괄적 텍스트구조 원형"의 축약, 그러니까 어떤 상호작용의 구도와 상관관계에 있는, 텍스트의 어떤 형식적 기본 현상의 축약이라고 이해하면 된다.102)

---

102) 고빈(Gobyn 1984, 265)에 의하면 텍스트종류는 아마도 "기능과 구조의 전형적 결합"일 것이다. 물론 이 관계가 1 : 1의 대응이라고 이해될 수는 없을 것이다.

텍스트유형화란 위에서 언급한 이유에서 (이젠베르크의 의미에서) 완전할 수도 또 엄격히 체계화될 수도 없다. 그런데 우리의 견해로는 텍스트유형화의 정밀성(하나의 텍스트보기를 어떤 텍스트종류에 정확하게 대응시키는 것)에 대한 이젠베르크의 요구도 유지될 수 없다(이에 관해서는 3.1을 참조). 물론 어떤 텍스트는 한 가지 유형으로 설명하는 것으로도 충분하다는 것이 밝혀질 수도 있다. 그러나 많은 수의 텍스트는 여러 유형에 속한다고 규정하는 것이 분명 가능하다. 그래서 우리는 어떤 텍스트유형화라도 이렇게 다중 분류할 가능성을 열어 두어야 한다는 데서 출발한다. 거의 동일한 기본 조건 하의 동일한 텍스트라도 의사소통 참여자의 관심사 및 의사소통 참여자가 기술하려는 관점의 중요도에 따라 여러 가지 상위 단위와 관련될 수 있기 때문이다.103) 뿐만 아니라 어떤 텍스트종류는 아예 전형적 구조가 없다는 것도 명백한 사실이다.104)

그리고 끝으로 위에서 언급한, 동일한 텍스트보기를 화자에 따라 달리 부르는 현상도 이러한 배경에서 더 잘 설명할 수 있다. 이러한 논의들을 종합적으로 고려하다 보니 - 그 자체 동질적인 - 텍스트유형화 층위를 위와 같이 정리하여 설명하게 되었다.

그런데 각 텍스트부류를 구성하는 데는 일반적으로 이 층위의 특정 유형들을 서로 관련시키고 아울러 이 층위들을 특수한 텍스트부류 원형으로 통합하는 것이 반드시 필요하다 (텍스트종류라는 범주는 텍스트의 표현면과 내용면을 중개해 줄 뿐만 아니라 사회적 상호작용 속에서의 언어사용과의 관계도 구성해 주기 때문이다)(이에 관해서는 Weigand 1987, 240을 참조).

이때 이 층위에는 (그리고 이 층위의 여러 유형에는) 서로 다른

---

103) 교재란 일차적으로 학술텍스트로도 또 교수목적용 텍스트로도 이해될 수 있고 또 교양실용서적은 학술텍스트로 이해되거나 아니면 실용텍스트로도 이해될 수 있으며(Gobyn 1984, 36), 대화구조는 조정적 역할뿐만 아니라 정보를 주는 역할에서도 나타날 수 있다.
104) 가령 특유한 텍스트구조는 없고 물건을 구입하라는 함축적 요구가 특성인 광고텍스트가 그러하다. 반 다이크(1978, 163)를 참조.

비중이 주어지는 게 분명하다. 신청/요청에서는 기능면이 우세하다. 전보/편지/텔레비전 방송은 일차적으로 상황적 특징을 가지고 있다고 할 수 있을 것이고 특히 교육영역의 어떤 텍스트에서는 무엇보다도 특정 텍스트 서술방식이나 생산방식 아니면 특징적인 텍스트구조를 구사할 수 있는 능력이 의사소통 참여자의 관심의 초점일 수 있다.[105]

여기서 유형화층위가 의사소통자의 관심에 초점을 두고 있다고 암시하기는 했지만 그럼에도 불구하고 다른 층위의 유형화도 총괄적 텍스트원형에서 언제나 "함께 설정된다." 비록 텍스트종류 전보가 기능면에서 열려 있다고 하더라도[106] 어떤 전보의 작동방식은 구조화나 어떤 표현방식의 특수성과 꼭 같이 중요하다. 이러한 의미에서 총괄적 텍스트원형은 서로 다른 층위의 유형을 통합하여 특수한 어떤 총체를 만드는 것을 함축하기 때문에 이 총체는 - 중요성이 서로 다른 - 여러 층위의 자질 유형의 뭉치라고 이해될 수 있다. 이 통합과정을 방금 말한 텍스트유형 전보를 보기로 들어 구체적으로 보여 주겠다. 우선 우리 모형의 유형화층위를 모두 이 총괄적 텍스트원형의 구성에 대한 관여성의 관점에서 살펴보겠다.

텍스트유형 전보

I   i
II (i)   i
  (ii) 제도적 / 체신제도 및 전신전화제도
  (iii)   i

---

105) 이에 반해 - 널리 퍼져 있는 가정과는 달리 - 일차적으로 내용적 특징을 지니고 있는 텍스트부류는 얼마 되지 않는다(보기, 혼인신고서). 반대로 내용면은 텍스트부류를 하위 분류하는 데는 중요해 보인다. 즉 여행보고서, 사고보고서, 스포츠보고서, 질병보고서…

106) 다시 말해, 각 기능(조정하기, 정보주기…)은 텍스트종류 "전보"의 본질을 규정하는 데는 무관하다. 무관한 기능은 기호 i로 표시한다.

　(iv)　　　　　i
　(ⅴ) 기록 의사소통, 원거리 의사소통: 우체국은 텍스트산출자와
　　　 텍스트수신자의 중개자, 전달의 특별한 긴급성/신속성, 서식을
　　　 사용한 전달
Ⅲ　　　　　　i
Ⅳ (ⅰ) 도입부와 종결부는 필수적 (서식)
　(ⅱ)　　　　i
Ⅴ (ⅰ) 간결성$_1$ (극히 짧은 표현)
　　　　　호칭 없음, 한 문장인 경우가 잦음.
　　　　　명료성
　(ⅱ) 생략구조
　　　 표현방식원형: "내일 도착"

　텍스트종류 전보와 무관한 하위유형을 모두 제거하고 나면 다음과
같은 총괄적 텍스트원형이 나온다.

전보 - 총괄적 텍스트원형

- 제도적 기록 의사소통 /우체국/
- 매우 신속한 전달
- 도입부와 종결부는 필수적 /서식/
- 간결성$_1$
- 생략구조

　여기 언급한 자질을 모두 나타내 주는 텍스트를 텍스트종류 전보
의 전형이라고 보아도 될 것이다. 따라서 이러한 텍스트는 이 텍스
트종류의 "이상적 원형"이다. 그러나 이와 같은 "자질 유형"을 모두
나타내고 있지 않은 텍스트도 "전보"라는 이름을 붙일 수 있다. 이런
경우 이 텍스트보기는 이 텍스트종류의 일종의 주변지대라고 할 수
있으며 이 지점을 기준으로 하여 동일한 텍스트보기를 (유사한) 다
른 텍스트종류(가령 편지식 전보, 속달편지)로 분류할 수 있다.[107)

그런데 이렇게 되면 유형적 자질이 여러 상호작용 요인에 비추어 보아 서로 다른 식으로 우세할 수 있다는 사실도 말한 셈이다.[108] 이런 의미에서 텍스트종류란 - 등가이거나 또는 등가이지 않은 - 조건의 선택에 의해 구성되는 것이다(Fillmore 1975, 이에 관해서는 Weigand 1987, 243 참조).

다른 전형적 텍스트부류를 표본 삼아 설명하기 위해서 - 이런 식으로 도출된 - 단축형식을 서술하는 데 국한하기로 한다.

부고 - 총괄적 텍스트원형

- 정보전달/X의 사망에 대한 텍스트산출자의 마음자세/
- 신문/광고란/모든 인쇄된 카드에 나타나는 대등 관계의 기록 의사소통
- 감정의 강화/경우에 따라서는 종교적으로 유발되기도 함
- 필수적 종결부/유가족, 날짜, 경우에 따라 장지나 장례식에 대한 언급/
- 격조 높은 문체/작고하다, 별세하다, 영면하다…/

석사학위논문 - 총괄적 텍스트원형

- 정보전달/정보조사
- 제도적 글말 의사소통
- 많은 뒷받침 요소, 특히 **근거제시**가 들어 있는 부분텍스트로 나뉘어 있다.
- 주로 조건-결과 관계의 연결로 이루어진 **논증텍스트**, 종결부에는 간단히 요약한 결과(=핵심정보)가 있음

---

107) 편지식 전보는 가령 /매우 신속한/과 /매우 짧은/ 같은 표시 대신 /빠른/과 /짧은/ 같은 자질만을 나타낼 것이다. 축전의 경우에는 텍스트산출자의 마음자세에 대한 **정보주기**와 텍스트주제의 확정성이라는 것이 기능으로 추가된다.

108) "언어표현의 의미는 어떤 전형이나 대표적 경우로 재현되며 어느 정도 전형과 가까운 곳에서 볼 수 있는 보기의 분석으로 보충된다"(Weigand 1987, 245). 이런 점에서 전형 유형을 분류하는 문제는 "고전적" 성분분석과는 대조를 이룬다.

- 용건중심성, 정확성
- 분절신호, 학술전문용어/어휘연대성

요리법 - 총괄적 텍스트원형

- 구속력 없이 조정하기 = 추천하기/권고하기
- 사물을 다루는 실제 활동과 관련
- 지시적-기술적 II (5.3.4장을 참조)
- 주제 확정 (음식 마련)
- 부가적-시간적 방법 (a 그러고 나서 b, q를 위해서 p)
- 용건중심성, 간결성$_2$(5장을 참조)
- 어휘: 식품의 명칭, 음식 마련에 필요한 보조수단, 음식 요리에 필요한
  요구동사, 경우에 따라: "…을 준비한다"

피상적으로 비교해 보기만 해도 텍스트원형 "요리법"이 가령 텍스트원형 "전보"보다 한결 자질이 많다는 것을 알 수 있다. 이것은 총괄적 텍스트원형의 (흔히 위계성을 띠고 있는) 등급 현상을 상기시켜 준다. 이 문제는 보기를 빌어 텍스트원형 "사무편지"와 "글말로 된 신청"을 대비하면서 구체적으로 보여 주겠다.

원형 "사무편지"가 나타내고 있는 - 어느 정도 일반화하는 - 자질은 비교적 얼마 되지 않는다. 이와는 달리 "신청"에서는 중요한 유형적 자질이 늘어나 있고 따라서 구체화되어 있음을 확인할 수 있다. 이 사실에서 (글말)신청서는 상위 텍스트부류인 "사무편지"에서 가능한 여러 텍스트원형 중의 하나라고 설명할 수 있다는 것을 알 수 있다.109)

---

109) 이렇게 위계화하여 부르는 것이 텍스트언어학적 연구에서는 논란이 되고
     있다. 여기서 우리는 "텍스트유형"이라는 개념을 위계상 가장 높은 단계로
     설정하고 "텍스트부류 변이형"을 텍스트유형의 하위분류로 본다.

총괄적 텍스트원형

	(문어)신청서	사무편지
I	조정하기	i
II	제도적	제도적
	두 사람의 의사소통	i
	비대등	i
	B가 A보다 우세	
	= 요청하기	
	기록 의사소통	기록 의사소통
III	근거제시하기	i
	지시적-논증적	i
IV	도입부와 종결부	도입부와 종결부
V	용건중심성	용건중심성
	간결성2	간결성2
	공손함	i
	X를 요청하기	i
	X를 신청하기	

신청이란 물론 입말로도 할 수 있다.110) 따라서 총괄적 텍스트원형 "신청"은 - 이것은 "글말" 혹은 "입말" 신청보다 위계상 더 높이 설정되어야 한다 - 환경상황과 관련하여 규정된 것은 아니다(=i).

이런 식의 총괄적 텍스트원형을 아는 것은(이 원형에 속하는 자질의 수는 적어도 빈도가 높은 텍스트종류라면 유사한 방법으로 증명될 수 있다) 텍스트산출과정과 수용과정에 모두 근본적으로 중요하다. 텍스트산출자뿐만 아니라 수용자도 이런 의사소통 과제를 해결할 때 그에 부합하는 경험에서 얻은 기준에서 출발하여 의사소통 과

---

110) 위 도해의 총괄적 텍스트원형에 입말로 된 신청도 덧붙여야 할 것이다. 입말로 된 신청은 대면 의사소통이고 준비된 대화이며 발화교체(turn taking)가 있으며 입말로 교류를 시작하며 교류유지 및 교류연결을 위한 문구가 있다.

정의 진행 상태에 비추어 생기는 기대를 텍스트구조 원형과 결합한다.

텍스트를 구성할 때 텍스트산출자는 보통 자신이 원하는 것을 (계획한 텍스트를 빌어 자신이 이야기하고자 하는 것을) 알고 있다고 전제해도 좋다. 그래서 텍스트산출자는 (총괄적 텍스트원형을 포함하여) 이 용무에 부합하는 행위도식을 활성화하여 주어진 조건에 적용하려고, 그러니까 합당한 방법으로 수정하려고 한다. 이 원형은 - 이것은 잘 알다시피 서로 다른 유형화층위가 통합된 어떤 유형이다 - 이제 텍스트산출자에게 여러 성질의 선택과정과 소환과정의 배경으로 기능하고, 특히 언어지식을 활성화하는 데도 쓰인다. 그리고 언어지식은 어떤 지식요소와 지식구조의 적절성의 면에서 그때그때의 의사소통적 관심에 비추어 검토된다(4장과 5장 참조).

의사소통 참여자의 수용태도도 총괄적 텍스트원형에 의해 규정된다. 대개의 경우 수용자는 그에 부합하는 상황적 사전 신호(책, 신문, 라디오방송 중계, 백화점, 강의실…) 및(혹은) 텍스트표지(텍스트 전체에 관련되는 표제, 명시적 이행공식…)로 인해 적절한 수용 태도의 기본 유형이 무엇인지 명백히 알게 된다고 전제해도 될 것이다. 그래서 텍스트해석자는 보통 우선 이런 식으로 표시된 전형적 텍스트구조 원형을 활성화하게 되며, 그리고 나면 텍스트구조 원형은 본래 수용과정의 방향을 정해 주는 기준이 된다. 이 원형을 실제로 주어진 텍스트구조와 텍스트 표현방식과 비교함으로써 텍스트해석자는 (대개 텍스트의 몇 단락을 수용하기만 하면) 자신의 기대자세가 옳았음을 텍스트에서 확인하든지 아니면 - 심하게 불일치하면 - 가정했던 텍스트구조 원형을 수정하지 않으면 (경우에 따라서는 다른 텍스트구조 원형으로 대치하지 않으면) 안 된다. 그러나 어떤 경우든 텍스트구조 원형은 여전히 텍스트의 해석에 주요한 기준점이 된다.

이것은 "표지가 없는" 텍스트보기, 곧 어떤 사전 신호나 표지도 총괄적 텍스트원형을 "알려 주지 않는" 텍스트에도 적용된다. 이런 경우에는 - 대개 처음 나오는 몇 가지 요소를 수용한 것을 바탕으로 하여 - 대체할 만한 텍스트구조 원형이 활성화되고 그리고 텍스트 이해과정이 계속 진행되면서 의미가 명료해진다.

또 다른 문제는 이러한 과정의 결과에 의사소통 참여자가 이름을 붙이는지(즉 특수한 텍스트부류 명칭으로 부르는지, 그리고 경우에 따라서는 어떻게 부르는지)이다. 그런데 의사소통적, 화용적 시각에서 보면 이 문제제기는 궁극적으로 별로 중요하지 않다. 일차적으로 중요한 것은 사실 의사소통자가 의사소통 과정에 적합한 텍스트를 생산하거나 그에 부합하는 텍스트신호를 - 자신의 지식 성분을 보태어 - 제대로 이해하고 적절하게 반응하는 것이기 때문이다. 의사소통 과정의 참여자가 실제 텍스트의 "유형"(총괄적 텍스트원형)에 대해 언제나 해명해야 하는 것은 절대 아니다.

제 4 장

대 화

4.1 들어가며 : 텍스트언어학과 대화분석

텍스트를 다루는 이 책에서는 다른 텍스트언어학 입문서와는 달리 수십 년 간 지속되어 온 텍스트와 대화의 구분을 없애려고 하며 대화분석을 중요한 주제의 하나로 다루려고 한다. 이것은 제 2장에서 개략적으로 서술한 진행단계 중심 텍스트분석모형의 관점에서 보면 분명 놀랄 일이 아니다. 따라서 대화의 여러 국면은 이 장에서뿐 아니라 다른 곳에서도 다루어지고 있다. 이미 앞의 여러 장에서 대화분석의 문제점들을 텍스트언어학 입문서에 통합하여 다루는 것이 정당함을 명시적으로 언급하기는 했지만, 텍스트와 대화를 통합하여 다루는 이유를 여기서 한 번 더 특별히 강조하는 것은 의미 있는 것 같다.

우선 강조할 것은 대화란 언어 상호작용의 전형이라는 것이다. 다시 말해, 행위참여자가 구체적인 어떤 문맥에서 직접 상호작용하며 따라서 2.2장에서 서술한 의미에서 조직되어 있는 협동적 활동을 수행하는 형태라는 것이다. 한편 텍스트분석에 대한 논의에서 대화에 특별한 위상이 주어지는 또 하나의 이유는 대화가 언어활동의 본원적 형태이며 따라서 그 발전사적으로 보아 언어 상호작용의 다른 어떤 형태보다 훨씬 앞선다는 것이다. 이런 점에서 대화가 다른 모든 언어활동 형식의 원형이고, 방향제시적 기능을 했으며 또 계속 이 기능을 하고 있는, 인간 언어활동의 한 형태라고 전제하는 것이 정당할 것 같다. 이렇듯 대화가 의사소통 과정에서 차지하는 위상은 뛰어나기 때문에, 텍스트언어학적 기술의 범위 내에서 대화의 위상을 따로 설명할 필요는 없어진다. 그러나 이렇게 하는 것이 지금까지 대화분석이 발전해 온 방향을 단순히 텍스트언어학의 연구 맥락에 통합하려고 한다거나 아니면 자주 토론되었던 문제인 이 두 학문 분과의 관계에 대한 질문을 비교적 간단한 통합 문제로 축소하려는 요구 때문인 것은 절대 아니다. 또 텍스트와 대화를 이렇게 통합하여 다룸으로써 텍스트분석과 대화분석의 연구방향에서 각각 고안된 방법론적 접근방식의 차이를 없애려고 하는 것도 아니다. 그럼에도 두 학문 영역이 더 이상 분리되어 있어서는 안 되며 그리고 이 상태가 극복되어야 한다는 것을 주장하려고 한다. 이 상태가 극복된다면 수십 년 간 병존하던 텍스트분석과 대화분석이 건설적으로 공존하게 될 것이며, 이런 식으로 함께 노력함으로써 의사소통 지향적 텍스트 분석의 가장 중요한 연구대상의 일부임이 확실한 "대화"라는 대상 영역의 특성을 밝힐 수 있게 된다.

4.2 범주 "대화"

지금까지의 대화분석 연구에서 대화는 인간 언어활동의 기본 형태이며 따라서 모든 인간 사회의 토대로 보아야 한다는 원칙적 합의가 있는 것 같다(Henne/Rehbock 1977, 7 참조). 그렇지만 이와는 달리 무엇을 대화로 이해해야 하는지, 대화의 특징은 어떤 범주적 특성을 가지고 있으며 혹시 다른 텍스트 형태와 구별되는지 하는 물음에 대한 대답은 매우 다르다. 이러한 질문들을 보면, 적어도 밖으로 드러나는 현상으로 보아서는, 대화를 정의하는 데에도 텍스트를 정의할 때 직면했고 또 여전히 직면하게 되는 것과 비슷한 어려움이 있으리라는 것을 추측할 수 있다.

그러니까 연구문헌에서는 "대화(Gespräch)"라는 기본 범주 외에도 대화(Dialog)와 회화(Konversation)도 볼 수 있는데, 이 개념들은 몇몇 모형에서는 동의어로, 다른 몇 모형에서는 포괄적 개념과 종속적 개념으로 사용되고 있다. 그렇지만 이 범주 가운데 어떤 범주가 여기서 상위개념인지 늘 분명하게 정해져 있는 것은 결코 아니다. 상호작용적 언어활동의 결과인 대화를 텍스트로 보는 연구방향이 많이 있기는 하지만, 대화란 원칙적으로 두 개의 텍스트로 이루어져 있으며 서로 다른 참여자가 상호작용하여 산출한 단위라고 설명하려는 견해도 볼 수 있다(Hausenblas 1977). 결국 대화를 기술하는 학문분과는 대화분석(Gesprächsanalyse, Ungeheuer 1977, Henne /Rehbock 1979), 회화분석(Dittmann 1979, Kallmeyer/Schütze 1976), 담화분석(Wunderlich 1976a), 대화언어학(Steger 1976), 대화분석(Dialoganalyse, Hundsnurscher 1986) 같은 명칭으로 나타나고 있다. 이렇게 대화분석의 연구방향을 나타내는 여러 가지 명칭을 열거한 것으로 대화분석의 연구방향을 모두 다 언급했다고 할 수는 없다. 그렇지만 이 대목에서 미리 언급해 둘 것은 이 연구방향들이 이름이 서로 다르다고 해서 최근 특히 빨리 발전해 가는 이 넓은 언어학 연구영역 내에서 독자적이거나 심지어는 독창적인 연구방향인 것은 아니며, 정도는 아주 다르지만 모두 회화분석의 민족방법론적 연구의 영향을 받았다는 것이다(1.2.7 참조). 다른 한편 용어가 표면상 같다고 해서 처음부터 이론적 관점과 방법론적 관점이 유사하다고 추측할 수도 없다.

대화란 무엇인가? 이 낱말에 대해 일차적이고 개략적인 정의를 내린다면 다음과 같다. **대화란** 적어도 두 행위(상호작용)참여자가 수행한 언어활동의 결과이다. 이렇듯 참여한 화자/청자, 즉 상호작용 참여자의 수를 근거로 하여 정의하게 되면 대화는 애초부터 ― 비록 집단 화자 혹은 집단 텍스트생산자라고 할지라도 ― 한 사람이 생산한 텍스트와는 구별된다. 또 이 기준에 의하면 독백(Selbstgespräch)도 (이 독일어 어휘는 역사적으로 보아 "대화(Gespräch)"를 기본 구성요소로 하고 있는 합성어이지만) 대화가 아닐 것이다. 즉 상호작용 참여자나 행위 참여자의 수는 필수조건이기는 하지만 대화를 규정하는 충분조건은 아니다.

가령 A가 자기 차를 주차장의 빈 공간에 세우려고 하고 B가 A에게 "핸들을 오른쪽으로 돌려", "속도를 줄여", "이제 천천히 후진, 반 미터 더!"와 같이 지시함으로써 도와 주려고 한다고 해 보자. A와 B는 의심할 바 없이 상호작용하고 있고, A의 언어행위도 상위의 어떤 활동에 종속되어 있으며 또 "A와 B가 의심의 여지 없이 어떤 시점에 인지적으로나 시각적으로 주의를 기울이고 있기는 하지만"(Goffman 1974), 이 경우 우세한 것은 비언어적 행위이다. 여기서 언어행위는 오직 상위활동을 위해서 수행될 따름이다. 이렇게 볼 때 위의 예도 앞서 제시한 정의 기준에 합당하지 않으며 따라서 대화의 정의 영역에 들어가지 않는다. 마지막으로, A가 몇 분 동안 B에게 이야기를 계속하기 때문에 B가 전혀 말하지 못하게 되는 경우도 생각해 볼 수 있을 것이다. 이럴 경우에도 행위참여자는 둘이겠지만 이렇게 하여 생기는 텍스트는 오직 A의 언어활동에 의해서만 이루어지는 것이다. 이 경우에도 대화라고 할 수는 없을 것이다. 대화의 정의에서 제외된 경우를 지금까지 언급했는데, 이것만으로도 알 수 있는 것은 적어도 화자교체(turn taking)가 일어날 때에야 비로소 어떤 대화가 확실히 하나의 대화가 된다는 것이다. 이 기본 특성에 따르면 위에 제시한 정의를 다음과 같이 더 명확히 해야 한다. 즉 "적어도 두 사람의 화자 또는 행위참여자"라는 특성 외에도 "필수적 화자 교체"라는 특성을 더 제시해야 한다는 것이다. 이렇게 설명한 화자와 청자의 역할 교체는 거의 모든 대화 정의에서 중요한 특성으로 여겨지고 있다(Henne /Rehbock 1979, Fuchs/Schank 1975, Schank/Schwitalla 1980를 참조). 뿐만 아니라 여기서 확실히 해 두어야 할 것은 간혹 여러 상호작용 참여자가 아주 짧은 순간이나마 동시에 말을 하는 일이 있다고는 하더라도 대화에서는 주로 단 하나의 참여자만이 말을 한다는 것이다. 대개 상호작용 참여자들이 대화기여(turn) 사이에 전혀 공백이 생기지 않거나 아니면 기껏해야 그 공백이 아주 짧도록 대화에서 서로 역할을 교대하는 것이 가능하다는 것이다(Sacks/

Schegloff/Jefferson 1978). 또 중요한 것은 상호작용 참여자들이 그저 행위를 수반하면서만 말하는 것이 아니라(Dittmann 1979), 자신의 인지적 관심의 초점에 있는 "주제"에 관해서도 말한다는 것이다. 이것이 무엇을 뜻하는지 그리고 주제라는 개념을 이론적으로 어떻게 이해해야 하는지는 나중에 설명할 것이다(4.2.1). 대화라는 개념을 규정하기 위해 지금까지 다음과 같은 범주적 특성을 정의하였다.

(i) 적어도 두 사람의 상호작용 참여자
(ii) 화자 교체의 필수성
(iii) 행위참여자의 인지적 관심의 초점에 있는 대화 주제

뿐만 아니라 수많은 대화의 정의에는 대화란 "직접적 의사소통의 기본이 되는 의사소통 과정"(Techtmeier 1984, 50을 참조)이라고 언급되어 있는데, 여기서 "직접"이란

(iv) 대면적(face-to-face) 의사소통 내의 순간성을 뜻하고 따라서
(v) 시간과 장소의 동일성을 유지한다는 것을 뜻한다.

일정한 장소 및 얼굴과 얼굴을 맞대는 의사소통이라는 두 기준은 전화나 텔레비전 같은 기술 수단이 해결할 수 있다는 면에서는 필수 조건이 아니라고 상대화할 수 있다. 이렇게 함으로써 이미 대화의 정의가 유효한 범위를 건드리게 된 셈이다. 대화란 (i) - (v)까지의 기준을 충족하는 것으로서 언어행위의 결과물 모두를 뜻한다. 다시 말해, 얼굴을 맞대고 하는 모든 대화뿐만 아니라 전화통화와 텔레비전의 토론 등을 뜻하는 것이다.

샹크/슈비탈라(Schank/Schwitalla 1980)는 대화에 대한 또 다른 기준을 들고 있는데, 대화에서는 언어 상징체계를 수단으로 의사소통적 교환이 일어나며 그리고 화자/청자는 자신의 주의를 그때그때 관련 있는 대화과정에 집중한다는 것이다.

언어 상징체계를 사용한다는 것은 대화의 고유한 특성이 아니라 모든 형태의 언어활동에 본질적인 것이라고 해야 할 것이다. "그때그 때 관련 있는 대화과정에 대한 주의 집중"이라는 말은 고프만 (Goffman)에 기댄 정의로서 전적으로 납득할 수 있지만 이 기준은 직관적 기준이어서 객관화하기는 어려움에 분명하다. 이 지점에서 텍스트언어학의 연구상황을 간단히 비교해 보는 것이 타당성이 있 다. 텍스트 정의에 대해서는 텍스트언어학의 연구방향들도 역시 오 랜 기간 동안 직관적이면서 이론적이지 않은 범주를 사용해 왔고 오 늘날도 여전히 종종 그렇게 하고 있다. 이에 대해서는 2.7에서 논의 한 복합성 기준들과 상대적인 완결성 기준을 참조하면 된다. 대화분 석이 제안하는 여러 정의들에서 첫 결론을 내려 보면, 화자교체나 화자의 수 같은 몇 가지 근본적인 범주는 언어활동의 결과물에 드러 나므로 "객관적" 기준으로 여겨질 수도 있지만, 그 근본 양상은 원칙 적으로 다르지 않다.

몇몇 저자는 오로지 대화구조의 특질에서 도출되는 이러한 대화의 개 념규정을 너무 협소하다고 여기면서, 대화를 대화와 체계적으로 결부되 어 있는 사회행위라는 상위 맥락에서 규정하자고 제안하고 있다. 그리고 가령 계약의 타결, 법정에서 책임 소재를 가리는 일, 스프 마련하기 등을 이러한 상위활동의 보기로 보고 있다(Ungeheuer 1977, Techtmeier 1984를 참조). 물론 텍스트와 대화가 상위의 활동과 결부되어 있을 수 있으며 그 실현에 중요한 기여를 한다는 것은 논란의 여지가 없다. 또 상위의 활동맥락은 지식의 도구화 과정을 규정하므로 텍스트구조나 대화구조에도 반영된다는 것도 논란의 여지가 없다. 그러나 이런 식 의 기준이 텍스트나 대화를 규정하는 데 어떤 설명적 기능을 하는 것은 이 기준이 그저 요구에 그치지 않고 대화의 어떤 특성에 관련 될 때이다. 이런 뜻으로 이해할 수 있는 텍스트의 개념을 진정한 대 안으로 보고 있는 테히트마이어(1984)는 대화의 이 차원을 매우 복 합적인 목표 개념으로 파악하려고 한다. 이 방법은 원칙적으로 옳기 는 해도 아직 어려움이 많이 따르며, 우리가 앞에서 이 현상을 논의

할 때, 특히 텍스트의 목적 개념을 논의할 때(2.4.3.1을 참조) 마주
친 문제를 다시 분명하게 해 준다. 이러한 문제들이 있다고 하더라
도 테히트마이어 등이 제안하여 논의하게 된 활동맥락은 대화에 중
요한 기준의 하나로 보아야 하며 또 대화를 정의할 때 고려해야 한
다. 이렇게 보자면 대화는 복합적인 활동맥락에 포함되어 있으며 적
어도 두 행위참여자가 적극적으로 참여하고 있는 회화로 수행되는
상호작용 형식이라고 규정될 수 있을 것이다. 대화란 이른바 발화순
서(turn), 곧 대화이동에 의존하고 있으며, 대화이동은 행위참여자
가 화자교체 체계를 수단으로 하여 단계적으로 부여받는 것으로서
일정한 구조를 갖추고 있다. 상호작용이 전개된 과정의 산물인 대화
에 화자교체는 본질적인 것이다. 여기서 화자교체가 뜻하는 것은 우
선 적극적으로 의사소통 과정에 참여한 상호작용 참여자들이 이러저
러한 형식으로 차례차례 대화기여를 해야 한다는 것에 다름 아니다.
그러므로 대화란 "적극적인 경청을 요구하는"(Streeck 1983, 76)
상호작용 과정이다. 화자교체는 대화의 보편적 구성 원칙으로 보아
야 하므로 대화 내용 및 기능적으로 통합된 행위단위와 무관하다고,
다시 말해, 화자교체라는 기제는 언어지식이나 백과사전 지식 및 발
화수반행위 지식과 상관없다고 전제하는 것은 정당해 보인다. 그렇
지만 이 사실이 발화순서 교체(turn taking)가 상호작용 문맥에 따
라 다양하게 달라질 수 있음을 배제하는 것은 결코 아니다. 이 때문
에 색스/쉐겔로프/제퍼슨(Sacks/Schegloff/Jefferson 1978)은 화
자교체의 문맥 무관성 또는 문맥 민감성이라고 말하기도 한다. 대화
분석 문헌에서는 화자교체 체계가 두 가지 성분 및 여러 가지 규칙
집합으로 되어 있다는 견해를 흔히 볼 수 있다.

(a) 발화기여의 구성에 쓰이는 성분(발화순서 구성성분): 발화기여를 구
성하기 시작하면 화자에게는 여러 구성수단이 준비되어 있다. 다시 말해,
화자는 여러 정보지식 영역 내의 지식을 도구로 사용하는데, 이 지식은
대화기여의 구성 유형을 확인하게 해 주고 또 그 다음 발화순서나 대화의
종결을 머리 속으로 예견하도록 해 준다. 발화기여를 종결함으로써 화자

의 발화권은 끝난다. 이렇게 되면 대화는 양도할 점에 이르게 되고 이제 지금까지 "적극적 경청자"였던 상호작용 참여자가 발화권을 양도받아 앞서 있었던 발화기여 및 행위문맥에 관련 있는 발화기여를 스스로 구성하게 된다. 화자교체 원리가 보편적 원리라고 설명되었다면, 이 현상을 지금까지 논의했던 이론적 층위에서 각 발화기여의 구성이 2.4장에서 설명한 정보지식체계와 체계적으로 결부되어 있다는 사실이 이미 분명해진 것이다. (b) 발화기여 부여와 관련된 성분 (발화순서 부여 성분): 발화기여를 양도하는 방법에는 두 가지 기본 기제가 있다.
1. 발화기여를 구성하는 화자가 가령 스스로 질문을 던진다거나 무엇을 요청함으로써 다음 화자를 선택한다.
2. 다음 발화기여를 다음 화자가 스스로 선택한다. 다시 말해, 다음 화자가 그 다음 발화기여를 구성할 권리를 스스로 취하는 것이다.

이것이 화자교체 성분을 구성하는 기본적인 두 기제이다. 여기서 우선 가령 그때까지의 적극적 경청자가 발화순서를 양도할 점에서 발화권을 수용하지 않아서 여기서 설명한 것처럼 간단하게 진행되지 않을 경우 대화가 어떻게 진행되는지는 아직 미해결로 남아 있다. 그렇지만 원칙적으로는 다음 세 가지를 전제할 수 있다. 첫째, 이 두 가지 기술 또는 기제가 화자교체의 조직을 규정하여 확정한다. 둘째, 발화기여는 그 다음 발화기여를 지향하고 있다. 셋째, 대화구조는 발화기여의 끝을 나타내 줄 수 있으므로 상호작용 참여자에게 그 다음 대화순서를 머리 속으로 예견하도록 해 주는 "근거", 즉 단서를 포함하고 있다. 그래서 가령 오직 두 발화기여 사이에만, 그러니까 두 발화기여의 "이음부", "사이 공간" 또는 "양도 영역"에 나타나는 현상들이 많이 있다. 여기 대표적인 것을 언급하자면 발화순서를 떠난다는 것을 암시하는 이른바 *그렇죠? 안 그래요?* 같은 "부가의문문(Tag questions)"이나 발화의 시작에서 발화기여의 수용을 알려 줄 수 있는 특정 불변화사를 들 수 있다. 그 보기는 한국어의 *있잖아, 근데*, 독일어의 *nun, ja*, 영어의 *well* 같은 것이다. 여기에 특수한 지식영역을 가정한다는 것이 함축적으로 표현되고 있기는 하지만 우리가

- 대화분석 문헌에서 볼 수 있는 - 전문 대화통사론이나(Schegloff 1979) 입말 전문 문법을 가정하자는 요구를 따르는 것은 절대 아니다.

여기서 일단 요약하여 짚어 두자면, 화자교체는 대화의 보편적 구성원리이고 언어 상호작용의 조건이자 전제이며 또 여러 언어수단에 의해 대화의 구조에 표시될 수 있다. 여기서 화자교체란 어떤 대화에서 "독화로 생산하여 완성시켜 꾸려놓은 발화뭉치"(Bergmann 1981, 26)가 서로 교체되기만 하는 것을 뜻하는 것은 아니다. 오히려 대화에서 상호작용 참여자들은 화자교체를 조직하는 데 협력하고 있다. 즉 청자는 잠재적인 다음 화자로서 "적극적으로 경청할"뿐더러 화자교체를 준비하고 있고 또 화자교체를 빈틈 없이 수행하기 위해, 발화기여의 종료를 선취하려고 하기도 하는 것이다. 이런 점에서 발화기여는 모두 상호작용에 의해 규정되어 있고, 단순히 독화로 된 발화뭉치가 아니라 상호작용의 결과라고 말할 수 있다. 이 상호작용 과정에서는 수신자가 그저 경청하는 것만으로는 충분치 않다. 수신자는 화자에게 자신이 경청하고 있다는 것을 알려 주기도 해야 한다. 수신자가 적극적으로 경청하고 있다는 것을 화자에게 알려 줄 수 있는 수단으로 우리 의사소통 공동체에서 검증된 것은 시선 교환이다. 다시 말해, 수신자의 시선은 의사소통하는 동안 화자를 향하고 있는 것이다.

4.2.1 대화의 구조

4.2에서 설명한 화자교체 원리는 상호작용의 구성원리로서 이 원리에 의해 대화는 총괄적 층위에서 행위참여자가 구성하는 발화기여의 구조를 띠게 된다. 그렇지만 대화의 특징은 화자교체 원리로 충분하게 설명될 수 없다. 화자교체 원리를 가지고는 대화가 지니고 있는 다차원적 구조에 전혀 합당하지 않은, 텍스트구조에 대한 매우 제한된 구상에 이를 수 있을 뿐이기 때문이다. 이미 분명해졌듯이, 독화텍스트와 마찬가지로 대화도 여러 정보지식 체계를 도구로 사용

하는 데서 비롯되는 다차원적 구조를 지니고 있으며, 이 지식체계는 대화에 명백히 드러난다. 대화분석에 관한 문헌에서는 흔히 거시구조 층위와 미시구조 층위를 구별하고 있으며 간혹 중간구조 층위를 가정하기도 한다. 이 층위들에 상응하는 여러 재현단위는 대화단계, 대화이동, 화행, 발화수반행위 같은 것이다(Henne/Rehbock 1979, 20을 참조). 테히트마이어(1984)는 텍스트의 구조층위도 비슷한 방식으로 구별하고 있는데, 그렇다고 헤네/레복의 경우와 동일한 재현단위를 주장하고 있는 것은 아니다.

많은 실제 자료를 토대로 하여 대화의 거시층위에서 대화개시, 대화중간, 대화종료 또는 대화마무리로 구분하거나 아니면 도입단계, 목표실현 단계, 종결단계로(Techtmeier 1984) 구분하는 것이 오늘날 매우 빈번하다. 행위목표와 행위맥락과 관련하여 대화개시는 다음과 같은 행위로 되어 있다.

- 교류를 조성할 목적으로 인사하기나 이름 부르기
- 대화참여자 규정하기 및 이들 사이의 관계 규정하기
- 본질적 화자의도에 관해 서로 이해하기(Steger 1976)
- 의사소통의 인지도식에 관해 서로 이해하기(Kallmeyer/Schütze 1976)
- 의사소통 의향 확인하기(Kallmeyer/Schütze 1976)
- 상호작용이 어떤 양상을 띠어야 할지 정하기(Kallmeyer 1977)

대화의 개시를 나타내 주는 단서로는 예컨대 "안녕하세요! 실례합니다만… 여기 사람이세요? 절 좀 도와주시겠습니까?" 같은 단순한 인사말이 있다.

위의 목록에 제시한 행위가 끝나는 지점을 대화중간이라고 한다. 즉 이 행위들 중 하나를 실행하면 필연적으로 대화중간에 이르게 된다는 말인데, 물론 되물음이 있는 경우 개시단계의 끝이 어느 정도 뒤로 밀려날 수도 있다. 대화의 종료를 나타내 주는 데에도 역시 특정 언어표지로 표시될 수 있는 유사한 행위가 있다고 볼 수 있다. 이 경우에도 역시 인사말이나 메타 의사소통적 발화 등이 마련되어 있다. 대화개시와 대화종료 사이에는 이른바 대화중간이 있는데, 형식적으로 보면 대화중간은 "개시를 등뒤로 하고 있고 종료를 앞두고 있다"고 정의한다(Henne/Rehbock 1979). 이 사실은 틀림없지만 대화 구성성분을 하나하나 정의하는 데는 결코 충분하지 않다. 그러니까 대화개시와 대화종료는 여러 유형의 언어수단으로 표시될 수 있다고 전제할 수 있으나 이 세 단계의 경계를 객관화하는 것은 아직 가능하지 않다. 다른 모형들에서는 이러한 경계 설정을 기능적 관점에서, 즉 기능적으로 규정된 단위로 설명하려고 한다. 그러나 각 대화단계나 대화연속체의 기능을 설명할 때에도 기능이 언어발화의 특성과 관련 있으며 또 구조가 어떻게 기능을 촉진시키는지 드러난다는 것을 전제로 하고 있다. 지금까지 제안된 모형에서는 대화개시 단계와 대화종료 단계는 특히 인사말이나 메타 의사소통적 발화, 그리고 또 다른 언어현상들이 그 경계를 나타내 주고 있기 때문에 비교적 정확하게 규정할 수 있다는 것을 알 수 있다. 가장 어려운 문제는 여전히 이른바 대화중간 또는 목표실현 단계를 명확하게 규정하고, 그 구조의 조직원칙 및 이와 결부된 기능적 특성을 밝혀 내는 것이다. 지금까지는 대화이동이나 대화연속체의 내적 구조를 주로 주제 개념과 관련하여 규정하려고 해 왔었다. 이 사실에서 추론할 수 있는 것은 대화의 거시구조 단위를 규정하는 데에도 텍스트를 규정하는 것과 마찬가지로 주제라는 개념이 각 대화단위를 구별하도록 해 주는 범주적 특성으로 여겨진다는 것이다(Henne/Rehbock 1979, Schank/Schwitalla 1980, van Dijk 1980a 등). 직관적이고 이론화되기 전 단계에서 보면 이 방법은, 무엇보다도 화자가 토론이나 대화 또는 텍스트에서 주제가 무엇인지 말할 수 있기 때문에, 다분히 납득할 만해 보인다. 그러나 순전히 직관적인 단계에서는 아직 텍스트나 대화의 거시구조 단위를 정확히 규정할 수 없다. 이런 점에서 주제 개념을 정확히 규정하는 것이 우선적인 방법론적 요구임에 틀림없다. 그래야만 다음과 같은 질문에 대답할 수 있게 되는 것이다. 대화에는 단 하나의 주제만 있는지 아니면 이러한 경우는 특별한 경우일 뿐인지, 대화에 여러 주제가 있다면 이 주제를 복합적인 하나의 주제에 통합할 수 있는지 혹은 그저 나열하여 묶는 수밖에 없는지 밝혀야 한다. 대화에는 하나의 복합주제가 있고 다른 여러 부분주제가 이 주제를 "담아내고" 있다는 데서 출발하는 것은 타당한가? 대화의 구조에는 주제단위를 추론하게 해 주는 언어 특성이나 아니면 주제단위의 경계를 명시적으로 제시해 줄 수 있는 단서가 있는가? 의미-주제적 단위의 구성은 다른 구조 구성원칙과 상호작용하는가? 이 마지막 질문에는 일단 그렇다고 답할 수 있음이 확실한데, 대화에는 대화의 분절점에 대해 화자 자신이 설정해 놓은 암시가 많기 때문이다. 그 보기로는 구조분절 신호(Gülich 1970)나 대화의 다음 진행과정을 명시적으로 말해 주는 "이제 X에 대해 좀 말하고 싶은데요" 같은 메타 의사소통적 표현이 있다. 그렇지만 이러한 사실을 토대로 해서는 아직 이론적으로 지탱 가능한 주제 개념을 만들어 낼 수 없고 또 그 설명력도 정확히 규정할 수 없다. 의미론적 토대를 확립한다는 면에서 대화분석 연구를 결산해 보자. 대화에는 지금까지의 언어학적 분석의 의미론적 현상을 부분적으로 훨씬 능가하는 의미상의 전제가 계속해서 도입되고 의미맥락이 계속해서 생산된다는 중요한 암시를 많은 모형에서 볼 수 있다. 그렇다고 하더라도 의미론적 토대의 확립은 지금까지 대화의 형식적 구조에 대한 엄격한 경험적 연구의 하위에 놓여 있었다는 것은 확실하다(Kallmeyer/Schütze 1976, 3을 참조). 의미단위 구성 문제가 지금까지 대화분석에서는 충분히 고려되지 않았거나 아니면 충분히 체계적으로 고려되지 않았으므로, 주제단위를 제외하기 위해 출발점이 다른 여러 텍스트언어학의 연구방향이 고안해 낸 거시구조 혹은 주제 같은 개념을 사용하는 일이 빈번하다. 가령 대화분석에는 아그리콜라(Agricola 1976)에 기대어 주제라는 개념을 "텍스트 전체 내용이 집약되거나 추상화된다는 뜻에서 개념의 핵"이라고 보는, 다시 말해, 주제를 내용의 응축물, 곧 전체 텍스트내용을 환원하면 생기는 거시명제로 이해하는 연구방향이 있다(Techtmeier 1984). 이 경우 흔히 이 내용 응축물

이 텍스트를 생산할 때 전개되고 텍스트의 수용과정에서 다시 재구
성된다고 전제하곤 한다. 다른 연구방향은 또 반 다이크(1980a)에
의거하고 있기도 하다. 즉 반 다이크는 주제나 화제(topic)를 거시
구조라는 용어로 기술하면서 거시구조를 일정한 추상화 층위의 거시
명제라고 이해하는데, 거시명제는 텍스트에 함축되어 있으며 더 나
아가서 주제어나 주제문으로 명시적으로 언급되어 있을 수 있다. 주
제어란 예를 들면 서사텍스트나 기술텍스트의 제목이고, 그에 비해
주제문은 신문 같은 곳의 표제, 구호, 모토 등이다. 물론 주제어나
주제문이 있는 텍스트가 많이 있으며 이것을 보고 어떤 텍스트에서
이야기되는 것이 무엇이며 따라서 한 텍스트의 기본 진술, 즉 이른
바 개념적 핵이 무엇인지 추론할 수 있다는 것은 논란의 여지가 없
다. 그렇지만 이 사실은 상당수의 텍스트에 들어맞지 않는다. 그럼
에도 화자는 보통 어떤 대화가 무엇에 관한 것인지 질문을 받는다면
- 물론 여기서 많은 일상대화, 특히 이른바 "잡담(Small Talk)"에
서는 주제를 제시한다는 것이 꽤나 어려우리라는 것을 고려해야 하
겠지만 - 위에서 말한 식의 개념적 핵을 말할 수 있을 것이다. 대화
의 경우 이것을 더 힘들게 하는 것은 주제단위가 결코 화자의 발화
기여에만 한정되어 있는 것이 아니라 여러 발화기여에 들어 있을 수
도 있다는 것이다. 이 현상을 다음 그림이 분명하게 해 줄 것이다.

(그림 24)

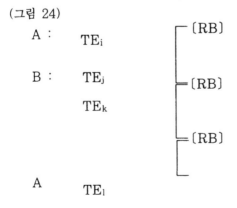

A, B: 상호작용 파트너
RB: 발화기여
TE_{i-1} = 주제단위

요약하자면, 대화단위, 특히 이른바 대화중간의 거시구조 단위의 경계와 관련하여 확실한 것은 어떤 대화에 의식의 내용을 전달할 수 있도록 하려는 화자는 의식내용을 구조화하여 (기초)의미단위에 담아낸다는 것이다. 이러한 의미단위의 구성과정은 독화텍스트에도 특징적으로 나타나는 동일한 규칙성과 조건을 따르는 것이 분명하다. 다시 말해, 기초 의미단위는 명제들 사이에 명제초월적 연결관계가 존재할 때에만, 곧 의미단위를 반영해 주는 사태들 사이에 관련성이 존재하거나 조성될 수 있을 때에만 통합되어서 보다 복합적인 단위가 될 수 있다. 따라서 대화에서 주제단위는 이 조건에 근거하여 그 경계를 지을 수 있다. 이 의미구성 과정을 이론으로 적절히 파악할 수 있기 위해서는 거시구조 개념뿐만 아니라 주제개념의 기초이기도 한 정태적 의미개념을 역동적 의미개념으로 대체하는 것이 반드시 필요한 것 같다. 역동적 의미개념에서는 의미단위 구성과정이 대화 산출 및 대화해석 과정과 상관관계에 있으며 거시구조 단위는 텍스트처리의 필수조건이라고 여겨지고 있기 때문이다. 이렇게 하면 의미를 더 이상 텍스트나 대화의 내재적 현상으로 보지 않고 상호과정 참여자가 대화 중 수행하는 구성 활동의 결과로 보게 될 것이다.

그 동안 많은 대화분석 대표자들은 대화의 거시구조 조직에는 여러 과정이 함께 작용하고 있다는 것을 여러 번 언급했다. 테히트마이어는 기능원칙뿐 아니라 주제원칙도 대화의 거시구조 층위에서 구조구성 과정을 규정한다고 언급하면서 이 점을 부각하고 있는 게 분명하다. 그렇지만 기능적 구조구성 원칙이 무엇인지는 연구문헌에서 직관적 차원에서 논의되곤 한다.

마지막으로 다시 한 번 언급해야 할 것은 각 대화단계와 대화연속체의 복합성 및 그 거시구조의 재현은 주제단위 혹은 주제/기능단위

에 의해 규정되며 행위맥락과 사회상황에 의해 아주 결정적으로 규
정된다는 사실이다.

대화의 거시구조 단위를 규정하는 데 있어서 에엘리히/레바인(Ehlich
/Rehbein 1972), 프릿츠/훈츠누르셔(Fritz/Hundsnurscher 1975),
마르텐스(Martens 1974), 베텐(Betten 1976), 쉬엔탈(Schoenthal
1979), 분덜리히(1973, 1976b)는 다른 길을 가고 있다. 이들은 화
행론적 분석범주를 대화연속체와 대화 전체를 기술하는 데 적용하고
있다. 가령 프릿츠/훈츠누르셔(1975, 91)는 비난-해명 원형을 가지
고 화자가 어떤 비난에 대응하여 사과하거나 자신을 변호할 수 있다
는 것을 보여 주고 있다. 이들에 의하면 화자는 자신을 변호할 경우
비난에 항의하거나 책임이 없다고 주장하거나 혹은 정당한 이유를
제시할 수 있고, 그 다음 차례가 되면 비난을 철회하거나 변명할 수
도 있다는 것이다.

이른바 "제네바 텍스트모형"도 화행론적 연구방향을 따르고 있다.
이 모형은 오늘날 가장 체계성 있게 고안된 대화분석 모형의 하나로
서, 화행론적 분석을 최소쌍을 설명하는 데 국한하지 않고 대화 전
체를 분석에 포함하고 있다. 이 모형이 설명해 주고 있는 기본틀을
아래에서 간단하게 설명하겠다. 룰레(Roulet 1980, 1986, 1987a,
b, 1988), 뫼쉴러(Moeschler 1985) 같은 사람들은 민족방법론의
영향을 받은 대부분의 대화분석 모형처럼 협상에 대한 구상이 언어
상호작용의 근본 구상이라는 가정에서 출발하고 있다. 즉 언어 상호
작용은 합의를 이루려는 목적에 쓰이며, 목적은 상호작용 참여자 A
의 시작에 상호작용 참여자 B가 A의 시작이 뜻하는 대로 반응하고,
또 A는 이것을 그 다음 반응에서 확인해 줌으로써 이루어지는 것이
다. 언어 상호작용의 기본구조는 다음 보기에서 구체적으로 보여 줄
수 있다.

> (42) A: 오늘 8시 경에 너한테 갈 게. (시작)
> B: 난 그 조금 전에야 집에 있게 될 건데. (반응)
> A: 괜찮아. (확인)

이 경우 합의는 두 번의 이동에 의해 이루어지며 이렇게 하여 교환과정은 종료된다. B의 반응이 A가 뜻하는 게 아니면 A는 다시 시작하여 자신의 뜻에 맞는 반응의 전제를 마련하든지 아니면, 시작을 철회하고 B가 행한 반응에 맞춤으로써 합의의 첫 단계에 이를 수 있다. 이렇게 해도 합의가 이루어지지 않으면 이 과정은 합의가 이루어질 때까지 오래 계속될 수도 있고 합의가 이루어질 수 없다는 데 의견이 일치하게 될 수도 있다. 따라서 합의는 반복적 기제에 의해 이루어지는 것이다.

시작, 반응, 확인을 이행하는 데 쓰이는 언어발화는 의사소통의 기본조건과 관습의 기본조건에 의해 정해져 있다. 상호작용에 의한 합의에 이르려는 노력으로 인해 시작, 반응, 확인 같은 구성성분은 복합적인 발화구조에 의해 실현되어야 할 수도 있다. 뿐만 아니라 종속적이거나 하위에 있는 협상과정을 도입할 수도 있다.

룰레와 그의 동료의 견해에 따르면 이 협상과정은 다음과 같이 모형화될 수 있다.

(그림 25)

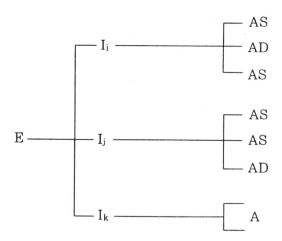

E = 교환과정
I = 시작, 반응 또는 확인을 이행하는 데 쓰이는 발화기여 (개입),
　　발화기여 혹은 대화이동은 대화에서 가장 큰 독화단위이다.
A = 담화의 기본단위인 발화수반행위 (화행)
AD = 주 발화수반행위
AS = 보조(또는 하위) 발화수반행위

이 모형에서 모든 발화기여는 시작기능을 하거나 반응기능을 한
다. (3)의 I_i는 시작기능을, 예를 들면 질문이나 주장, 요구 등의 기
능을 충족하고 있다. 반대로 I_j는 시작-반응기능을 하게 되는데, 이
발화기여는 한편 I_i에 대한 반응이고 다른 한편 I_k와 관련한 시작이
기 때문이다. 끝으로 I_k는 반응기능을 하고 있다. "제네바 모형"에 의
하면 각 발화기여는 발화수반행위의 용어를 사용하여 분석된다. 여
기서는 주 발화수반행위와 보조(혹은 하위) 발화수반행위를 구별하
고 있으며, 발화기여는 원칙적으로 하나의 발화수반행위로 이루어져
있거나 아니면 하나의 주 발화수반행위와 하나 혹은 여러 보조 발화
수반행위로 이루어져 있다는 데서 출발하고 있다. 각각의 주 발화수
반행위의 유형은 전체 발화기여의 발화수반기능을 규정하면서 이 발
화수반행위 기능의 성분이기도 하다. 이러한 접근법은 모취/피이베
거(1981), 브란트 외(Brandt u. a. 1983), 써얼(1980), 반 다이
크(1980b), 페라라(1980b, 1980b)가 개발한 텍스트의 발화수반
행위 구조 분석과 공통점이 많이 있다(이에 관해서 보다 자세한 것
은 2.4.3.2를 참조).
　(그림 25)에는 전형적 최소대화 형식이 나타나 있다. 룰레 같은
이들은 이 근본적 조직원칙이 복합적 대화구조의 본질이기도 하다는
것을 보기를 많이 분석하면서 여실히 보여 주었다. 발화기여가 한
대화에서 충족할 수 있는 기능은 발화수반표지(명시적일 수도 있고
함축적-관습적일 수도 있고, 함축적-대화관련적일 수도 있으며 표지
가 없을 수도 있다), 일반적 성질의 텍스트 구조분절 신호 혹은 상
호작용 기능을 하는 표지, 곧 발화기여의 내적 구조를 나타내 주는

데 쓰이는 표지로 표현된다. 여기서 대화구조를 체계적으로 기술함
으로써 어떻게 대화연속체나 대화단계의 기능이 형식적으로 정의된
단위로 규정될 수 있는지에 대한 보기로 다른 많은 모형을 대표하여
제네바모형을 든 것이다.

제네바 텍스트모형을 소개함으로써 이미 여러 번 대화구조의 미시
구조 측면을 고려하였으므로 이 두 구조층위가 서로 밀접하게 얽혀
있다는 것이 분명해졌다. 이 미시구조 측면이 다음 장의 중심이다.

4.2.2 대화의 미시구조

발화기여, 즉 발화순서는 보통 복합성을 띠고 있는 단위로서 고유
한 내부구조를 가지고 있다는 것이 특징이다. 발화기여는 상호작용
활동에서 여러 지식체계를 도구화함으로써 생기며, 지식체계는 고유
한 방식으로 발화기여의 다차원적 구조에 표명된다. 이제 이 지식체
계 중 두 가지를 자세히 조명하여 이 지식체계가 대화 속에서 언어
복합체를 구성할 때 담당하는 기능을 보여 주려고 한다. 이 두 지식
체계란 언어지식과 발화수반행위에 대한 지식인데, 이것을 도구화함
으로써 대화에서의 의미(주제) 구조층위 및 발화수반구조 층위 혹은
행위구조가 구성되는 것이다. 거시구조 층위를 다룰 때는 의미적 관
점과 발화수반행위적 관점에서 설명한 발화기여가 중심이었다. 여기
서는 이제 각 발화기여의 명제 내부구조와 발화수반행위의 내부구조
가 문제인데, 미시구조 분석은 발화기여의 경계를 초월하지는 않지
만 상호작용 과정 속의 한 발화기여가 처한 다양한 관계를 도외시하
는 것은 결코 아니다. 대화의 미시구조 분석은 복합성이 서로 다른
대화단위의 조직원칙과 기능원칙을 밝혀낼 뿐만 아니라, 동시에 거
시구조 분석과 함께 작용하게 되면, 상호작용 참여자가 의사소통에
서 지속적으로 요구되는 것을 어떻게 해결하려고 하는지, 어떻게 발
화를 행위맥락에서 충분히 이해되도록 구성하여 누구에게나 정당해
보이도록 하는지를 본질적으로 해명해 주기도 한다. 다른 말로 하

면, 이러한 분석을 통해서 상호작용 참여자가 일정한 행위맥락에서
발화로 자신의 의도를 다른 상호작용 참여자에게 어떻게 이해시킬 수
있는지, 청자는 또 어떻게 발화구조를 토대로 하고 있는 많은 요인을
사용하고 이미 존재해 있는 지식의 도움을 받아서 발화기여를 해석할
수 있는지 설명할 수 있게 된다. 달리 표현하면, 이 분석으로 "의사소
통적 상호작용의 의미지향성 및 기능지향성"(van Dijk 1980a) 측면
이 밝혀지게 된다. 대화분석 내에서는 지금까지 이 두 층위의 구조과
정을 명시적으로 기술하고 설명할 수 있는 어떤 독자적 이론도 개발
하지 못했다는 것은 이미 다른 곳에서(1.2.7을 참조) 언급했다. 따
라서 이 두 층위의 구조과정을 설명하기 위해서는, 발화기여의 구성
이 대체로 독화텍스트의 구성에도 중요한 어떤 원칙을 따르기 때문
에 텍스트에 대한 의미론적 연구를 끌어 올 수 있다는 반 다이크의
견해에 동의할 수 있다. 발화기여의 의미구조 구성의 면에서는 발화
기여를 구성할 때 "내용"을 각 명제에 그대로 담아내야 하며 이 명제
는 고유한 방식으로 연결되어야 한다고 전제할 수 있다. 명제복합체
의 구조형태는 각 명제에 반영되는 사태들의 연결관계를 중심으로
하고 있다. 따라서 의미복합체 구성은 의미구조 속에 여러 속성의
"흔적"을 남기는 **명제 사이의** 관계에 결정적 영향을 받으며, 해석자
는 이 흔적을 토대로 "응집성 다리"를 만들어 의미맥락을 추측하거나
이미 존재해 있는 지식을 추론할 수 있다. 발화기여의 명제기저를
어느 만큼 광범위하게 전개할 수 있는지는 많은 요인에 달려 있다.
가령 행위맥락 및 상호작용 참여자에 대한 인지적 평가의 결과, 피드
백, 곧 대화 진행과정에 대한 지속적 통제의 결과물 또는 상호작용 과
정의 그때그때 상태에 달려있는 것이다. 이 사실로 다시 한 번 분명히
알 수 있는 것은 하나의 발화기여를 구성하는 이 복합체 구성과정이
발화기여를 고립시켜 관찰하여 설명될 수 있는 것이 아니라, 언제나
그 구조 내적 요인 및 대화 외적 요인의 상호의존성도 고려해야만 한
다는 것이다. 발화기여의 의미복합체 구성과정에 대해서는 이 책의 다
른 곳에서도 많이 설명하고 있으므로 이쯤 해서 끝맺기로 한다. 이를

테면 제 5 장에서 논의가 계속되고 또 보충될 것이고 명제 통합에 대해서는 이미 2.6.3에서 대체적으로 설명하였다. 발화기여의 명제 통합에 관해 여기서 주장한 원칙에 반대되거나 수정된 견해는 프릿츠(1986), 칼마이어(1978), 키넌/쉐플라인(Keenan/Schefflein 1976), 쉐글로프/색스(1973), 쉥크아인(Schenkein 1971), 바인가르텐(Weingarten 1986)에서 볼 수 있으며 이들은 의미와 주제의 관점에서 발화기여의 경계를 설정하는 문제를 여러 관점에서 다루고 있다. 화용 지향적 텍스트분석모형이나 대화분석모형에서 흔히 강조하는 인용구를 반복하자면, 발화기여에서는 그저 어떤 것이 말로 표현되거나 의식의 내용을 전달가능한 것으로 만들고 있는 것뿐만 아니라 어떤 것이 행해지고 있는 것이며 화자는 발화기여를 가지고 어떤 목적을 실현하려고 하기도 하는 것이다. 다른 말로 하면, 발화기여에는 고유한 의미구조나 주제구조가 있을 뿐더러 행위구조도 있다고 가정할 수 있는데, 행위구조를 통해 화자는 어떤 구체적 행위맥락에서 이루려고 하는 목적을 상호작용 참여자에게 특수한 발화 속성을 수단으로 하여 이해시킬 수 있는 것이다. 목적이라는 범주는, 이미 2.4.3.1과 이 장의 도입부에서 여러 번 언급했듯이, 모든 활동 지향적 혹은 행위 지향적 텍스트분석모형과 대화분석모형의 핵심 범주이기는 하지만, 지금까지 이 범주는 여러 가지 개념적 내용으로 사용되고 있다. 그러니까 목적 개념은 여전히 아주 다른 현상을 담아내고 있는 것이다. 몇몇 모형에서 목적 개념은 행위의 결과, 곧 행위의 성공적 수행과 동일한 것으로 여겨지고 있다. 이와는 달리 다른 모형에서는 목적을 상호작용 참여자의 의식상태라고 이해하고 있으며 의식상태는 구체적 행위결과에 이를 수 있도록 해 주는 그 다음 행위를 수행하는 데 전제가 된다고 한다. 이 사실은 논란의 여지가 없다. 그러나 이러한 차이가 여전히 존재하고 있음에도 불구하고 텍스트의 행위구조와 그 구성성분은 복합성의 정도가 서로 다른 재현단위에 의해 구성된다는 데에는, 즉 발화기여는 복합적이고 다차원적 구조로서 행위구조 층위에서 구성된다는 데에는 견해가 일치한다. 이 말은 우선 다름 아니라 목적 복합체나 목적

위계성은 복잡한 인지과정에서 구성되며, 여러 가지 기제가 통합되어 있는, 인간의 창조적 활동의 결과라는 것을 의미한다(van Dijk/Kintsch 1983). 모든 연구방향이 목적 개념을 대화 대상의 행위구조 현상을 기술하는 근본 범주라고 보고 있다고 하더라도, 어떻게 정의되었건 간에 목적 개념을 사용하여 대화를 체계적으로 분석한 것은 지금까지 아직 거의 없다는 것을 언급하지 않을 수 없다. 이러한 분석을 할 수 있는 가능한 방법을 하르퉁(1987), 테히트마이어(1984), 룰레 (1980)가 보여 주고 있다. 이 연구방향의 설명력을 현 시점에서 일일이 언제나 명확하게 규정할 수 있는 것은 아니고 또 어떤 것이 더 적절한 접근법인지 말하는 것은 현재 훨씬 더 복잡한 문제이다. 말할 필요도 없이 활동에 토대를 둔 연구방향은 현재 행위중심 모형이 할 수 있는 것보다 대상영역이 더 넓다. 다른 한편 행위 지향적 모형들은 현재 훨씬 기반이 확고하며, 각 행위현상을 명시적으로 기술하는 데 쓰이는 분석 목록을 마련해 놓고 있다. 여기서 우리는 발화기여의 행위구조는 기초 언어행위의 용어로, 즉 일정한 원칙에 따라 행위단위를 구성해 주는 발화수반행위의 용어로 기술할 수 있다고 전제하려고 한다.

발화기여의 행위구조나 발화수반행위 구조를 구성하는 데 쓰이는 기본 기제는 이미 제네바 텍스트분석모형을 서술하면서 기술하였다. 발화기여는 보통 기초행위에 의해 구성되는 복합적 행위이다. 따라서 기능적으로 통합된 행위단위를 의미하는 발화기여는 기초행위를 그저 혼합해 놓은 것이 아니라, 접속상의 많은 조건의 지배를 받고 있는데, 이 조건은 명제접속과 유사하게 접속조건간의 연결관계를 반영해 주고 있다. 그래서 한 발화수반행위는 다른 한 발화수반행위를 수행하는 데 전제를 마련할 수 있거나 아니면 한 후속행위는 특유의 선행행위를 전제하고 있다. 이렇게 서로 다른 발화수반행위 구조가 구성되고, 이 발화수반행위 구조는 기능적 특징이 분명한 발화수반행위를 통합하여 행위단위를 만들어 준다. 행위구조 층위의 기본 복합체 구성원칙은 발화수반력 위계성의 구성원칙이고, 이 원칙은 발화수반행위들을 주 발화수반행위와 관련하여 구조화해 준다. 주 발화수반행위는 화자가 한 발화기여를 가지고 실현하려는 기본 목적을 표현해 주는 행위인 반면, 주 발화수반행위에 종속되어 있는 다른 행위는 주 행위를 성공적으로 실현하는 데 필요한 여러 속성의 전제를 마련하는 데 쓰이는 도구적 목적을 표현해 준다. 한 발화수 반행위의 우위는 비단 발화수반행위가 구성하고 있는 대화기여의 기 능적 구도에서만 비롯되는 것이 아니라 대화의 총괄구조, 즉 상호작 용 도식 내에서의 연속체 조직 형태에 의해서도 아주 결정적으로 규 정된다.

대화의 구조 조직원칙에 대한 지금까지의 분석과 그 가능한 기능 적 해석은 대화의 내부구조 원칙 및 외부구조 원칙의 특정 현상만을 보여 주고 있을 뿐이다. 이런 점에서 지금까지의 분석은 완벽하다거 나 각 측면의 특성을 충분히 설명하고 있다고 할 수는 없다. 그럼에 도 지금까지의 분석이 보여 주었다고 할 수 있는 것은, 대화의 특징 은 서로 다른 지식체계를 문맥에 맞게 사용한 결과로서 다차원적 구 조로 되어 있다는 것이다. 게다가 각 구조의 구성과정은 상호작용 요인뿐만 아니라 복합성을 띠고 있는 목표 실현 및 여러 성질의 인 지기제에 의해 규정된다는 것이 지금까지의 설명에서 분명해졌다. 비록 이와 같은 차원은 과학적 분석을 목표로 할 때에는 "비교적 독 립적인 별도의 차원"으로 볼 수 있다고 하더라도, 지금까지의 설명에 서 각 구조의 구성과정은 서로 다른 차원에서 다양한 방식으로 함께 작용하고 또 서로 결부되어 있으며, 총괄적 조직원칙은 국지적 조직 원칙과 상호작용한다는 것이 거듭 밝혀졌다. 따라서 복합성을 해소 하면서 각 구조층위를 구체적 재현단위와 그 조직원칙으로 설명하는 방법론으로 여기서 선택한 접근법은 각 조직원칙의 다양한 상호의존 성을 부정하는 것이 아니라 오로지 세부 분석을 통해 그 공동작용하 는 모습을 살펴보려는 목적으로 이 조직원칙들을 "고립시키고" 있을 뿐이다.

대화의 다차원적 구조화는 대화를 만들어 낸 인지과정의 결과이다. 그러나 동시에 대화의 다차원적 구조화는 상호작용 참여자가 대화단위를 인지적으로 계속 더 처리해 나가는 데 필수적 전제조건이기도 하다. 이 과정은 개별 구조층위에서 여러 속성의 흔적을 남길 수 있으며 이해과정은 원칙적으로 이 흔적을 중심점으로 삼게 된다. 이 원칙적 문제에 대해서는 현재 견해가 일치한다. 다만 각 층위의 수, 이를 재현하는 단위 및 그 조직기제에 대한 문제에 대해서는 견해의 차이가 있다. 그렇지만 화자교체가 대화의 보편적 구성원칙이며 대화는 화자가 차례차례 바뀌어서 참여자의 발화가 "하나씩 하나씩" 연속적으로 이어진다는 데 대해서는 원칙적으로 견해가 일치하고 있다. 이 근본원칙은 발화를 실행할 때 어떤 대화참여자가 어떤 위치에서 다음 차례에 행위할 수 있는지 혹은 행위해야 하는지를 정해 준다(Bergmann 1981). 이러한 의미에서 화자교체 원칙은 발화기여가 시작되면서 작동하기 시작하는 반복적 기제라고 볼 수 있으며, 이 기제의 구성에 따라 다음 화자가 선정되고 잠재적 화자교체에 대한 "(발화권) 양도 지점"이 확정되게 된다. 대화에서 발화기여가 잠시 중복될 수 있다는 것은 특수한 경우로 보아야 하므로, 이 사실로 인해 화자교체라는 원칙적 역할이 문제시되는 것은 아니다. 그럼에도 간과해서 안 되는 것은 대화단계가 동시에 일어난다는 것은 다분히 사회적 중요성을 가질 수 있다는 것이다. 화자교체라는 이 기본원칙은 대화에서 명백하게 드러나므로 이 원칙의 중요성과는 무관하게, 만일 - 필요한 일이기는 하지만 - 이 원칙에 아주 결정적 영향을 미치는 요인도 동시에 밝혀 내야 하는 것이 아니라면, 비교적 간단히 기술할 수 있다. 훨씬 더 어려운 것은 그 다음 구조층위의 경계를 설정하고 이 구조층위와 그 상위원칙의 관련성을 보여 주는 것이다. 이 사실이 구조층위마다 특수한 기제인 다기능적 조직장치에 의해 규정될 수 있는 고유한 조직원칙이 있다는 것을 배제하는 것은 아니다. 인지심리학적 면에서 고려해 보면 대화에는 상호작용 과정에서 일정한 기능을 충족하며 언어 상호작용의 기초단위와 발화기여에 의해 구성되는 거시구조가 있다고 가정하는 것이 의미가 있다. 발화기여를 구조적으로 정리하고 규정하는 문제에 대해서는 현재 여전히 다른 견해가 존재하고 있다. 가령 많은 연구방향에서는 발화기여 또는 대화이동(Techtmeier 1984를 참조)을 대화의 미시층위에 넣고 있고, 반대로 헤네/레복(1979)은 이것이 중간층위에 들어 간다고 생각하고 있는데, 헤네/레복이 이렇게 보는 것은 발화기여 자체가 다시 복합구조를 지닐 수 있다는 데서 기인한다. 궁극적으로 무엇을 미시구조로 이해하든 전혀 상관없이 더 중요한 것은 오히려, 발화기여도 상호작용에 의해 구성되며, 발화기여를 연속체로 나누는 것뿐만 아니라 그 내적 구성도 한 대화 내에서 규정된다는 사실이다. 발화기여는 연속체에 관한 함축을 담고 있으며 이 함축에 따라 후속 발화기여를 구성하려면 어떤 화자가 어떤 활동을 어떤 발화로 수행해야 하는지가 정해진다. 이런 점에서 발화기여는 대화를 조직하는 단 하나의 구조의 결과일 뿐더러 여러 가지 다기능적 조직장치의 결과이기도 하다. 발화기여가 미시구조 단위로 이해되는 경우, 발화기여가 이미 거시구조를 핵심적으로 담고 있다는 것을 간과해서는 안 된다.

4.2.3 대화원형

대화분석적 구조에 관한 지금까지의 논의는 대화참여자에게 "구조와 관련한 강요"가 없는 보기를 중심으로 하였다. 이와 같은 보기란 대화참여자가 선택가능한 행위 중 하나를 택할 수 있고, 주 연속체의 진행을 중단할 수 있으며 이 주 연속체를 다시 계속하기 전 일정한 보조 연속체를 실현할 수 있으며, 보조 연속체에는 주 연속체를 진전시키는 데 필요한 조건을 만들어 줄 수 있는 짧은 연속체를 삽입할 수 있는 것이었다. 그렇지만 대화의 연속체 구조화 양상과 발화기여 혹은 대화이동의 조직원칙에 대한 지금까지의 설명에서 이미 밝혀진 것은 대화가 진행되는 데에는 원형이나 인지도식이 있으며 이것이 대화진행의 연속체 조직을 확정해 준다는 사실이다. 그 보기는 서로 다른 두 사람이 산출한, 쌍으로 서로 결합된 발화인데, 여기서 첫 발화는 그 바로 뒤에 오게 되는, 시작연속체 유형에 부합하는 두 번째 발화가 어떻게 실현될 것인지를 규범에 비추어 예측할 수 있게 해준다(Schegloff/Sacks 1973, Fritz/Hundsnurscher 1975, Goffman 1980, Ehlich/Rehbein 1979을 참조). 이런 유형의 보기는 가령 질문-대답 연속체, 비난-해명 연속체, 인사 형식 같은 것들이다. 이러한 보기를 분석하고 텍스트의 총괄적 구조화 원칙을 연구하면 두 가지 사실을 추론할 수 있다. 첫째, 화자가 텍스트와 대화의 총괄적 조직화 원칙에 관해 가지고 있는 지식에는 인지도식이나 원형에 관한 특유의 지식도 포함되어 있으며, 둘째, 화자는 대화 진행과정과 텍스트구조에 대한 전형적인 지식을 가지고 있다. 여기서 사용하고 있는 원형 개념은 연구문헌에서 극도로 다양한 뜻으로 사용되고 있어서, 원형이라든가 인지도식은 언제나 이 두 개념의 원천 혹은 이 두 개념을 따 온 이론적 맥락에 비추어서만 해석될 수 있다. 이렇게 그 개념 내용이 서로 다름에도 불구하고 원형과 인지도식에 대한 여러 가지 정의에 공통되는 토대를 분리해 낼 수 있으며 이를 우선 대략 다음과 같이 정의할 수 있다. 즉 **원형** 혹은 **인지도식**이란 텍스트와 대화가 연속체로 실현되는 데 관한 지식구조로서 화자가 일정한 상호작용 목적이나 행위 목적을 실현하기 위해 언어활동에서 습득한 것이다. 인지도식과 원형은 사회생활 실제에서 검증된 방법으로서 행위맥락과 체계적으로 관련되어 있다. 원형이란 잠재적 행위방법이며 "의사소통 참여자는 이 원형을 자기 고유의 목적에 맞게 사용하여 원형에 들어 있는 목표를 구체적으로 실현한다"(Ehlich/Rehbein 1979, 250). 구체적인 어떤 행위맥락에서 화자는 잠재적 방법인 원형에서 행위 방법을 선택하기는 하지만, 제 마음대로 선택할 수 있는 것은 결코 아니다. 또 선택의 여지가 있다는 것이 자의성나 임의성을 뜻하는 것도 절대 아니다. 어떤 방법을 선택한다는 것은 오히려 행위상황과 상호작용 참여자의 행위 전제를 인지적으로 평가한 결과에 결정적 영향을 받으며, 인지적 평가는 모든 언어행위에 선행하고, 대화에서처럼 언어행위를 항상 동반한다 (2.6.1을 참조). 현재 우리가 대화원형이나 대화 인지도식에 대해 알고 있는 것은 아직 매우 잠정적이고 또 각 원형도 아직 결코 체계적으로 기술되지는 않았다. 그렇지만 원형은 절대로 상호작용 참여자가 단계적이고 거의 자동적으로 실현하는 행위 진행과정의 인지도식에 불과하지 않고 – 물론 이런 경우도 다분히 가정할 수 있기는 하다 – 대화참여자가 행위 방법의 어떤 지점에서 계속할 수 있는 두 방법 중 하나를 선택할 수 있도록 해 주는 결정의 교점 또는 결정점을 담고 있다고 전제할 수 있다. 이때 어떤 방법을 선택하면 그 다음 행위단계뿐만 아니라 특징적인 몇 가지 후속 위치도 동시에 선택하게 되는 것이다. 게다가 원형에는 진전해 갈 수 있는 두 가지 가능성에서 결정할 수 있는 교점뿐만 아니라 상호작용 참여자가 어떤 원형에 "들어서거나" 아니면 다시 원형을 "떠나거나" 혹은 다른 원형으로 넘어가는 것이 가능한 특징적 지점도 있다. 끝으로 이 원형의 어떤 것은 문맥 의존도가 서로 다르며 또 어떤 것은 제도 내적 의사소통의 전형적 원형이어서 이 행위맥락에서만 활성화될 수 있는 것이기도 하다. 칼마이어/쉿츠(1976)는 이러한 경우를 "제도적, 조직 관련적 행위 인지도식"이라고 부른다. 대화분석에 관한 문헌에는 이와 같은 대화의 행위원형이나 행위도식을 분석하고 기술하고 있는 것이 많이 있다. 여기 대표적으로 다음과 같은 것을 들어 보겠다. 사과와 해명(Rehbein 1972), 다툼대화(Wolf 1975), 인터뷰(Schwitalla 1979a), 비난-해명원형(Fritz/Hundsnurscher 1975), 짧은 면담 (Schank 1979a), 시험대화 원형(Dedering/Naumann 1986), 정치가나 전문가 인터뷰 원형(Schwitalla 1979a), 의사의 설명대화 원형(Hindelang 1986), 함께 이야기하기 원형(Quasthoff 1980a b), 일상 이야기하기 원형(Ehlich 1980, Gülich 1980), 수업대화 원형(Hoffmann 1980), 법정 진술 원형(Hoffmann 1980), 판매대화 원형(Henne/Rehbock 1979), 학자토론 원형(Hartung 1987), 교시 원형(Giesecke 1979), 학교 수업에서의 상호작용 원형(Ramge 1980,

Ehlich/Rehbein 1981). 심리치료 의사소통 원형(Labov/Fanshel 1977, Flader/Wodak-Leodolter 1979). 한 번 더 언급하건대 위에 열거한 것은 완벽하지도 않고 또 대표성을 띠지도 않는다. 이 연구들을 열거한 것은 무엇보다도 해당 문헌을 찾아 보고 거기서 필요한 자료를 더 얻는 데 어떤 자극이 되도록 하기 위해서이다. 이와 같은 연구결과에서 모두 알 수 있는 것은, 분명함에는 차이가 있지만, 원형이란 대화에서 행위참여자가 행위 진행과정에 관해 획득한 일정한 지식의 재현체를 바탕으로 행위참여자에게 잠재적인 예측가능성을 허락해 준다는 것이다. 뿐만 아니라 어떤 원형에서는 반복적인 활동도 끌어 낼 수 있으며, 반대로 어떤 원형에는 원형을 선택할 때나 대화연속체를 조직할 때 필요한 복합적 사고조작이 있다고 가정할 수 있음이 분명해진다. 그렇지만 이는 어떤 경우든 대화를 정돈된 행위로 실현함으로써 가능하며, 대화는 상호작용 참여자가 상대방의 행위를 어느 정도까지는 통제하는 것을 가능하게 해 준다. 비록 행위맥락이 이른바 "일상세계"에서 원형의 선택에 아주 결정적 영향을 미치고 제도적 행위맥락이 다른 선택의 여지를 전혀 허용하지 않기는 하지만, 행위참여자가 선택한 원형이 받아 들여질 뿐만 아니라 승인되어 고유한 행위의무로 인정되어야 한다는 것을 간과해서는 안 된다. 많은 대화분석 대표자들의 견해에 따르면 한 원형이 종결된다는 것은 행위참여자들이 "협상"하여 서로 알려 줘야 한다(Schegloff /Sachs 1973). 쉐겔로프와 색스의 의견에 의하면, 행위참여자들은 행위도식의 변화도, 곧 화자가 어떤 원형에서 "나가려고" 생각하는 지점도 알려 줘야 한다. 그렇지만 상호작용 참여자가 어떤 행위원형을 승인하여 한 행위원형에서 어떤 길을 선택했다면 이 원형은 필수 행위단계의 뼈대를 거쳐 수행되어야 하는데, 이 행위단계는 "정상적 형태에 대한 기대와 결부되어 있을 수 있거나"(Cicourel 1975), 혹은 일반성에 기초한 예측을 가능하게 해 준다. 더 나아가서 색스(1971, 1974)와 이 방향을 따르고 있는 다른 몇 대화분석 대표자들은 모든 행위 인지도식에는 발화기여의 연속체구조에 그대로 드러나는 어떤 역할원형이 내재해 있다는 데서 출발하고 있다. 이 가정은 분명 많은 실제 관찰에 근거하고 있는데, 이와 같은 관찰에서 가령 누가 먼저 발화기여를 구성하는지 그리고 이 발화기여가 전체 상호작용 과정에서 어떤 기능을 하는지 각 대화원형에는 정해져 있음을 알 수 있다. 그렇지만 이 "이상적 형태의 역할 분담"은 결코 보편성을 띠지는 않으므로 엄격한 형태로는 지탱될 수 없다. 이를 증명해 주는 명백한 보기는 대화에서 하는 (서사적) 이야기인데, 이야기 연속체는 아주 본질적으로 길게 늘어날 수 있으며 그 책임은 이야기를 시작하여 진행하고 있는 사람 자신이 지기 때문이다. 이 사실이 또 상호작용 참여자가 발화기여가 길어지도록 함으로써 대화를 "가장자리"로 가게 할 수 있다는 것을 배제하는 것은 아니며 그래서 행위 인지도식은 원칙적으로 달리 해석될 수 있는 위험이 있다. "용건으로 가 보면"이나 "본론으로 돌아 가자면" 같은 표지들은 기능적, 형식적 속성을 띤 열쇠 기호로서 한 원형이 잠시 "중단된다거나" 본래의 대화 초점에서 "벗어났다는 것"을 알려 주고 있다.

4.3 교정의 조직구조

독화로 된 발화단위인 텍스트와 대화를 구별해 주는 본질적인 기준으로 문헌에서 흔히 들고 있는 것은 대화는 적어도 두 상호작용 참여자가 산출하고, 반대로 텍스트는 산출자가 한 사람이라는 것이다 (텍스트산출자가 하나의 집단이라는 것은 충분히 가능하다). 뿐만 아니라 이런 식의 구별에서 또 흔히 추론되는 사실은 대화는 상호작용 단위 그 자체라고 이해해야 하는 반면, 텍스트는 이러한 상호작용성이 없다는 것이다. "텍스트는 상황이 없는 발화단위이다"라는 식으로 분류하는 것은 바로 이 방향을 암시해 주는 것이다. 2.4에서 이렇게 구별하는 것은 적합하지 않다고 논박한 다음 많은 논거를 들어 타당하지 않음을 증명한 바 있다. 이 장에서는 실제로 대화

에만 혹은 거의 오로지 대화에만 나타나는 몇 가지 언어현상의 특성
을 설명해야 한다. 이 언어현상은 모든 언어활동의 결과에 들어맞는
것은 아니거나 혹은 적어도 몇 언어현상에는 특징적이지 않거나 아
니면 특별한 경우에만 해당되는 것이다. 대화에서 볼 수 있는 이러
한 여러 특성은 동일한 토대에서 설명할 수 있다. 즉 이 특성들은
모두 예외 없이 입말 의사소통에 해당하기 때문에 대화로 실현되는
의사소통 형태의 전형적 특징이다. 입말 및 입말로 된 대화는 문자
로 재현된 텍스트와는 달리 오류나 수정이 많다. 이 두 가지 의사소
통 형태의 산출조건은 서로 다르기 때문이다. 문자로 재현된 텍스트
도 오류가 있을 수 있다는 사실에 대해서는 여기서 다루지 않아도
될 것이다. 여기서는 일차적으로 오류나 오류 유형을 하나하나 확인
하는 것이 문제가 아니라 대화에서 오류 및 규범의 위반을 수정하는
전형적 방법을 설명하는 것, 곧 입말 의사소통에서만 작용하는 기제
가 문제인 까닭이다. 위에서 기술한 화자교체 기제 및 발화기여의
구성은 자동장치가 아니다. 이 구조화 과정과 복합체 구성과정에는
채워진 발화휴지나 채워지지 않은 발화휴지가 많고 말소리가 길어지
거나 지연되며 어떤 단계가 중단되기도 하는 등 여러 성질의 수정
현상이 많다. 이와 같은 것들은 객관적으로 통제될 수 있으므로 대
화분석에서는 단순한 결점이 아니라 규칙성 있는 현상으로 여기고
있다. 이 현상은 다양함에도 불구하고 결코 체계성이 없는 것은 아
니어서 타당성에 대한 논의의 토대 위에서 기술해서도 안 되는 것이
다. 대화분석론의 초기에는 수정 현상이나 청자신호는 "무질서"하다
는 생각을 자주 볼 수 있었지만, 이 현상을 체계적으로 분석한 결과
이 생각은 이제 완전히 수정되었다.

　언어활동이 미래의 상태를 선취하고 또 그에 이르는 길을 생각으
로 앞당겨 보는 데 사용하는, 계획적이고 목적 지향적인 활동이라는
사실이(2.2를 참조) 행위참여자들이 여러 종류의 오류를 범할 수 있
음을 배제하는 것은 절대 아니다. 누구든 이 문제를 자신의 실제 의
사소통 경험에서 충분히 알고 있으므로 여기서는 가능한 오류나 규

범 위반의 형태를 열거하지 않아도 될 것이다. 중요한 문제영역을 최소한 암시하기 위해 몇 가지 보기만 제시하겠다. 이 현상이 절대 무질서하다거나 규칙성이 없는 것이 아니라는 사실이 분명해질 것이다.

> (43) 그 소녀는 열 두 살 가량 되었어. 그 여자, 다시 말해 그 아이는 알록달록한 원피스를 입고 있었지.(Das Mädchen war etwa zwölf Jahre alt. Sie, d.h. es, trug ein buntes Kleid.)
> (44) 영희는 어제 두 시에 국립도서관에 갔어. 어쩌면 더 늦게였을 수도 있을 거야. 정확히는 모르겠지만.
> (45) A: 철수가 그 유리를 깨 부쉈어.
>   B: 철수가?
>   A: 어쩌면 민호였을 수도 있을 거야.
> (46) 지난 토요일 철수는 영희한테 갔었어. 초대받았다고 말하는 게 옳겠지.

(43)에서 화자는 문법적 일치와 관련한 오류를 하나 발견하였다. 이 오류는 첫 발화에서 도입된 중성명사 "Mädchen(소녀)"을 화자가 두 번째 발화에서 대명사로 재수용할 때 중성명사의 대용형인 *es*를 사용하지 않고 여성명사의 대용형 *sie*를 사용함으로써 일어난 것이다. 이 오류를 수정한다는 것을 화자는 여기서 "*d.h.*(다시 말해)"로 알려 주고 있다. 다른 수정 사례 하나를 (44)에서 볼 수 있다. (44)의 첫 발화에서 화자는 먼저 시각을 알려 주고 난 다음 이 사실이 맞는지 자신이 없으니까 그 다음 발화에서는 이를 상대화하고 있다. 여기서도 (43)에서와 마찬가지로 화자 자신이 수정을 발의하여 수행한다. 반대로 대화로 된 보기 (45)에서는 첫 발화에서 도입된 사실을 상호작용 참여자가 문제삼고 있다. 화자는 누가 차의 유리를 손상시켰는지 자신이 없으니까 이 사실을 상대화하고는 다른 행위자를 언급하고 있다. (43)이나 (44)와는 달리 여기서 수정은 화자 자신이 아니라 상호작용 참여자가 발의하고 있는데, 화자의 실

수를 지적하고 확실한 다른 증거를 묻고 있다.

마지막 보기 (46)은 다시 화자 스스로 하는 수정이다. 이 보기가 보기 (43)이나 (44)와 다른 점은, 수정하고 있다는 신호가 명시적으로 제시되고 있다는 것이다. 이들 보기에서 다음과 같은 일반화를 도출할 수 있다.

(i) 대화는 내용이 수정될 수 있으며 화자 자신이 발의하여 할 수도 있고 대화 상대방이 언급해 줄 수도 있다(Schegloff/Jefferson/Sacks 1977, Schegloff 1979). 이와 같은 유형의 수정을 대화분석 문헌에서는 자기발의에 의한 자기수정과 타인발의에 의한 자기수정이라고 부른다.

(ii) 대화에서는 타인수정도 가능하다. 교정이 필요한 발화기여의 화자가 직접 수행하기도 하고(자기발의에 의한 타인수정), 대화 상대방이 수행하기도 한다(타인발의에 의한 타인수정).

(iii) 수정은 어떤 신호로 표시될 수도 있고, 신호 없이 화자가 발화기여의 구성을 그냥 중단하거나 선택한 구성의 범위 내에서 정정함으로써 이루어지는 수정도 있다.

쉐겔로프/제퍼슨/색스(1977)는 가령 명사구를 늘림으로써, 그러니까 "철수"를 "왼쪽 다리를 약간 끄는 철수"와 같은 소위 반복식 수정에 의해서나 혹은 발화기여의 구성을 중단함으로써 교정할 수 있다는 것과 화자 자신의 발의에 의한 수정은 규칙적으로 세 가지 선택가능한 지점에서 도입될 수 있다는 것도 분명히 보여 주었다.

- 동일한 발화기여 내에서
- 이음부, 즉 오류가 있는 발화기여에서 그 다음 발화기여로 넘어가는 부분, 다시 말해, 종결이 가능한 부분 바로 다음에서
- 발화가 끝나고 난 뒤 두 번째 발화기여, 즉 한 대화연속체에서 세 번째 발화기여에서

그에 비해 타인발의에 의한 수정은 예외 없이 오류가 있는 발화기

여 다음에 오는 발화순서에서 일어난다.

여기 언급한 유형의 오류나 규범 위반이 등장하는 상황을 보면, 상호작용적 면에서 대화의 조직이나 각 발화기여의 구성에 관여하는 여러 가지 기제에 쉽게 장애가 발생할 수 있다는 것을 알 수 있다. 한편 이러한 수정과 교정 현상을 보면 화자는 어떤 기제를 갖추고 있으며 이 기제를 가지고 내적 외적 조건으로 인해 야기된 장애를 제거할 수 있다는 가정도 타당하게 여겨진다. 이것이 쉐겔로프/제퍼슨/색스(1979)가 가정하고 있듯이 사회적 상호작용에서 언어사용를 조직하기 위한 "자기교정 기제"인지는 현 시점의 연구에서는 아직 최종적으로 답할 수 없다. 적어도 "화자가 오류를 제거하기 위한 어떤 내부장치를 가지고 있다"는 생각은, 이렇게 비유적으로 표현한다고 해도, 실제 상황에 완전히 맞는 것 같지는 않으며, 계획의 수행과 실현을 "통제하는" 인지기제를 - 이 피드백의 결과를 처리하고 행위과정을 지속적으로 인지적으로 평가함으로써 - 별로 고려하고 있지 못하는 듯하다. 이 현상은 근본적 상호작용 원칙의 측면에서 설명하는 것이 더 적절해 보인다. 지금까지 이미 여러 차례 언급했듯이 언어 상호작용은 행위참여자 사이의 합의에 이르려는 근본적 목적에 쓰이며, 합의는 자동적으로 생기는 것이 아니므로 수정과 교정은 이를 위한 아주 본질적 전제일 것이다.

이론적으로 해결하지 못한 문제가 많기는 하지만 수정과 교정에 관한 실제 분석에서는 언어활동의 규칙성을 도출하게 해 주는 흥미로운 결과가 많이 제시되고 있다. 우선 확인할 수 있는 것은 대화 중 규범 위반 형태는 언제 어디서든 나타날 수 있지만 교정을 실현하는 데는 분명 어떤 질서가 있음을 증명할 수 있다는 것이다. 이를테면 교정이 행해질 때 선호되는 위치가 상당수 정해져 있다는 것이 실제로 빈도수의 분포로 나타나고 있다(Pomerantz 1978을 참조). 즉 자기수정은 타인수정보다 훨씬 빈번하게 나타나고, 자기발의에 의한 자기수정은 타인발의에 의한 것보다 더 빈번하다. 자기발의에 의한 자기수정은 대부분 해당 발화기여 내에 있는, 오류가 있는 발

화 내에서 수행된다. 자기수정이 더 많은 데 대해 슈트레크(1983,
86이하)는 몇 가지 흥미로운 면을 제시하면서 이를 화자교체 조직
및 대화의 연속체 조직으로 설명하려고 한다. 가령 슈트레크가 특히
중요하게 생각하는 것은 발화기여란, 교정이 필요한 발화기여도 마
찬가지지만, 언제나 한 연속체 내의 발화기여이며 이 연속체의 배열
에 기초하여 그 다음 활동을 규정한다는, 즉 연속체를 함축한다는
사실이다. 그 다음 발화기여 순서가 되거나 혹은 순서를 부여받는
화자는 일차적으로 "이 행위를 수행할 의무가 있으며 그래서 그 다
음 발화기여는 앞 화자를 그저 뒤따르는 것이 아니라 각별히 앞 화
자와 관련하여 산출되는 것이다"(Streeck 1983, 86). 현재의 대화
기여에 들어 있는 오류의 수정을 발의하는 데 그 다음 발화기여를
사용하게 된다면, 현재의 발화기여는 "자연스러운 맥락에서" 벗어나
게 될 것이다. 이것은 다분히 신빙성 있어 보인다. 이렇게 동일한
발화기여 내의 동일한 발화 내에서 오류를 수정하는 것이 선호되는
이유는 한 문장발화가 종료됨과 동시에 한 발화기여가 종료될 수도
있다는 것과 관련 있기도 하다. 실제 분석에서 추측할 수 있는 것은
대화에서 나타나는 수정 현상이 화자교체 조직뿐만 아니라 대화연속
체 조직과도 체계적으로 결부되어 있다는 사실이다. 주로 대화의 표
면구조에 드러나는 장애의 원인이 정말 통사적 기제의 장애에 있는
지는 필수적 문제인 것 같지는 않다. 다만 표면구조는 문장의 중단,
반복에 의한 수정, 새로 시작하기 그리고 다른 현상으로 나타나는
이러한 장애를 "드러내 주고 있는" 것이다. 이 문제를 다루는 것은
인지심리학 연구가 아주 결정적으로 밝혀 낼 수 있는 연구분야이다.

　이러한 성과들을 요약해 보면, 대화에서의 오류나 규범 위반은
"규칙성 있게" 수정되며, 수정은 시작된 구조를 취소하거나 일부를
취소하거나 혹은 후속 문장을 새로 시작함으로써 구조 전체를 취소
하여 이루어진다는 결론이 나온다. 수정 조직화 현상은 많은 원칙의
지배를 받는데, 이 원칙들이 어떤 기능을 하는지는 현재 아직 충분
히 알려져 있지 않다.

이렇듯 아직 밝혀진 바가 미흡하지만 그래도 화자가 "수정에 대한 특유의 지식"을 갖추고 있으며 이 지식을 문맥에 따라 활성화하여 상호작용에서 합의를 조성할 수 있다고 전제할 수 있다. 이 지식이 어떤 구조로 되어 있는지, 대화의 산출 및 해석과 관계하는 다른 지식체계와 어떻게 상호작용하는지는 지금까지도 거의 해결되지 않은 문제이다. 또 이 지식이 메타 의사소통적 지식총체와 어떤 관련을 맺고 있는지도 확실하지 않다. 메타 의사소통에 대해서는 이제 자세하게 설명하겠다.

4.4 메타 의사소통

화자는 언어활동을 하는 동안 서로 이해했다는 것을 명백히 알도록 해 주는 특유의 지식을 갖추고 있다는 것을 2.4.3.3에서 이미 언급했다. 일차적으로 의사소통상의 갈등을 예방하거나 제거하고 또 언어발화를 확실히 이해시키는 데 쓰이는 이 지식을 잠정적으로 메타 의사소통 지식이라고 부르겠다. 다른 말로 하면, 메타 의사소통 지식은 의사소통, 그 진행과정 및 그 조직에 관한 지식이다. 와츨라윅/비이번/잭슨(Watzlawick/Beavin/Jackson 1969) 이후 메타 의사소통은 무엇보다도 두 가지 이론적 맥락과 관련되어 있다.

(i) 메타 의사소통이나 메타 의사소통적 담화는 의사소통상의 갈등을 해소하는 데 기여한다.
(ii) 메타 의사소통과 인간 의사소통의 관계면은 서로 병행관계에 있다 (Schwitalla 1979b, 111).

여기 언급한, 의사소통 및 의사소통과 관계면의 관련성에 대한 발화의 두 가지 특성은 지금까지 제안된 거의 모든 메타 의사소통 정의에 나타난다. 그렇지만 이러한 표면상의 합의에서 메타 의사소통이라는 개념이 현재 통일성 있게 사용된다거나 심지어는 현재까지 정확히 규정될 수 있었다고 결론을 내릴 수 있는 것은 결코 아니다. 비이간트(Wiegand 1979)는 언어학이나 사회학, 사회심리학 등에서 현재 메타 의사소통에 대해 약 서른 가지 서로 다른 개념이 "통용되고 있다"는 것을 보여 주었다. 여기서 이 개념의 정의 문제가 얼마나 비참한 상황인지 극명하게 드러나는데, 이것이 메타 의사소통이라는 개념의 특징이다. 와츨라윅 등에서 비롯한 두 가지 정의상의 특질도 결코 논란의 여지가 없는 것은 아니며 따라서 이론적 기초가 확실한 메타 의사소통 개념을 발전시키는 데 확고한 토대가 되지 못한다. 연구문헌에서 메타 의사소통은 흔히 의사소통에 대한 의사소통이라고 정의되곤 하는데, 이 정의는 대부분의 경우 맞지만 이 개념을 밝히는 데는 아직 충분하지 못하다.

(47) 어제 한 토론에서는 문장의 실제 분절 문제를 다루었다.
(48) 철수는 내가 문장의 실제 분절에 대해 아는지 물었다.
(49) 문장의 실제 분절에 관해서 오늘은 간단하게만 언급하겠습니다. 다음 번에 그에 대해 자세히 말하겠습니다.
(50) 문장의 실제 분절 문제는 내 강연의 제 삼 절에서 다루겠습니다.
(51) 이제 문장의 실제 분절 문제에 대해 말하겠습니다.

위의 보기는 모두 의사소통 혹은 의사소통 활동을 주제로 하고 있으며, (47)과 (48)에서는 이 발화 시점 전의 의사소통 활동에 대해 이야기하고 있음을 알아차리는 것은 어렵지 않다. 다른 세 보기에서는 현재 의사소통 상태에 관해 이야기하거나 혹은 언제 특정 언어행위가 일어날 것인지 예고하고 있다. 메타 의사소통적 발화는 현재 혹은 미래의 의사소통 과정과 관련되고, 반면 그 발화 전의 의사소통에 관한 다른 모든 발화는 메타 의사소통적 발화가 아니라고 분류한다면 분명 잘못된 결론일 것이다. 후자가 옳지 않다는 것은 화자가 (52)를 문제없이 말할 수 있는 것을 보기만 해도 알 수 있다.

(52) 지난 번에 우리는 메타 의사소통적 발화에 관해 이야기했습
니다. 오늘은 문장의 실제 분절이 중심입니다.

기능적 면에서 메타 의사소통의 본질을 규정해 보면, 메타 의사소
통 발화의 화자는 해당 의사소통 과정에 통합되어 있어야 한다. 화
자가 실제 대화, 곧 지금 막 진행되고 있는 활동에 통합되어 있지
않고 오로지 재현하는 언어행위 형식으로 어떤 의사소통 과정이 일
어났었다고 보고한다면 이 발화는 메타 의사소통이라는 개념으로 정
의된 영역에 속하지 않는다. 메타 의사소통 발화는 표시되어야 한
다. 다시 말해, 우리에게는 화자가 어떤 메타 의사소통 발화를 수행
하는지 표시해 주는 여러 가지 언어수단이 있다. 이 점에서 메타 의
사소통적 지식은 원칙적으로, 텍스트구조에 표명되지만 해석자에게
표지가 될 수 있는 "흔적", 곧 연결점을 남기지는 않는 다른 여러 정
보지식 체계와 구별되는 것 같다. 그래서 메타 의사소통은 함축성을
띠지 않고 그렇기 때문에 추론할 수 있는 것도 아니다. 따라서 메타
의사소통은 언제나 명시적 의사소통이며, 상호작용에 참여한 한 사
람이 행하는 것으로서 발화 시점에 진행되는 언어행위나 이미 일어
난 언어행위, 그리고 또 앞으로 행하게 될 언어행위에 관한 의사소
통이다. 메타 의사소통의 다른 한 범주적 특성은 4.2.1에서 서술한
대화구조에서 얻을 수 있다. 메타 의사소통 발화는 계획한 언어행위
나 미래의 언어행위에 대한 설명 또는 화자가 의도한 대로 이해되지
않은 발화수반행위의 수정 혹은 교정에 대한 설명이다. 상호작용 내
에서 메타 의사소통이 차지하는 위치는 정확하게 정해져 있지 않다.
다시 말해, 메타 의사소통 발화는 여러 대화층위에서 나타날 수 있
다. 메타 의사소통 발화는 화자가 무얼 하려고 하는지 또는 무얼 했
는지를 주제로 삼음으로써 발화기여를 도입할 수도 있고 끝맺을 수
도 있으며, 대화를 개시할 수도 있고 종료할 수도 있다. 이렇게 이
해한 메타 의사소통 개념은 극도로 형식적 특성에 중심을 두고 있으
며 여전히 의사소통의 기능적 면을 거의 고려하지 않고 있다. 따라

서 이 메타 의사소통 개념은 도대체 왜 이 현상이 존재하며 그리고
어떤 기능을 충족해야 하는지 아직 충분하게 반영하고 있지 않다.
메타 의사소통은 언어발화 및 언어발화의 실현에 대한 통제와 체계
적으로 결부되어 있으며 상호작용 행위를 동반하고 통제하는 인지과
정에 의해 아주 결정적으로 규정된다. 메타 의사소통은 분명 언어산
출상의 여러 가지 기제의 불확실성에서 비롯되는 언어 의사소통의
장애를 피하고 또 그 예측가능성을 상호작용 참여자에게 알려 주려
는 필요성에서 생겨난 것이다. 뿐만 아니라 메타 의사소통은 물론
청자가 복합성을 띤 정보를 처리하는 데는 부분적으로 상당한 인지
적 부담이 요구된다는 사실에서도 비롯된다. 이 인지적 부담은 다양
한 구조화의 측면 외에도 복합적인 내용을 요약하고, 반복하고, 바
꿔쓰고, 일반화하거나 혹은 화자가 텍스트를 산출할 때 해석자의 텍
스트 이해조건을 거의 선취하는 식으로 구조화하는 데 쓰이는 어떤
"근거점"을 텍스트에 만들어야만 해결될 수 있는 것이다. 따라서 메
타 의사소통의 근원과 기능은 구체적 행위맥락에서 언어발화가 이해
되는 것을 보장하는 것이며, 이 목적을 이제 아래에서 아주 결정적
으로 정확히 규정하게 될 것이다.

  일단 간단하게 요약해 보자. 메타 의사소통이라는 개념은 대화분
석에서 여전히 서로 다른 뜻으로 사용되고 있는 개념이다. 메타 의
사소통을 언어발화가 나타내는 많은 형식적 관점에 근거하여 규정할
수 있기는 하지만 이 형식적 관점은 그 본질을 설명하기에는 부족하
다. 근본적으로 중요한 것은 메타 의사소통적 발화란 의사소통에 대
한 발화로서 인용하는 발화가 아니라 원천적 발화라는 것이다. 여기
서 추론할 수 있는 것은 메타 의사소통이 화자가 메타 의사소통 발
화에서 주제로 삼고 있는 실제 상호작용 과정에 포함되어 있다는 것
을 전제한다는 것이다.

  메타 의사소통은 설명되어 있어야 하며 해석자에게 여러 가지 언
어신호로 알려지게 될 여러 가지 기능을 충족한다.

  지금까지의 논의에서, 메타 의사소통을 전적으로 형식적 관점에서

정의하는 것은 충분하지 못하기 때문에 기능적 정의를 덧붙이거나 보충해야 함을 여러 번 언급하였다. 그러면 메타 의사소통의 기능은 어떻게 규정될 수 있는가? 또 어떤 용어로 기술할 수 있으며 어떻게 하면 체계적 분석을 통해 설명할 수 있는가?

메타 의사소통이란 의사소통을 통해 실현되게 될 목적과 뗄 수 없는 연관성을 맺고 있으며 또 "행위를 유발하고 행위에 영향을 주는 데"(Meyer-Hermann 1978, 123) 쓰인다는 것은 대화분석 문헌에서 자주 강조되어 왔다. 비이간트(1979)도 이 개념의 기능적 설명이 지니는 일차적 중요성을 언급했다.

오늘날 흔히들 메타 의사소통 발화를 규정하는 데 합당한 토대란 이 유형의 발화를 화자가 발화로 이루려고 의도하고 있는 목적과 관련하여 규정하는 것이라고 보고 있다. 테히트마이어(1984)는 이 방법이 옳다는 자세한 근거를 제시하려고 했다. 다른 비슷한 방법을 피이베거(1983a)에서 볼 수 있는데, 피이베거는 이 발화로 실현되는 목적을 보조목적이라고 일컫고, 보조목적을 발화수반행위로 이루어지게 될 근본목적과 구별하고 있다. 메타 의사소통적 발화는 언어 상호작용에서 합의를 이룩하는 데 특수하게 기여한다. 앞서 이미 강조했듯이 메타 의사소통적 발화는 텍스트의 이해를 보장하고, 대화에서 의사소통 장애나 오해, 규범 위반을 예방하고 제거하는 데 그리고 마지막으로 대화를 조직하는 데 쓰인다. 이 세 가지가 메타 의사소통 발화의 중요한 기능영역임에 틀림없다. 그렇지만 이렇게 대략 분류해 가지고는 아직도 메타 의사소통 발화를 기능적 관점에서 유형화하는 것이 가능하지 않다. 이 사실은 이해의 보장이라는 기능영역에서 아주 쉽게 보여 줄 수 있으며, 이 기능영역은 그 자체 극히 복잡하며 또 서로 아주 다른 일부 관점과 관련되어 있을 수 있다. 이렇듯 메타 의사소통 발화를 사용하여 명제나 명제가 나타내는 마음자세뿐만 아니라 발화수반행위의 이해도 보장될 수 있다. 이 사실에서 나오는 결론은 이해를 보장해 주는 메타 의사소통적 발화의 초점에 있는 것이, 복합성을 띤 실제 자료 영역인 메타 의사소통을

구체적으로 설명하는 데 쓰이는 중요한 세분화 기준이 된다는 것이
다. 실제 자료가 어떤 것인지는 금방 생각할 수 있을 테니 여기에다
가능한 보기를 열거하지 않아도 될 것이다. 더 나아가서 메타 의사
소통은 지금까지 고려되지 않았거나 아니면 불충분하게만 고려된 특
수성이 하나 있다. 메타 의사소통이 여러 가지 기능을 가질 수 있으
며 따라서 다기능적 특성을 지니고 있다는 것을 처음 보여 준 한 사
람은 테히트마이어(1984)이다. 여기서 다기능성이란 메타 의사소통
이 문맥에서 활성화되는 "기능적 잠재력"을 지니고 있다는 것을 뜻하
는 것은 아니다. 다기능성이란 이런 유형의 발화 하나를 가지고 동
시에 여러 목적을 달성하게 된다는 것을 말한다. 다음 보기가 이 사
실을 잘 보여 준다.

(53) 동료 X가 이제 막 언급한 것에다 이 문제의 다면성을 보다
분명히 드러내 줄 두 가지 점을 보충해도 되겠지요.

이 발화에서 우리는 화자가 발화권을 가지기를 원하고 그 시점의
상호작용 과정과 관련 있다고 생각하는 발화기여를 하고 싶어 한다
는 것을 알 수 있다. (53)을 분석하는 데 있어서 우선 이 두 목적에
국한한다면 이 두 목적의 특징을 비공식적으로 다음과 같이 나타낼
수 있을 것이다.

(i) 화자는 발화기여를 구성하려고 의도하며, 자신의 발화는 주제상 연결
되기 때문에 어떤 발화기여 바로 다음에 두려고 한다는 것을 알려 주고 있다.
(ii) 뿐만 아니라 화자는 자신이 발화 시점의 대화진행에 관련 있는 것을
제공할 수 있기 때문에 발화권을 얻으려고 한다는 것을 알려 주고 있다.
다시 말해, 화자는 언어표현을 선택함으로써 자신이 의사소통 활동의 규
범을 지키며, 그리고 발화권은 의사소통 규범과 일치할 때 달성되는 것임
을 나타내 주고 있다.

위의 메타 의사소통 발화는 이 두 목적에 대한 표지를 많이 지니

고 있다. 가령 "보충해도", "이 문제의 다면성을 보다 분명히" 같은
표현의 발화를 선택하고 있는 것이다. (53)을 가지고 화자는 앞선
발화기여에서 다른 화자의 논증이 옳다고 확인해 주고 있다. 그러나
동시에 그 논증은 완전하지 않아서 다른 관점을 더 보충해야 한다는
것을 언급하고 있다. 이것은 절대로 체계적인 분석은 아니지만 여기
서 화자가 (53)을 사용하여 여러 목적을 동시에 달성하려고 하며,
이 목적을 대화진행의 구체적인 어떤 지점에서 실현하려고 한다는
것을 알 수 있다. 이것은 우리가 생각하고 있는 메타 의사소통 지식
에 대한 명백한 보기로서 이 지식은 어떤 인간 공동체의 화자가 갖
추고 있으며 발화의 구조에 독특하게 표명된다. 여기서 논의한 보기
가 암시해 줄 수도 있듯이 메타 의사소통은 발화 시점의 실제 대화
에만 관련되는 것은 절대 아니다. 메타 의사소통은 또 의사소통의
역사를 - 대화는 그 일부를 차지한다 - 드러내 주고 대화참여자에게
알려 주는 데 쓰이기도 한다. 따라서 메타 의사소통은 텍스트상호성
을 설명해 준다.

> (54) 지난 번 강의에서 우리는 응집성 개념을 도입했고 응집성과
>   응결성이 일치하지 않는다는 것을 보이려고 했습니다. 오늘
>   은 이제 응집성 개념을 보다 자세하게 분석하겠습니다.

이 발화기여의 첫 발화성분에서 화자는 이전 행위맥락에서 이미
어떤 대상에 대해 이야기했으며 이 대상은 새 대상과 이론적으로 관
련되어야 함을 분명히하고 있다. 이렇게 하여 이전 맥락은 현재 맥
락과 연결되게 된다. 이러한 몇 가지 보기로도 메타 의사소통 발화
가 대화에서 할 수 있는 다양한 기능을 암시하기에 충분하다. 이 현
상에 대해 자세히 알려면 테히트마이어(1984)를 참조하면 되겠다.
이제 마무리하면서 한 번 더 강조해야 할 것은 흔히 대화와 결부되
어 있고 대화의 즉흥성으로 설명하는 이러한 발화가 이 의사소통 유
형에만 나타나는 것은 결코 아니라는 것이다. 글말로 재현된 많은
텍스트에도 여러 유형의 메타 의사소통 발화를 볼 수 있으며, 화자

(텍스트산출자)는 이러한 발화를 사용하여, 계획한 활동을 예고하거나 이미 일어난 활동과 관련짓기도 하고(반복, 요약, 바꿔쓰기) 또이 활동을 좀 더 정확하게 표현하기도 한다.

지금까지 논의한 현상이 명백히 보여 준 것처럼 입말 의사소통은여러 유형의 방해를 받기 쉽다. 따라서 대화는 "방해받기 쉬운 체계로서 즉각적 교정을 요구하거나"(Streeck 1983, 75) 여러 가지 방해를 메타 의사소통 발화로 방지하려고 하는 체계로 보아야 한다.입말에는 오류가 매우 빈번하므로 수정이나 정정이 많고 또 잠재적의사소통 갈등을 예방하여 사전에 막기 위한 메타 의사소통 발화도많다. 대화를 상호작용을 통해 조직할 때 손상을 막거나 교정하기위해 언제나 마련되어 있는 이 두 가지 기제에 대해서는 최근 몇 년동안 많은 연구에서 상세히 기술되었다. 대화에 나타나는 교정 현상에 대해 체계적이고도 포괄적으로 분석한 한 사람은 귈리히/코취(Gülich /Kotschi 1987)로서 이러한 텍스트구성 활동 혹은 텍스트산출 활동의 상호작용적 특징을 재표현하기(수정하기, 바꿔쓰기, 발화평가)를 가지고 타당성 있게 보여 주었다(Antos 1982도 참조).이들은 다른 여러 분석처럼 대화분석에서 흔히 가정하고 있는 사실인, 언어란 오류를 제거하기 위한 "내적 장치", 곧 "사회적 상호작용에서언어사용을 조직하는 데 쓰이는 자기수정적 기제"도 구비하고 있음이 분명하다는 것을 증명해 주었다(Schegloff/Jefferson/Sacks 1977, 381).대화란 오류가 없을 수 없고 또 오류는 원칙적으로 예상할 수 있거나 어떤 문맥에 결부된 것이 아닌 까닭에 교정기제는 화자교체 기제와 비슷한 식으로 보편적인 게 분명하다.

4.5 대화의 연속체 조직

외적 대화 진행의 주요 성분인 화자교체와 교정 조직은 이미 다루었다. 이 외에 대화의 내부구조를 규정하는 기제로 여겨지고 있는 다른 하나는 연속체 조직이다. 그런데 지금까지 대화분석에서 이 세 번째 대화조직 기제에 대한 연구는 훨씬 더 불완전하다. 텍스트나 대화를 구성하는 발화가 독특한 방식으로 연속체 형태로 조직되어 있다는 진부한 주장은 텍스트분석이나 대화분석에서 주장하는 것보다 훨씬 더 먼저 있었다. 대화분석이 처음으로 강조한 새로운 관점은 단 **하나의** 연속체조직이 존재하는 것이 아니라 상호작용에 의해 조직된 많은 연속체유형이 있다는 관점이라고 할 수 있다. 지금까지 대화분석이 가장 상세하게 연구한 연속체 유형은 소위 쌍 연속체에 속하는 것으로서 이 용어에서 알 수 있듯이 쌍 연속체는 서로 인접해 있지만 서로 다른 화자가 산출한 두 발화로 이루어져 있다.

쌍 연속체의 보기를 들어 보겠다.

> (55) A: 아주머니, 안녕하세요!
> B: 예, 안녕하세요!

이 보기에서 A는 인사하고 B는 인사에 응답하고 있다.

> (56) A: 잘 지내, 내일 봐.
> B: 안녕.

이 보기에서는 A와 B가 서로 작별인사를 하고 있다.

> (57) A: 됐어.
> B: 됐어.

이 보기는 이른바 확인-재확인 연속체이다(Schegloff/Sacks 1973).

> (58) A: 오늘 뭐 해?
> B: 집에 있을 거야.

이 보기는 전형적인 질문-대답 연속체이다.

(59) A: 그러기 전에 넌 바퀴테를 더 자세히 살펴봤어야 했는데.
　　　B: 공장에서 금방 나온 바퀴테는 문제가 없을 거라고 생각했지.

이 보기는 비난-해명 연속체이다.

이와 같은 쌍 연속체의 공통점은 그 성분들이 서로 특별한 관계에
있다는 것인데, 이 관계를 대화분석 문헌에서 흔히 "조건화된 관여
성"이라고 부른다(Schegloff/Sacks 1973). 슈트레크(1983, 89)에
의하면, 이 쌍의 첫 부분 다음에 "그 다음 발화기여"를 부여받게 되
는 상호작용 참여자는 그 쌍의 두 번째 해당 부분을 실현하게 되어
있다. 이 연속체의 조건을 충족하지 않거나 필요한 만큼 충족하지
못하는 발화기여는 표시가 된다. 연속체에서 요구되는 것에 대한 지
식을 보여 주는 데 매우 자주 사용된 수단의 하나는 이른바 "오류의
위치 표시"로서(Schegloff/Sacks 1973), 상호작용 파트너가 연속
체유형의 선택가능성을 따르지 않는다는 것을 나타내 준다. "그건 그
렇고, 말이 나왔으니, 그러니까 막 생각나는데, 네가 하던 말 잊어버
리지 말아, 지나가는 말로 하자면" 같은 발화가 그 보기이다. 지금까
지 논의한 쌍 연속체를 보면 이미 상호작용 참여자는 대화를 실현할
때 원칙적으로 연속체조직을 고려하며 따라서 이 사실이 발화기여의
구성에 영향을 준다는 것을 알 수 있다. 방법론적 관점에서 보아 대
화분석론과 관련하여 이 사실에서 도출되는 결론은, 대화의 분석단
위는 낱낱의 발화수반행위가 아니라 활동연속체라는 것이다(이에 관
해서는 룰레와 다른 이들이 대화분석에 제안한 "교환과정(échange)"
이라는 구상을 참조).

이와 같은 가정에 대한 명백한 증거는 많다. 첫째, 오로지 발화기여
의 연속체조직에서 비롯되었기 때문에 존재하는 발화가 있다. 둘째,
연속체조직을 발화와 발화기여를 이어나가는 데 필요한 기본 기제라
고 보는 것이다. 마지막으로 셋째, 연속체조직은 발화가 이해되었는지
를 상호작용 참여자가 서로 알려 주는 데 쓰는 기제이다(Schegloff/

Sacks 1973, Streeck 1983).

여기서 중요한 것은 대화의 연속체조직이 비단 "조직의 조립"에 쓰일 뿐만 아니라 "의미의 조립"에도 아주 본질적 기능을 한다는 것이다(Coulter 1973). 왜냐하면 상호작용 참여자가 발화를 이해하는 것만으로는 절대 충분하지 않으며 더 나아가서 이 발화를 어떻게 이해하는지도 서로 알려 주어야만 하기 때문이다. 따라서 연속체조직이란 자신의 발화기여를 수용자에 맞게 재단하고 또 원칙적으로 대화참여자 및 상호작용 과정을 중심으로 한다는 것을 상호작용 참여자에게 드러내 줄 수 있게끔 자신의 발화를 정돈하는 것을 가능하게 해 주는 조직현상이다.

대화의 연속체조직을 예시적으로 보여 준 쌍 연속체는 경험적 연구의 관점에서 볼 때 대화 의사소통의 특수한 경우에 불과하다. 이 조직기제 중 몇 가지는 의사소통의 개시와 종료에만 국한하여 나타난다. (16)-(20)에서 서술했듯이, 여기서 다시 추론할 수 있는 것은 쌍 연속체는 상호작용 참여자에게는 일상화된 반복적 활동이라는 것이다. 따라서 이 쌍 연속체가

(i) 그 자체가 복합성을 띤 발화기여에 의해 재현되었을 수도 있고
(ii) 인터뷰나 일상대화 같은 복합적 연속체 유형의 구성성분일 수도 있으며
(iii) 입말 의사소통의 고유한 기호(발화 속도나 목소리 강도의 변화, 목소리의 특성, 표정, 몸짓)와 결부되어 있을 수 있다는 것은 언급할 필요가 없어진다.

복합적 연속체 유형에서도 발화기여는 앞선 발화기여의 분석을 토대로 구성되는데, 이렇게 됨으로써 동시에 앞선 발화기여가 어떻게 이해되었는지도 드러나게 된다. 그렇지만 이 경우, 대다수의 쌍 연속체에서 그렇듯, 뒤따르는 발화기여가 언제나 그렇게 엄격한 의미에서 앞선 발화기여에 의해 한정되어야 하는 것은 아니다. 뒤따르는 발화기여의 내용, 규모와 구성은 오히려 이 발화기여를 뒤따르는 발

화기여에 의해 정해질 수 있다. 따라서 대화의 연속체조직은 바로 인접한 구체적인 상황을 따를 수 있다. 다시 말해, 문맥과 무관할 수도 있고 문맥 의존적일 수도 있다.

지금까지 주로 이론적 차원에서 대화 의사소통과 입말의 특징적 현상인 "주저 현상, 문장 중단, 파격 문장, 너절한 통사연속체 그리고 또 반복, 어휘의 진부함 등 문체상의 부주의함의 형태로 나타나는 '약호화 과정의 잡동사니'"를(Stempel 1984, 155) 조직하는 원칙을 논의했다. 이 조직원칙은 구체적인 보기로도 또 집단대화로도 입증할 수 있을 텐데, 집단대화는 한 쌍의 대화와는 달리 다음과 같은 특징이 있다.

(i) **순번을 바꿔가며** 화자 역할과 청자 역할을 맡는 상호작용 참여자가 적어도 셋 있다. 한 사람에게라도 편중되면 집단대화 유형에 맞지 않는다.
(ii) 화자교체는 필수적이지만 규칙적이지는 않다. 필수적으로 발화기여가 교체되는 이(2)인대화(A:B:A:B…)와는 반대로 상호작용 참여자의 발화기여 순서가 비교적 자유롭다(A:B:C 또는 A:C:B 또는 C:B:A 또는 A:B:A:B:A:C:B:C…). 참여자들 사이에 뚜렷한 불균형이 있으면 화자교체는 각각 우세한 참여자에 의해 어느 정도 정해진다(보기, 사회자가 있는 집단대화).
(iii) 대화의 주제는 화자교체와 관련하여 방향이 정해진다. 한 주제에 고정되는 것은 특수한 경우로만 보아야 한다는 것이 집단대화의 특성임을 (i)과 (ii)에서 알 수 있다. 집단대화에 참여하는 상호작용자가 많으면 많을수록 주제가 교체될 가능성은 점점 더 높아진다.
(iv) 경우에 따라 참여자가 바뀌기도 하는 대면적 의사소통이다. 이인대화와는 달리 참여자가 일정하게 유지되는 것을 절대 집단대화의 기본전제로 볼 수는 없다. 대화는 가령 A B C D라는 상호작용 참여자로 시작하여 A B E F로 끝날 수도 있다(가령 누구를 방문했을 때 그 가족이 들어왔다 나갔다 한다면). 극단적인 경우 심지어 A F G H로 된 대화 구도도 생각해 볼 수 있다. 이 현상들은 모두 쉽게 상상할 수 있고 또 문자로 재현될 수 없거나 아니면 제한적으로 밖에 재현될 수 없으므로 여기서 재현해 나타내지 않겠다.

제 5 장

글말텍스트의 전략, 구조, 표현방식

5.1 글말 의사소통의 상호작용 조건과 특성

이 장에서는 글말 의사소통에 쓰이는 텍스트가 어떻게 작동하고 그 구조는 어떠하며 또 어떤 표현방식으로 작성되는지 그리고 또 특히 어떻게 실현되고 수용되는지도 상세하게 고찰하겠다.

우리 수용자들은 글말 형태의 텍스트111)를 날마다 접하고 있다. 신문, 잡지, 장편소설, 실용서적, 학문적 설명, 편지, 전보, 회람, 소식지를 읽는 것이다. 또 우리는 버스나 지하철의 안내문과 포스터에서 중요한 정보를 얻기도 한다. 이와는 달리 글말텍스트를 능동적으로 산출하는 것은 대부분의 사람들에게 부차적 역할을 한다고 할 수 있다. 우리는 편지를 쓴다든가 보고서, 진정서, 입장표명서 또는 평가서를 작성하기도 한다. (고정된 텍스트의 틀이 있는) 서식을 작성하는 것도 여기 넣을 수 있다.

모든 글말텍스트에는 몇 가지 특수한 상황적 기본조건이 공통된다. 즉 입말 의사소통 상황은 상대방이 같이 자리하고 있어서 시간적, 공간적 환경조건이 동일하다는 기본 특성이 있는 반면, 글말 의

---

111) 글말이 "실제 사물을 사용한 의사소통", "상형문자", "표의문자", "단어문자 및 음절문자" 그리고 끝으로 "표음문자"를 거쳐 형성되는 과정에 대해서는 하르퉁(1983a, 367)을 보라. 같은 책(1983a, 369)에 글말 의사소통의 여러 발전단계에 관한 정보가 있다. 위에 언급한 글말 의사소통 과정 외에도 특히 다음과 같은 것을 들 수 있다. 법률, 규정, 예술텍스트의 모든 장르, 호소문, 교재, 축하편지 및 감사편지, 초대장, 조의문, 작업계획서, 광고, 초록, 계산서, 이의제기문, 경고문, 일기…

사소통에서 상호작용하는 화자와 수용자는 동시에 같은 곳에 있지
않고 공간적, 시간적으로 분리되어 있다. 즉 텍스트 산출과정과 수
용과정은 상호작용을 중심으로 직접 진행되지 않고, 시간적 간격을
두고 (그리고 대개 공간적 간격도 두고) 단계적으로 진행된다. 그러
니까 입말 의사소통에서는 상호작용 과정이 서로 뒤섞이며 진행되는
가 하면, 글말 의사소통에서는 복합적 상호작용 성분이 순차적으로
진행되며, 또 입말 의사소통에서는 근거리 의사소통이 이루어지는가
하면 글말 의사소통에서는 **원거리 의사소통**이 이루어지는 것이
다.112) 필자와 수용자는 의사소통 활동을 여러 가지 부분 상황에서
수행하며, 전체 상황은 텍스트를 거쳐서만 조성되는 것이다(Ehlich
1984, 18을 참조). 글말텍스트는 많은 사람들, 심지어는 필자가 모
르는 파트너도 대상으로 하고 있으므로 누구든 자유롭게 그 정보를
처리하고 또 반복할 수 있다. 이것은 글말텍스트는 익명의 개인이나
집단이 구상한다는 사실과 관련이 있다.

그런데 원거리 의사소통이라고 해서 상호작용성이 없어지는 것은
아니다. 의사소통 파트너들은 글말텍스트를 빌어서도 행동하며 서로
영향을 주는데, 다만 거리를 두고 하는 것뿐이다. 그래서 기록 형태
의 의사소통에서도 상대편 중심성은 모든 단계에서 유지된다. 그런
데 이와 같은 특수한 상호작용으로 인해 텍스트구성뿐만 아니라 텍
스트이해도 근본적으로 달라지게 된다. 즉 파트너의 전략은 말할 것
도 없고 텍스트구조나 표현방식도 달라진다. 그렇지만 여기서 분명
한 것은 상호작용이 이 형태의 의사소통 과정에서도 여전히 중심적
기준점이라는 것이다.

입말과 글말은 "현대 독일어와 관련해 볼 때 병존하고 있으며, 기
능적으로 또 구조적으로 고유한 두 가지 존재양식"이라고 볼 수 있

---

112) 이에 관해서는 네리우스(Nerius 1987, 20)를 보라. 네리우스는 아울
러 오늘날 입말도 라디오, 텔레비전, 녹음기와 같은 기술 수단을 빌어
간접 의사소통에 쓰이지만 직접적 의사소통의 수단이라는 입말의 기본
기능이 없어진다고 말할 수는 없다고 지적하고 있다.

다(Nerius 1987, 22). 물론 오늘날 어떤 사람들에게는 글말활동이 - 실제 환경상황 조건과 비교적 무관하기 때문에 - 사회적으로도 보다 중요해 보일 수 있다. 어쨌든 글말텍스트는 오늘날 규범화 과정의 토대가 되었으며 따라서 또 발화영역 내의 당위성에 대한 규범의 척도가 되었다. 다른 한편, 우리가 생각하기에, 일반적인 의사소통의 통일성이란 (따라서 입말텍스트와 글말텍스트의 상호관련성도) 역사적으로 보아 일차적인 대면 의사소통의 배경에서만 설명할 수 있다는 것을 짚고 넘어가야 한다. 궁극적으로 아무리 큰 규모의 독화텍스트라도 "지나치게 길어진 것", 곧 대화로 된 의사소통 과정에서 대화이동이 확장된 것으로 볼 수 있다(Ehlich 1984, 18).

그래서 우리는 이런 질문을 하게 된다. 우리가 말하는 대신 쓰게 되면 무엇이 달라지는가? 말할 때는 무엇보다도 우리를 둘러싸고 있는 세계에 대해 말하게 되며 발화를 (그 자리에 있는) 파트너가 이해할 수 있도록 조정하는 반면, 편지를 쓸 때에는 상대방의 시야에 있지 않은 사물이나 사태에 관해 말하게 된다. 그리고 또 물론 다른 곳에, 경우에 따라서는 다른 시대에 사는 사람을 상대로 발화를 조정해야 한다(이에 관해서는 Schlieben-Lange 1987, 172 이하를 참조).

그러니까 쓰기란 협력 가능성과 환경상황이라는 강요에서 해방시켜 주는 것이다. 글말 의사소통은 "탈공간화, [⋯] 탈시간화, [⋯] 그리고 탈개인화"를 가져다 준다(Schlieben-Lange 1987, 182). 마지막에 든 특성은 필자가 용건중심성을 지향한다는 것을 포함하고 있다. 개인간의 관계는 뒤로 밀려나는 것이다. 동시에 이 형태의 의사소통 과정에서는 "몸짓언어"(태도, 몸짓, 표정)가 가진 의사소통상의 힘, 곧 어떤 형태로든 활성화된 상대방의 마음자세나 감정 상태를 직접 지각할 수 있는 가능성은 없어진다. 같은 이유에서 텍스트 생산 과정 동안 텍스트산출자의 전략이 변화하는 것도 예외의 경우에만 기대할 수 있다.

이러한 상호작용 조건의 변화가 텍스트구성과 텍스트이해에 어떤 결과를 가져온다는 것은 불가피한 일이다. 사물을 직접 가리키는 것과 그에 대한 직접적인 언급(직시)은 글말 의사소통에서는 거의 제외될 수밖에 없다. 그래서 구두 의사소통의 이러한 기본 몸짓은 사태와 상황의 정확하고 상세한 기술로 대체되어야 하는데, 필자가 처한 현실세계는 파트너가 알고 있다고 전제할 수 있는 게 아니라 텍스트에 의해 비로소 활성화되어야 하기 때문이다. 우리가 글말텍스트 구성과정을 의식적으로 행하는 것도 적어도 경향적으로나마 이 사실과 관련되어 있다. 즉 글말 의사소통에서는 입말 발화의 즉흥성 대신 의식적인 텍스트구성, 곧 적절한 전략, 텍스트구조 그리고 표현방식이 있게 되는 것이다.113) 그러므로 글말텍스트는 필자가 보다 의식적으로 - 적어도 얼마만이라도 - 보관할 만하다고 여기고 있는 언어를 다룬 결과이다. 그런데 이렇게 글말텍스트는 작성 후에도 계속 영향력이 있는 탓에 글말텍스트의 질에는 특별한 요구가 제기된다. 이때 기준이 될 수 있는 것은 효율적이면서도 목적 달성과 관련하여 각 의사소통 과제를 언어로 적절하게 해결하는 방법이다.

보통 글말텍스트는 어느 정도까지는 완결된 것이라고 여겨지므로 어떤 변화를 가하는 것은 제한적으로만 가능하다. 그래서 글말 의사소통의 범위 내에서는 텍스트 구성과정뿐만 아니라 텍스트 이해과정에서도 전략원형, 구조원형, 표현방식 원형(3장을 참조) 같은 고정된 형식이 관심의 중심이 되고, 텍스트구성을 달리할 수 있는 방법을 사용하여 변화를 줄 가능성은 제한된다. "문제는 동일한 것을 다양하게 변화시켜 말하는 것이 아니라 다른 어떤 것을 고정된 형식으로 말하는 것이다"(Schlieben-Lange 1987, 184). 이것이 특별히

---

113) 비슷한 것이 텍스트이해 과정에도 적용된다. 텍스트의 "독자는 비언어적, 유사언어적, 언어적 자극을 같은 정도로 지각해야 하고, 게다가 고정시킬 수 없는 소리로 된 언어를 즉시 처리해야 하는 발화상황이 주는 직접적인 압박감에서 벗어나 있다. 이 사실만으로도 독자는 내적으로, 곧 자신의 의식으로 구성해 볼 자유를 더 얻게 되는데, 텍스트를 읽다가 멈추거나, 되돌아보거나 또는 반복할 수 있는 가능성으로 인해 이 자유는 […] 훨씬 더 커진다"(Scherner 1984, 205).

적용되는 곳은 제도화된 글말텍스트이다. 제도화된 글말텍스트에서는 중요한 것을 강조하기 위해 제목이 주어지고, 장소와 날짜가 확정되며, 필자는 서명을 함으로써 텍스트내용에 책임을 진다는 것을 알려 준다. 이러한 관례화된 형식을 보기만 해도 독자는 필자의 주위상황에 대한 정보를 알게 되기 때문에 필자의 기억력은 부담을 덜게 된다.

따라서 글말 의사소통 과정의 상호작용이 지니는 특성에서 다음과 같은 사실이 드러나게 된다.

- 필자는 비슷한 목적을 관철하기 위해 텍스트를 구성하는 데 입말 의사소통의 틀에서보다 더 많은 시간을 필요로 한다
(그래서 물론 보통 글말텍스트의 질이 좋아지는 것이다).
- 필자는 - 상대방의 사전 지식과 관심에 부합하는 - 특정한 정보전달과 텍스트의 구조화에 주의하게 된다.
- 필자는 자신의 의도(그리고 상황과 관련된 일정한 이해의 조건)를 어떤 형태로든 알게 해 줘야 한다.
- 필자는 독자에게 텍스트이해에 꼭 필요한 행위원형과 구조화원형을 가능하다면 사전 신호로써 분명히 해 준다.
- 필자는 텍스트가 어떤 조건에서 수용되는지 예상하여 이를 텍스트를 구성할 때 고려한다.
- 필자는 - 상대방에 대한 자신의 사회적 관계에 따라 - 적절한 언어 표현방식도 찾는다 …

5.2 전략과 텍스트

5.2.1 전략적 틀에 대한 옹호

이제부터 글말텍스트의 몇 가지 기본 유형을 자세히 설명하겠다. 위에서 전개한 기술방식에 따라 서술하겠는데, 잘 알다시피 (의사소

통의 필연성을 낳는) 상호작용에서 출발하여114) 그 다음 일정한 의사소통 행위에 대한 사회적 동기를 설명하고, 이것에서부터 목적과 (의사소통자의 마음자세와 포괄적 기대를 포함하여) 의도를 도출해내게 된다. 그런데 우리는 이 맥락에서 특히 결과물로서의 텍스트, 곧 텍스트구조와 텍스트 표현방식에 관심이 있으므로, 위에서 언급한 텍스트 생산과정의 출발 단계는 기대할 수 있는 텍스트의 중요한 출발 단위로서 간단하게만 언급하게 될 것이다.

이와 같은 출발 단위는 텍스트생산의 본래 과정에 대해 이를테면 자극으로 기능한다. 자극은 각 목적을 달성하는 데 중요한 것으로서 지식구조가 활성화되고 계획이 형성되면서 그리고 또 가능한 여러 실현 방법 중 하나를 선택하면서 시작된다. 그 다음 자극은 텍스트 구조화와 텍스트 표현방식을 거쳐 본격적 텍스트구성, 즉 문자기호를 빌어 글말텍스트를 작성하는 것으로 이어진다. 이러한 결정과정을 총괄하여 이제부터 **텍스트생산 전략**이라고 부르겠다(3.4.3장을 참조). 그리고 수용자가 내려야 하는 이와 유사한 결정은 **텍스트해석 전략**이라고 부르겠다. 기록텍스트에서 이 두 과정은 단계적으로 일어나므로, 이들을 별도로 떼어 서술하겠다. 이런 식의 전략틀 접근법은 정도의 차이는 있지만 행위자의 창조적 상호작용 행위가 어떻게 텍스트산출 및 텍스트수용 과정과 연결되어 있는지 분명히 해주기 때문에 그 어떤 정태적 모형보다 선호되어야 한다.

동일한 상황적 여건하의 동일한 목적이 여러 방식으로 달성될 수 있고 그리고 거꾸로 동일한 텍스트구조가 여러 청자/독자에 의해 서로 다른 방식으로 해석된다는 사실에서 얻을 수 있는 결론은 텍스트 생산 및 텍스트해석 과정이 목적 지향성(원하는 상태) → 수단의 사용 → 목적 달성/결과(실현된 목적 상태)라는 간단한 연속체로 직선적으로 진행되는 것은 결코 아니라는 것이다. 그러니까 분명한 것은 의사소통자의 의식 속에 복잡한 결정과정이 반드시 필요하게 된다는 것이며, 이 결정과정은 그저 매우 잠정적이고 모호하게 전략이라는

---

114) "의도가 아니라, 의사소통할 필연성이 그 시작이다"(Hartung 1981, 227).

총칭으로 부를 수밖에 없다. 물론 이때 여러 성질의 정신모형과 어떤 인지절차가 주요한 역할을 한다. 그렇기는 하지만 이것은 주어졌거나 활성화된 총괄적 원형을 단순히 처리하는 것이 아니라 위계성을 띠고 있는 서로 다른 층위에서 일어나는 까다로운 결정과정이며, 이 결정과정을 합하면, 텍스트구성이란 변화할 수 있다는 것을 알기 쉽게 해 줄 수 있을 것이다.

이러한 사실에 비추어 보면 텍스트구조와 텍스트 표현방식은 텍스트생산 과정에서 나타나는 개개 화자전략의 결과인 셈이다. 그래서 텍스트구조가 여러 변수에 의해 규정된다는 것도 아래에서 서술할 때 고려하겠다. 그런가 하면 독자에게 텍스트구조는 각 텍스트의 의사소통 의의를 밝혀 내는 전략을 도출하는 중요한 출발점이 된다.

이러한 논의에서 다음과 같은 중요한 방법론적 결론이 나온다. 즉 텍스트생산 및 텍스트이해 과정은 복합성을 띠고 있으므로 전략적 텍스트 생산과정과 해석과정이 작동하는 정확한 규칙을 확정하려고 시도할 수는 없다는 것이다. 그 대신 중요한 것은 **선호성**, 즉 한 가능성이 다른 어떤 가능성에 비해 우선성을 지니게 되는 문제이다. 이렇게 했을 때 텍스트구성과 텍스트이해란 원칙적으로 달라질 수 있다는 사실이 적절하게 반영되게 될 것이다.

이 전략적 접근법을 뒷받침하는 근거로서 인지심리학의 중요한 관찰 결과도 제시하겠다. 즉 화자는 예외 경우에만(가령 한 언어를 완벽히 구사하지 못할 때만) 문법이나 다른 표층구조 현상에 주의를 기울인다는 것이다. 화자에게 중요한 것은 무엇보다도 주어진 상황에서 언어수단을 전략적으로 연결하는 문제인 셈이다. 그러니까 문법지식도 전략적 관점에서 도구화되는 것이다. 그래서 "적확한" 표현이란 언제나 어떤 화자의 전략적 시각에서 보았을 때 각별히 적합한 표현이 될 뿐이다.

5.2.2 전략 개념에 대하여

"전략"이라는 용어는 군사영역에서 나온 것으로서 군사영역에서는 멀리 설정된 군사적 목적을 달성하는 방법을 지칭하며 보통 "전술"(부분목적을 달성하는 방법)과 쌍을 이루어 사용된다(K.R. Wagner 1978, 14이하, 159이하). 이 개념은 오늘날 많은 사회생활 영역에서 특히 기본 목적을 관철하는 데 사용되고 있다.

"전략"이라는 용어는 언어학에서는 지금까지 부차적 기능만 했다 (여기서는 "의사소통적 전술"이라는 말은 하지 않는다). 오로지 화자전략이라는 말만 했으며 (청자전략이라는 말은 하지도 않았다) 이 용어를 문장 하나하나를 생산하는 문제에만 관련지었다. 텍스트는 "텍스트에 적용된 처리조작과 분리되기만 하면"(de Beaugrande/Dressler 1981, 37) 그 자체로서는 언제나 불완전하다는 인식에서 출발하여, 오늘날은 **텍스트**를 산출하고 수용할 때 목적 지향적이고 의식적으로 진행되는 처리조작의 총체를 이 용어로 집약하고 있으며, 이렇게 함으로써 "전략" 개념을 거의 "화자 계획" 혹은 "독자 계획"과 동의어로 사용하고 있다.

"언어행위를 통해 목적을 달성하려는 시도"는 모두 "원칙적으로 전략적이다. 전략이란 한 행위가 [⋯] 다른 사람의 잠재적 행위를 지향하고 있으며 이 행위를 예견하여 계획에 넣는 것을 의미한다" (Zimmermann 1984, 141). 따라서 우리는 **전략**을 - 보통 의식적으로 진행되는 - 일련의 선택작업과 결정작업의 결과라고 규정하며, 이와 같은 작업에는 의사소통 목적을 관철하기 위한 해결단계와 수단이 표시되는 것이다.115)

따라서 전략이란 한편으로 상호작용과 사회적 조건에서 도출될 수 있는 의사소통 과제와 의사소통 파트너의 목적 사이를, 다른 한편으

---

115) 미헬 외(1988, 27)는 전략이라는 개념을 "의사소통 과제의 가장 적절한 해결을 겨냥한 구상"이라고 이해하고 있다. 레바인(1977, 205)과 바그너(Wagner 1978, 14)도 비슷하다.

로 목적을 실현하기 위해 사용되는 언어 (및 비언어) 수단과 그 구
조화 사이를 중개해 준다는 사실이 분명해진다.

그래서 의사소통 전략은 언제나 상호작용에서 도출되는 특정한 목
적에 의해 규정된다. 그러니까 의사소통 전략은 상호작용자가 추구
하는 미래의 상태와 관련되어 있는 것이다. 그리고 "목적 성분"은 특
정 정보체계와 정신원형의 활성화, 자기 의견, 확신, 마음자세의 표
출, 계획한 의사소통이 처하게 되는 상황조건의 의식화 그리고 무엇
보다도 계획된 텍스트가 상호작용에서 수행하리라 여겨지는 기능에
입각한 지속적인 모든 인지활동과 관련되어 있다.

의사소통 과정에서 나타나는 이러한 복합적인 기대자세에서 출발하
여 화자/필자는 두 가지 기본 목적을 추구한다(van Dijk/ Kintsch
1983을 보라).

1. 텍스트 서술하기. 다음과 같은 것이 텍스트 서술하기에 속한다.

- 텍스트산출자가 주 목적을 달성하는 데 가장 적합하다고 여기는 단위
및 정보체계의 원형을 인지 기억장치에서 선택하고, 활성화하고, 평가하
기(2.3.2 장을 보라).
- 이 단위들을 그 논리적 소속 범주에 따라 정돈하기.
- 적합한 수단과 원형을 언어로 재현할 수 있도록 준비하기.
- 문법적 문장과 텍스트를 조직하기 위해 언어수단을 사용하기.

이 절차와 아주 밀접하게 결부되어 있는 것은 상위 목적의 시각에서
텍스트단위를 정돈하는 데 적합한, 복합성을 띤 절차를 확정하는 것이다.

2. 텍스트의 생산 및 수용자의 텍스트이해를 보장하기. 논리적으로 정돈
되어 있고 그 자체 조리 있는 텍스트라고 해서 언제나 특정 청자/독자 그
룹에 받아들여져야 하는 것은 절대 아니다. 그래서 필자는 - 다시 위에
언급한 절차를 사용하여 - 독자가 정보를 빠르고 문제 없이 수용할 수 있
도록 정보를 정돈하고 표현해야 한다. 더 나아가 필자는 독자의 특별한

전제, 관심, 잠재적 기대를 고려해야 한다. 이것은 필자의 다음과 같은
활동을 전제로 한다.

- 필자는 파트너 및 파트너가 알고 있는 것, 마음자세 그리고 다른 전제
를 인지적으로 평가한다(2.3장을 보라). 텍스트는 비단 독자에게 의미 있
는 것으로 그쳐서는 안 될 뿐더러 독자의 지적 수용능력에도 부합해야 한
다. 그러니까 독자는 텍스트로 인해 과도한 요구를 받아서도 안 되고 또
요구를 너무 적게 받아서도 안 될 것이다. 그래서 필자는 텍스트를 구성
할 때 독자에게서 예상할 수 있는 추론능력을 처음부터 계획에 넣어야 한
다(Rehbein 1977, 186도 참조).
- 필자는 텍스트를 일목요연하게 (제목, 부제목, 문단, 강조 표시, 특별한
분절신호 등을 사용하여) 나눈다.
- 필자는 주요한 정보를 각별히 강조한다 (가령 논평함으로써…).

중요한 것은 독자가 비단 텍스트의 명제내용을 이해하는 데 그치
는 것이 아니라 의사소통 의의도 이해해야 한다는 것과 그리고 - 경
우에 따라서는 텍스트에 표현된 부가적 설명, 근거 또는 구체화를
통해 - 화자가 추구한 목적이 뜻하는 대로 반응할 동기를 받는다는
것이다. 그래서 텍스트이해의 기본 전제로 설정해야 하는 것은 (이
젠베르크(1976)에서 여전히 그렇듯) 문법적 정형성이나 균형 있는
구성이 아니라 효율성(의사소통 참여자의 최소의 노력), 효과(목적
지향성이라는 의미에서 최대의 효력) 그리고 적절성(각 조건과 텍스
트의 일치성) 같은 "조정 원칙"이다.116)

---

116) 보그랑드/드레슬러(1981, 14)에 의거한 것이다. "텍스트는 적절성 여부에
   따라, 그러니까 그 형식이 어떤 상황의 목적에 적합한지에 따라 판단하는
   것이다"(Schlieben-Lange 1987, 178). 전략 과정의 순서에 대해서는
   3.4.3, 3.4.4, 3.4.5장을 보라.

5.3 필자의 전략

5.3.1 기본 입장

이렇게 준비 논의가 있었으니 이제 문제는 전략적 접근법을 실제로 적용할 수 있는 몇 가지 관점을 보기를 들어 보여 주는 것이다. 이 지점에서 한 번 더 분명히 강조하건대, 학문분과로서 텍스트언어학은 - 말할 것도 없이 반드시 필요한 - 이론적 성찰에만 국한되어 있어서는 안 되고, 특히 텍스트를 실제로 다루는 데 자극과 도움을 주어야 할 것이기 때문이다. 그리고 우리는 바로 이렇게 실제 문제에 대한 지향성을 강조한다는 점 때문에 전략접근법을 선호한다.

먼저 필자전략의 특성을 설명하겠다. 필자의 전략은 사회생활과 개인생활의 수많은 상황에서 시민 각자의 효과적이고 적절한 의사소통에 극히 중요하다.

그런데 필자전략이란 관찰할 수 없는 것이기에 기술하기도 어렵다. 의식적 언어구성의 결과인 텍스트가 생성되는 과정을 더듬어 가는 것이 가능한 경우는 얼마 되지 않았다 (예를 들면 학생들이 실습기관에서 했던 일에 관한 보고서를 공동으로 작성해야 했는데, 보고서의 차례를 구성하고 작성하는 문제에 관한 토의가 그것이다).

이런 류의 실제 자료를 토대로 하여 다른 많은 경우에서 글말텍스트의 구성과정과 이때 문제가 되는 여러 전략 변이형을 재구성하려고 해 보았다. 문장구조는 문법적으로 정의할 수 있는 것으로서 규칙을 사용하여 예측가능한 단위로 정확히 파악될 수 있는 반면, 텍스트구조화는 제한된 틀 내에서만 예측될 수 있다(그리고 재구성될 수 있다). 텍스트의 부분단위의 선택과 그 순서는 문법적으로 규정되어 있는 것이 아니라 일차적으로 각 의사소통 과제를 해결할 때의 그 (부분)기능에 의해 규정되는 것이 명백하다. 그런데 부분단위의 배열과 그 언어발화를 필자는 상황의 기본조건, 독자(들)이 지니고 있으리라고 가정하는 사전 지식 그리고 자기 자신의 능력과 바램에

따라 다양하게 변화시킬 수 있으며 그래서 보통 여러 가지 전략 기
본원형이 동일한 목적을 달성하는 데 여러 방식으로 서로 결합될 수
있는 것이다.

이 사실을 글말로 된 정보 요청/해결이라는 보기를 들어 구체적으
로 설명하겠다.

(60)
XX 도료 회사
품질관리부

   ... *국어국문학과 귀중*

                          문서기호 4400 ㄴ
                          2170 ㅋ
                          날짜

안녕하십니까?
*우리 회사에서 한 가지 법적인 결정을 해야 하는데 합의를 볼 수
없기 때문에 귀하께서 해결해 주십사 하는 부탁을 드리려고 편지를
드립니다.*
*질문은 다음 문장을 어떻게 해석해야 하는지입니다. "··· 염소용액은
40%에서 50%의 농축까지 제한된다는 것···"*
이 말이
a) 농축 하한선이 40%라는 뜻입니까? 아니면
b) 하한선이 40%까지의 범위에 있다는 뜻입니까?
대답해 주신다면 감사하겠습니다.

                                  담당부장 XY

이 텍스트의 핵심은 **정보 요청 원형/해결 원형**이다.

1. 질문 도입   "…편지를 드립니다"
2. 질문   "해결… 질문…"
3. 회신 요청   "X에 대한 부탁…"

여기에 다음과 같은 원형이 동반된다.

제도화된 편지 원형

4. 장소 및 날짜 언급
5. 호칭
6. 용건
7. 결어 문구
8. 서명

근거 제시 원형

9. 부탁   해결해 달라는 부탁 …
10. 근거 제시   … 하기 때문에

이것으로부터 다음과 같은 기본 도해가 생긴다.[117)]

(그림 26)

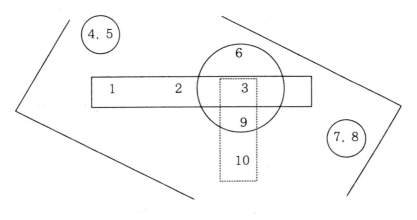

---

117) 분덜리히(1981, 2이하)도 참조.

그리고 실제 보기텍스트의 순서에 맞추어 보면 아래와 같은 모습
이 된다.

(그림 27)

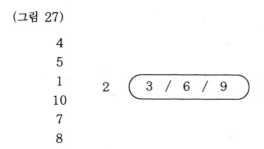

동일한 의사소통 목적이 각 구조요소를 달리 배열함으로써도 (가
령 10을 9 앞에) 그리고 또 다른 표현방식으로도 이루어질 수 있었
을 것이라는 것을 쉽게 알 수 있다. 그렇기는 하지만 달리할 수 있
는 가능성은 여기 언급한 기본 원형에 (그리고 그에 상응하는 표현
방식 변이형에) 의해 제한된다.

일반화하면, 이 보기에서 필자가 편지에서 네 가지 부분목적을 이
루려고 한다는 것을 끌어 낼 수 있다.

1. 독자는 협력할 준비가 되어 있다.
2. 독자는 필자가 작성한 텍스트를 이해한다.
3. 독자는 여기 거론한 용건을 수용한다.
4. 독자는 스스로 실제적인 결론을 도출한다.

이 부분목적을 각각 이루기 위해 필자는 그에 부합하는 활동을 전
개해야 한다. 편지를 받은이는 한 기관의 대표로서 시민이나 다른
기관이 정보를 구할 경우 회답할 의무가 있으므로 필자가 원하는 독
자의 **협력 자세**는 주어져 있다고 전제해도 좋다. 필자는 (수용자가
이 분야의 전문지식을 가지고 있다고 전제할 수 없으므로) 가능한
선택사항을 제시하고 또 텍스트를 일목요연하게 구성함으로써 텍스

트이해를 수월하게 하려고 꾀하고 있다. 그런데 필자가 의사소통의 전체목적을 이루는 데 결정적인 것은 3과 4이다. 이 목적을 텍스트산출자는 자신의 요청에 대한 근거를 제시함으로써 (회사에서는 이 중요한 문제를 결정할 수 없었다) 뒷받침하고 있으며, 이것이 독자가 이 문제를 예상대로 처리해 주도록 할 자극이라고 볼 수 있다. 게다가 질문-반응이라는 의미에서 독자에게서 예상할 수 있는 결론에 대한 전제로 볼 수 있는 정보도 더 언급되어 있다. "왜냐하면 행위의 결정이란 모두 정보에 토대를 두고 있기 때문이다"(Rossipal 1978, 10).

그런데 각 텍스트구조에서 텍스트를 생산할 때의 필자전략을 역추론하는 것이 허용되고 또, 물론 규칙이 아니라 선호도를 기대하는 한에서는, 의미 있다는 것이 이 설명에서 분명해진다.

성공적 의사소통의 기본 전제이며 동시에 모든 의사소통의 부분목적으로 두 파트너의 협력할 용의를 들었다. 협력은 두 파트너가 서로에게 주의를 기울이는 것을 전제로 한다. 이것은 입말 의사소통에서는 신체적, 정신적으로 상대방에게 주의를 집중한다는 것을 뜻한다. 그러면 글말텍스트로 이루어지는 의사소통에서는 어떠한가? 이 경우에도 주의 집중은 존재하되, **텍스트에 대한** (그리고 텍스트를 거쳐 간접적으로는 상대방에 대한) **주의 집중**이다.

개인 혹은 집단이 공동으로 가지고 있는 사회적 관심은 원거리 의사소통에서도 의사소통의 출발점이다. 글말텍스트를 작성함으로써 행위자는 파트너에게 주의를 집중하는데, 말하자면 텍스트를 사용하여 파트너에게 협력하자고 제안하는 것이다. 그러면 글을 읽는이는 다시 여러 방식으로 텍스트에 주의를 집중할 수 있다. 독자는 텍스트를 한 번 읽고 반응할 수도 있고, 텍스트를 체계적으로 다룰 수도 있으며 (가령 학술텍스트라면 거듭 읽을 수도 있다), 내용을 대충 받아 들일 수도 있다 (가령 신문기사라면 내용을 훑어 본다). 그뿐 아니라 잠재적 독자는 제공된 텍스트를 거부할, 다시 말해 아예 읽지 않을 가능성도 당연히 가지고 있다(이에 관해서는 5.4를 참조).

필자는 텍스트를 작성할 때, 목적을 달성하려고 한다면, 이러한 여러 가지 반응 가능성을 모두 고려해야 한다. 여기서 분명해지는 것은 단 **한 가지** 필자전략 또는 독자전략이 존재하는 것이 아니라 각 상호작용 조건과 목적, 참여자의 정보체계, 능력, 마음자세 및 감정에 따라 언제나 여러 가지 잠재적 전략이 있다는 사실이다. 이 요인들은 텍스트의 "영향권"을 규정하는 대표적인 몇 가지 요인일 뿐이다.

그렇다고는 하더라도 이 전략 접근법에는 어떤 공통점, 말하자면 글말 의사소통의 보편성이 있다. 그라이스(Grice)는 이미 1975년 의사소통에 관한 격률을 정리했다.[118] 그의 원칙에다 부분적으로 글말 의사소통의 특수성에서 비롯되는, 가령 다음과 같은 기본 규칙을 덧붙일 수 있다.

- 너의 텍스트를 언제나 과제 중심적으로 작성하고 수용자로 하여금 목적을 알 수 있게 하라!
- 사태와 사물 및 이 둘의 관계를 기술할 때 상대방이 고유의 정보와 능력을 사용하여 처리할 수 있도록 하라!
- 전략상의 선택 가능성, 구조모형, 표현방식 변이형의 효과와 적절성을 검토하라!

그러나 이러한 글말 의사소통의 "규범"은 대개 생각하고 있는 것처럼 그다지 보편적이지 않다. 가령 허구텍스트는 다른 형태의 정보성을 요구할 뿐만 아니라 무엇보다도 다른 형태의 진실성을 요구한다. 정보의 관여성 여부도 상황과 텍스트종류에 따라 달라지는 것은 당연하다. 간결성도 마찬가지다. 간결성은 말할 필요도 없이 전보나 안내표지판의 텍스트구성 원칙이라고 보아야 하지만, 다른 한편 어떤 텍스트종류는 그 내용이 어쩔 수 없이 어느 정도 길어지는 수밖에 없다.

---

118) 2장을 보라. 그라이스는 이 원칙들을 우선 대화텍스트를 대상으로 한 "대화격률"로 구상했다. 그렇지만 이 원칙들은 말할 것도 없이 글말텍스트에도 적용된다.

여기서 일반 원칙이 전략적 결정을 설명할 수 있는 경우는 얼마 되지 않으며, 전략모형은 오히려 구체적 조건을 토대로 하여 특정 유형의 텍스트에 대해서만 제시될 수 있다는 것을 알 수 있다. 전략 모형은 일차적으로 그리고 무엇보다도 텍스트의 "영향권", 곧 상호작용에서 텍스트가 하는 기능을 기준으로 삼기 때문이다. 그래서 전략 이란 일차적으로 목적을 지향하고 있다. 이 기본 기준은 텍스트를 산출하거나 수용할 때의 복합적인 조건을 고려하는 것도 포함하고 있다. 마지막으로 또 의사소통 파트너의 개인적 특수성, 이들의 특수한 관계, 이들의 관심, 동기, 기분, 감정도 전략을 결정하는 과정에서 큰 역할을 한다는 것도 주목해야 한다.

필자전략을 서술하는 데는 무엇보다도 다음 모형들이 적당하다.

a) 가령 바그너(R. Wagner)가 1978년 입말 의사소통 과정에 대해 제안한 것과 같은, 일반 전략 기초계획의 단순한 열거.119) 그런데 각별히 흥미롭고 고무적인 이 접근법은 기초 계획안의 표본을 모아 놓은 것에 불과하며 구체적 사회 조건 아래서 복합적 전략을 구성하는 것을 고려하지 않고 있다. 뿐만 아니라 이 모형에서는 전략의 기본방법, 텍스트구조화, 텍스트 표현방식이 구별되지 않고 있다.

b) 목적 성분과 대상 성분 외에 특히 방법 성분, 특정한 의사소통 방법 및 의사소통 방법의 통합에 의해 규정되는 의사소통 계획안의 특징 설명 (Michel u.a. 1988, 27이하).

이 접근법은 a)의 약점을 피하고 있지만 전략 기본구상을 설명하는 데 국한하고 있으므로 여러 층위에서 전략 결정을 달리할 수 있는 가능성을 파악하는 데는 많이 미흡하다. 게다가 개개 의사소통 방법을 특정 의사소통 계획과 대응시키려는 시도도 아마 아직 해결하지 못한 문제로 보아야만 할 것이다.

c) 필자전략의 결과인 서로 다른 텍스트 표현방식을 출발점으로 하는 것.

---

119) 다 합쳐 139 가지 "발화계획안"이 소개되고 있는데, 특히 "단순 발화계획", "기세부리기-발화계획", "잊어버려-발화계획", "새소식 들었느니-발화계획" 따위가 있다.

텍스트구조와 텍스트 표현방식은 활성화된 필자전략을 하나하나 역추론하는 것을 가능하게 해 준다.

이 방법은 텍스트에 직접 의존하고 있다는 장점을 지니고 있다고 주장할 수 있지만, 이런 식으로는 전략 결정과정의 다양성과 세분성은 제한적으로밖에 설명할 수 없다. 왜냐하면 잘 알다시피 활성화된 텍스트구조와 텍스트 표현방식에 전략의 모든 측면이 다 나타나는 것은 절대 아니기 때문이다.

이와 같은 접근법들을 종합해 보겠다.

- 우리 기본구상에 걸맞게 우리는 (b처럼) 글말텍스트의 구체적 기능, 곧 전략 결정의 과제 중심성과 조건 중심성을 출발점으로 삼는다.
- 여기서 출발하여 필자 목적을 각각 실현하기 위한 전략 기본 모형의 다양한 스펙트럼 및 필자가 내린 전략 결정을 재구성하려고 시도한다.
- 동시에 전략의 기본 결정을 개인에 따라 수정할 수 있는 가능성에 대해서도 질문해야 한다(a에서처럼).
- 끝으로 이것을 배경으로 하여, 필자가 행하는 텍스트구조화에 대한 결정과 텍스트 표현방식에 대한 결정을 짐작해 보도록 시도한다(특히 c에서처럼).

5.3.2 쓰기란 기본 원형을 활성화하는 것

글쓰기 과제라는 말을 하면 대부분의 사람들은 편지 쓰기, 조서나 보고서 작성을 생각하고 아니면 지난 시절을 되돌아보며, 흔히 학생들이 진정 이해할 수 있는 의미는 전혀 없는 주제에 관해 써야 했고, 게다가 맞춤법상의 실수 때문만이 아니라 무엇보다도 표현이나 내용 구성 때문에 부정적 평가를("주제가 빗나갔음!") 받았던 학창시절의 작문을 생각한다.

많은 사람들은 글말 텍스트구성에 대한 무력감만 남아 있어서, 이러한 쓰기 과제를 회피하게 되거나 그저 마지못해 해결하곤 한다.

그런데 거의 모든 사람들은 판에 박힌 일이 되어버려 구성을 위한 구상이나 전략 구상은 거의 요구되지 않는 아주 단순한 쓰기 과제에 날마다 임하고 있다는 사실은 간과하고 있다.[120] 몇 가지 예만 들자면 (자신을 위해서나 다른 사람을 위해) 기억을 돕기 위해 메모하는 일, 서식 작성하기, 전보 작성하기, 안부엽서나 축하엽서, 신문에 낼 광고 작성하기 따위가 있다.

이런 것들은 보통 다른 사람이 전하는 소식이거나 아니면 다른 사람을 위한 간단한 정보이다 (가령 학교 내의 커닝 쪽지 또는 진열장의 게시물도 여기 들어간다). 그런데 간혹 이 텍스트들은 요구나 금지 기능을 하기도 한다 (가령 *물건구입시 바구니를 사용하십시오!/ 금연!* 따위의 글말로 된 요청이나 안내표지판을 생각할 수 있다).

이러한 아주 간단한 쓰기 과제를 해결할 때 사람들은 아무런 어려움도 없다. 이들은 (표현원형을 포함한) 일정한 기본 원형을 수업을 통해서나 개인적 경험을 바탕으로 하여 내면화했으므로 이 **기본 원형**들을 적절한 상황 조건에서 활성화할 수 있는 것이다.

이러한 쓰기과정은 위에 언급한 기본 원형에 긴밀히 의거하여 이루어지므로 어떤 전략을 고려한다는 것은 대개 아무 역할도 하지 않거나 기껏해야 주변적 역할을 할 뿐이다.

원형	**활성화 변이형**
안부 엽서	
1. 주소	…귀하
2. (장소와 날짜)121)	…년 …월 …일 …에서
3. (호칭)	
4. 안부 인사	…에서 안부를 전합니다.

---

120) 보그랑드(1984, 36)도 진행단계를 논할 때 "판에 박힌 일(일상적 맥락에 쓰이는 습관적 행위)과 예외적인 일(어떤 조건들이 맞아떨어질 때만 유발되는 행위)"을 구별하고 있다.
121) 괄호는 해당 부분이 선택사항임을 말해 준다.

5. (최소한의 정보) 여기는 참 좋군요. 이곳 음식은 훌륭
                 합니다.
6. 서명   (당신을 아끼는) P.

전보
1. 주소   ···선생님 귀하
2. 간단한 정보   내일 13시 10분
   /생략 형식/   대구 도착
   /명료성/
3. 안부인사
4. 서명   이명희 드림

신문의 판매 광고
1. 물건   원형 탁자
   /특징/   지름 1.3m
2. (가격)   염가
3. 판매함   양도하겠음
4. 이름, 주소   ···동, 김철수

(편지 형식의) 간단한 정보
1. 주소   ···씨 귀하
2. 장소 및 날짜   ···년 ···월 ···일 ···에서
3. (관련 사안)   8월 2일의 전화통화···
4. 호칭   ···씨 귀하
5. 간단한 정보   보일러 기사는 8월 5일 오후 방문할···
6. (인사말)   안녕히 계십시오.
7. 서명   홍길동

여기 표본적으로 제시한 텍스트종류를 달리 구성할 가능성은 (간
단한 정보를 제외하면) 별로 없다. 구성상의 다양성은

- 한 원형의 선택적 성분에 의해서나
- 가령 인사, 압축된 정보 같은 각 성분이 지니고 있는 의미적 범위에 의해

- 그리고 원형에 의해 주어진 표현방식의 틀에 의해, 가령 성분 "판매함"은 팔겠습니다, 팔 게 있습니다, 양도하겠습니다, 염가 제공, 내놓겠습니다 등으로 제한된다.

이런 식의 아주 간단한 쓰기 과제는 무엇보다도 판에 박힌 일에 기초하여 해결되는 것이므로 이와 같은 쓰기 과제에서 일어나는 (매우 제한된!) 결정과정은 도외시하겠다.

5.3.3 단순한 전략 구상에 따른 글말텍스트 산출

한 가지 또는 여러 가지 목적을 직접 표현하기 위해 쓰이는 판에 박힌 일의 특징이 강한 텍스트산출 과정을(기본유형 I) 서술했으니, 이제 그 본질적 특질로서 의도-주제 성분 및 뒷받침 기능을 하는 다른 성분 전체를 설정할 수 있는 간단한 전략적 틀 유형들을 (기본유형 II) 요약하기로 한다. 이 유형은 필자가 - 상호작용과 독자의 전제가 지니고 있는 특별한 조건을 기초로 하여 - 독자에게서 원하는 반응이 본래의 용건을 단순히 표현하는 것만으로는 (또는 완전하게는) 이루어질 수 없다는 것을 예상하는 (또는 그렇다고 생각할 이유가 있는) 경우라면 언제나 의사소통과 관련 있게 된다.

의도성 기본유형과 뒷받침 성분(들) X의 성격을 조합할 수 있는 여러 가능성에 따라 기본유형 II를 하위분류할 수 있는데, 뒷받침 성분은 상대편에게서 필자가 원하지 않는 반응이나 오해, 거부를 미리 피하는 데 사용하는 것이다(3.4.3장을 참조). 기본적 뒷받침 관계를 다음과 같이 구별하겠다.

뒷받침 기능이 있는 성분[122]

[122) 뒷받침 개념에 대해서는 특히 로제니렌(1986, 180)과 모취(1987, 58이하)를 참조. 이 연구에 언급되어 있는 다른 뒷받침 유형인 "자세히 전개하기"와 "해설하기"는 "설명하기"의 특수한 경우로 보기로 한다.

X_1 -> 근거 제시하기
X_2 -> **구체화하기**
X_3 -> **설명하기**

기본 의도는 모두 위에 언급한 그 어떤 뒷받침 성분과도 결합될
수 있으므로, 가령 요구하기+근거 제시하기, 알려주기+구체화하기,
문의하기+설명하기 등 많은 수의 의도가 결합된 기본유형이 생기게
된다. 의사소통 현실에서는 잘 알다시피 의도 기본유형뿐만 아니라
뒷받침 성분도 반복하여 그리고 또 하위부류로 세분되어 나타날 수
있으므로 이 수는 몇 배로 늘어난다. 사람들은 의사소통 경험을 근
거로 하여 이 기본 구조유형들을 반복적으로 나타나는 문제의 반영
으로 인식하고 그에 부합하는 상황에서 활성화한다. 이렇게 하여 이
기본 구조유형들은 의사소통자의 전략적 결정의 출발점이 되는 것이
다.

5.3.3.1 전략적 틀과 전술적 방법

우리가 관심을 가지고 있는 문제를 설명하기 위해, 쓰기 현장에서
다양한 변형으로 극히 자주 나타나는 요청하기+근거 제시하기 유형
을 선택하겠다.
요청하기는 다음과 같은 것을 목표로 한다.

- 상대편이 어떤 행위를 수행하는 것
  울타리 칠하기…,
  부속품 구하기…
  서기 찾아가기
- 상대편이 어떤 쓰기행위나 발화행위를 수행하는 것
  어떤 사태가 옳음을 증명하기 = 법률적 도움
  어떤 사건에 입장 취하기…
  어떤 사람의 행동을 판단하기 = 평가

학문적 성과나 예술적 성과를 판단하기 = 평가서, 평론…
- 상대편에게서 필자가 어떤 행위를 수행해도 좋다는 허가를 얻는 것
  상대편의 기구 사용하기…
  상대편의 별장에서 숙박하기…
- 상대편으로 하여금 어떤 제재 조치를 포기하도록 하는 것
  이 과제를 해결하지 못할 시에는…
  또다시 지각할 경우에는… = 사과…

구체적인 어떤 경우 자신의 요청하기를 근거를 제시하여 뒷받침하려고 (아니면 요청하기를 구체화함으로써 혹은 부탁한 행위나 그 여건을 설명함으로써) 결정함으로써 필자는 계획한 텍스트를 산출하기 위한 전략적 기본 결정을 내린다. 이때 전략적 기본 결정은 동기 유발과 "확실한 설득"(혹은 "확실한 이해"나 "확실한 행위 권한")을 목표로 한다(Rossipal 1978, 127). 기본 결정은 필자가 목적의 성공적 달성을 보장해 주리라 보고 있는 전략의 단계를 확정하는 문제와 맞물려 있을 수 있다(이에 관해서는 3.4.3장을 참조).

이러한 전략적 틀은 넓은 의미의 행위 조건에 따라 여러 가지 **전술 방법**으로 실현될 수 있다 (3.4.3장을 보라).

- 가령 필자는 "가치 상승화 전략"으로서 근거 제시하기를 사용하여 자신이 원하는 행위가 개인이나 집단에게 각별히 중요한 행위라고 설명하려는 부차적 목적을 추구할 수 있다.
- 아니면 필자는 원하는 행위를 수행하기 위해 상대방이 지닌 특별한 능력에 호소하는 "아부 전략"을 사용하기도 한다 (*전문가인 선생님께서는 이것을 해결하는 데 아무런 문제도 없으실 겁니다… / 선생님의 위치에서는 이 문제가 분명 쉬울 겁니다…*).
- 원하는 행위를 수행하는 데는 (일반적으로 생각하는 것처럼) 절대 그렇게 큰 어려움이 있지 않다는 것 등을 상대방에게 분명히 해 주려고 하는 "고무해 주기 전략"도 이 맥락에 넣을 수 있다.
- 필자는 동일한 목적을 경우에 따라 비슷한 과제를 해결할 때의 자신의

능력을 강조하는 (그리고 동시에 위신을 올리는 데 기여하는) "과시 계획"
을 가지고도 달성할 수 있다. 이렇게 하여 필자는 자신이 청한 행위를 함
으로써 자신을 능가해 보도록 상대방을 자극하게 된다.
- 뿐만 아니라 전략적 틀은 또 "감정을 강화함"으로써도 실현될 수 있다.
즉 필자는 도움이 필요하며 자신이 청한 상대방의 행위에 의존하고 있다
는 것을 강조하는 것이다.

　　논증의 기본방식 요청하기＋근거 제시하기의 경우 여기서 전제할
수 있는 일반적 전략 결정은, 계획한 전체 텍스트를 조직하는 데 어
떤 특별한 방법을 사용해야 하는지 그리고 어떤 규모와 어떤 수단으
로 각 성분을 가장 효율적으로 나타낼 수 있는지를 필자로 하여금
포괄적으로 고려할 것을 요구한다.
　　목적 성분 요청하기가 겸손하게 (간접적으로) 제시되는지 아니면
다소 강력하게 제시되는지가 경우에 따라서는 필자 행위의 성공에
결정적으로 중요할 수 있다. 물론 상대방으로 하여금 내가 청한 행
위를 하도록 하기 위해 어떤 방법으로 동기를 부여하는지도 마찬가
지로 중요하다. 그러니까 상대방에게 동기를 유발하려면 사실을 단
순히 나열하여 근거를 제시하기(사실 열거), (논거를 경우에 따라서
는 증명하는 형태로 이어나가서) 관련성을 명백히 하기, 어떤 시간
적 맥락에서 출발하기(가령 보고하기나 경우에 따라서는 이야기하
기), 근거제시의 틀 내에서 개개 행위맥락을 설명 또는 구체화하거
나 아니면 개개 명제/명제복합체를 서로 비교하기 같은 일을 할 수
있다.

5.3.3.2 텍스트구조화에 대한 결정. 텍스트조직의 문제점

　　그런데 의도구조 요청하기-근거 제시하기와 더불어 기본 전략법의
결정으로 주어진 것은 텍스트조직에 대한 일차적 접근법에 불과하
다. 구체적으로 텍스트를 구조화하는 데는 무엇보다도 구성에 대한
기본 결정 및 특수한 연속체화 방법과 연결 과정이 중요하다 (3.4.4

장을 보라).

어떤 텍스트구조화든 그 특징은 의도/발화수반행위 성분과 명제
성분이 맞물린다는 것이다. 이 현상을 (글로 된) 사과를 예로 들어
구체적으로 보여 주겠다. 의도면에서 보아 사과란 모두 요청으로서
사과하기는 요청하기의 목표지향성을 보여 준다(5.3.3.1을 참조).
여기서 우리는 사과 요청에 근거제시가 덧붙여지는 경우에서 출발하
기로 한다.

행위구조는 모두 어떤 내용과 결부되어 있다. 그래서 선택한 전략
접근법의 틀 내에서 활성화되어야 하는 명제를 **선택**하는 문제와 아
울러 그 용건의 적합성을(Antos 1984, 188) 조성하는 문제는 텍
스트를 구조화할 때 필자의 주요 과제이다. 이때 필자는 무엇보다도
어떤 명제/명제복합체가 자신의 문제를 가장 적절하게 반영해주며,
독자가 지니고 있다고 가정할 수 있는 정보체계를 고려한다면 그 중
어떤 명제를 명시적으로 나타내야 하는지, 그리고 반대로, 추론을
선취한다는 뜻에서 어떤 명제를 생략해도 목적, 곧 해당 독자/독자
권이 텍스트를 이해하는 것이 위태로워지지 않는지 검토한다(이에
관해서는 1.2.6.2.3을 참조).

필자의 다른 중요한 전략적 과제 하나는 명시화해야 하는 단위들
을 **연속체화**하는 것, 곧 선형으로 배열한 개개 연속체를 확정하는
것이다 (이것을 여기서는 /a/, /b/, /c/로 나타낸다). 그 기준이 되
는 것은 어느 정도의 의미의 일정성과 전체 텍스트가 이해될 수 있
는 가능성이다. 어떤 경우든 근거제시 맥락은 텍스트를 통해 독자에
게 직접 (또는 독자에게서 전제할 수 있는 지식을 사용하여) 명백해
져야 한다.

(그림 28)

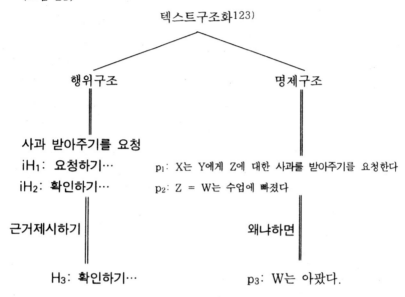

텍스트구조화123)

행위구조   명제구조

사과 받아주기를 요청
iH_1: 요청하기… p_1: X는 Y에게 Z에 대한 사과를 받아주기를 요청한다
iH_2: 확인하기… p_2: Z = W는 수업에 빠졌다

근거제시하기   **왜냐하면**

H_3: 확인하기… p_3: W는 아팠다.

이 잠재적 텍스트단위를 필자는 다음과 같이 서로 연결할 수 있을 것이다.

(그림 29)

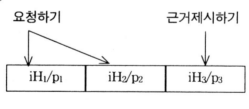

요청하기   근거제시하기

iH_1/p_1	iH_2/p_2	iH_3/p_3

텍스트구조

---

123) iH=발화수반행위, p=명제. 복합적인 술어(X는 Y에게 E를 요청하다, E=A는 Z에 대한 W의 사과를 받아들이다. Z=W는 수업에 결석하다) 는 이 도해에서는 잘 알아 보도록 하기 위해 축약하여 나타낸다.

이와 같은 간단한 경우에 **구조변이형**으로 가능한 것은 다음과 같다.124)

    - /1/ 그리고 /2/ 왜냐하면 /3/
    - /3/ 그러므로 /2/ 그리고 /1/
    - /2/ 왜냐하면 /3/ 그리고 /1/
    - /1/ 왜냐하면 /3/ 그러므로 /2/⋯

따라서 이런 유형의 텍스트구조화는 연속체화할 때 상당한 유동성을 보여 준다. 그러나 이와는 무관하게 텍스트의 위계구조는 어떤 변이형에서든 일정하다. 근거제시 성분은 경우에 따라 제한하거나 삭제할 수 있지만 요청하기 성분은 그렇지 않다.

많은 경우 근거제시 성분은 - 넓은 의미의 상황 조건에 맞게 - 확장된다(=“자세히 전개된다”). 간단한 사과하기에서도, 필자가 상대방이 자신의 말의 진실성이나 요청의 긴급성을 의심할 수도 있다고 걱정하는 경우에는, 근거제시 성분은 확장될 수 있다.

(그림 30)
    (iH_2/p_2에 대한) 근거제시하기

iH_{3a}: 확인하기-------- p_{3a}: W.는 어제 수영하다가 감기에 걸렸다.
        그래서
iH_{3b}: 확인하기-------- p_{3b}: W.는 어제 저녁 ⋯ 열이 있었다.
        따라서
iH_{3c}: 확인하기-------- p_{3c}: 의사는 W.더러 침대에 누워 있으라고 했다.

“자세히 전개된” 근거제시를 연속체화할 수 있는 변이형으로는 다음과 같은 것이 가능하다.

---

124) /1/ 등은 여기서 $/iH_1/p_1/$ 등을 말한다.

- /3a/ 따라서 /3b/ 그래서 /3c/
- /3c/ 왜냐하면 /3b/
- /3b/ 그래서 /3c/…

그러니까 **근거 제시하기**의 부분구조도 상당히 유동성이 있다.

그런데 글말 의사소통에 각별히 중요한 것은 이러한 텍스트구조가 글자라는 수단에 의해 주어진 포괄적인 텍스트부류의 구조화원형에 통합되어야 한다는 것이다. 의도구조의 기본원형 요청하기 + 근거 **제시하기**는 간혹 간단한 정보전달용 쪽지, 게시물, 엽서나 전보에 표현될 수도 있지만, 그 전형적 특징은 복합적인 글말 기본원형과 결부되어 있다는 것이다. 그 보기로 맨 처음 들 수 있는 것은 당연히 편지이다 (공적 편지/"거래 편지"뿐만 아니라 사적 편지도 해당된다). 뿐만 아니라 온갖 종류의 공적 서신(가령 주문, 지원, 회람 또는 표창에 대한 추천…)도 여기 언급한 의도 기본유형의 틀이 된다.

필자는 해당 원형 구조유형을 활성화한 다음 이 구조유형을 자신이 계획한 글말텍스트의 본래 용건과 관련시킨다. 공적 편지 영역에서 이런 식으로 원형을 통합할 수 있다는 것은 다른 곳에서 이미 설명했다. 그래서 이제 텍스트종류 "지원서"와 "표창추천서"에서 다음과 같은 연속체를 가진 원형이 결합하는 현상을 서술하기만 하겠다.

지원서 원형

1. **고용해 달라는 요청**
2. **근거제시**$_a$ (일자리에 적절한 인물이라는 증거)
3. **근거제시**$_b$ (적절한 인물이라는 증명서, 다른 동기(들)…)
4. **문의/제안** (가능한 고용시기…)

공적 편지 원형

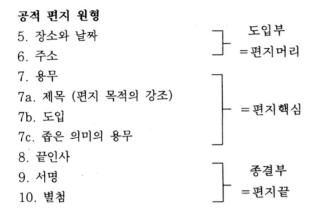

5. 장소와 날짜
6. 주소 } 도입부 =편지머리

7. 용무
7a. 제목 (편지 목적의 강조)
7b. 도입 } =편지핵심
7c. 좁은 의미의 용무

8. 끝인사
9. 서명 } 종결부 =편지끝
10. 별첨

이 두 가지를 결합하면 다음과 같은 텍스트구조 도식이 생긴다.

(그림 31)

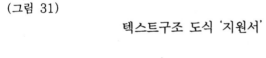

텍스트구조 도식 '지원서'

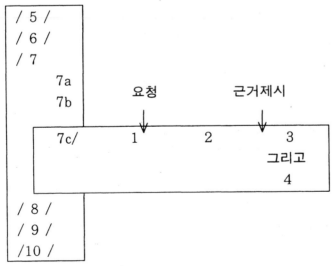

이것을 선형으로 된 텍스트연속체로 나타내면 다음과 같다.

(그림 32)

/ 5 /	서울, 2000년…
/ 6 /	M 건설회사 귀중
/ 7a	마루 목공직에 지원
/ 7b	
/7c = 1	X는 …직에 지원한다 (원하는 일자리)
2	X는 A로 일하고 있으며 … 마루 목공 자격이 있다.
3	X는 …시험에 통과했으며
	증명서
	다른 동기:
	M으로 이사하게 되었음
4/	X는 고용시기로 …를 제안한다.
	X는 자기 소개할 날짜를 문의한다.
/ 8 /	X는 빠른 답을 바란다.
/ 9 /	X
/10 /	별첨: 전문기능공 증명서, 이력서

텍스트종류 "표창추천서"도 이와 유사한 기본구조를 가지고 있다. 그래서 이 텍스트원형의 핵심부만 서술하기로 한다.

(그림 33)

텍스트구조 '표창추천서'

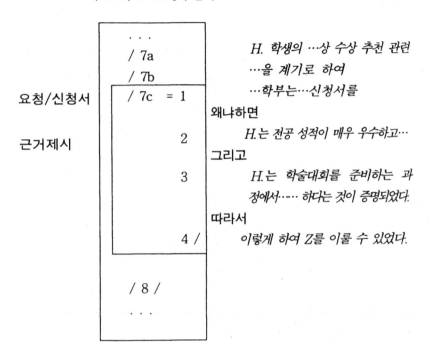

의도 기본원형을 글말텍스트 원형에 통합하면 유동성이 제한되기는 하지만 그렇다고 제거되는 것은 아니다. 각 요소들이 이 순서로 된 편지의 틀은 필수적인 반면, 요구하기-근거제시하기 원형의 유동성은 남아 있게 된다. /3/이나 /4/를 편지의 도입부나 종결부에 넣는 것도 가능하다. 더 나아가서 /8/은 대개, 말하자면, /7/의 요약을 담고 있게 된다.

몇 가지 연속체 변이형을 언급하겠다.[125]

---

125) 각 성분에서 괄호는 선택적 구조단위를 나타낸다.

(그림 34)

/ 5 /	/ 5 /	/ 5 /	/ 5 /
/ 6 /	/ 6 /	/ 6 /	/ 6 /
/ 7a /	/ 7a /	/ 7a /	/ 7a /
/ 7b = 2	/ 7b = 1	/ 7b /	(/ 7b /)
/ 7c 3	/ 7c 2	/ 7c = 1	/ 7c = 1
4	3	2	2
1/	4/	3/	-
/ 8 /	/ 8 /	/8 4/	(/ 8 /)
/ 9 /	/ 9 /	/ 9 /	/ 9 /
/10 /	/10 /	/10 /	(/10 /)

그런데 실제 의사소통 상황을 보게 되면 (그림 33)의 연속체원형
이 보통 이 범주에 들어가는 텍스트종류에서 선호되는 텍스트구조
도식임을 알 수 있다. 글말텍스트 전체를 기준으로 했을 때 필자가
변화를 줄 수 있는 융통성은, 특히 편지 핵심 성분(그 중에서도 근
거제시 성분과 그 위치)을 작성할 때 비교적 많은 편이다. 사적 편
지도 텍스트의 전체 구성에서 부분적으로는 이 구조를 따르지만 특
히 표현단계에서는 달리할 가능성이 훨씬 더 많다.

5.3.3.3 텍스트 표현방식의 전략 양상

텍스트를 산출할 때 이 전략 단계는 구체적인 개별 언어에 있는
언어수단을 사용하여 실제 텍스트를 생산하는 것을 목표로 하고 있
다(3.4.5를 참조). 여기서 중심 문제는 필자의 목적을 가장 적절히
달성하기 위해서는 텍스트(연속체로 배열되어 있는 선택된 명제들)
에 어떤 구체적 **언어형식**이 주어져야 하는지이다.

표현단계에서는 필자의 두 가지 기본 활동을 구별해야만 한다. 필

자는 한편으로 "[…] 텍스트 혹은 텍스트부분을 **생산하고**, 다른 한 편으로 용건을 일정한 선택 방식으로 **서술하며**, 텍스트 속에서 그리 고 텍스트를 가지고 용건을 일정하게 이해한다"(Gülich/Kotschi 1987, 207).

텍스트의 서술에서 중요한 것은 필자가 상대방에게 - 자신이 어떤 일에 대해 이해하고 있는 것을 토대로 하여 - 언어로 된 텍스트를 제 공하며, 이 텍스트는 독자로 하여금 적극적 재구성 과정을 통해 필자 의 의도를 파악하는 것을 가능하게 해 준다는 사실이다(Antos 1982, 118을 보라). 이때 일어나는 표현과정은 위계로 된 여러 층위에서 단 순히 문법 규칙을 처리하는 것이 아니라(이럴 경우 구체적인 어휘화 규칙은 통사 기본구조를 채우는 것을 보장해 준다), 문법 기본구조 와 어휘단위가 동시에 활성화되어 덩이를 이루어 결합됨으로써 보다 큰 단위가 되는 복합적인 과정이다. 이 사실은 또 무엇보다도 왜 이 미 시작된 구조화과정이 쓰기과정 동안 중단되어 새로 설정되거나 수정될 수 있는지도 설명해 준다.

그런데 적절하면서도 무엇보다도 효율적인 표현과정에는 이미 언 급한 - 특히 문장단위를 지향하는 - 서술과정 외에 **텍스트 생산과 정**도 매우 중요하다.[126] 텍스트 생산과정이란 텍스트 전체를 목표 로 한 특수한 "상호작용 능력"(Gülich/Kotschi 1987, 204)이다. 이러한 텍스트 생산행위는 발화수반행위에 따라 조직된 텍스트서술 을 뒷받침해 주며, 전체 텍스트는 텍스트 생산행위를 통해 상대방에 게 올바르고 빨리 이해될 수 있는 언어 형태로 준비된다. 이때 다음 과 같은 일련의 텍스트행위가 덧붙여진다. 즉 텍스트주제를 구체적 으로 도입하기, 이를 설명하고 정확히 하고 보충하기, 중요한 것을 여러 수단을 써서 강조하기, 어떤 텍스트부분을 풀어씀으로써 사태

---

126) 이에 관해서는 특히 귈리히/코취(Gülich/Kotschi 1986, 205이하)를 참조. "텍스트 생산행위"에 상응하는 것은 대략 분덜리히(1976, 330이 하)의 "발화조직 화행", 마이어-헤르만(1978)의 "메타 의사소통 화행" 그리고 안토스(Antos 1982, 63)의 "텍스트조직 행위"이다.

를 분명히 하기 그리고 이미 기술한 관련성들을 요약행위로 확실히 하기 등이 그것이다.

텍스트를 작성할 때 필자가 하는 두 가지 기본 행위에서 여러 유형의 **판박이(Stereotyp) 텍스트의 서술**은 사람들이 지금까지 생각했던 것보다 훨씬 더 큰 역할을 한다(Heinemann 1984, 35이하를 보라). 심리학적 조사에 의하면, 글말텍스트를 적절하게 작성할 수 있는 개인의 능력이란 필자가 복합적인 표현방식 원형을 활성화하여 텍스트구성 과제에 유용하게 쓸 수 있는 만큼 증가한다. 의사소통자의 표현능력은 언어 면에서(!) 수준이 높은 문학작품을 읽은 후 개선된다는 것이 증명되었는데, 이것은 분명 우연이 아니다. 이 사실은 문화정책적으로 시도해 볼 만한 도전으로 이해되어야 할 문제이다.

어쨌든 언어 표현방식 원형에 대해 널리 퍼져 있는 의구심은 적어도 부분적으로라도 제거되어야만 한다. 그 이유는 표현방식 원형은 - 의미 있고 적절히 사용된다면 - 알맞은 텍스트를 산출할 때 주요한 도움이 된다는 것이다. (공허한 문구 말고) 이러한 표현원형을 비교적 자주 사용하게 될 경우라도 필자에게는 언어를 다룰 때 자신의 창의성을 증명해 보일 충분한 기회가 있다.

글말텍스트가 일차 텍스트생산 과정이 끝난 후 검토되지 않은 채 전해지는 경우는 드물 따름이고, 대개는 더 "처리된다". 다시 말해, 우리는 글말텍스트를 재작성하고, 더 잘 이해되도록 각 텍스트부분마다, "초고"보다 낫고 호소력 있는 표현방식을 찾을 수 있지 않을까 검토하게 된다는 말이다. 이 "재작성 과정"(Antos 1984, 174)에서 문제가 되는 것은 표현의 면밀성, 정확한 표현, 텍스트로 추구하는 전략면에서 본 "정확성"이다. 여기서는 종종 낱말을 선택할 때, 적절한 통사관계를 조성할 때, 연결어를 명시화하고 텍스트를 일반적으로 "다듬을" 때 면밀한 언어작업이 이루어져야 한다. 무엇보다도 이 어려움 때문에 사람들은 여전히 "글말로 표현하는 것을 꺼리는 게 확실하다"(Möller 1987, 573).

끝으로 여기서, 의도 기본구조 요청하기 + 근거 제시하기로 된 텍스트에서 한 역할을 하는 몇 가지 **표현방식 변이형**을 언급하도록 하겠다(3.4.5장을 참조). 원형에 강력히 의존하고 있으므로 규범적 성격이 상당히 짙은 텍스트부분은 모두 대체로 필자들에게 별 어려움을 주지 않는다.

그렇지만 필자는 가령 *친애하는 동료 여러분! 존경하는 박사님! 철수에게! 사랑하는 그대에게!* 등, 상대방과의 사회적 관계에 따라 어떤 호칭을 사용할 것인지 깊이 생각해야 한다.

마찬가지로 도입부도 매우 다양하게 작성될 수 있다. 여기서는 보통 특수한 방법적 변이형도 볼 수 있는데, 가령 아부계획에서는 */난 너를 아직도 X에 대해 경험이 많은 대가라고 생각하고 있어/*, */선생님이 ...한 것을 아직도 ⋯잘 기억하고 있습니다/*, */문제가 하나 있습니다만, 선생님께서 ⋯절 도와 주실 수 있을 거라고 확실히 믿고 있습니다/* 등이 있다. 이 도입부는 감정적 색채를 보다 강하게 띨 수도 있다. */저는 요즈음 몹시 지내기가 힘듭니다. 이 큰 어려움 속에서 제가 선생님께 편지를 드리는 것을 이해하실는지요?⋯/*

무엇보다도 다름 아닌 요청하기를 어떻게 표현할 것인지는 말할 것도 없이 쓰기행위의 성공이나 실패에 큰 영향을 미친다. 요청은 조심스러운 문의일 수도 있고(*/이게 너한테 가능할는지⋯/*) 또는 용건을 강력하게 강조할 수도 있다(*/너의 도움이 꼭 필요해!/*, */너를 완전히 믿고 있어! 날 제발 좀 도와 줘⋯/*). 보다 중립적인 표현법으로 적당한 것은 */너에게/선생님께 X를 부탁하고 싶(습니)다/*이다. 공적 편지에서는 보통 일정한 공손성을 나타내는 보기를 선호한다. */⋯한지 감히 문의하겠습니다/*, */⋯하도록 조처해 주시기를 부탁드립니다/*, */조속히 ⋯해 주시기를 긴급히 부탁드립니다/*.

그런데 이렇게 요약해 본 텍스트유형의 핵심체는 의심의 여지 없이 근거제시 성분이다. 잘 알다시피 이 성분이 수용자에게 필자가 원한 행위를 수행할 동기를 전해 주기 때문이다. 수용자의 반응은 근거제시 맥락의 설명이 지니는 설득력에 결정적 영향을 받을 수 있다. 이 단계의 텍스트서술과 텍스트생산에도 상황에 따라 여러 가지 표현원형을 사용할 수 있다. /최근 X에서 다음과 같은 일이 일어났습니다. 그래서…/127) /X 이야기 벌써 들었니? 이제 난 어떻게 해야 할지 모르겠어. 너 도와 줄 수 있니?/. 반대로 공적 편지에서는 /저의 부탁에 대한 근거로 …을 제시합니다/. /X는 반드시 필요합니다. 왜냐하면…/과 같은 표현법이 더 빈번하게 나타난다. 종결부 표현방식은 흔히 도입부의 표현법과 일치한다. 차이점이 있다면 종결부에는 중요한 텍스트생산 행위로서 요약행위가 빈번하게 나타난다는 것이다. /이 모든 것이 저로 하여금 … 하게 했습니다/, /이런 이유에서 저는 감히 이 부탁을 드렸습니다/. 뿐만 아니라 수용자의 반응과 관련한 필자의 기대를 나타내는 표현법도 흔히 나타난다. / 선생님께서 조속한 시간 내에 X할 시간을 내실 수 있기를 바랍니다!/, /위에 언급한 이유에서 선생님께서 빨리 도와 주실 것을 다시 한 번 부탁드립니다!/.

인사말은 선택사항으로서 호칭에 부합하는 형태로 나타난다. /건강하시기 바랍니다/, /안녕히 계십시오!/, /무더위에 몸조심하시기를 바랍니다/. /안녕!/…

5.3.4 복합적 전략 원형을 토대로 한 텍스트산출

이 장의 중심은 역사의 발전 과정에서 텍스트구성의 기본 원형이 비교적 확고하게 형성되어 있는 글말 의사소통의 텍스트부류이다.128) 따라서 이 텍스트부류에서는 텍스트구성상의 전략적 자유가

---

127) 근거제시 맥락을 언어표지를 빌어 (독일어의 경우 weil, da, denn, deshalb, daher, nämlich - obwohl, wenngleich - wenn auch, aber trotzdem - damit, um zu) 실현할 수 있는 가능성을 로제니렌(1986, 181이하)이 설명하고 있다.

128) 모취/파쉬(Motsch/Pasch 1987, 18)는 이 맥락에서 "[…] 특별한 텍스트구성을 나타내 보이는 언어행위"라고 말하고 있다. 반 다이크(1980, 128)는 "한 텍스트의 유형을 특징짓는 이러한 총괄구조를 […]

제한되므로 여기서는 텍스트구조화 과정의 특징적 결과를 설명하는 것, 즉 구조상의 전형적 기본원형에 집중하겠다.

이 관점에서 문제가 되는 많은 수의 텍스트부류 가운데 실제 의사소통에서 극히 중요하며 기본구조를 지니고 있는 몇 가지 유형의 정보전달 텍스트를 선택하겠다. 이 구조화 기본 원형을 다른 구조화 유형과 조합하는 문제는 이 맥락에서 고려하지 않겠다.

5.3.4.1 정보전달과 텍스트전략

모든 정보행위의 전제는 상대방에게 무언가 할 말이 있다는 것, 그러니까 상대방에게 중요하거나 새로운 것을 알려 줄 게 있다는 사실이다. 따라서 *초원은 푸르다* 혹은 *바다는 물로 되어 있다* 같은 일반적 주장은 정보성이라는 기본 기준을 충족하지 못하므로, 이 명백한 사실이 (수용자에게) 새로운 어떤 맥락에서 이해되어야 하는 게 아니라면, 텍스트라는 의미에서 기능할 수 없다(이에 관해서는 de Beaugrande/Dressler 1981, 11). 그래서 필자의 첫 전략적 과제는 - 언제나 상위 목적과 구체적인 텍스트 의도의 관점에서 - 현실에서 가능한 많은 사태들 가운데 수용자에게 가능한 한 최대의 효과를 유발할 수 있도록 어떤 선택을 하는 데 있다.

이제 텍스트구조화 과정에는 두 가지가 문제가 된다.

1. 목적 달성에 비추어 볼 때 이 사태들 중 어떤 것이 중요하다고 볼 수 있는지, 따라서 이 중 어떤 것이 정보를 전달하고 정보를 읽어 조직화하는 데 기준이 될 핵심 정보(전통적 의미의 텍스트주제 = T-Th)로 작용해야 하는지에 대한 필자의 결정.
2. 활성화해야 할 복합적인 전략 원형에 대한 필자의 잠재적 전략적 결정.

초대형구조라고" 부르며 잔디히(1986, 173)는 이 기본구조를 "텍스트원형"이라고 일컫는다.

이 맥락에서는 첫 번째 결정과정은 대충 언급해도 될 것이다. 위에서 이미 설명했듯이 이 결정과정은 필자가 어떤 상황에서 정보전달의 성공을 보장하기 위해 각 파트너의 전제를 고려하여 중요하다고 생각하는 정보의 수와 내용을 확정하는 것을 말한다(주제 관여성). 이렇게 함으로써 구체적인 어떤 경우 텍스트주제가 어느 정도로 전개되어야 합당한지 정해지게 된다 (수용자의 정보에 비추어 보아 무엇을 명시해야 하고 무엇을 생략할 수 있는가?).

그런 다음 이 선택과정을 토대로 일정한 양의 발화수반행위(계획한 정보과정의 내용)가 텍스트구조화의 출발점으로 주어지는 것이다. 즉 $iH_1 + iH_2 + iH_3 + iH_4 \cdots$ (여기서 iH_2는 T-Th를 뜻하며 이를 다시 k로 나타내겠다). 이 식을 이제부터는 알파벳으로 대치하여 나타내겠다. $a + k + c + d \cdots$

개별 발화수반행위를 연속체로 만드는 데는, 곧 서로 연결하고 통합하여 텍스트로 만드는 데는 (기본 단위를 네 개로 가정한 이 경우에서) 가설적으로 120가지 조합가능성이 있을 것이다. 그러나 실제 의사소통 과정에서는 이 극도로 다양한 가능성은 몇 개의 기본 유형에 제한되게 된다. 그렇게 되는 데에는 - 개별 단위의 호환성 외에도 - 적어도 일반적인 정리 원칙, 즉 이미 언급했듯이 정보전달용 텍스트의 **구성방식**도 그 이유의 하나이다. 정보전달용 텍스트는 **개별 정보의 관여성 정도에 따라** 그리고 상호작용이나 상대방이 지니고 있다고 여겨지는 지식총체와 관련하여 구성되는 것이다. 이렇게 정보와 발화수반행위를 단순히 덧붙여 배열하여 첫 연속체를 얻게 되는데, 선호도가 높은 연속체는 핵심정보가 텍스트의 시작 부분에 있는 (즉 $k + a + c + d \cdots$) 연속체이다.

대중매체에서 뉴스를 제공할 때에는 단신 뉴스를 (텍스트산출자의 시각에서) 그 비중에 따라 이렇게 배열하는 것이 어느 정도 구속력이 있으며, 사적 편지에서도 흔히 (직관적으로!) 이 정리 원칙이 지켜지곤 한다.

그렇지만 텍스트주제를 맨 앞에 두는 것이 고정된 사실이라고 여겨서는 절대 안 된다. 간혹 다른 발화수반행위가 텍스트를 시작하는 요소로 사용될 수도 있으며, 이럴 경우 독자는 텍스트주제에 대해 준비할 수 있다 (안내 기능 혹은 도입 기능). 즉 c + k + a + d 같은 식이 된다.

더 나아가서 단순한 정보전달 텍스트의 경우 필자는 연속체에 변화를 줄 수 있는 다른 많은 가능성을 더 가지고 있으므로 이 나열식 정보전달 기본유형의 전형적 특징도 5.3.3장에서 설명한, 매우 유동성 높은 조직 원칙이라고 할 수 있다.

5.3.4.2 복합적 전략 원형

정보를 망 형태로 조직하는 것과 뒷받침 성분을 확정하는 것 외에도 비교적 큰 규모의 텍스트를 구조화하는 데에는 좁은 의미의 전략 방법 단계도 한 역할을 하는데, 특히 텍스트가 텍스트생산을 위한 복합적 절차를 토대로 하여 구성되어야 하는지 혹은 그렇지 않아야 하는지가 문제이다(3.4.3장도 참조). 이러한 복합적 전략 원형은 많은 세대에 걸친 경험에서 축적된 가치의 결과라고 볼 수 있다. 따라서 어떤 의사소통 상황에서 그에 부합하는 원형을 활성화하는 능력은 성공적 의사소통의 주요 전제이다. 필자가 이를테면 텍스트를 구성할 때 직관적으로 일반적 이야기도식에 기대는 것과 꼭 마찬가지로 독자도 이 구조화도식에 따라 나열된 발화수반행위를 어렵지 않게 이야기라고 알아차릴 수 있으며 그에 맞는 수용자세를 취할 수 있다. 이 복합적 전략 원형은 원칙적으로 텍스트 전체와 관련되어 있다 (그래서 "총괄적" 원형인 것이다). 이러한 전략 원형은 추상적 인지도식의 성격을 띤다. 다시 말해, 정보를 텍스트에 나누어 배열하고 발화수반행위를 연속체화하는 서술모형의 성격을 띠는 것이다.

정보전달 텍스트를 위한 이 **복합적 방법 원형**은 다음과 같이 설명할 수 있다.

1. 발화수반행위 연쇄를 시간적으로 배열하는 것으로, 이 행위를 한데 모으면 시간 순서에 따른 한 사건이 된다. = 서사
2. 대상이 놓여 있는 공간적 맥락의 특성을 자세히 나타내기 위해서 상위의 한 관점에서 출발하여 발화수반행위들을 서로 관련짓기 = 기술
3. 주장에 대한 근거를 제시하기 위해 결론을 목표로 하여 잘 따져가면서 발화수반행위를 서로 관련짓기 = 논증

5.3.4.3 "서사"의 구조화원형

서사의 구조화원형은 서사의 전략적 기본 방법의 결과물로서 우리가 **사건**이라고 부르려는 행위의 시간적 순서와 관련되어 있다.[129)

a 그러고 나서 b

b 그러고 나서 c

c 그러고 나서 d …

이것은 b가 a를 전제하고, d는 행위연쇄인 c b a를 전제한다는 것을 동시에 나타내고 있다.

이러한 사건들을 차례차례 나열하여 사건의 연쇄로 만들기 위해 – 서사이론의 연구에 기대어 – **줄거리(PLOT)**라는 용어를 도입하겠다. 여기서 주목해야 하는 것은 가령 여러 과정으로 이루어진 교통사고 같은 동일한 줄거리도 서로 다른 구조화원형에 따라 서술될 수 있다는 것이다.

---

129) 미헬 외(1988, 58)는 사건 개념을 "자연과 사회에서 단 한 번 일어난 것으로서 복합성을 띠고 있는 일"이라고 풀어쓰고 있다.

(61)   서사 Ⅰ   서사 Ⅱ

나는 수성로와 만촌로 모퉁이에   오늘 아침 일찍부터 뭔가 잘못된 듯
살고 있습니다. 오늘 아침 일찍 6   시작되었지요. 우선 난 아마도 일어
시 30분 침실 창가에 서 있었고,   났을 때 기분이 좋지 않았을 거예요.
이 창으로는 도로의 사거리를 내   잠에서 덜 깬 채 이를 닦으려고 욕
려다 볼 수 있습니다. 마침 만촌   실로 갔는데 튜브를 열 수 없었거든
로에서 어떤 젊은이가 오토바이를   요. 뚜껑이 끼어 버렸다는 생각이 들
타고 시 외곽 쪽으로 달려 가는   자 금방 화가 났어요. 막 옆방으로
것을 보게 되었습니다. 그 뒤에   가서 펜치를 가져 오려고 하는데 -
승용차 한 대가 가고 있었습니다.   그 구석에 내가 손수 만든 작은 공
사거리에서 오토바이 운전자는 이   구장이 있거든요 - 그러려면 창가를
승용차 바로 앞에서 왼쪽에 있는   지나야 했지요. 그렇다면 창문을 열
사잇길로 꺾어 들어가기 위해 갑   면 되겠군, 하고 생각했지요. 근데
자기 방향을 바꾸었습니다. 그로   갑자기 길에서 쾅 하는 소리가 크게
인해 승용차가 뒤에서 오토바이   나는 거예요. 깜짝 놀라 어리둥절하
왼편을 들이받게 되자 오토바이가   고 있는데 벌써 일이 나고 말았더라
넘어지고 그 운전자는 오른쪽 도   고요. 한 오토바이 운전자가 아마도
로턱에 내동댕이쳐졌습니다. 운전   사잇길로 들어가려 했는데 표시를
자는 머리에 상처가 나고 피가 흐   하지 않았나 봐요. 그래서 승용차 운
르는 채 도로턱에 쓰러져 있었습   전자가 이걸 너무 늦게 알게 되었고
니다. 나는 오토바이 운전자가 방   제때에 브레이크를 잡을 수 없었나
향을 바꾸겠다고 표시하는 것은   봐요. 그래서 승용차가 오토바이 옆
보지 못했습니다.   구리를 들이받았어요. 그래 가지고
                                  오토바이 운전자는 도로턱에 내동댕
                                  이쳐졌지요. 난 그 사람 머리에 피가
                                  심하게 흐르는 걸 똑똑히 보았어
                                  요…

  "결과지향적 경향이 있는" 서술을 서사 Ⅰ식(=발표하기/보고하기)이
라고 부르고, "사건지향적 경향으로" 행위의 진행을 서술하는 것을
(Sandig 1986, 184) 서사 Ⅱ식(=이야기하기)이라고 부르기로 한다.

5.3.4.3.1 서사 I식 (보고식 구조)

서사 I식은 정보를 전달하는 텍스트구성의 기본 원형이다. 여기에 관여하는 성분을 세밀한 이야기식 서사모형에 의거하여 집약하면 다음과 같은 그림으로 나타낼 수 있다.

(그림 35)

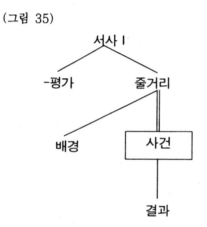

서사 I식은 서술할 사건 연쇄를 대하는 필자의 마음자세가 다르다는 점에서 서사 II식과 근본적으로 차이가 있다. 즉 서사 I식의 텍스트산출자는 사무적이고 기록하듯이 보고하고 있으며 언제나 객관성 (그리고 따라서 검토가능성)을 추구한다. 그렇기 때문에 필자는 사건 연쇄를 잇따라 서술하는 데 그치지 않고 서술의 목적에 (위 보기의 목적은 어떤 사고경위서의 증인 진술이다) 집중하는 것이다. 이것은 그림에서는 결과(=결론) 및 필자가 행위의 진행에 중요하다고 여기는 특성의 강조로 암시되어 있다. 이 특성은 행위의 연쇄뿐만 아니라 줄거리의 상황적 여건인 배경과도 관련되어 있다.

서사 I식에서 필자는 사건 연쇄에 심적 거리를 두고 있다는 것이 분명하며, 이것을 기호 -평가로 나타내겠다. -평가란 이를테면 어떤 종류든 필자의 평가가 아예 없다는 뜻이 아니라(어떤 의사소통 과정

이든 일정한 평가와 관련되어 있는 법이다!) 명시적 주관적 평가 요소가 희박하거나 없는 것을 말한다. 물론 위 보기에서 알 수 있듯이 필자는 서사 |식에서도 평가를 행하지만, 이 평가는 무엇보다도 사실을 선별하고 배열하는 데에서 나타난다.

보고식 텍스트의 각 단위들은 보통 서술된 사건 연쇄의 단계에 따라 **연속체로** 만들어진다.130)

배경 / a 그러고 나서 b 그러고 나서 c 그러고 나서 d / + 결과

그렇지만 가령 결과를 서술의 출발점으로 한다거나 행위가 진행되는 여러 단계에 "장면의 전환"을 집어 넣는 식으로 이 기대의 "규범"에서 벗어나는 것도 드물지 않다 (이렇게 시간적 순서를 중단하게 되는 것도 언어로 표시되어야만 한다 (Wittmers 1977, 223)).

이러한 복합적 전략원형은 의사소통을 위한 쓰기 현장에 각별히 중요하다. 이를테면 작업의 평가와 개선을 위한 토대로 해명서가 제시되어야 하기도 하고 회의나 상담의 진행과정이나 결과를 요약하여 알려줄 회의록을 작성해야 하기도 하는 것이다(의사진행 회의록/결과 회의록131)). 또 상호작용하는 상대방에게 연구보고서를 요구하는 일이나 (연구위원회의 활동에 관한 보고…) 법정이나 경찰서에서 행위 진행의 옳고 그름에 관한 증언도 드물지 않다. 자기 고향의 향토사 작성에 참여하는 시민도 많으며 또 어떤 이들은 행사나 지역의 사건(체육대회, 미술전시회 관람 …)에 관해 보도하는 지역신문의 통신원으로서 보도하기도 한다. 그리고 또 이력서나 자기소개서도

---

130) 알파벳 a, b, c, d는 여기서 같은 범주에 속하는 사건 연쇄를 나타낸다.

131) 회의록은 보통 다음과 같이 비교적 확실한 구조를 나타낸다. 1. 장소, 날짜, 행사 유형, 참가자, 회의의 의장, 행사 시작, 회의 일정에 관한 간략한 언급으로 된 회의록 머리 /배경/ 2. (의사진행 회의록의 경우) 행사의 진행과정 서술이나 (결과 회의록의 경우) 결정사항 또는 결과의 요약 /줄거리와 결과/ 3. 회의록의 마지막 부분은 행사의 종결에 대한 언급과 기록자의 서명을 담고 있다.

(이것도 서사 I식의 변이형이다) 모든 의사소통자가 익히 알고 있음
에 틀림없는 글말 의사소통 형태에 속한다.

여기 언급한 보고하기 구조화유형은 모두 과거(/t-₁/)라는 특질을
가지고 있다. 그렇지만 동일한 구조화유형에 미래(/t+₁/)의 사건연
쇄에 관해 "보고하는" 계획이나 프로그램(작업계획, 연구계획, 학습
프로그램…) 같은 일군의 텍스트를 상응시킬 수도 있다.

서사 I식의 적용 영역을 이렇게 간략히 개괄하고 보니 이 복합 원
형은 많은 사람들이 특히 제도화된 쓰기 활동을 하는 데 토대가 될
수도 있겠다는 것이 분명해진다. 하위유형인 "조사보고서"에 대한 보
기 하나가 위에서 언급한 주장을 구체화해 줄 것이다.

(62)

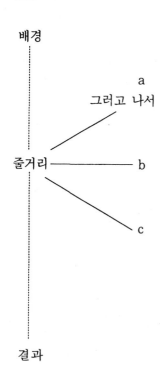

고용보호위원회의 보고서
근로자 W.와 K.의 작업현장을 …월
….일(월요일) 오전 10시 사전 예고
없이 점검하였다. 두 사람은 함께 승
강기 장치에서 작업하고 있었다. 지시
한 사용중지 안내문은 어떤 외부인도
위험에 처하지 않도록 완벽하게 부착
되어 있었다. 추락하는 하물에 대비하
여서도 지침대로 안전조치가 취해져
있었다. 두 근로자는 자신의 과제를 신
중하고도 완벽한 집중력으로 완수했
다. 사람이 하물승강기를 타는 일은
절대없었다. 이 사실은 H.와 B.가 증
명해 주었다. W.는 미끄럼레일은 두
교대반이 매일 사용하기 때문에 지금
까지보다 더 자주 교체되어야 한다고
말했다. 작업조 W./K.는 3년 동안의
공동작업에서 사고 없이 일했다 …

배경

a
그러고 나서

줄거리———— b

c

결과

5.3.4.3.2 서사 II식 (이야기식 구조)

서사 II식도 동일한 기본구조 모형에 토대를 두고 있지만 다른 특
성이 더 있다. 이것은 (특히 문예학적) 연구에서 비교적 자세히 설
명되었고132) 부분적으로 모형화되어 나타나기도 했다. 우리는 서사
II식을 반 다이크(1980, 142)가 고안한 나무그림에 의거하여 서술
하겠다.

(그림 36)

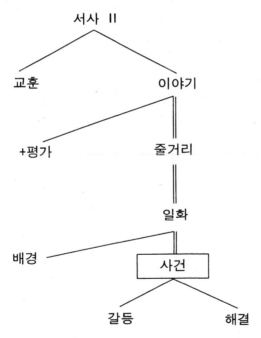

서사 I식과 서사 II식의 공통점과 차이점을 분명히 드러내 주는 이
그림을 설명하기 위해 보기 (61)의 대비적 서술을 한 번 더 참고하

---

132) 특히 크바스트호프(Quasthoff 1980a), 귈리히/크바스트호프(1986), 에
엘리히(1980).

여 서술된 사건연쇄에 대한 텍스트산출자의 기본 마음자세에서 다시
출발하겠다. 텍스트산출자에게 중요한 것은 자신의 **체험적 시각**을
서술하는 것, 즉 사건의 특성을 주관적으로 서술하는 것이다 (이것
은 물론 이야기의 화자가 이야기 소재에 충격을 받았다는 것도 전제
로 한다). 그래서 이러한 텍스트의 특징은 용무(즉 사건의 단순한 연
쇄)가 우위를 차지하는 것이 아니라 텍스트산출자가 이 과정의 각 단
계가 진행할 때 자신의 견해와 느낌을 중심에 둔다는 것이며, 그 목
적은 수용자의 감정에 영향을 끼치거나, 수용자의 마음을 열게 하거
나 수용자를 기분 좋게 하거나 긴장하게 하거나 또는 생각에 잠기도
록 하는 것이다. 그러나 어떤 경우에든 텍스트산출자는 일(사건)에
대해 취하고 있는 자신의 시각을 수용자도 가질 수 있도록 해 준다.

따라서 이야기는 전체적으로나 부분적으로 결코 객관적이지 않으
며 따라서 검토할 수 없다. 오히려 이야기소재는 특히 수용자의 감
정을 더 잘 움직일 수 있게 하기 위해 꾸며 낸 것이기 쉽고(환상 이
야기) 아니면 대부분 실제 진행과정에서 벗어난다. 그래서 **평가**(명
시적 주관적 평가 요소의 강조)는 텍스트를 어떻게 구조화할 것인가
에 대한 진정한 원인이 되는 것이다. 평가는 일단 이야기할 만한 가
치가 있는 것은 모든 사건(방 정리하기, 울타리 칠하기…)이 아니
고, 일상적 기대의 규범에서 벗어나므로 **갈등**을 유발하는, 주관적으
로 "흥미로운" 사건뿐이라는 결론을 가져다 준다. 이러한 갈등이란
해결, 곧 긴장의 해소를 필요로 한다.

그래서 갈등과 해결은 - 여기에는 물론 상황적 **배경**도 들어간다 -
이야기텍스트의 핵심이라고 보아도 좋다. 이러한 특성을 가지고 있
는 사건이 반드시 인물과 관련되어야 하는 것은 아니다 (경우에 따
라서는 천둥과 번개도 이야기거리가 될 수 있다). 그렇기는 하지만
서사 II식의 본질은 (전적으로 **평가** 원칙의 의미에서) 서술의 어느
지점에서 - 일화에서나 **줄거리**에서 - 인물이 당혹감을 느끼고 어떤
식으로든 사건에 반응한다는 사실이다.

주의 깊은 독자라면 **서사 II식**에는 결과(서술이 사건연쇄 밖의 어

떤 용도를 겨냥하고 있는 것)라는 성분이 없다는 것을 알아챘을 텐데, 여기서는 사건연쇄(줄거리/이야기) 자체가 서술의 중심이기 때문이다. 서사 II식에서 성분 결과와 (절대 동일하지는 않다고 하더라도) 유사하다고 볼 수 있는 것은 "용도"뿐으로서, 여기 **교훈**이라고 표현되어 있다. 교훈이란 잘 알다시피 특정 이야기텍스트(우화)의 필수 범주로 설정될 수 있지만 함축적으로는 모든 **이야기텍스트**의 일반 성분이라고 볼 수 있다. 물론 좁은 의미의 "교훈"이라는 뜻에서가 아니라 서사 II식의 정서적 기본 기능을 나타낸다는 의미에서 그러하다.

몇몇 문체론 연구에는(특히 Sandig 1986, 177) 이야기 성분들("원형의 부분들")을 어떻게 일렬로 이어야 하는지 자세하게 기술되어 있다.

텍스트원형 이야기하기
aa) 중요한 점과 주제를 미리 암시하기
bb) 발화상황과 수용상황에 따라 인물, 이전 이야기, 장소, 시간 등
    에 대해 상대방이 방향을 잡도록 해 주기
cc) 사건 연쇄
dd) 사건 매듭: "이야기의 화자가 중요하게 여기는 사건을 최대한
    상세하게 서술하는 지점"
ee) 끝맺으면서 평가 및 정리하기...

방향 설정 단계와 사건 연쇄, 사건 매듭(우리는 이것을 배경, 갈등, 해결이라고 표현했다)은 종종 /"일화의 특질"/이라는 분절신호에 의해 도입되므로(Gülich/Raible 1975) 기대할 수 있는 **이야기** 순서는 간단히 다음과 같이 나타낼 수 있다.

어제....	aa) bb)	배경
... 갑자기...	cc)	갈등
... 그러자...	dd)	해결

그래서 우리가 설정한 기본단위 a, b, c, d의 **연속체화**는 연결어 그리고 나서를 지니고 있는 단순한 시간적 순서라고 할 수 있는 게 아니라 수용자에게 심리적 긴장이 형성되었다가 해소된다는 의미에 서 **갈등**(=E)과 **해결**(=EE)을 분명히 드러내 주는 평가 표시를 더 필요로 한다.133)

> (배경 / + a 그리고 나서 b (E) 그리고 나서 (EE)
> 그리고 나서 d / + 교훈)

그렇지만 이미 서사 I식에서처럼 특히 문학적 이야기 유형에서는 이 기본 순서에서 벗어나는 것도 볼 수 있다.

이렇게 감정을 유발하는 구조화유형은 일차적으로 입말 의사소통 및 체험한 것을 일기나 편지에 재현하는 데에, 그러니까 "사적이고" 주관적 특징이 강한 정보전달이 문제인 곳에서 특징적으로 나타난 다. 제도를 통한 교류에서 나타나는 실제 쓰기 과제에서 서사 II식은 부수적 역할을 할 뿐이다. 일상이야기, 우스개이야기, 일화는 거의 입말 의사소통에서만 나타나며, "보통의 필자"는 글말로 된 다른 모 든 이야기하기 유형을(탐정소설, 단편소설, 장편소설…) 대개 수용 하기만 한다.

5.3.4.4 "기술"의 구조화원형

이제 다른 복합적인 구조화원형도 서사적 구조화원형에서 설명한 기본모형을 토대로 이와 비슷하게 설명하는 게 가능하다. 그러면 우 리가 일상적으로 이해하는 의미의 기술하기에는 다음 도식이 적용된 다.

---

133) 이야기(특히 문학적 이야기) 순서는 "상승 원칙"을 따르기 일쑤이며 서 술의 정점을 알 수 있게 해 준다. 그렇지만 이것을 이야기의 필수 자 질로 볼 수는 없다.

(그림 37)

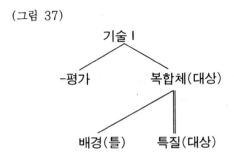

정보 서술하기도 역시 -평가 자질을 지니고 있다. 여기서 그 중심
은 행위연쇄가 아니라 사물의 복합체(대상=0)인데, 사물복합체의 특
질(=M)을 체계적이고도 상세하게 파악하고 필자가 선택하는 과제에
적합한 상위의 시각에서 각각 언어로 서술하게 된다(M(0)).[134] 여
기서 보충해야 할 것은 필자가 독자로 하여금 대상의 형태, 성질, 기
능을 상상할 수 있게끔 노력한다는 것뿐이다. 그래서 대상의 각 부분
들의 크기 관계, 형태 관계, 위치 관계를 정확히 진술하는 것은 각
부분들을 정확히 명명하는 것과 마찬가지로 큰 의미가 있다. 기술하
기란 모두 이런 의미에서 "설명하는 것"이며, 비유적으로 말하자면,
"언어수단을 가지고 스케치하는 것"이라고 할 수 있다.[135]
　기술하기의 방법적 착안점에는 여러 가지가 있을 수 있다. 기술하
는 이는 일단 대상 전체의 중요한 자질(형태, 색, 크기, 기능)을 서
술한 다음 각 부분을 다룰 수 있다. 또는 부분에서 출발한 다음 - 언
제나 상대방의 추론과정을 고려하여 - 기술 대상의 전체 모습이 구체
적으로 드러나도록 이 부분들을 끼워 맞출 수도 있다. 뿐만 아니라

---

134) W. 슈미트(Schmidt) 같은 이들은 기술하기를 "생물, 무생물, 과정 혹
　　은 상태를 용건중심적이고 적절히 기술하는 것"이라고 정의하고 있는
　　데, 여기서 "과정이나 상태란 서로 일치하는, 변하지 않는 자질을 가진
　　한 부류의 과정의 요소라고 파악되고 있다"(1981, 91).
135) 하이네만(1979, 278). 한눈에 알아 보기 힘든 대상을 기술할 때에는
　　가능한 한 구체화의 정도를 높이기 위해 "언어기호"를 비언어수단(스케
　　치, 사진…)으로 보충하는 것이 좋다.

필자는 대상/상태의 각 부분이나 요소들이 서로 병치관계에 있다면 이를 해체하여 순서관계에 있도록 만들어 각 부분의 생산과정과 기능을 기술함으로써 수용자로 하여금 전체를 파악하도록 하기도 한다. 마지막에 언급한 방법은 특별한 기술방법이라고 보아도 좋다. 어떤 경우든 중요한 것은 필자가 한 번 선택한 논리적, 체계적 배열원칙을 지킨다는 것이다(Heinemann 1979, 280).

따라서 우리가 설정한 기본단위인 a, b, c, d를 **연속체화**하는 데는 어떤 "규범"도 확실히 정할 수 없다. 그래서 우리는 두 가지 주요 형태를 나란히 제시하겠다.

(MO)a 그리고 (MTO)b 그리고 (MTO)c 그리고 (MTO)d
여기서 MO=대상의 자질
MTO=대상의 부분의 자질
(MTO)b 그리고 (MTO)c 그리고 (MTO)d 그리고 (MO)a

실제 의사소통 상황에서 의사소통 참여자에게 기술적 쓰기과제가 요구되는 일은 드물다. 이를테면 도구, 구조, 물질을 기술하는 것이나 분실광고를 낼 때 무엇인가를 기술하는 것을 생각할 수 있다.

강조해야 할 것은, 기술하기란 정보전달을 위해서는 예외 경우에만 일차적 방법으로 사용된다는 사실이다. 기술하기는 대개 특히 보고하기와 (또는 이야기하기와도) 결합되어 나타나며, (예컨대 부탁하기와 결합한) 조정텍스트에 삽입되는 경우도 다분히 흔하다. 기술적 방법이 우세한 텍스트보기로 여기 기술정보문을 들어 보겠다.

(63) 로로선(Roll-on-roll-off-ship) "뾰뜨르 마셰로프"

1976년부터 폴랜드에서 차례차례 제작된 로로선(자동차운반선)은 소련 내 선단에서 가장 큰 선박에 속한다. 이 선박들은 모든 종류의 개별 탁송 화물을 컨테이너나 팔레트 혹은 트레일러에 담아 운송하는 배이다. 이 배는 크고 육중한 화물은 말할 것도 없고 자동차나 바퀴 달린 기계도 싣는다. 이 배는

수평 적재 시스템을 갖추고 있다. 다시 말해, 고정되어 있는 램프(ramp)와 연결되어 있는 다섯 개의 데크 위로 모두 화물을 움직일 수 있다. 로로선의 선미에는 접어 올릴 수 있는 다리 모양의 스턴(stern) 램프가 있다. 이 램프 위를 거쳐 바퀴 달린 화물차가 배 안으로 들어간다. 230 대의 승용차를 운송할 수 있도록 하기 위해 중앙 데크 아래에는 유압으로 움직일 수 있는 자동차 데크가 있다. 화물을 모두 옮겨 싣는 데는 항구 측으로부터 아무런 하역장비도 필요 없다. 이런 유형의 선박의 경우 화물을 싣고 내리는 작업은 단 하루밖에 걸리지 않는다. 컨테이너만 실을 경우 772 개의 컨테이너(그 중 60 개는 냉동 컨테이너)를 선적하는 것이 가능하다. 컨테이너는 상갑판에 3 층을 이루어 적재된다. 이 배의 동력은 15300 kw의 디젤 엔진 두 개이고 가능한 속도는 20 노트이다.

선박 제원:
제작연도: 1982
총 길이: 181.90 m
모항: 레닌그라드
폭: 28.2 m
깊이: 9.64 m
재화중량 : 9400 t
총 톤 수: 12718 t
순 톤 수: 5617 t

그런데 특별히 문제가 되는 구조화유형은, 전략적 접근법의 시각에서 보면 기술텍스트라고 해야 하지만 구조화의 결과라는 관점에서 보면 (행위순서가 기초가 되어 있으므로) 사건서술적 텍스트와 같은 것으로 보아야 하는 구조화유형이다. 이와 같은 특성을 구체적으로 보여 주기 위해 다시 두 텍스트 보기에서 출발하도록 한다.

(64)

서사 I	기술 II
어제 나는 네트코드를 하나 만들었다. 사다리를 사용하여 선반 윗 간에서 네트코드 타래를 가져 왔다. 작업대의 표시에다 대고 3m를 재서 코드를 측면 절단기로 잘랐다. 그런 다음 양쪽 끝을 5cm 가량 절연선으로 묶었다. 그 다음 나는 가위를 들고 절연된 코드 끝 둘만 보이도록 코드베일과 남아 있는 선을 잘라 냈다…	창고에서 네트코드 타래를 가져 온다. 네트코드를 필요한 길이만큼 자르고 양쪽 끝을 절단점에서 약 5cm 두고 절연선으로 묶는다. 이어서 절연된 코드 끝 둘만 보이도록 코드베일과 남아 있는 선을 가위로 잘라 낸다…

이렇게 대비해 보면 I에서는 (이런 식으로는 유일한) 어떤 사건에 대해 **발표하는** 식으로 보고(=서사 I)하고 있으며 상황요인(배경)도 특별한 역할을 하고 있다는 것이 드러난다. 이 행위순서를 반복한다면 필연적으로 다른 상황이 벌어질 것이다.

II의 서술도 /-평가/ 서술양식을 지니고 있지만 I과는 대조적으로 동일한 과제를 나중에 해결한다고 해도 달라지지 않는, 즉 반복가능성이라는 자질을 나타내는(=반복) 단계에 집중되어 있다. 필자에게 문제가 되는 것은 설명해야 하는 과정의 중요한 모든 본질적 특질을 (=특질(과정)) 망라하고 어떤 잠재적 독자라도 (일정한 사전 지식을 전제한다면) 별 어려움 없이 행위의 순서를 이해할 수 있도록 (가령 어떤 기구의 사용설명서의 경우처럼) 자세하게 서술하는 것이다. 따라서 이런 형태의 서술에서는 대체로 전형적인 것만 전달하고 어느 정도 우연적인 것이나 특별한 것은 모두 생략해야 한다. 그래서 우리는 이 구조유형을 기술유형 II라고 부르겠다.

(그림 38)

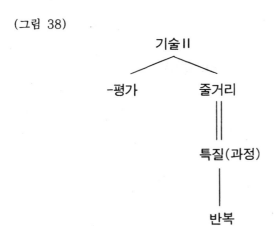

기술유형 II에서 배열원칙은 논리나 체계에 따른 것이 아니라 시간 순에 의한 것이다. 이것은 서사유형과는 같지만 기술 I과는 대조적 이다.

　　(M)a 그러고 나서 (M)b 그러고 나서 (M)c 그러고 나서 (M)d

이 구조화유형에서 위의 연속체화 도식에 어떤 변화를 주는 것은 (역시 서사 I과 서사 II와는 대조적으로) 혼하지 않다.
　사람들이 쓰기행위를 하는 실제 현장에서도 기술 II는 부차적 역할 을 할 뿐이다. 이 구조화유형이 적용되는 영역은 기구나 기계를 다 루는 경우, 생산 준비를 위한 지침, 특정 제품에 대한 광고 영역이 다.

(65) 기술유형 II에 대한 보기텍스트는 다음과 같다.

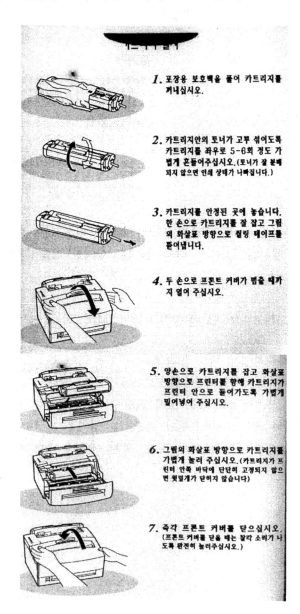

1. 포장용 보호백을 풀어 카트리지를 꺼내십시오.

2. 카트리지안의 토너가 고루 섞이도록 카트리지를 좌우로 5-6회 정도 가볍게 흔들어주십시오.(토너가 잘 분배 되지 않으면 인쇄 상태가 나빠집니다.)

3. 카트리지를 안정된 곳에 놓습니다. 한 손으로 카트리지를 잘 잡고 그림 의 화살표 방향으로 실링 테이프를 뜯어냅니다.

4. 두 손으로 프론트 커버가 멈출 때까 지 열어 주십시오.

5. 양손으로 카트리지를 잡고 화살표 방향으로 프린터를 향해 카트리지가 프린터 안으로 들어가도록 가볍게 밀어넣어 주십시오.

6. 그림의 화살표 방향으로 카트리지를 가볍게 눌러 주십시오.(카트리지가 프린터 안쪽 바닥에 단단히 고정되지 않으면 윗덮개가 닫히지 않습니다)

7. 즉각 프론트 커버를 닫으십시오. (프론트 커버를 닫을 때는 찰칵 소리가 나도록 완전히 눌러주십시오.)

5.3.4.5 "논증"의 구조화원형

우리는 여기서 정보를 전달할 때 나타나는 **논증적 기본구조**, 그러니까 **주장하기+근거 제시하기** 유형에 국한하여 설명하겠다. 논증이란 논리 규칙이 아니라 실제 의사소통 과정에서(이에 관해서는 Kondakow 1978, 45이하를 참조) 주장이나 동기, 관심에 대한 근거를 제시할 때 사용하는 온갖 종류의 증명과정을 말한다. 의사소통 과정에서 논거를 고려할 때는 예외의 경우에만 엄격한 논리적 의미의 증명 형태를 사용한다. 의사소통 참여자에게는 논리적 함축관계는 그다지 문제되지 않고 개연성을 이해시키는 것, 곧 적절한 문제 해결 방법을 찾을 때 대체로 간단한 방법으로 상대방으로 하여금 "납득하도록" 만드는 것이 문제인 것이다.

논증성이 우세한 텍스트의 기본구조는 다음과 같이 설명할 수 있다.

(그림 39)

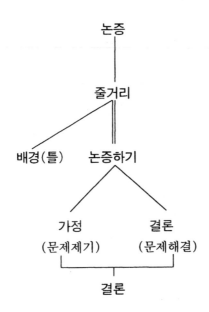

논증의 기본도식은 **가정**(전제)과 추론(**결론**)이라는 연속체로 되어 있으며 이 두 가지는 화용적으로 쓰이는 그러므로에 의해 서로 연결되어 있다. 이와 같은 추론에 토대가 되는 것은 추론이 기초하고 있는 사태들 사이의 의미적 조건관계이다. 이때 가정은 결론이라고 표현되어 있는 주장에 대한 정당화 역할을 한다.

논증하기에 중요한 또 한 가지는 논증연쇄의 상위에 있는 목표인 결론이라는 성분을 각별히 지향한다는 것이다.136)

위에서 설정한 기본 단위를 **연속체화**하면 다음과 같은 결과가 나온다.

> 만약 a, 그렇다면 b 그리고 c 그리고 d
> ↔ a → b 그리고 c 그리고 d
> ↔ a 그러므로 b 그리고 c 그리고 d

이 기본구조는 다양하게 수정될 수 있는데, 독자가 이와 같은 관련성을 조성해 내는 것이 당연하다고 전제되어도 된다면, 무엇보다도 논증연쇄의 개별 단계를 생략함으로써 가능하다. 어떤 주장이 옳다는 것을 논증연쇄를 통해 상대방에게 납득시키는 것이 목적인 텍스트는 명확한 구조로 일목요연하게 구성되어 있어야만 한다. 뿐만 아니라 독자에게 사고과정의 "완성된 결과", 즉 결론만을 전달하는 게 아니라 수용자를 문제해결 과정에 포함시키고 그렇게 함으로써 추론과정을 쉽게 이해하도록 할 필요성도 있다.

(66) **논증구조로 된 텍스트의 보기**

독일어 접속법의 의미
우리가 지금까지 출발점으로 삼은 것은 문법학자 플래미히(Flämig)의 이론인데, 특히 접속법이 시간적 의미가 아니라 양태적 의미가 있으며 원칙적으로 (각각 일정한 기본의미를 지니고 있는) 접속법 I식과 접속법 II식을 구별

---

136) 더 세밀한 논증구조에 관해서는 반 다이크(1980, 147)를 보라.

해야 한다는 사실이다. 이 주장의 합당성을 외국인을 위한 문법의 관점에서
검토하기 위해 우선 네 문장을 대비하겠다.

(3) *Er sagte, er sei krank.* (그는 아프다고 말했다)

(4) *Er sagte, er wäre krank.* (그는 아프다고 말했다)

(5) *Er sagte, er sei krank gewesen.* (그는 아팠다고 말했다)

(6) *Er sagte, er wäre krank gewesen.* (그는 아팠었다고 말했다)

이 문장들의 정보 내용을 비교해 보면 (3)과 (4), 그리고 (5)와 (6)은
각각 대충 동일한 정보를 담고 있음에 틀림없는 것 같다 ((3)과 (4)에서 주
문장과 부문장의 사건은 동시에 일어나지만 (5)와 (6)에서는 그렇지 않다).
그렇지만 (3)과 (5), (6) 사이에는 근본적 차이가 있는데, 이는 의미적 유
형의 차이로서 양태성이 아니라 시간성을 띠고 있다. 따라서 (3)의 접속법
현재와 (4)의 접속법 과거, 그리고 (5)의 접속법 현재완료와 (6)의 접속법
과거완료는 각각 서로 교환할 수 있다. 그런데 (3)과 (5)의 두 접속법 혹은
(4)와 (6)의 두 접속법은 서로 교환하면 내용이 근본적으로 달라진다. 달리
표현하면, 간접화법에서는 접속법 I식과 접속법 II식의 의미 차이보다도 접
속법 현재와 접속법 현재완료의 의미 차이가 더 크다 (접속법 I식과 접속법
II식은 서로 대치되어도 정보에 본질적 변화가 없다) 〔…〕

그렇지만 (3)에서 (6)까지의 보기를 토대로 해 보면 시간성을 간과할 수
없을 것이다. 물론 여기서 시간성이란 절대적 시간성이 아니라 상대적 시간
성을 말하고 또 객관적 현실 시간이 아니라 두 부문장 사이의 시간 관계를
말한다. 즉 간접화법에서 접속법 현재와 접속법 과거는 주문장에 표현된 행
위와 부문장에 표현된 행위의 동시성을 나타내 주고, 접속법 현재완료와 접
속법 과거완료는 주문장에 표현된 행위보다 부문장에 표현된 행위가 먼저 일
어났다는 것을 나타내 준다. 이 규칙성은 양태적 차이에 비해 일차적인 규칙
성임에 틀림없는데, 여기서는 현실의 사건에 존재하는 차이를 밝혀 주는 **객
관적** 차이가 문제이기 때문이다. 반면 양태적 차이(중립 - 거리 두기)는 화
자와 그 의사소통적 의도에 의존하는 **주관적** 성질의 것이다. 접속법의 상대
적 시간 차이는 필수적인 것이고 이와는 달리 양태적 차이는 선택적인 것에
불과하다.

(G. 헬비히:외국인을 위한 독일어 문법의 문제, 라이프찌히 1972에 의거
했음).

5.3.5 거대텍스트 구성 전략

"보통의 필자"가 분량이 많은 글말텍스트 - 이를 **거대텍스트**(Mak-rotext)라고 부르고자 한다 - 를 작성해야 하는 과제에 직면하는 경우는 비교적 드물다.137) 거대텍스트를 작성하는 것은 대개 (한 주제에 관한) 연구서, 박사학위논문, 연구보고서, 전공서적, 교재의 저자로나 분량이 많은 중단편소설 또는 장편소설의 작가로 활동하기도 하는 전문가들의 일이다. 뿐만 아니라 분량이 많은 해명서, 계획서, 학술 연구계획서 역시 텍스트 "대형구조"를 나타내므로 여기서는 대충이나마 거대텍스트 구조화의 몇 가지 특수성도 다루려고 한다.

거대텍스트를 작성하려고 하면 긴 호흡, 즉 **장기적 전략**이 필요하다. 당연히 필자는 무슨 말을 하려고 하는지, 그리고 적어도 자신이 구상한 거대텍스트로 특정 독자군에게서 무엇을 달성하려고 하는지도 알아야 할 것이다. 따라서 그 일에 대한 전문능력과 특별한 의사소통 능력은 (특정 텍스트부류를 선택하는 것도 이 능력에서 비롯되는 것이다) 거대텍스트를 작성하는 데 필수 전제이다.

그런데 문제가 되는 독자군에게 "어필하지" 않는 많은 수의 거대텍스트가 증명하듯, 이것만으로는 성공적 의사소통에 충분하지 않은 것은 분명하다. 그렇다면 거대텍스트를 쓸 때의 어려움은 어디에 있는가?

일단 전략적 기본 결정은 원칙적으로 위에서 설명한 일반적인 필자 전략과 일치한다고 전제해도 좋을 것이다. 특별한 점은 - 특별한 어려움도 마찬가지지만 - 분명 다른 차원의 텍스트구조화에 있다. 이 사실에서 적어도 세 가지 결론이 나온다.

---

137) 거대텍스트에 대한 우리 견해를 반 다이크의 "거시구조"와 혼동해서는 안 된다(1980, 41이하). 거시구조라는 용어는 반 다이크에 의하면 - 그 규모에 관계 없이 - 모든 텍스트에 있는 "포괄적 성질의 구조"로서, "보다 '낮은' 층위의 보다 구체적인 구조에 비추어 상대적인 것이다."

1. 전해야 할 지극히 많은 정보는 전체목적과 부분목적을 염두에 두고 일목요연하게 배열되어야 한다. 따라서 계획한 텍스트 전체를 **분할하여** 일목요연한 **부분텍스트**(그리고 이와 거의 부합하는 부분목적)138)로 만드는 것이 거대텍스트를 작성할 때 구조화 단계의 시작이다.

(그림 40)   텍스트와 부분텍스트

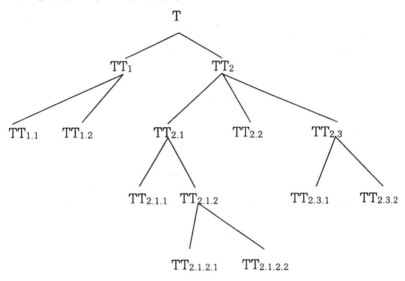

부분텍스트(=TT)의 각 위계층위를 잠정적으로 장($TT_1\cdots$), 절 ($TT_{1.1}\cdots$). 문단($TT_{1.1.1}\cdots$). 단락($TT_{1.1.1.1}\cdots$)이라고 부르겠다. 그

---

138) 우리는 부분텍스트라는 개념을 텍스트 전체의 성분으로 이해하며. 여기서 성분은 의도면에서나 의미면에서 거대텍스트의 부분단위이며 수직적(위계적)으로뿐만 아니라 수평적(연속체상)으로도 다른 부분텍스트와 관련되어 있는 것이다(부분텍스트의 문제점에 관해서는 특히 Graustein /Thiele 1980; 1982, 165이하; 1983b. 49이하를 참조). 귈리히/라이블레는 이미 1974년에 부분텍스트라는 용어를 사용했고. 같은 맥락에서 보그랑드(1980)는 "단편(fragment)". 윈터(Winter 1980)는 "(paragraph)". 로제니렌(1980)은 "하위텍스트(Subtext)"라는 용어를 사용한다.

리고 여기서 각 부분텍스트는 독특한 명제구조를 지닌 행위단위라고
이해되어야 한다.

따라서 이러한 부분텍스트 단위를 분절점을 찍고 줄을 바꿈으로써
(부분적으로는 또 특별한 분절신호로 뒷받침하여) 표시하는 것은 어
떻게 텍스트를 조직할 것인지 스스로 방향을 설정한다는 의미에서
필자에게 도움이 될 뿐 아니라 무엇보다도 - 이것은 거대텍스트에
특별히 중요하다 - 수용자가 읽는 데에도 중요한 도움이 된다.

어떤 식으로 이러한 부분텍스트 단위들을 서로 경계짓고 또 더 작
은 단위로 나눌 수 있는지는 오늘날 여전히 해결되지 않은 문제로
보아야 한다. 텍스트의 어떤 지점에 부분텍스트 단위의 경계를 짓기
위해 휴지를 두어야 하는지에 대해 보그랑드(1984, 307)는 몇 가
지 시사점을 주고 있다. 이 맥락에서 보그랑드는 화제의 교체, 원인
에서 결과로 이행, 그리고 거꾸로, 전체에서 부분으로 또는 한 부분
에서 다른 부분으로 교체, 위계상 하위 단계에서 상위 단계로 (그리
고 거꾸로도) 교체, 어떤 과정에서 새로운 단계로 이행, 문제제기에
서 해결로 이행 그리고 주장(테제)에서 뒷받침 단위로의 (그리고 거
꾸로도) 교체 등을 들고 있다.

거대텍스트를 제 1단계의 부분텍스트로 분할하는 것을 **석사학위
논문**이라는 텍스트종류를 보기로 하여 구체적으로 설명해 보겠다.
석사학위논문은 능력을 검증하는 글로서 비단 어떤 학생이 학문적
문제를 지도를 받아 가면서 독자적으로 해결할 (또는 적어도 이 문
제를 해결할 방법을 보여 줄) 능력을 증명하는 것일 뿐만 아니라,
무엇보다도 새로운 지식을 제시하는 것이기도 하다. 따라서 이러한
문제가 바로 논문의 실제 대상이므로 제 1단계의 모든 부분텍스트는
연구한 문제영역과 직접 관련되어야 한다.

전체텍스트의 "주 동기"에서 출발하여 석사학위논문을 다음과 같은
기본적인 부분텍스트로 나눌 수 있다.

(ⅰ) 도입하는 부분텍스트의 과제는 독자를 논문의 주된 주제로 안내하고

독자에게 아직 지식상의 공백이 남아 있음을 분명히 해 주는 것이다(문제제기). 그 다음, 여기서부터 논문의 특수한 목적을 도출해 낼 수 있다.

ii) 두 번째 부분텍스트는 (이것은 경우에 따라 첫 번째 부분텍스트에 통합될 수도 있다) 이 특수한 문제를 해결하기 위해 지금까지 있었던 주요한 제안을 모두 다루는 것으로, 이때 여러 가지 접근법의 장점과 한계를 서술하는 게 좋다.

(iii) 논문의 핵심은 문제에 대한 실제 연구를 서술하는 것이기 때문에 이 부분이 가장 규모가 큰 부분텍스트이기도 하다(문제제기). 여기에는 연구해야 하는 문제의 한정, 임시 가설의 제시, 그리고 특히 문제를 해결하기 위한 방법적 절차의 설명(과 정당성)이 속한다. 그뿐 아니라 연구의 기초로 삼은 자료에 대한 설명도 여기 들어간다.

(iv) 끝맺는 부분텍스트의 과제는 연구결과를 요약하고 체계화하여 이를 문제 해결에 대한 다른 제안들과 비교하는 것이다. 끝으로 논문이 가져다 준 새로운 인식을 주장 형식으로 표현하고 조사된 결과를 적용할 가능성과 다음 연구가 할 과제를 언급하는 것은 각별히 중요하다.

2. 그런데 거대텍스트에는 텍스트부류에 고유한 방식으로 전체텍스트를 대략 구조화하는 것뿐 아니라 각 **부분텍스트의 하위구조화**도 중요하다. 실은 부분텍스트마다 부분적인 전략이 보완되어야 하는데, 이때 전체텍스트에 대해 각 부분텍스트가 지니는 관련성과 그 기능을 명백히 하는 것뿐만 아니라 (이것은 종종 분할하는 것 자체로도 벌써 이루어질 수 있다) 부분텍스트 단위의 의미구성을 독자가 짐작해 볼 수 있는 형태로 만드는 것도 중요하다.

이 과정은 구조화단계와 표현단계에서 무엇보다도 **의미묶기 전략**에 의해 일어난다(Kadow 1987, 170이하). 이 전략을 사용하여 필자는 독자로 하여금 텍스트 내의 중요한 정보단위에 주의하도록 만든다. 이때 수단으로 사용되는 것은 특히 이른바 화용적 논평 형식이다. 즉 /*이렇게 하여 X는 Y에 대한 결정적 전제가 된다*/, /*여기서 문제가 되는 것은 …이다*/. 뿐만 아니라 여기서는 (특히 전문용어와 관련하여서도) 다음과 같은 교차식의 언급도 중요한 역할을 한다. 즉 /개념 Z를 우리는 P와는 달리 (3장을 보라) 다음과 같이 이해하려고 한다/. /1.3에서 이미 언급했듯이···/.

이런 식으로 필자는 독자가 의미를 추론하는 데 필요한 주요한 전제를 만들어 주며, 이 전제로 인해 수용자는 거대텍스트의 주요한 점에 집중하게 된다. 의미묶기 전략을 사용하여 비교적 독립적인 부분텍스트 단위의 구성이 촉진되고 동시에 또 다른 부분텍스트 및 전체텍스트와 맺는 기능적 맥락도 보장되는 것이다. 더 나아가서 의미묶기 전략은 가령 알려진 것에서 알려지지 않은 것으로, 쉬운 것에서 어려운 것으로 진행한다는 원칙 같은 정보전달의 전통적 전략 측면도 포함한다는 것을 언급해 두고자 한다.

3. 끝으로 거대텍스트 구성의 세 번째 주요 특성은 텍스트의 양이 보통보다 많다는 데서 비롯된다. 즉 필자는 대개 텍스트를 재작성할 뿐만 아니라 계획한 텍스트를 **재조직**하기도 하는 것이다. 필자는 흔히 원래 구상한 대략적 분절 도식에서 벗어나기도 하고 어떤 부분텍스트를 수정하거나 다른 어떤 부분텍스트를 보충하기도 하며 위치를 옮기거나 또 쓰기행위의 성공에 궁극적으로 필수적이지 않다고 볼 수 있는 단서를 제거하기도 한다.

이러한 재조직과정은 특히 학술텍스트 구성의 특징이다. 박사학위 논문의 구상은 대개 해결해야 할 문제영역에 대한 이해도에 따라 여러 차례 재조직되는 것이다. 이 경우 처음에 했던 대략적 분절구조는 연구나 실험으로 검토해야 하는 가설 역할을 할 뿐이다. 원래의 가설을 명확히 하거나 변경하는 것은 논문의 전체 구성에 비추어 보아 어떤 재조직 과정을 야기하기도 하기 때문이다.

제도적 교류에서 사용되는 거대텍스트도 간혹 재조직된다. 그렇지만 엄격한 총괄적 원형이 주어져 있기 때문에 대개 텍스트의 표현을 고치는 데 국한된다. 그렇지만 이와 같은 표현 수정과정은 거대텍스트의 특성은 아니다. 표현 수정과정은 거의 모든 글말텍스트를 작성할 때 필요한 처리단계라고 보아도 좋다.

5.3.6 전망: 텍스트와 문체의 관계

앞의 몇 절에서, 텍스트구조 유형은 전략 기본 결정에 기인하므로 언제나 이러한 (상호작용에서 출발하며 의도성분과 전략성분을 포함하고 있는) 넓은 맥락에서 기술되어야 한다는 것을 설명했다. 그래서 텍스트구조는 한편으로 전략과정의 결과이고(방법유형. 3.4.3을 보라), 다른 한편으로 표현층위의 그 다음 결정에 대한 출발점과 기본틀이 되는 것이다(5.3.3.3과 3.4.5를 참조).

그래서 텍스트 표현과정도 - 이제는 좁은 의미의 텍스트생산과 관련한 - 필자의 전략적 결정이다. 왜냐하면 텍스트생산이란 텍스트구조를 실현하기 위해 언어단위를 의식의 저장소에서 불러 내는 단순한 기계적 과정이 아니라 "창조적 행위의 특수한 경우"(Antos 1982, 42), 즉 어떤 선택과정이라고 이해해야 하며, 그 목적은 창조적 행위를 실현할 때 구상된 텍스트의 틀에다가 필자가 추구하는 기본 의도의 성공적 실현을 가장 개연성 있게 해 주는 언어형태를 부여하는 것이기 때문이다. 물론 결정과정이 - 텍스트구성에 의해서나 선호성을 띠는 텍스트원형에 의해 제한된 융통성의 범위 내에서 - 언제나 의식적으로 진행되는 것은 아니다. 그렇다고 하더라도 필자는 (입말 의사소통의 화자와는 대조적으로) 표현과제를 차례차례 해결하며, 계획된 정보과정의 최적화 문제를 상당히 의식하면서 추구한다. 그러니까 필자는 무엇보다도 자신의 언어지식 요소를 서로 비교하고, 처음에 했던 구상을 고치거나 수정한다고 가정해도 될 것이다.

이때 필자는 두 가지 주요 과제를 해결해야 한다. 즉 필자는 추구하는 상호작용의 목적을 직접 (또는 간접적으로) 표현함과 동시에 어휘적, 문법적 신호를 빌어 수용자의 행동을 조정해야 하는 것이다. 텍스트를 작성하면서 필자는 제시한 사태에 대한 자신의 마음자세도 "말하자면 그저 지나치듯이"(Püschel 1983, 109) 나타낼 수 있는 것이다.[139]

---

139) 안토스(1982, 162이하)는 이를 자세히 전개하여 설명하면서 다음과

따라서 텍스트 표현과정은 의사소통의 실제에서 결코 부차적 역할을 하는 게 아니다. 왜냐하면 무언가 말할 게 **있다는 것**뿐만 아니라 그것을 **어떻게** 나타낼 수 있는지도 문제가 되는 경우가 많기 때문이다. 그래서 늘 "올바른 어조", 즉 구상한 텍스트구조를 실현하기 위해서 언어단위와 구조를 적절히 활성화하고 표현하는 것이 중요하다. 그리고 의사소통 행위의 성공은 (심지어는 수용자가 문제없이 받아들인 일일지라도), 필자가 "어조에서 실수하면" 위태로워질 수 있다.

그럼에도 텍스트 표현과정이 이 책에서 주변적인 것처럼 다뤄지는 것은, 표현층위의 결정과정이 특수한 학문분과인 문체론에서 자세히 기술되었기 때문이다(문체에 관한 총체적 서술로는 특히 리이젤(Riesel 1963, 1970), 리이젤/쉔트아이스(Riesel/Schendeis 1975), 플라이셔/미헬(Fleischer/Michel 1979), 잔디히(1986) 등이 있다). 그래서 여기서는 우리 기술방법의 시각에서 텍스트언어학과 문체론의 관계만 대략 윤곽을 서술할 것이다. 이렇게 하는 것이 꼭 필요해 보이는 이유는 이와 관련된 문제가 흔히 상반된 관점에서 논의된다는 것이다.

최근 **문체란 "텍스트의 특성**"[140], "텍스트의 부분적 양상"(Sandig 1986, 18)이라고 특징지어야 한다는 견해가 점점 더 관철되었다. 이것은 60년 대와 70년 대에 있었던 문체에 대한 매우 일반적이고 모호한 개념규정을("발화행위와 쓰기행위 내에서 언어의 사용방식"(리이젤 1963, 10), "언어사용의 특징적 형식"(반 다이크 1980a, 103)) 명확히 한 것이다.

이 주장에서 중요한 결론을 도출할 수 있다.

같은 표현상의 문제를 들고 있다. 즉 "용건적합성"(용건의 적절성을 검토하는) 문제, "이해가능성의 구축"(명료성, 구체성, 간결성…) 문제, "수용자의 의사소통상의 부담" 문제(수용능력…), 이미지 생성이나 이미지 고정 문제 및 미적 평가 문제…

140) 포이커트(Peukert 1977, 42): 문체성이란 조직된 언어발화인 '텍스트'에 내재된 본질적이고 필수적인 특성이다.

1. 문체란 언제나 텍스트전체의 현상, 즉 복합적 현상으로 보아야 하지, 지금까지 보통 그랬듯이 더 이상 문장 혹은 통사구조 층위에서 각 발화를 실현함으로써 생기는 언어적 특성으로 보아서는 안 된다. 그러므로 문체란 텍스트와 관련시키지 않고는 의미 있게 기술될 수 없다.

2. 제 3장에서 보여 주었듯이 전체로서의 텍스트는 언제나 특정 텍스트 종류의 재현이므로, 문체성이란 텍스트구성에 대한 틀이 되는, 관여성 있는 총괄적 텍스트원형과 관련하여서만 파악할 수 있다.[141]

따라서 텍스트 표현과정도 이 "전제"의 영향을 받는다. 이것은 무엇보다도 어떤 텍스트종류에 고유한 낱말, 어구, (특징적인 분절신호를 포함한) 구조에서 나타날 뿐만 아니라 전형적인 - 각 텍스트종류에서 연유하는 - 문체 특성의 실현에서도 나타난다. 따라서 이러한 특성은 미헬(1986, 7)에 따르면 "문체의 전형"을 바탕으로 하여 가장 쉽게 기술될 수 있는데, 문체의 전형이란 여러 가지 "가능성의 영역" 내의 전형적이고 표본적인 특징을 말한다. 그러니까 텍스트종류는 여러 가지 표현상의 특질에 의해 특징지어지는 것이다.

3. 문체성은 텍스트에서 부수적인 의미요인 및 작용요인, 즉 "함축적 잠재력"(Lerchner 1981)으로 기능한다. 이러한 의미에서 문체는 언어 표현방식의 유형에 의해 전달되는 화용적 정보체이다. 텍스트산출자는 아주 독특한 표현법을 사용하여 자신의 마음자세나 가치평가를 나타내 주며 이렇게 하여 구체적인 이해할 거리를 수용자에게 제시하는데, 이것은 경우에 따라 수용자의 반응을 본질적으로 규정하는 데 한몫을 할 수도 있다. 그래서 문체성의 의사소통 기능은 "구체적인 발화에서 기대할 수 있는 언어수단 및 문법 외적 방법으로 한정된 구조조직과 관련하여 불확실성을 제거하는 것"(엔트로피)이라고 이해될 수 있다(Lerchner 1986, 36).

4. 위 사실들은 말할 필요도 없이 중요하고 기초적인 인식이지만 그럼에

141) 이에 관해 미헬(1986a, 9)은 다음과 같이 말하고 있다. "텍스트종류의 특수성이라는 중간 기준 없이 […] 오로지 의사소통 영역에만 관련한 문체연구는 […] 그다지 소용이 없다." 미헬(1987, 2)은 또 책표지라는 텍스트종류를 보기로 하여 하나의 텍스트종류를 형태적으로 구성하는 데는 여러 가지 텍스트원형이 있을 수 있다는 것을 지적하고 있다. 즉 내용 소개, 책 저자의 헌정문, 서평에서 뽑아 온 인용 구절, 저자의 간략한 이력 같은 것이 있다.

도 여기 제시한 기술방식의 시각에서는 "텍스트의 내재적 특성인" 문체를 규정하는 것과 관련하여 몇 가지 질문도 생긴다. 물론 텍스트는 "문체성"도 반영하고 있지만, 우리가 응집성 현상을 설명하기 위해 좁은 의미의 텍스트개념을 극복해야만 했듯이, 문체도 상호작용 과정의 결과보다 더 포괄적으로 이해하는 것이 의미 있어 보인다. 그 이유는 "문체성"은 언어원형과 언어규범에 대한 의사소통 참여자의 공동 지식을 토대로 하여 "의사소통적 텍스트의 잠재력"으로서 비로소 실현된다는 것이다.

두 파트너가 이러한 "문체 지식"을 가지고 있지 않으면, 그러니까 어떤 구조원형이 어떤 여건에서 가장 효율적으로 언어화될 수 있는지에 대한 지식 없이는 어떠한 문체 효과도 실현될 수 없을 것이다. 필자는 텍스트를 작성함으로써 독자에게 함축적 잠재력도 포함하고 있는 이해할 거리를 제공하는 것이며, 수용자는 특정 언어의 "문체 지식"을 갖추고 있다는 전제 하에서 비로소 한 텍스트의 문체적 잠재력을 파악할 수 있다. 따라서 의사소통의 제반 조건에 대한 지식은 텍스트의 표현에 반영되므로 문체작업은 상호작용에 의한 발화의 의미를 구성하는 데 결정적으로 관여할 수 있는 것이다(Lerchner 1986. 36). 이것은 필자가 수용자에게서 개대할 수 있는 해석행위를 예견하여 이를 문체작업을 통해 조정하려고 함으로써 (도) 가능하다. 이러한 의미에서 물리적으로 나타난 텍스트 형태, 즉 텍스트의 표현방식은 "문체성"의 중개체, 곧 의도된 문체와 실현되어야 하는 문체를 "연결해 주는 다리"로서만 기능하는 것이다.

5. 문체란 선택원칙에 기초하고 있으며, 표현의 가변성을 문체의 기본 특질로 볼 수 있다는 사실은 많은 연구에서 지적되었고 또 지적되고 있다. 그런데 "문체성"은 어떤 선택원칙과 관련되어야 하는가? 최근 연구에서는 대부분(특히 van Dijk 1980. Antos 1982. Sandig 1983b) "넓은 의미의 문체 개념"에서 출발하고 있으며, 텍스트구성에 관여하는 모든 선택적 결정은 "문체적 현상"이라고 평가되고 있다 (전략적 계획 결정 및 구조화 결정과 관련한 선택과정, 텍스트 조직구조, 사태 선택 및 텍스트주제 전개와 관련한 선택과정).

이렇게 문체를 넓게 파악하는 것과는 대조적으로 우리는 문체적 현상을 - 미헬(1987. 726)에 기대어 - 오로지 표현 성분에만 국한하기로 한다. 그러니까 선택한 언어실현 변이형, 곧 "선적 형태의 텍스트에 나타나는 어휘와 문법의 통합"(Michel 1986, 41, 1987, 4도 참조)에만 국한하기로 하는데, 위에서 설명했듯이 통합은 상호작용을 규정하는 영향 단위의 총괄구조에 의해 정해진다.

우리의 견해로는 이런 식으로 제한하면 문체 현상이 – 텍스트산출자의 다른 결정행위와는 경계가 명백하기 때문에 – 보다 분명하게 규정될 수 있다는 장점이 있다. 왜냐하면 표현단계는 상대적으로 독자성을 지니고 있어서 텍스트산출시의 전체 전략 결정과정에서 두드러지기 때문이다.

문체적 현상을 표현층위에서 기술하기 위해서는 (해당 표현행위가 거의 관습적 특징을 지니고 있는 경우) 표현방식과 표현유형을 구별하자는 잔디히(1986, 147)와 안토스(1982, 119이하)의 제안이 쓸모 있을 것이다.

우리 생각으로는, 표현상의 결정을 평가하기 위한 기본 기준으로 여겨져야 할 것은 (상황적) 적합성인 것 같다. 그밖에 아마도 미적 관점도 중요한 역할을 할 것이다 (미적 관점은 비단 예술적 텍스트에만 적용되는 것은 아니다. Lerchner 1981, 100이하를 참조). 아직 언어학적으로 확고한 뒷받침이 필요한 이 사실을 우리는 잠정적으로 사고의 균형성과 정형성이라는 말로 풀어쓰겠다.

요약하여 간단히 나타내면 다음과 같다.

1. 텍스트와 문체 사이에는 포함관계가 존재한다.
2. 문체는 의사소통 파트너의 상호작용 과정의 결과이다. 문체 효과는 의사소통자의 고유한 지식총체가 활성화되고 부각됨으로써 비로소 실현된다.
3. 의사소통 참여자들의 문체작업은 이에 앞서 이루어지는 텍스트원형의 결정과 텍스트구조화의 결정을 토대로 하여 이루어진다. 문체작업은 – 표현층위와 관련한 – 전략적 선택과정이며 통합과정이다.
4. 문체적인 것은 텍스트에서 부수적 의미요소 및 작용요소, 곧 함축적 잠재력으로 기능한다. 물질의 형태를 띠게 된 텍스트 표현방식은 텍스트

부류의 고유한 특징을 나타낸다.

5.4 독자의 전략

5.4.1 글말텍스트의 이해

2.6장에서 텍스트수용 문제에 관한 몇 가지 원칙적 언급을 한 데이어 이제 글말텍스트의 이해과정이 지니는 몇 가지 특성을 자세히 살펴보려고 한다. 일반적으로 우선 이러한 형태의 텍스트를 이해할 때에는 직접적인 의사소통이 지니고 있는 이해의 이차적 도움(특히 몸짓과 표정)뿐만 아니라 이해하지 못했을 때 상대방에게 직접 되물어 볼 수 있는 가능성도 없다는 것을 말해 둘 수 있다.

그런 반면 독자는 정보를 수용하는 속도와 강도를 스스로 정할 수 있다는 장점이 있다. 따라서 독자의 기억력은 부담을 덜게 되며, 경우에 따라 독자는 필요하다면, 임의의 텍스트부분을 여러 번 읽을 수도 있다(Vachek 1971, 107이하). 게다가 이해에 어려움이 있으면 관련 서적에서 찾아 볼 수도 있다.

그러면 이제 글말텍스트를 이해할 때 어떤 심리적 과정이 관여하고 있는지 그리고 수용자가 글말텍스트를 다루는 데에는 그로부터 어떤 결론이 나오는지 질문해 보아야 한다.

5.4.1.1 텍스트기대와 이해

거의 모든 기존의 이해모형은 독자가 우선 텍스트의 개별 요소(낱말, 명제, 발화수반행위)를 수용하여 처리한 다음 텍스트단위를 하나하나 단계적으로 통합하는 과정을 거쳐 점차적으로 부분텍스트의 의미를 이해하게 되고 궁극적으로는 텍스트의 의의를 파악하는 데 이르게 된다는 사실에서 출발하고 있다.

(i) 이와는 달리 상호작용에 입각한 우리의 전체 구상에 따르면, 텍스트 이해란 텍스트를 읽게 되면서 비로소 시작되는 것이 아니라, 텍스트를 읽기 "전에 이미 화용의 관점에서 방향을 설정하면서"(Knobloch 1984, 103)142) 시작된다. 수용자는 본격적인 지각과정이 시작되기 전에 이미, 위에서 언급한 "행위상황과 행위참여자 및 사회적 배경에 대한 인지작용"을(2.6.1장) 허용해 주는, 자신의 상호작용 지식의 특정 요소들을 활성화한다(특히 틀, 대본, 1.2.7장을 보라). 이와 결부되어 있는 것은 기대하고 있는 텍스트와 관련된 태도의 형성이다. 즉 이제 막 사적 편지를 받은 독자는 어떤 해명서를 검토해야 하는 상급 직원이나 학생들의 작문을 수정해야 하는 교사와는 다른 "텍스트기대"를 가지고 텍스트수용에 임한다.

따라서 **텍스트기대**란 일차적으로는 기대한 텍스트의 의사소통적 기능과 사회적 기능을 겨냥하고 있지만 특정한 텍스트내용이나 (가령 전보의 경우) 심지어는 표현방식도 겨냥하고 있다는 것이 명백해진다. 따라서 텍스트기대는 독자의 수용활동을 제한하고 텍스트이해에 초점을 두게 된다. 텍스트기대란 궁극적으로는 각 상호작용에 의해 (그리고 수용자의 특별한 관심의 자세, 목적, 희망에 의해서도) 규정되어 있는 - 대개 아직 매우 일반적인 - 총괄적 텍스트원형이다.143) 따라서 텍스트기대는 "열린 부분"(open slots)을 지니고 있는 기본구조이며, "열린 부분"은 텍스트의 단편들에 의해 보완될 수 있다.

(ii) 텍스트기대는 다른 **상황적 혹은 텍스트상의 사전 신호**에 의해 더 제한될 수 있다. 검은 테두리가 있는 편지를 받은이는 자신이 아는 사람의 죽음 소식이 기다리고 있음을 안다. 일간신문의 독자는 일 면에서는 현재 일어나고 있는 정치적 사건에 대한 정보를 기대하고 마지막 면에서는 스포츠소식을 기대한다. 끝으로 또 (가령 신문기사의 경우) 제목은 기대할 수 있는 텍스트구성의 가능성을 더 제한해 주기도 한다. 따라서 텍스트기대에 부합되는 총괄적 텍스트원형의 활성화는 (경우에 따라서는 여

---

142) 라이저/블랙(Reiser/Black 1982, 228)도 비슷한 생각이다. "언어를 이해한다는 것은 의미적 기대와 화용적 기대에 기초하고 있다."

143) 이러한 인지도식 없이는 "인간은 아무 것도 볼 수 없다." 인간은 어떤 상황에서 무엇을 기대해야 하는지 알고 있다(Neisser 1979, 7).

기 시사한 사전 신호에 의해 유발되어) 수용자가 맨 처음 하는 기본 추론
의 성과라고 이해되어도 좋다.

5.4.1.2 순환적 텍스트이해

이러한 텍스트기대가 좁은 의미로 텍스트를 이해할 때 일종의 수
정 기준으로 기능한다는 것은 쉽게 납득할 수 있다. 독자는 개개 텍
스트정보(또는 정보뭉치 전부)를 언제나, 자신이 기대한 총괄적 텍
스트원형에 비추어 해독하는 것이다. 수용자가 텍스트를 완전히 다
읽기도 전에 텍스트를 완전히) 이해하게 될 수도 있다는 잘 알려진
사실도 이러한 배경에서 설명할 수 있다. 극단적인 경우에는 제목만
으로도 충분하다 (가령 신문텍스트에서 수용자가 총괄적 텍스트원형
뿐만 아니라 텍스트의 이해에 관여하는 다른 많은 지식요소도 이해
과정에 투입한다는 전제하에). 다른 어떤 경우에는 텍스트기대를 텍
스트의 첫 몇 문장을 자세히 처리함으로써 보충하는 것이 꼭 필요하
거나 합당하며, 끝으로 세 번째 그룹의 수용과정의 경우에는 비교적
많은 분량의 글말텍스트라 하더라도 완전하게 처리하는 것이 텍스트
를 적절히 이해하는 데 필수불가결한 조건이다 (가령 학생들의 질
문, 문학텍스트와 학술텍스트…). 공식처럼 표현하면, 수용자가 텍스
트에서 자신에게 중요한 것을 파악했다고 믿게 되면 이해과정도 종
결된 것으로 보아도 좋다. 이것은 대부분 수용자의 이해전략에 의해
서 결정되기도 한다(5.4.2장을 참조).

그렇다면 이해과정 하나하나는 어떻게 진행되는가? 각 요소의 의
미를 파악하는 문제는 여기서 그저 지나치듯 언급할 수밖에 없
다.144) 이와는 달리 텍스트언어학적 시각에서 관심이 가는 것은 기

---

144) 심리학적 연구 결과에 따르면 수용자는 문장을 이해할 때 보통 자신이
　　주어, 곧 기초 논항이라고 "가정하는"(대개 문장에서 처음 등장하는)
　　명사에서 출발한다. 그런 다음 수용자는 동사단위를 찾는 작업을 통해
　　(이것은 읽을 때의 눈동작으로 증명될 수 있다) 발화의 기능소를 밝혀
　　내고 이 단위들을 서로 관련짓고 그리고 또 다른 정보와 관련지음으로

본 발화수반행위를 나타내는 텍스트단위들의 **순환적 처리과정**이다. 순환적 처리과정이란 점점 더 복잡해지는 이해단위를 서서히 구성함에 있어서 수용해야 할 텍스트정보를 언제나 서로 관련시키고 피드백하는 것이라고 이해해도 될 것이다.

단기기억의 저장 용량은 제한되어 있기 때문에145) 그 다음의 상황정보 또는 텍스트정보를 수용할 공간을 마련할 수 있으려면 이미 활성화된 의미단위의 일부는 어쩔 수 없이 다시 삭제되어야 한다. "삭제되어야" 할 대상은 수용자의 시각에서 보아 텍스트의의를 파악하는 데 관여성이 없거나 아니면 부차적 중요성만 있는 단위들이다.

따라서 새로 처리되어야 하는 정보는 이미 처리된 "텍스트의미"/"부분텍스트의미"에 전부 통합되는 것이 아니라 그 시점에 아직 기억 속에 있는, 이미 처리된 텍스트정보의 토대에 통합될 뿐이다. 그래서 새로운 정보의 처리, 즉 정보의 축소와 응집성 형성에 관여하는 상위구조로의 통합도(Kintsch/van Dijk 1978) 단기기억(short-term memory)에서 (한 순환주기 동안) 짧은 시간에 일어날 뿐이다. 이러한 의미에서 텍스트이해는 원칙적으로 선별적으로 일어나는 것이며, 무엇보다도 어떤 정보가 수용자에게 지니는 중요성 여부에 달린 것이다.146)

이렇게 **정보(복합체)의 주관적 중요도** 외에도 텍스트이해에는 독자의 **사전 지식**도 중요하고 해당 정보를 "발견하고" 적합한 추론과정을 실행하는 독자의 능력도 중요하다. 그래서 동일한 텍스트(가령 신문뉴스)의 수용 결과라 하더라도 언어참여자가 다르면 절대 같지 않은 것이다. 그리고 수용자의 텍스트이해는 필자의 **의도**와 동일시

써 문장발화의 발화수반내용과 명제내용을 파악하게 된다(Lurija 1982, 277, van Dijk 1980, 170이하를 참조).

145) 심리학적 조사에 의하면 최고 저장 용량은 대략 기초 명제 50개라고 보면 될 것이다(van Dijk 1980a, 74).

146) 민스키(Minsky)는 텍스트이해를 다음과 같이 요약하여 나타내고 있다. 틀을 완성하기, 텍스트의 문장에서 단서를 모으기, 세부사항을 보충하기, 빠져 있는 표준적 세부사항을 추측하기, 연결하기, 추론하기, 추측을 검토하고 수정하기(Metzing 1980, 1에 의한 것임).

될 수 없다는 결론도 여기서 나온다.

물론 정보를 빨리 찾고 발견하는 데는 텍스트의 여건도 한 역할을 한다. 단순한 통사구조는 여러 개의 삽입구조로 된 문장이나 부가어 연쇄가 겹쳐 있는 문장보다 더 빨리 수용된다. 마찬가지로 비학술텍스트가 학술 전문용어로 넘친다면 이를 파악하는 데는 보통 추론작업이 반드시 더 필요하므로 이해에 어려움을 준다. 다른 한편, 구분이 명확히 되어 있는 텍스트뿐만 아니라 해당 분절신호나 대화 도입 문구(Gambits)의 사용 그리고 또 (특히 인과관계를 나타내는) 텍스트단위 사이의 연결어를 명시하는 것도 수용과정을 수월하게 해준다(Reiser/Black 1982, 231을 참조).

5.4.1.3 기억 문제

이어서 정보 기억하기(그리고 잊어버리기)의 몇 가지 조건을 언급하겠다. 우선, 일단 단기기억에 이르러 처리된 정보는 모두 장기기억 속으로 옮겨 간다고 볼 수 있을 것이다. 이 정보들이 거기 얼마나 오랫 동안 보관될 수 있으며 적합한 상황에서 얼마나 빨리 활성화될 수 있는지는 (개인의 심리적 능력 외에도) 무엇보다도 다음과 같은 - 텍스트언어학과 관련된 - 요인에 달려있다.

(ⅰ) **정보가 수용자에게 지니는 주관적 중요도** (그리고 여기서 도출될 수 있는 독자전략)
(ⅱ) 수용자 개개인의 **심리 상태** (피로하거나 심리적 부담이 있으면 추론과정은 정상적 조건에서보다 훨씬 느리게 진행된다).
(ⅲ) 기억 속에 정보가 이루고 있는 **망조직의 유형**. 기억의 한 구조단위는 다른 단위들과 많이 결합되어 있으면 있을수록 더 잘 "고정되고" 따라서 더 잘 기억된다. 그리고 정보는 자주 사용되면 될수록 그리고 더 처리하기 위해 자주 단기기억에 소환되면 될수록 장기적으로 기억될 개연성은 더욱 더 높아진다.147)
(ⅳ) **총괄적 텍스트원형에 정보를 적용할 수 있는 가능성**. 이런 경우

개인의 지식저장체에서는 총괄적 텍스트원형이 보충되거나 심화된다. 끝
으로 이른바 "의미적 열쇠개념"도, 수용자의 저장된 지식을 증가시키는 한
에서는, 여기에 넣을 수 있다(Beaugrande/Dressler 1981, 211).
심리학적 시험 결과에 따르면, 수용자가 자신이 오래 전에 수용한 텍스트
의 텍스트의의를 나중에 수정함으로써 이미 저장된 지식과 여기서 말한
식의 일치를 이루는 일은 드물지 않다.

5.4.2 이해 전략

5.4.2.1 읽기행위의 초점

이해과정은 고립시켜 고찰해서는 안 된다. 이해과정은 - 대개 필
자도 의도한 - 동작행위에 대해 동기를 형성해 주기, 수용자의 마음
자세나 의견을 확고하게 하거나 수정하기, (학습과정에서) 수용자의
정보체계를 확장해 주기 같은 상호작용의 결과를 낳으므로 언제나
상호작용성을 띠고 있는 현상으로 설명되어야 한다.

그러나 텍스트산출자의 목적이 상대방의 목적과 언제나 동일한 것
은 절대 아니다. 그래서 의사소통 과정의 성공 여부는 무엇보다도
관심과 희망, 마음자세 같은 수용자가 의사소통 과정에 투입하는 모
든 것에 달려있기도 하다. 그런데 이러한 심리적 성향과 태도는 필
자가 제공하는 텍스트에 대한 수용자의 반응을 규정하여 의사소통의
(잠정적) 결과를 규정할 뿐만 아니라 동시에 독자가 텍스트를 수용,
즉 이해하는 데 결정적 요인이 되기도 한다.

동일한 텍스트라도 독자가 다르면 아주 달리 "이해될" 수 있다. 어
떤 수용자는 특정 신문기사를 큰 관심을 가지고 수용할 (그리고 기
억, 즉 저장할) 수 있는 반면, 다른 어떤 독자는 그 신문기사를 "대

---

147) 이와는 달리 망조직이 덜 된 정보는 다시 빨리 잊혀지고 다른 정보에
밀려나거나 혹은 덮히게 된다. 그렇다고 해서 이 정보가 적합한 상황적
계기가 있을 때 연상작용을 통해 다시 의식의 문턱 위로 올라 온다는
것을 배제한다는 말은 아니다.

충 훑어볼" (수용하지 않을) 것이다. 또 역사가라면 역사소설을 읽을 때 특정한 시기의 역사적 사건에 관해 그저 좀 더 알고 싶어하는 독자나 이 소설의 미적 구성의 특성에 영향받기를 원하는 제 삼의 독자와는 다른 눈으로, 그러니까 다른 전략으로 이를 수용할 것이다. 또 필자가 애초부터 일정한 수용자 집단은 자신의 사회적 역할로 인해 어떤 텍스트를 읽을 의무가 있다는 것을 알고 있는 경우도 있다. 즉 교사는 학생들의 작문을 읽고 평가해야 하고, 학생은 숙제를 하기 위해 교과서의 일부를 읽어야 하며 학교의 교장은 보고서나 회의록, 진정서 따위를 자세히 다루어야 하는 것이다.

여기서 시사한, 텍스트이해에 대한 수용자의 마음자세는 독자전략의 기본 관점이라고 말할 수 있다. 수용자의 마음자세는 - 언제나 위에서 언급한 텍스트기대와 관련하여 - 한편으로 정보수용과 그 저장의 유형을, 다른 한편으로 그로 인해 비롯되는 상호작용 속에서의 수용자의 반응을 거의 결정한다.

우리가 알기로는 이러한 독자전략을 유형화하려는 시도는 지금까지 없었다. 모든 수용과정이 위에서 시사한 일반적 특성 외에도 늘 개인적인 어떤 특징을 나타내므로 특정 텍스트부류와 독자전략 사이에 확실한 상응관계를 밝혀 내는 것은 거의 가능하지 않다. 그렇지만 아마도 수용과제에 접근하는 가능한 방식에는 어떤 기본유형이 있는지 서로 구별해 보는 것은 의미 있어 보인다. 이와 같이 구별해 봄으로써 글말텍스트의 이해과정에 대해 교육학적이고 방법적인 어떤 결론이 도출될 수 있기 때문이다.

이런 식으로 독자전략을 분류하는 데 기본 기준이 되는 것은 텍스트를 대할 때 독자가 두는 초점이 차이가 있다는 사실이다. 다시 말해, 텍스트를 수용할 때 우세한 마음자세가 있다는 것이다.

5.4.2.2 과제중심적 텍스트이해

목적의식을 가지고 (그리고 또 대개 포괄적으로) 글말텍스트를 수

용할 긍정적 동기가 독자에게 주어지는 경우란 무엇보다도 독자가
의사소통적 과제 또는 비의사소통적 과제를 해결하기 위해 어떤 글
말텍스트의 이해에 상당히 의존하고 있을 때이다. 다름 아니라 독자
가 머리 속에 저장해야 할 정보는 독자의 과제를 해결해 줄 수 있기
때문에 독자는 텍스트를 각별히 주의하면서 (강도 높게!) 지각하여
수용하는 것이다.

따라서 수용자는 과제해결과 관련 있는 정보를 찾으면서 텍스트를
훑어보고 정보를 자신이 활성화한 과제의 틀에 대응시키거나 혹은
이를 새로운 해결방법에 대한 자극으로 여긴다. 그래서 이러한 과제
중심적 텍스트이해 형태는 보통 각별히 좋은 기억 성과를 가져오기
도 하는데, 여기서 수용한 정보가 **기능적 관여성**을 지니게 되기 때
문이다.

따라서 이러한 전략유형 내에서는 무엇보다도 해결해야 할 과제의
성질에 따라 차이점이 생긴다. 우리는 이 문제점을 석사학위논문을
작성해야 하는 학생들의 과제에서 출발하여 **학술텍스트를 수용하는
문제를 보기**로 들어 구체적으로 보여 주겠다(이에 관해서는 5.3.5
장을 참조).

학생은 석사학위논문에서 어떤 학문적 문제를 독자적으로 파악하
고 해결하는 능력을 증명해야 한다. 학위논문을 쓰려면 일정한 연구
영역의 학술텍스트를 철저하고 체계적으로 연구하는 것이 반드시 필
요하다. 이와 같은 수용행위가 있어야만 학생은 비로소 이 분야의
연구동향을 서술할 수 있게 된다. 아울러 보통 해당 학문의 문제를
독자적으로 해결할 자극도 얻게 될 것이다.

수용자의 전략적 읽기 태도를 결정하는 것은 석사논문 작성이라는
과제이다.

(ⅰ) 수용자는 해당 전문문헌을 철저하고도 완벽하게 수용하고 이를 체계
적으로 - 한 부분 한 부분 - 연구하여 거기 서술되어 있는 주장을 자신의
관심사를 위해 활용할 수 있는지 검토해야 한다.

이렇게 체계적으로 텍스트를 이해해야 할 경우에는 이해하지 못한 것이 있어서는 안 된다. 그래서 읽기전략에는 사전 같은 참고서적과 보충해 줄 전문문헌을 수용하는 일도 포함되어 있다.

기억을 용이하게 하기 위해 (그리고 - 충분히 있을 수 있는 일인데 - 동일한 텍스트를 거듭 읽으면서 중요한 정보를 더 잘 찾아내기 위해) 독자는 텍스트의 중요한 부분에 밑줄을 긋고, 텍스트의 가장자리에 메모하거나 중요한 것을 적는 것이 필요하다. 뿐만 아니라 수용자는 발췌하는 기술(어떤 텍스트부분을 글자 그대로 옮기는 것)과 요지를 만드는 기술(텍스트 내용을 개괄적으로 서술하는 것)도 습득하는 것이 좋을 것이다.

(ii) 처리해야 하는 문제에만 관련이 있는 학술텍스트의 경우 독자는, 텍스트를 그저 대충 수용하면, 그러니까 자신에게 중요해 보이는 정보만 받아들여 텍스트기대와 관련지으면 충분하다(기능면에서 관여성이 낮은 다른 정보를 의식적으로 소홀히 할 경우). 이것은 물론 논문작성자가 (대개는 제목을 보고) 빨리 중요한 것을 파악할 능력이 있을 때에만 그러하다.

(iii) 세 번째 부류의 학술텍스트의 경우 (가령 인접 학문분과의 텍스트나 사전류의 텍스트의 경우) 텍스트를 일부만 이해해도 충분할 수 있다 (목적 의식을 가지고 다른 텍스트부분은 모두 제쳐두고 개개 개념이나 혹은 문제가 되는 텍스트부분을 찾아 보는 일).

따라서 석사논문을 쓰는 이는 여러 가지 학술텍스트에 여러 방식으로 접근하되 언제나 해결해야 할 과제를 중심으로 한다. 석사학위논문을 작성하는 데는 (i)유형의 전략적 읽기 태도가 기본이라고 보아도 좋다. (제기된 과제의 해결에 대한 마음자세의 차이에서 비롯되는) 개인적 차이는 여기서 고려하지 않는다.

과제중심적 텍스트이해의 몇 가지 다른 형태는 여기서 간단하게만 언급하겠다.

- 텍스트의 평가자는 과제에 따라 전문문헌 중 평가해야 할 일정 부분 및 어떤 문제 해결방법을 수용과정의 초점으로 삼고서 학술텍스트를 다룬다.
- 모든 유형의 학습과정 그리고 정보의 수용 및 저장을 특수한 과제로 하고 있는 경우가 있다. 여기 적합한 것은 특히 가르칠 목적으로 마련된 텍

스트이다. 이러한 텍스트는 수용자가 지금껏 알지 못했거나 그저 불충분
하게 알고 있던 지식영역에 들어가는 것을 수월하게 해 줄 ─ 목표집단에
따라 차등을 둔 ─ 자극과 도움을(도해, 도표, 문제에 대한 교수법적인 설
명, 활자체를 이용한 강조…) 담고 있다. 이러한 과제가 설정되는 경우
수용자의 읽기 태도는 일차적으로 정보복합체를 기억에 아로새기는 것을
목표로 하고 있다. 기억과정은 (수용자의 기억유형에 따라) 여러 가지 기
술에 의해 촉진될 수 있다.

기구나 물건을 설치하거나 조립하는 과제를 해결하기 위해 혹은 실제로
작동하는지를 알아보기 위해 (가령 붙박이장 설치, 타자기의 테이프 교체
하기) 실용텍스트를 수용하는 경우가 있다(사용지침서, 사용안내서, 5.3.
4.4를 보라). 이럴 경우 수용과정이 과제지향적임에도 불구하고 이해하는
데 어려움이 발생하곤 한다. 어려움은 특히 텍스트의 표현방식으로 인해
생기는데, 텍스트산출자가 전문용어를 수용자가 알고 있다고 전제하기 때
문이다 (보기텍스트 (65)의 씰링 테이프 같은 전문용어). 게다가 어떤
과정을 구체적으로 어떻게 수행해야 하는지 분명하지 않은 경우가 혼하다
(보기텍스트 (65)의 프론트 커버가 멈출 때까지 열어 주십시오). 그래서
이 수용과정(그리고 여기서 비롯되는 실제 작업)이 가장 잘 될 수 있도록
텍스트산출자에게 이와 같은 실용텍스트를 "독자에게 친절하게" 작성하도
록 요구해야 한다. 구체적으로, 작동에 주요한 부분과정을 전부 상세히
서술해 줄 것과 전문 어휘를 거의 사용하지 말 것 그리고 또 그래픽이나
형상 수단을 더 많이 사용할 것 등을 말한다 (가령 (65)에서와 같은 그
림).

5.4.2.3 관심중심적 텍스트이해

대상이나 사태에 대한 관심 있는 자세는 거의 모든 수용과정에서
(가령 과제중심적 읽기에서도) 무시할 수 없는 역할을 한다. 그렇지
만 이 맥락에서는 당위성이 아니라, 관심이[148] 수용과정의 일차적

[148) 관심이라는 개념을 우리는 개인에게 유용하거나 의미 있어 보이는 현실
　　　의 대상 및 현상을 인지적으로 겨냥하고 있는 개인의 마음자세라고 이
　　　해한다.

자극이 되는 경우에만 관심중심적 텍스트이해라는 용어를 사용하겠
다. 이럴 경우 독자가 기대하는 인지도식을 특징짓게 되는 것은 관
심이며, 인지도식은 독자가 텍스트를 읽을 때 선별 기능을 한다. 즉
어떤 정보는 주관적으로 본 중요도 때문에 각별히 강도 높게 받아
들여지고 다른 어떤 정보는 처음부터 제외되거나 아니면 기껏해야
대충 수용되고 마는 것이다.

이 형태의 텍스트이해는 (직업상 과제지향성이 있지 않는 한) 대
중매체 텍스트, 교양서적 및 실용서적, 광고뿐만 아니라 특히 모든
유형의 오락텍스트의 수용과 처리의 특징이기도 하다.

(67)

양궁 윤미진 첫 금

우리는 관심중심적 이해전략을 **신문텍스트의 수용**을 보기로 들어
설명하겠다. 독자는 자신이 특별히 관심을 갖는 신문을 정보의 원천
으로 선택할 뿐만 아니라 - 신문을 펴다거나 표제어와 제목의 유도
를 받아 방향을 잡는다는 의미에서 - 특별히 관심이 가는 분야(스포

츠, 정치, 문화…)에 대한 정보를 "찾기도" 한다. 그러면서 독자는
많은 양의 특수한 지식을 이해과정에 투입한다. 이렇게 하여 새롭게
수용할 지식단위가 의식에 이미 저장된 지식단위와 보다 강도 높게
결합되어 조직망을 이루게 되며 그렇게 됨으로써 독자는 관심이 강
조된 이러한 정보를 보다 잘 기억하게 된다.

(68)

이와는 달리 독자는 관심이 없는 것은 보통 "대충 훑어보게" 된다
(피상적으로 받아들이거나 아니면 전혀 수용하지 않는다). 물론 독
자가 제목 혹은 독창성 있거나 예기치 않은 표제를 보고 (수용자에
게 원래는 흥미롭지 않았던) 다른 정보에 관심을 갖게 되어 이 정보
를 대충 또는 완전히 수용하고 활성화된 인지도식에 상응시키는 경
우에는 그렇지 않다.
　모든 인쇄물은 어느 정도까지는 활자체를 통해 강조하거나 제목을

사용하여 잠재적 독자의 관심을 유도하고 조정한다. 일부 신문류 생산물은 특정 독자군을(가령 청소년) 지향하고 있으며 그래서 눈에 띄는 외형으로(다원색 인쇄, 주제목, 부제목, 소제목, 덧제목과 본 "텍스트"를 활자체를 달리하여 구분, 사진, 스케치…) 관심을 일깨워서 부담 없고 또 쉽게 개괄할 수 있도록 텍스트를 구성하여 관심을 유지하려고 한다.

주목을 끌기 위한 이러한 유형의 신문정보의 대표적 보기로 2000년 시드니에서 열린 올림픽 경기에 대한 신문의 보도를 들 수 있다.

(69)

펜싱 사상 첫 금메달

시드니올림픽 김영호 플뢰레 우승

한국 펜싱의 기린아 김영호 (29·대전도시개발공사)가 한국선수단에 두번째 금메달을 선사했다.

김영호는 20일 시드니 전시홀에서 열린 남자펜싱 플뢰레 개인 결승전에 진출해 세계 랭킹 1위인 독일의 랄프 비스도르프를 맞아 15-14로 승리해 금메달을 목에 걸었다. 이로써 김영호는 동양선수로서는 올림픽 펜싱 금메달을 따는 최초의 선수가 됐다.

김영호는 2m가 넘는 키를 이용한 비스도르프의 장신공격에 말려 경기 초반 고전했으나 2회전부터 주특기인 어깨 찌르기 공격이 살아나면서 경기를 주도해 14-11로 앞선 뒤 3점을 잇따라

환호 20일 시드니 달링하버 전시홀에서 열린 펜싱 플뢰레 결승에 진출한 김영호가 기쁨을 감추지 못하고 환호하고 있다. 시드니/사진공동취재단

내줬으나 마지막 공격을 성공시켜 한국 펜싱 사상 최초 '금메달 검사'의 주인공이 됐다. 김영호는 세계 랭킹 5위로 한국 펜싱협회의 금메달 기대주로 꼽혔다. 시드니/특별취재반

(70)

> 밤 기온 4℃, 낮 기온 14℃
> 안개, 일부는 갬.
> 비 소식 없음.
>
> 닭이랑 공작 왈
> 봄이구나
> 그거 참 멋지구나

　그러니까 신문 독자의 수용태도는 습관화된 관심에 의해서뿐만 아니라 신문의 외형에 의해서도 일정한 방향으로 유도되기도 하는 것이다. "특정 유형의 신문"이라는 사전 신호로도 독자는 이미 어떤 텍스트기대를 활성화하며, 텍스트기대는 일단 부각되어 있는 정보(주제목, 부제목)와 관련지어진 다음, 차츰차츰 한 텍스트부분의 새로운 정보를 대충 혹은 체계적으로 수용함으로써 "채워진다"(경우에 따라서는 교정된다). 각 텍스트부분의 의의구조와 의미구조는 서로서로 결합될 수도 있고 사전 신호와 결합될 수도 있으며 그리고 그에 상응하는 추론과정을 통해 복합적이고 포괄적인 의의단위와 의미단위를 낳게 될 때야 비로소 수용자는 자신이 관심을 갖는 텍스트/부분텍스트를 이해한 것이다 (다시 말해, 자신에게 중요한 부분을 내면화한 것이다). 그리고 신문정보는 수용자에게 일화의 성격을 유지하고 있다고 보아도 될 것이다. 즉 신문텍스트는 보통 그냥 받아들여지는 텍스트이므로 수용자의 습관화된 행동 성향이 서서히 변화해 가면서 독자의 실제적 행위 또는 세상지식에 대한 직접적인 어떤 결과가 생기는 경우는 예외에 불과하다.

5.4.2.4 행동지향적 텍스트이해

행동지향적 텍스트이해란 읽기행위가 필자가 기대할 수 있는 수용자의 행위를 유발하는 자극이 되는 (또는 될 수 있는) 수용과정을 총괄하는 용어이다. 그래서 이와 같은 텍스트는 짧은 시간에 수용된다고 볼 수 있으며, 수용의 초점은 독자가 행위를 수행하느냐 혹은 하지 않느냐이다. 이런 식의 행위지향성은 무엇보다도 안내표지판, 법률텍스트 그리고 책임자의 결정을 유발하거나 그에 영향을 줄 텍스트를 수용할 때 나타난다.

안내표지판은 "실용텍스트" 가운데 큰 부류를 이루고 있다. 안내표지판은 보통 사회기관의 대표자가 생략형식을 띤 판박이유형의 원형에 따라 작성한 것으로, 일정한 사회적 역할을 하고 있는 수용자 (고객, 보행자, 독자…)의 행동을 상황에 맞게 조정하는 데 쓰인다.

> (71) *접근금지!*
> *정차시 손잡이를 꼭 잡으시오!*
> *공사현장! 주의!*
> *비상등을 켜세요!*

수용자는 (운전자가 교통표지판을 기대하듯) 백화점이나 주차장 앞 또는 식당이나 서비스업체에서 특정 행위 인지도식의 요소로 안내표지판을 기대한다. 그래서 수용자는 안내표지판을 낱말 하나하나 확인하지 않고 대개는 반복되는 사고조작을 토대로 하여 개개 요소를 확인함으로써 안내표지판이 총괄적으로 전달하는 조정적 의미를 파악하는 편이며 보통 또 그 요구대로 반응한다. 이런 식으로 표지판 텍스트를 짧은 시간에 이해하지 않는 경우는, 그러니까 생략구문으로 된 짧은 텍스트를 꼼꼼하게 수용하는 것이 필요한 경우란 분명 안내표지판이 수용자의 기대와 일치하지 않을 때뿐이다. 그래서 가령 *손잡이, 비상등* 같이 잠재적으로 뜻이 모호한 어휘의 의미를 인식하는 데 수용자는 아무런 어려움도 느끼지 않는다. 이것은 수용자

가 환경상황에(가령 버스 안에 매달려 있는 손잡이) 부합되는 행동
원형을 활성화하기 때문이다.

행동중심적 텍스트이해의 다른 한 형태는 **법률텍스트**(법률, 명령,
규정, 합의서, 유언장…) 및 **행정적 텍스트** 수용의 특징이다. 이 경
우도 물론 수용자에게는 자신의 행위에 관여성 있는 정보를 하나하
나 파악하는 것이 문제이기는 하지만(물건을 반품할 권리가 있는가?
신청서에 제시한 근거가 세금을 감면받는 데 충분한가?) 그러기 위
해서는 비전문인이라면 누구나 반복성을 띠는 사고조작 이상이 필요
하다. 수용자는 자기 관심사(또는 업무 - 이 점에서 이 이해 형태와
과제중심적 텍스트이해 형태의 관련성이 뚜렷해진다!)의 시각에서
보아 그에 부합하는 방법을 선택하게 되고 그 다음 자신의 행동에 결
정적인 텍스트부분을 꼼꼼하게 수용해야 하며 이를 자신의 사전 지식
과 관련짓고는 그에 부합하는 추론적 사고조작을 유도해야 한다.

신청서, 지원서, 진정서, 평가서, 기록조서 등 어떤 제도영역의 책
임자를 대상으로 하는 텍스트는 특별한 경우에만 이 범주에 넣을 수
있다. 텍스트의 수용자인 책임자는 원칙적으로 동일한 읽기전략에
따라 이와 같은 텍스트를 처리한다. 즉 책임자는 텍스트 전체에서
자신의 결정과정에 중요한 정보를 골라 내고 자신의 (그리고 다른
사람의) 경험을 텍스트를 이해하는 데 투입한 다음, 주어진 조건을
토대로 하여 행위, 곧 결정하는 것이다.

5.4.2.5 파트너중심적 텍스트이해

어떤 텍스트이해에서든 파트너지향성도 중요하지 않은 역할을 하
는 게 아니다. 그런데 잠재적 파트너를 대상으로 하는 많은 수의 글
말텍스트의 경우(신문텍스트, 안내표지판…) 상대방이 직접 자신에
게 말을 걸고 있다고 느낄 필요가 없는 반면, 사적 편지, 그림엽서,
사적 정보가 수용될 때는 파트너지향성이 강조된다. 다시 말해, 텍
스트의 정보는 (텍스트산출자의 휴가지, 체험 또는 부탁 등) 수신자

가 파트너에 대해 가지고 있는 지식과 관련을 맺게 된다. 이럴 경우 "인지도식"은 텍스트를 - 대개는 완전히 - 읽는 데에뿐만 아니라 수용자가 반응하는 데에도 중요하다. 그래서 우리는 이런 유형의 글말의사소통에서는 여기서 대략 설명한 "배경/틀"이 텍스트이해의 주된 토대가 된다고 전제하겠다.

위에서 개략적으로 살펴본 독자전략의 기본유형은 말할 필요도 없이 불완전하기 때문에 더 보완되고 구체화되어야 한다. 그럼에도 이러한 개략적 설명은 - 앞에서 다소 직관적으로 표현한 - 동일한 텍스트라도 독자가 다르면 달리 "이해될 수" 있다는 주장을 명확히 하는 데 도움이 될 수 있을 것이다.

앞의 내용을 되돌아 보면서 **광고텍스트**를 보기로 들어 이해의 기본틀을 세워 보면 다음과 같다.

(72)

```
동아백화점



고
객
감
사
대
축
제



10. 20 ▷ 11. 2
동아백화점
전 직영점 동시 실시
```

(73)

> **'들국화 학전 콘서트'**
>
> 날짜 : 10월 6일 (금) ～ 10월 22일 (일)
> 장소 : 학전 **GREEN** 소극장
> 문의 및 예약 : 학전 (763-8233, www.hakchon.co.kr)
> 　　　　　　　　티켓파크 (538-3200),
> 　　　　　　　　티켓링크 (1588-7890), 시내 유명 예매처
>
> 후원 : 한겨레신문사, 한국사이버문화예술대학
> 　　　　(주)야컴

우선 일간신문의 독자는 보통 신문의 광고텍스트(상품광고, 구인광고)의 대부분을 - 관심이 없기 때문에 - 전혀 읽지 않거나 기껏해야 "건성으로 읽을" 뿐이다. 이와는 달리 소수의 "관심 있는" 독자는 신문에서 구체적인 할인 행사를 찾는데, 그러니까 행동지향성을 가지고 이 텍스트의 수용에 다가가는 것이다. 이러한 독자들은 텍스트 정보를 대개 짧은 시간에 수용하고는 어떤 품목이 자신에게 특별히 유리하게 여겨지면 행위하는 것으로 반응하며, 이 행위란 결국 할인 품목을 사는 것으로 이어질 수 있을 것이다. 뿐만 아니라 특별한 관심도(가령 양탄자에 대한 관심이나 자신의 아파트를 품위 있게 만들어 보려는 관심) 읽기과정에 의해 활성화될 수 있다. 이러한 특수한 관심은 일반적으로 텍스트정보를 상세하고도 복합적으로 수용하도록 하며 수용 결과로 생기는 구매행위에 결정적으로 영향을 준다.

끝으로 직업상의 과제도(가령 "광고 - 어제와 오늘"이라는 주제에 관해 논문을 작성해야 하는 과제) 텍스트 수용방식을 결정할 수 있다. 이 경우 (언어적, 비언어적) 세부적인 사항을 체계적으로 수용하게 되고 다른 광고텍스트의 구성과 비교하게 된다. 이 과제에는

그밖에도 전문문헌을 고려하여 체계적으로 평가하는 일도 포함된다.

그래서 비단 - 서로 다른 착안점에서 출발하고 있으며 서로 다른 추론과정을 거쳐 실행된 - 수용과정의 결과만이 여기서 암시한 한도 내에서 분량과 내용의 면에서 차이가 나는 것이 아니라, 수용자가 이로부터 도출할 수 있는 결론도 절대 동일하지 않다.

제 6 장

텍스트언어학의 발전 전망과 적용 분야

6.1 현재 연구 동향과 발전 전망

텍스트가 모든 인간 공동체의 삶에서 근본적 역할을 한다는 것이 앞의 여러 장에서 거듭 분명해졌다. 언어학이 더 이상 이 사실을 소홀히 하거나 연구 영역에서 제외할 수 없었던 것은 필연적인 결과이다. 언어학에서 1970년 대 초반부터 텍스트분석의 이론적 또는 실제적 모든 영역에서 시작되었던 많은 활동들이 텍스트이론, 텍스트언어학 또는 텍스트학이라는 명칭하에 언어학의 독자적 학문분과로 자리를 굳히려고 시도했다는 것도 역시 필연적인 것 같다. 그렇지만 오늘의 시각에서 보면 이 개념들 하나하나가 문제가 있다는 것이 드러나는데 - 지금까지의 텍스트언어학 연구(1장을 참조)를 결산해 보면 금방 알 수 있듯이 - 실제로 (혹은 아직은) 주어져 있지 않은 대상의 상황을 설명하려고 하기 때문이다. 이 사실을 이 책의 필자인 우리는 잘 알고 있다. 그럼에도 우리가 "텍스트언어학 입문"이라는 문제성 있는 기존의 개념을 사용한 것은, 일차적으로 지금까지 전개된 여러 가지 연구방향을 통합할 수 있도록 해 주는 어떤 총괄적 개념을 택하려고 했기 때문이었다. 텍스트언어학이라는 명칭은 무엇보다도 이론에 토대를 두고 있거나 실제에 중심을 두고 있는 많은 수의 연구를 총괄하는 통합 개념으로 사용되었다. 그러나 텍스트언어학의 현재 발전 동향을 전적으로 용어의 문제로 환원시킨다는 것은 부당한 단순화일 것이다. 그 이유는 오늘 텍스트언어학 혹은 텍스트학을 표방하고 있는 것은 통일성 있는 지향점을 둔 학문분과라기보다는 부분적으로 오래 되었고 부분적으로 새로운 많은 수의 모형으로서, 일차적으로 공동의 "주 동기"인 텍스트에 의해 결속되어 있을 뿐, 엄격한 이론적 방법론적 강령에 의해 결속되어 있는 것이 아니라는 데 있다. "텍스트"라는 개념을 분석적으로 나누어 보면, 이 개념 뒤에 텍스트를 언어학적으로 기술하기 위한 서로 아주 다른 접근법들이 숨어 있음이 이내 분명해진다. 그러나 현재 텍스트언어학이 전개되는 상황의 특징은 비단 방금 설명한 다원적 방법론뿐만이 아니다. 텍스트언어학은 현재 언어학의 그 어떤 다른 분과학문 못지않게 상당한 이론상의 결함도 나타내고 있다. 여기에는 의심할 바 없이 여러 원인이 있는데 그 중 아주 결정적인 것은 텍스트언어학이 발전해 가는 과정에서, 적절한 분석장치도 없고 또 충분한 이론적 설명도 할 수 없는 새로운 사실이 지속적으로 설명의 틀에 수용되었다는 것이다. 그러니까 텍스트언어학은 언제나 문제를 받아 들였지만 이 문제들이 텍스트언어학의 토대를 결코 더 확고하게 해 주지는 못했던 것이다. 정 반대로 텍스트언어학 내에서의 개념 문제는 여전히 비참할 정도여서 심지어는 이 학문분과의 핵심 개념까지도 건드리고 있다. 이 사실에서 알 수 있는 것은 텍스트언어학에는 지금까지 이론의 논리적 구조와 기본 기술 범주가 개발되지 않았거나 혹은 개발되었다고 하더라도 충분하지는 않다는 것이다. 오히려 지금까지의 방법의 특징은 일단 각 범주가 서로 아주 다른 현상을 담아냈다는 것이다. 그런 다음 그 다음 단계에서는 어떤 범주에 거의 자의적으로 부여한 특성에다가 어떤 질서를 줄 수 있는지 검토하였으며 그런 후에 해당 범주에 본질적이지 않은 특성을 다시 걸러 내는 것이었다. 이와 같은 발전과정에서 어느 정도 진전이 이루어지지 못하고 또 설정한 목표조차도 실현될 수 없었던 것은 아주 상당 부분 종래 사용해 왔던, 여러 면에서 연구 방법론상 확실하지 않은 일련의 개념과 약간 관련이 있다. 페퇴피(Petöfi)는 이 문제에 특별히 주의를 기울였던 한 사람으로서 응집성이나 연접성 같은 텍스트언어학의 핵심 범주를 명확히 규정하려고 했다.

텍스트언어학이 최근 몇 년 동안 점점 더 자주 불신당하고 때론 그 불신이 학문분과의 존재 정당성마저 부인할 만큼 심하기도 하였다면, 그것은 대체로 텍스트언어학이 빠른 속도로 발전해 갔음에도 지금까지 많은 문제들이 다루어지지 않았거나 혹은 매우 불충분하게 다루어졌기 때문에 엄격한 모형으로 서술될 수 없었다는 데에 아주 결정적으로 기인한다. 따라서 설정된 목표와 텍스트언어학에 대한 외부의 기대가 아직 충족될 수 없었다면, 그리 오래지 않아 이른바 의사소통 지향적 언어학이 어떻게 계속 발전되어 갈 것인지의 문제가 제기된 것은 당연하다. 언어학은 세칭 말하는 본원의 언어학으로 돌아가야 할 것인가, 아니면 텍스트구조에 명백히 드러나는 언어적 사실과 비언어적 사실에 대한 깊은 인식으로 전진할 수 있기 위해 갖은 노력을 해야 할 것인가(Hartung 1987, Viehweger 1987a)? 이 질문에 대한 대답은 명확하다. 언어학은 화용론적 전환이 있기 전 중심이었던 협소한 언어학으로 되돌아 갈 수 없으며 오히려 이론적 토대를 더 공고히 하고 방법론적 장치를 명확히 해야 한다. 그리고 궁극적으로는 지금까지 매우 성급하게 대답해 온 많은 문제들을 새롭게 제기해야 한다. 무엇보다도 언어학은 텍스트란 언어학의 여러 분과의 연구대상이라는 사실만 가지고 그에 맞는 독자적인 언어학 부분분과를 마련해야 한다는 결론을 끌어 낼 수 있는가 하는 문제를 새롭게 제기해야 한다. 이렇게 말하는 것이 절대로 텍스트에 대한 언어학적 분석의 필요성을 문제삼는 것은 아니라 하더라도 지금까지 텍스트언어학 연구의 패러다임은 문제삼게 된다. 최근 몇 년 동안 텍스트언어학과 어떤 의사소통 중심 텍스트모형을 방법론상의 궁지에 빠뜨리기도 하고 또 텍스트언어학이 어떻게 이 궁지에서 다시 벗어날 수 있는지를 제시하기도 한 제안이 많이 있었다. 가능한 해결책의 하나를 이 책의 2장에서 대충 서술하였는데, 거기에서 적어도 지금까지 텍스트언어학이 전개되어 온 과정에서 추론할 수 있는 발전의 윤곽은 보여 주었다.

결과적으로 텍스트언어학 연구의 가능성을 계속 개발해 내기 위해서는 어떤 결론을 내릴 수 있는가? 텍스트언어학의 실제적인 발전은 무엇보다도 다음과 같은 이론적, 방법론적 문제제기가 어떤 해결점에 가까워질 때 이루어질 수 있을 것 같다.

1. 텍스트가 나타내는 다양한 양상은 단 하나의 이론에 의해서가 아니라 텍스트의 아주 고유한 양상을 각각 그대로 반영해 주는 여러 가지 이론에 의해서만 기술되고 설명될 수 있으며, 포괄적인 텍스트이론에(이것은 앞으로 더 자세히 설명될 필요가 있다) 의해 통합될 수 있다는 것은 이제 확실한 인식이다. 간단히 표현해서, 텍스트에 대한 포괄적인 설명은 문법적 (언어체계적) 관점뿐만 아니라 여러 성질의 화용적 관점과 구성적 관점과도 관련되는데, 나중에 언급한 두 가지 관점은 언어사용이라는 개념으로 집약할 수 있다. 이와 같은 여러 관점들의 관련성은 최근 언어학적 논의에서 점점 더 강력하게 중심이 되고 있다. 현재 논의 동향은 이와 같은 관점들이 각각 분리되어 기술될 수 있기는 하지만 한 관점을 적절히 기술하는 데는 다른 관점에 대한 보다 심도 있는 인식이 전제된다는 것을 매우 분명하게 보여 주었다.

문법과 언어사용 체계의 관련성에 대해서는 지금까지 무엇보다도 문법의 시각에서 논의되었다. 그 이유는 현재 이미 내적 구조를 지니고 있고 비교적 잘 완성된 문법이론이 존재하고 있으며 문법 영역에 관한 지식의 양도 대단한 데 비해, 언어사용 체계에 관한 지식은 아직도 겨우 시사점을 던져 주는 정도라는 것이다. 문법을 출발점으로 선택하는 데는 다른 원인도 있다. 즉 지금까지 제안된 모형들은 문법이 다른 인지체계와는 비교적 독립적으로 접근될 수 있으면서 동시에 모형화도 가능해 보이는 반면, 언어사용 체계를 모형화하려면 일반적으로 완성된 문법모형이 필요하다는 증거를 분명히 제시했던 것이다.

2. 그러나 이 두 관점의 상호의존성은 연구의 학제성이 계속 강화됨으로써 어떤 현상이 텍스트언어학의 진정한 설명 영역에 속하며, 반대로 어떤 현상이 언어학의 다른 부분분과 혹은 인접과학의 책임 영역에 속하는지의 문제가 제기될 때에만 기술할 수 있는 것이다. 가령 언어사 연구가 텍스트유형과 텍스트부류의 발생과 발전과정에 관심을 가지고 있는 것은 정당한 일이다. 언어사 연구가 이때 - 가능한 범위 내에서 - 텍스트언어

학적 분류를 중심으로 하는 것은 당연한 일이지만, 그렇다고 해서 언어사
적 문제제기를 텍스트언어학의 설명 영역에 반드시 통합할 이유는 없을
것이다. 가능한 보기는 얼마든지 더 열거할 수 있을 것이다. 뿐만 아니라
텍스트분석 영역에서 학제성은 이제는 이미 매우 성과가 많은, 언어학과
심리학의 학문적 관련성 외에도 다른 학문분과와의 교류도 조성되거나 새
로워지고 있다는 것을 뜻하기도 한다. 이 사실은 무엇보다도 언어학과 문
예학 사이에 존재하는 학제간의 밀접한 관련성에도 적용되며, 이 관련성은
텍스트언어학의 문제제기를 거쳐 다시 새로운 형태를 띨 수 있을 것이다.
3. 이론적 토대를 공고히 하는 것 외에도 텍스트언어학적 연구는 앞으로
지금까지 그랬던 것보다 훨씬 더 광범위한 경험적 연구의 토대 위에서 이
루어져야 한다. 다시 말해, 텍스트언어학의 데이터베이스는 이론과 방법
론에서 시각이 달라졌기 때문에 질적으로뿐만 아니라 양적으로도 달라질
것이다. 지금까지 텍스트언어학의 모형이 발전해 온 과정을 보면 구체적
인 텍스트분석은 거의 예외 없이 어떤 이론적 혹은 방법론적 입장을 보여
주는 데 쓰였다는 것을 분명히 알 수 있다. 미래의 텍스트분석에 제기되
는 요구, 특히 인간과 기계에 의한 텍스트처리 과정의 모형화에 제기되는
요구에 부응하기 위해서는 표본적 성격만을 띠고 있는 경험적 연구로는
더 이상 충분하지 않다. 대화분석이나 텍스트언어학의 어떤 연구방향이
이미 정리하여 구체적인 연구과제에 사용하고 있는 것과 같은 실제 텍스
트자료는 앞으로의 텍스트언어학 연구에 없어서는 안 될 도구가 될 것이
다(Kazakevič 1988).

　이렇게 미래의 텍스트분석 연구에 요구되는 것을 열거해 보았다.
이것이 요구 사항의 전부는 아니겠지만 대표성은 있는 것들이다. 그
렇기 때문에 무엇으로 인해 앞으로 텍스트분석 연구에 새로운 전망
이 열리게 될 것인지를 몇 가지 핵심적인 이론적 문제와 방법론상의
문제에서 보여 주려고 했을 뿐이다. 이것이 가능하다는 것은 텍스트
처리의 모형화에 대한 접근법, 응집성과 연접성 탐구를 위한 학제
지향적 프로젝트 그리고 70년 대의 거의 순진한 상태를 벗어나 방
법론적 엄격성을 얻으려는 노력에서도 벌써 알 수 있다.

6.2 적용 분야

현재 텍스트언어학의 발전 상태에서 어느 정도 분명하게 알 수 있는 많은 미흡한 점에도 불구하고 지난 몇 년 동안 앞으로의 텍스트 분석에 대한 구상의 토대가 마련될 수 있었다. 이 토대는 주로 학제적 영역에서 계획된 이론적 연구뿐만 아니라 실제 현장을 지향하는 연구에도 새로운 전망을 열어 준다. 텍스트언어학에서 얼마 전부터 나타나기 시작한 이 새로운 방향은 절대 언어학 내적 발전에 의해서만 유발된 것이 아니라 무엇보다도 인접과학과 일정한 실제 현장 영역에서 시작된 발전적 자극이 많았기 때문이기도 하다. 이것은 텍스트이해를 비롯하여 수용자, 상황, 매체에 따른 텍스트이해의 용이성 문제에 대한 많은 연구 프로젝트에도 적용되고 또 모국어 수업이나 외국어 수업에서 텍스트처리에 관한 연구 및 자동 언어처리 영역에서 언어를 이해하는 체계를 개발하는 데에도 적용된다. 이 영역이 얼마나 빨리 발전했는지는 릭크하이트/슈트로너(Rickheit/Strohner 1985a, 1985b)의 연구 같은 데에서 분명해진다.

게다가 이렇게 방향을 새롭게 정립함으로써, 텍스트가 중요한 역할을 하기는 하지만 지금껏 언어학이 전혀 혹은 자주 성찰하지 않은 것이 당연해 보였던 영역들이 다시 언어학적 관심의 중심이 되기도 하였다. 이 영역 가운데 대표적으로 언어 교수과정과 학습과정에서 텍스트가 지니는 의미를 아래 자세하게 설명하겠다. 아울러 이 맥락에서 텍스트언어학적 연구 결과가 학습과정을 효율화하는 데 이용될 수 있는지 그리고 어떻게 이용될 수 있는지를 검토함과 동시에 보여 주려고 한다.

우리가 얻는 지식의 원천이 아주 다르다고 하더라도 습득한 지식의 거의 대부분은 수업활동이나 비수업활동에서 수용하는 텍스트를 사용하여 획득하는 것이라고 전제해도 좋을 것이다. 수업에서는 텍스트가 탁월한 지식전달 기능을 가지고 있다고 하지만, 텍스트가 이 기능을 충족하려면 일정한 원칙에 따라 구성되고, 수업에서 많은 교

육 원칙을 고려하여 사용되어야만 한다. 이것은 결코 새로운 인식은
아니다. 새로운 것은 인간의 텍스트처리 과정과 텍스트를 사용한 이
해과정 및 지식습득 과정을 최근 개발된 텍스트처리의 심리학모형으
로 "꿰뚫어 볼 수 있게" 된다는 것이다.

언어수업에서 텍스트는 무엇보다도 언어능력의 획득을 촉진하려는
목적으로 사용되고 있는데, 여기서 언어능력이란 문법능력뿐만 아니
라 의사소통 능력도 의미한다. 이 목적을 위해서는 한편으로 문법
적, 문체적, 언어문화적 면을 설명하는 데 적합한 실제 원전텍스트
(예술적으로 형상화한 텍스트, 학술텍스트, 대중성을 띤 학술텍스트
등)가 사용되고 다른 한편으로는 일차적으로 언어현상을 분명하게
해 주고 언어현상에 기초가 되는 규칙성을 인식할 수 있도록 해 주
는 교수목적 텍스트나 도구적 텍스트가 사용된다. 교수목적 텍스트
내에서는 다시 두 가지 큰 부류를 구분할 수 있다. 첫째, 다음 보기
와 같은 소위 연습텍스트가 있다.

> (74) 나이 말하기
> - *How old are you? I'm 20 years old.*
> - *How old is your sister? She is 14 years old.*
> - *How old are your parents? My father is 40, my
>   mother is 39.*

둘째, 자연스러운 상황에서 만들어진 텍스트를 거의 모방하고 있
는 교수목적 텍스트가 있다. 가령 새로운 어휘요소, 문법구조 및 다
른 언어현상을 도입하거나 새로운 문맥에 넣기 위해 수업을 위해 특
별히 만든 대화가 그것이다.

> (75) 세관검사
> Mr. Weber: *Oh, we are now at the border!*
> (세관원이 기차에 오른다. 세관원은 여권을 보여 달라고 하
> 고 여행자의 짐을 검사한다.)

Customs officer: *Good morning, your passport, please!*
Mr. Weber: *Here is my passport.*
Customs officer: *Thank you. Do you have anything
    to declare?*
Mr. Weber: *No.*
Customs officer: *To whom does the big trunk belong?*
Mr. Weber: *The trunk belongs to the man next to me.*
Customs officer: *Thank you. Good-bye.*

(74)와 (75)는 언어수업에서 아주 전형적 의미의 지식전달 기능
을 한다. 이 보기는 배울 언어의 구조적 면 하나하나와 이 구조적
면에 기초가 되어 있는 규칙성을 예시하고 있다. 이런 유형의 텍스
트가 이미 오래 전부터 이러한 목적으로 수업에 사용되고 있기는 하
지만, 이런 보기는 분명히 문법론적 성질을 띠고 있는 현상을 우선
적이고도 전적으로 보여 주곤 한다. 다시 말해, 텍스트상의 관련성
혹은 텍스트상의 통합관계는 일차적으로 문법현상과 어휘현상을 설
명하는 데 쓰인다. 이 현상들이 텍스트의 구성면에서 종종 조명되기
도 하지만 이런 유형의 텍스트를 사용한다면, 설령 수업이 명백히
의사소통 지향적이라고 하더라도, 진정한 의미의 "텍스트"는 수업에
반영되지 않는다. 이런 유형의 연습텍스트를 가지고도 "텍스트"에 이
를 수 있다고 한다면, 대개 "자연적" 의사소통 과정의 텍스트와는 별
공통점이 없는 어떤 텍스트개념이 전달될 뿐이다. 이러한 텍스트개
념은 - 과장해서 표현하자면 - 문장 합성물의 성격을 띠고 있을 뿐,
일상 의사소통 과정에서 날마다 학습자가 산출하고 수용하는 텍스트
의 성격은 아니다.

이 주장에 대해, 언어수업의 어떤 단계에서는 아직 학습자가 충분
한 능력과 솜씨를 지니고 있지 않기에 방금 설명한 의미의 텍스트를
교육적으로 설정된 여러 가지 목표에 따라 사용하는 것만이 가능하
다고 응대할 수도 있을 것이다. 이 원칙은 수업을 위해 제안된 텍스
트변이형의 하나가 텍스트원형의 잠재적 실현형식, 곧 의미구조 혹

은 발화수반행위 구조라면 정당한 것 같기도 하다. 교수목적 텍스트
는 유감스럽게도 대체로 이와 같은 면을 고려하지 않았으므로 수업
을 통해서는 우리가 텍스트를 산출하고 해석하는 데 필요로 하는 것
과 같은 텍스트 지식, 곧 구체적 의사소통 상황에서 관례적인 사용
문맥과 상호작용하는 텍스트 지식은 전달되지 않고 있다. 이 문제는
어떤 외국어의 텍스트 지식을 전달하면서 동시에 어떤 인간 공동체
에서 고안된, 사회적으로 중요한 복합적 행위유형에 대한 여러 원형
을 뚜렷하게 설명하는 것이 중요할 경우 더 큰 의미를 얻게 된다.
분명히 말하건대, 여기서 문제가 되는 것은 특징적 문법구조 및 그
에 어휘를 대응시키는 것이 아니라, 텍스트를 산출하고 해석하는 데
꼭 필요한 진정한 지식영역, 곧 사회적으로 중요한 표준적 용도에
맞게 고안되어 모든 인간 공동체에 객관적 원형으로 마련되어 있는
소위 텍스트행위 원형이다.

　이러한 차원은 언어수업에서 언어를 가르칠 때 문법, 곧 문장에서
부터 텍스트로 나아가기만 한다고 획득될 수 있는 것이 아니다.

　아직도 여전히 널리 퍼져 있는 이 모형은 비단 텍스트를 기술하는
데뿐만 아니라 텍스트 지식을 전하는 데도 전적으로 불충분하다는
것이 드러나고 있다. 이 모형이 암시하고 있는 텍스트 개념은 정태
적이고 대충 뭉뚱그려졌으며 낱낱의 발화로 이루어진다는 것이며,
이 모형은 또 한 텍스트가 처하게 되는 아주 근본적 맥락도 부정하
고 있다. 이렇듯 언어수업에서 오래 전부터 텍스트와 (상황)맥락의
체계적 관련성을 지적하고는 있지만 텍스트란 언제나 상황조건에 비
추어 활성화된 원형의 실현에 불과하다는 것은 설명하지 않고 있다.
의심할 바 없이 이런 식으로 다루어지게 된 많은 현상이 아직 충분
히 알려지지 않고 있으므로 아직은 언어수업이 언제라도 이미 체계
적으로 완성된 이론을 사용할 수 있는 것은 아니다. 그럼에도 그동
안 언어학 연구뿐만 아니라 심리학연구도 텍스트처리가 국지적 분석
과정과 총괄적 분석과정이 서로 맞물리는 복합적이면서도 창의적인
활동임을 명확하게 확인해 주었다. 이 사실을 언어수업은 지금까지

텍스트를 구성할 때 충분하게 - 텍스트를 가지고 작업할 때는 아마도 더 - 고려하지 않고 있다.

수업에서 텍스트를 사용한 과제 해결이란 학습자의 언어능력에 달려있다는 것을 지적하는 것은 진부하다. 가령 수업의 초기단계에서 텍스트를 사용한 과제 해결은 방법면에서 언어형식을 다루는 것을 목표로 삼고 있다. 이 사실에서 끌어 낼 수 있는 것은 이 단계에서 학습자는 텍스트를 우선적으로 언어의 관점에서 처리한다는 것이다. 더 나아가서 이렇게 되기 쉬운 아주 결정적인 이유는 교수목적의 많은 텍스트가 내용적으로 진부하고 기능면에서도 전형적이지 않기 때문이다. 이와 같은 유형의 텍스트가 문법규칙을 전달하고 자동화하는 데 적합한지는 언어학이 아니라 학습이론과 텍스트처리의 심리학이 대답해야 하는 문제이다. 그래서 이 문제는 아래에서 더 자세히 논의하지 않을 것이다.

언어교습의 나중 단계에서 학습자는 마침내 텍스트처리의 진정한 전략, 곧 텍스트를 이해하고 텍스트내용을 파악하게 해 주는 전략을 분명 다시 사용해야 하는 수업과제를 해결해야 한다. 수업의 이 단계에서 연마되는 가장 흔한 학습행위는 가령 다음과 같은 것이다. 텍스트의 주된 생각 파악하기, 텍스트내용 요약하기, 핵심 주제 및 주된 사상 찾아 내기, 이야기로 재현하기, 곧 텍스트내용을 글자 그대로 혹은 명제의 형태로 재현하기, 주어진 텍스트원형에 따라 유사한 텍스트 구성하기, 텍스트내용을 바꿔 나타내기가 있으며 그외 다른 것도 많이 있다. 설령 이러한 학습행위를 가능하게 해 주는 인지조작이 아직은 어느 모로나 충분히 밝혀진 것은 아니어서 정확한 언어학습모형으로 기술될 수 있는 것은 아니라고 하더라도 그동안 학습심리학이나 인지심리학은(Mandler/Goodman 1982, Stein/Glenn 1979, Lurija 1982, Ch. Wagner 1983) 텍스트를 이해하기 위해서는 언어지식으로는 절대 충분하지 않으며 발화수반행위 지식과 총괄적 텍스트구조에 대한 지식도 아주 결정적 역할을 한다는 명백한 증거를 제시했다. 위에 언급한 학습행위를 하기 위해서는 무엇보다도 텍스트의 산출 인지도식과 해석 인지도식이 필요하며 또 전형적인 연속체원형에 대한 지식도 필요하다. 다른 말로 하면, 학습행위는 학습자가 언어사용면에 대한 충분한 지식과 총괄적 텍스트구조에 관한 고유한 지식을 가지고 있어야만 이루어질 수 있다. 많은 심리학자들의 견해에 의하면 총괄적 텍스트구조에 관한 지식이 있어야만 위에서 언급한 인지조작이 비로소 가능해진다. 물론 당연히, 총괄적 텍스트구조에 대한 텍스트이론이 지금까지도 개발될 수 없었기에, 지금까지 사용 가능한 지식은 아직 매우 잠정적이라고 이의를 제기할 수 있을 것이다. 이에 관해서는 이미 2.4.5와 2.4.6에서 언급하면서 텍스트언어학이 이미 텍스트의 각 대형구조에 대한 고유한 지식을 갖추고 있으며 각 텍스트부류는 총괄적 구조와 관련하여 이미 비교적 잘 기술되어 있다는 것도 분명히 했다. 비교적 잘 기술된 것으로는 "이야기"를 비롯하여 학술텍스트 같은 많은 종류의 기술텍스트가 있는데, 이 두 텍스트종류는 언어교습이나 언어수업에서 탁월한 역할을 한다. 심리학의 견해대로 이러한 지식이 텍스트이해에 원칙적인 중요성을 지닌다면 이 지식을 전달하는 문제가 수업에서 그에 상응하는 위상을 차지한다고 기대해야 할 것이다. 그렇지만 모국어 수업이나 외국어 수업을 위한 교수용 수단과 학습 수단을 체계적으로 분석해 보면 수업에서는 이 지식체계에 대한 그 어떤 명시적 언급도 찾아 볼 수 없다는 것을 보면 총괄적 텍스트구조에 대한 지식은 전제되고 있음이 분명하다. 여기서, 이런 유형의 지식은 특수한 수업 대상이므로 언어수업이 이러한 구조의 형식적 분석방법을 전달하는 데 집중해야 한다는 견해를 주장하는 것은 절대 아니다. 정 반대로, 여기서는 이와 같은 유형의 지식이 교수목적 텍스트를 구성할 때 지금까지 거의 고려되지 않았다는 것을 지적하는 것뿐이다. 그리고 학습자가 이 지식구조를 토대로 하여 이루어지는 인지행위를 수행할 수 있기 위해서는, 심리학의 인식을 토대로 하면, 텍스트를 사용하는 방법적 작업이 총괄적 텍스트구조에 대한 지식의 습득과 자동화를 촉진함에 틀림없다는 주장을 하는 것이다.

이 문제를 더 이상 순전히 이론적 충위에서 논의하지 않기 위해서
이 두 텍스트종류의 전형적 원형 혹은 총괄적 구조를 간단히 살펴보
기로 한다. 자세한 설명은 주로 이 두 텍스트종류의 총괄적 구조를
구성해 주는 지식에, 특히 이 총괄적 구조유형과 체계적으로 결부되
어 있는 전형적인 내용지식과 언어지식에 집중하기로 한다.

대화에서 하는 서사적 이야기는 관례화된 총괄적 구조를 지니고
있다. 이 구조는 주제관점에 따른 것일 수도 있고 행위목적에 따른
것일 수도 있는데, 주제관점이나 행위목적은 내용면에서 경계지을
수 있는 부분텍스트와 결부되어 있을 수 있다. 서사적 이야기원형의
구조원칙과 기능원칙에 관해서는 서사이론(Narrativik)이 최근 많
은 방안을 개발했는데 그것을 일반화하면 다음과 같다(2.4.5도 참
조). 즉 대화에서 하는 서사적 이야기의 기본 특성의 하나는 이야기
내용이 인물의 행위와 관련된다는 것이다. 여기서 제도적, 상황적,
공간적 및 시간적 배열은 부차적 역할을 한다. 더 나아가서 이야기
의 대상이 되는 행위는 수신자에게 흥미로운 사실이어야 하며, 여기
서 흥미롭다는 것은 대부분의 경우 규범에서 벗어나는 것을 확인할
수 있다거나 아니면 보통 어떤 행위가 진행됨에 따라 생기는 기대가
충족되지 않음으로써 성취되는 것이다. 대화에서 하는 서사적 이야
기의 총괄적 구조를 일반화하면 (그림 41) 형태로 재현될 수 있다.

(그림 41)

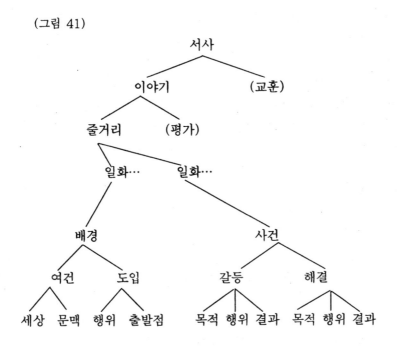

위에서 이미 분명해졌듯이, 여기서 중요한 것은 이런 유형의 인지
도식을 언어교수 과정에 관련시키는 것이 아니라, 이와 같은 도식에
의해 통합되어 교수목적 텍스트의 구조에 표명되는 지식을 설명하는
것일 뿐이며 이렇게 함으로써 학습자는 이 지식을 텍스트처리 과정
에서 내면화할 수 있다는 것이다. 아울러 교수목적 텍스트를 가지고
어떤 인지도식에 의해 통합될 수 있는 변이형들을 전달할 수도 있
다. 이때 변이형들은 모두 동등한 가치를 지니고 있지 않으므로 선
호되는 변이형이 있다는 것은 - 선호되는 변이형은 다시금 행위맥락
과 아주 체계적으로 결부되어 있을 수 있다 - 언어수업에서 참작하
지 않을 수 없다.

전형적인 학술텍스트는 아주 다른 특징을 지니고 있기도 하지만
대화에서 하는 서사적 이야기와 어떤 공통점을 추측하게 해 주는 자
질도 나타내고 있다. 일차적으로 접근해 보면 학술텍스트는 규칙성

이 있는 것, 곧 우연적이거나 심지어는 일탈적인 것이 아니라 내용
적 관점에서 중요한 것을 서술하는 텍스트의 한 부류라고 말할 수
있다. 원칙적으로 내용에 의거한 이 서술에 많은 수의 도표, 예문,
스케치, 그림 등이 덧붙여진다. 학술텍스트와 대화에서 하는 서사적
이야기의 공통점은 각 원형이 여러 가지 분절상의 변이형을 포함하
고 있다는 것과 텍스트산출자가 관련 있는 언어행위를 하기 전에 내
리는 전략적 결정은 이 변이형에서 추측할 수 있다는 것이다. 가령
학술텍스트에서는 어떤 문제가 단계적으로 전개될 수 있지만 먼저
결과를 보여 주고 나서 이 결과를 단계적으로 증명하는 것도 가능하
며 이럴 경우 이전 문헌에 나타나 있는 해당 결과가 옳지 않음을 자
신의 연구결과로 증명할 수 있다. 다시 말해, 학술텍스트에서도 대
화에서 하는 서사적 이야기에서처럼 사건의 결과와 언급하는 순서가
일 대 일로 대응할 수도 있고 또 사건의 결과와 언급하는 순서가 대
칭적으로 나타나지 않는 것도 가능하다는 말이다. 이 사실에서 추론
할 수 있는 것은 학술텍스트의 증명력과 대화에서 하는 서사적 이야
기의 교훈이 텍스트산출자에게는 중요하지 않은 것은 아니지만 적어
도 이 총괄적 텍스트구조의 다른 구성성분과의 관계에서 보아 똑같
은 비중을 지니는 것은 아니라는 것이다.

　"학술텍스트"와 "서사적 이야기"는 아직 매우 개략적인 구상이므로
보다 구체적인 텍스트종류 구상으로 다시 나뉠 수 있다. 위에서 간
단히 설명했듯이, 가령 서사적 이야기는 대화에서 하는 서사적 이야
기, 동화, 우스개이야기(위트), 익살 등을 포함하는 다른 하위종류
그리고 또 문학의 단편소설로 더 나뉘어질 수 있다. 학술텍스트는
대개 글말로 되어 있으며, 전문가들 사이의 특수한 정보교환을 가능
하게 해 주는 대학의 학술텍스트, 학자와 실용전문가 사이의 의사소
통을 가능하게 해 주는 학술 실용텍스트 그리고 대중학술서로 나뉜
다. 대학 학술텍스트의 보기에는 학술논문과 의사소견서가 있는데,
의사소견서는 환자에 대한 구체적 정보로서 산출자와 수신자는 전적
으로 의사들이다. 적어도 대중학술서는 수업 내의 활동에서 확고한

위치를 차지할 것이다.

따라서 서사적 이야기와 관련하여 요구되는 것과 같은 학습행위는 대중 학술텍스트의 토대 위에서도 길러질 수 있다고 전제해도 좋다. 반 다이크(1980a, 151)가 제안한 학술논문의 총괄구조는 언어교육적 목표를 위해서, 아니 적어도 교수목적 텍스트를 구성할 때는 고려되어야 할 것이다.

(그림 42)

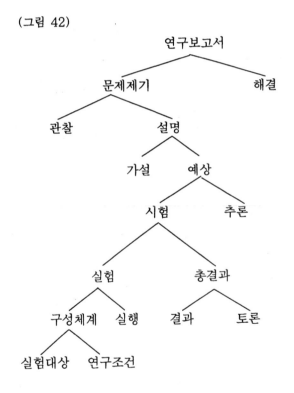

학술논문의 총괄구조가 아직 매우 잠정적인 것임은 의심할 여지 없으며, 이 사실은 텍스트를 구성하는 각 성분을 일컫는 범주에도 이미 드러난다. 그런데 다른 한편 이 총괄적 구조는 이 부류에 속하는 텍스트의 구조에 표명되어 있으며 텍스트의 이해나 산출에 없어

서는 안 될 전제인 지식 성분을 반영하고 있다. 이와 같은 텍스트언어학적 연구 결과를 수업목적용 텍스트에 통합하고 그렇게 하여 언어교습 과정에 통합한다면, 여전히 텍스트언어학적 인식에 무감각한 언어수업의 상황을 결정적으로 변화시키는 데 도움이 될 것이다.

오해가 생기기 않도록 하기 위해 말해 두자면, 여기서는 대표적 보기를 들어 텍스트언어학의 연구결과를 언어학의 다른 학문분과, 특히 응용 학문분과가 사용할 수 있다는 것을 보여 주려고 했다. 언어수업은 텍스트언어학에 기반을 두어야 한다고 요구한 것은 절대 아니다.

이 개론서에서 우리는 텍스트언어학의 여러 발전 방향을 개괄해 보고 이 학문분과의 핵심적인 이론적, 방법적 측면을 기술하려고 했다. 지면 관계로 어떤 문제점은 너무 간략히 서술하거나 아니면 그저 언급하는 데 그치는 수밖에 없었다. 이로 말미암은 불완전함도 있고 또 우리의 시각에서 문제를 선별하여 설명하기도 했지만, 텍스트의 언어학적 분석은 이론적 관심이 매우 클 뿐만 아니라 실용적 면에서의 필수성도 과소평가할 수 없다는 것이 분명해졌을 것이다. 이 연구분야는 매우 역동적으로 발전하고 있으며, 여전히 존재하는 부족함을 극복하고 나면 넓은 의미에서 텍스트의 언어학적 분석을 다루는 여러 학문의 조직 체계 내에서 중요한 위치를 차지하게 될 것이다.

참고문헌

아래 나열된 문헌 중 텍스트언어학의 문제점에 대한 입문서는 다음과 같다.

BAJZIKOVÁ, E., 1979; DE BEAUGRANDE, R. A./DRESSLER, W. U., 1981; BERNÁRDEZ, E., 1982; BROWN, G./YULE,G.,1983; COSERIU, E., ²1981; DRESSLER, W., 1972; W.(Hrsg.), 1978; GAL'PERIN, I. R., 1981; GÜLICH, E./RAIBLE, W. 1977; HENNE, H./REHBOCK, H., 1979/²1982; KALLMEYER, W. u. a. ²1980; KALVERKÄMPER, H., 1981; MOSKALSKAJA, O. I., 1984; SCHMIDT, S.J., 1973; SOWINSKI, B., 1983; STEUBE, A., 1986; WAWR ZYNIAK, Z., 1980.

AGRICOLA, E. ³1975. Semantische Relationen im Text und im System. Halle (Saale)
AGRICOLA, E. 1976. Vom Text zum Thema. In: F. DANEŠ u. D. VIEHWEGER (Hrsg.). Probleme der Textgrammatik. Berlin, S. 13-28 (Studia grammatica XI)
AGRICOLA, E. ³1975. Semantische Relationen im Text und im System. Halle (Saale)
AGRICOLA, E. 1976. Vom Text zum Thema. In: F. DANEŠ u. D. VIEHWEGER (Hrsg.). Probleme der Textgrammatik. Berlin, S. 13-28 (Studia grammatica XI)
AGRICOLA, E. 1979. Text-Textakten-Informationskern. In: F. DANEŠ u. D. VIEHWEGER (Hrsg.). Probleme der Textgrammatik II. Berlin, S. 11-32 (Studia grammatica X V III)
AGRICOLA, E. 1979. Textstruktur - Textanalyse - Informationskern. Leipzig
AGRICOLA, E. 1983. Textelemente und Textstrukturen. In: Deutsche Sprache. Hrsg. von W. FLEISCHER u. a. Kleine Enzyklopädie. Leipzig, S. 220-226
ALLWOOD, J.; ANDERSSON, L.-G.; DAHL, Ö. 1973. Logik für Linguisten. Tübingen
ANTOS, G. 1982. Grundlagen einer Theorie des Formulierens. Textherstellung in geschriebener und gesprochener Sprache.

Tübingen

ANTOS, G. 1984. Textuelle Planbildung - Ein Beitrag zu einer Textlinguistik zwischen Kognitionspsychologie und Handlungstheorie. In: Lunder Germanistische Forschungen 53. S. 169-205

ATKINSON, J., M.: HERITAGE, J. (eds.). 1984. Structures of Social Actions. Studies in Conversation Analysis. Cambridge /Paris

AUSTIN, J. L. 1962. How to do things with words. Oxford

AUSTIN, J. L. 1972. Zur Theorie der Sprechakte. Stuttgart

BACHTIN, M. M. 1979a. Problemy poetiki Dostoevskogo. Moskva

BACHTIN, M. M. 1979b. Estetika slovesnogo tvorčestva. Moskva

BAJZIKOVÁ, E. 1979. Úvod textovej syntaxe. Bratislava

BALLMER, TH. T. 1979. Probleme der Klassifikation von Sprechakten. In: G. GREWENDORF (Hrsg.). Sprechakttheorie und Semantik. Frankfurt (Main), S. 247-274

BALLSTAEDT, ST.-P. u. a. 1981. Texte verstehen. Texte gestalten. München/Wien/Baltimore

DE BEAUGRANDE, R. A. 1980. Text, discourse, and process. Toward a multidisciplinary science of texts. London

DE BEAUGRANDE, R. A. 1984. Text production. Toward science of composition. Norwood

DE BEAUGRANDE, R. A.; DRESSLER, W. U. 1981. Einführung in die Textlinguistik. Tübingen

BEISBART, O. u. a. 1976. Textlinguistik und ihre Didaktik.Donauwörth

BERENS, F. J. 1981. Dialogeröffnung in Telefongesprächen. Handlungen und Handlungsschemata der Herstellung sozialer und kommunikativer Beziehungen. In: P. SCHRÖDER u. H. STEGER (Hrsg.). Dialogforschung. Jahrbuch 1980 des Instituts für deutsche Sprache. Düsseldorf, S. 402-417

BERENS, F. -J. u. a. 1976. Projekt Dialogstrukturen. Ein Arbeitsbericht. München 1976

BERGMANN, J. R. 1981. Ethnomethodologische Konversation-

sanalyse. In: P. SCHRÖDER u. H. STEGER (Hrsg.).
    Dialogforschung. Jahrbuch 1980 des Instituts für deutsche
    Sprache. Düsseldorf, S. 9-51
BERNÁRDEZ, E. 1982. Introducción a la Lingüistica del Texto. Madrid
BETTEN, A. 1976. Zur Sequenzierung von Sprechakten. Das Problem
    der Einheitenbildung in längeren Texten. In: H. WEYDT
    (Hrsg.). Sprachtheorie und Pragmatik. Akten des 10.
    Linguistischen Kolloquiums. Tübingen, S. 279-289
BEVER, T. G. 1970. The Cognitive Basis for Linguistic Structures.
    In: J. HAYES (ed.). Cognition and the Development of
    Language. New York
BIERWISCH, M. 1966. Regeln für die Intonation deutscher Sätze. In:
    Untersuchungen über Akzent und Intonation im
    Deutschen. Berlin, S. 99-201 (Studia grammatica VII)
BLACK, J. B. 1978. Story Memory Structure. Diss. Stanford University
BLIESENER, TH.; NOTHDURFT, W. 1978. Episodenschwellen und
    Zwischenfälle. Zur Dynamik der Gesprächsorganisation.
    Hamburg
BLOOMFIELD, L. 1933, ²1955. Language. New York/London
BOCK, M. u. a. 1983. Eine aufmerksamkeitstheoretische Interpretation
    sprachlicher Selektionsprozesse. In: H. MANDL (Hrsg.).
    Zur Psychologie der Textverarbeitung, S. 63-107
BOOST, K. 1949. Der deutsche Satz. Die Satzverflechtung. In:
    Deutschunterricht H. 3, S. 7-15
BOOST, K. 1964. Neue Untersuchungen zum Wesen und zur Struktur
    des deutschen Satzes. Berlin
BRANDT, M. u. a. 1983. Der Einfluß der kommunikativen Strategie
    auf die Textstruktur - dargestellt am Beispiel des
    Geschäftsbriefes. In: I. ROSENGREN (Hrsg.) Sprache und
    Pragmatik. Lunder Symposium 1982. Malmö, S. 105-136
BRINKER, K. 1973. Zum Textbegriff in der heutigen Linguistik. In:
    H. SITTA u. K. BRINKER (Hrsg.). Studien zur Textthorie
    und zur deutschen Grammatik. Düsseldorf, S. 9-41
BRINKER, K. 1979. Zur Gegenstandsbestimmung und Aufgaben-

stellung der Textlinguistik. In: Text vs. Sentence. Ed. J. S. PETÖFI. Bd. 1. Hamburg, S 3-12

BRINKMANN, H. 1962, ^{2}1971. Die deutsche Sprache. Gestalt und Leistung. Düsseldorf

BRINKMANN, H. 1966. Der Satz und die Rede. In: Wirkendes Wort, S. 376-391

BROWN, G.; YULE, G. 1983. Discourse Analysis, Cambridge/ London /New York

BÜHLER, K. 1934, ^{2}1965. Sprachtheorie. Die Darstellungsfunktion der Sprache. Jena/2. Auflage Stuttgart

CANISIUS, P. 1986. Untersuchungen zu strukturellen und genetischen Beziehungen zwischen sprachlichen Solitär- und Gemein- schaftshandlungen. Bochum

CHAROLLES, M.; PETÖFI, J. S.; SÖZER, E. (Hrsg.). 1983. Research in Text Connexity and Text Coherence. A. Survey. Hamburg (Papiere zur Textlinguistik 53, 1)

CICOUREL, A. V. 1975. Sprache in der sozialen Interaktion. München

CLARK, H. H. 1977. Inferences in Comprehension. In: D. LA BERGE u. J. S. SAMUELS (eds.). Basic Processes in Reading. Perception and Comprehension. Hilsdale. p. 243-263

CLARK, H. H.; CLARK, E. V. 1977. Psychology of language. New York

COMRIE, B. 1976. Language variation and pragmatics. London

COSERIU, E. ^{2}1981. Textlinguistik. Eine Einführung. Tübingen

COULTER, J. 1973. Language and the conceptualization of meaning. Sociology 7, p. 173-189

COULTHARD, M. 1977. An introduction to discourse analysis. London

COULTHARD, M.; MONTGOMERY, M. (eds.). 1984. Studies in discourse analysis. London/Boston/Melbourne

DANEŠ, F. 1976. Zur semantischen und thematischen Struktur des Kommunikats. In: DANEŠ u. D. VIEHWEGER (Hrsg.). Probleme der Textgrammatik. Berlin, S. 29-40 (Studia grammatica XI)

DANEŠ, F. 1983. Welche Ebenen der Textstruktur soll man annehmen?

In: DANEŠ, U. D. VIEHWEGER (Hrsg.). Ebenen der Textstruktur. Berlin, S. 1-11 (Ling. Studien 112)

DANEŠ, F. 1987. Cognition and emotion in discourse interaction: A preliminary survey of the field. In: Vorabdruck der Plenarvorträge. XIV. Internationaler Linguistenkongreß 1987. Berlin, S. 272-291

DANEŠ, F.; VIEHWEGER, D. (Hrsg.). 1977. Probleme der Textgrammatik II. Berlin (Studia grammatica XVVIII)

DAVIDSON, J. 1984. Subsequent versions of invitations, offers, requests, and proposals dealing with potential or actual rejection. In: J. M. ATKINSON u. J. HERITAGE (eds.). Structure of Social Action. Studies in Conversation Analysis. Cambridge/Paris, p. 102-128

DEDERING, H.-M.; NAUMANN, B. 1986. Gesprächinitiierende Steuerungsmittel in Prüfungsgesprächen. In: F. HUNDS-NURSCHER u. E. WEIGAND. Dialoganalyse. Referate der 1. Arbeitstagung Münster 1986. Tübingen, S. 129-141

DENHIERE, G. 1980. Processing and memorization of semantic information in narratives: relative importance of meaningful units in childerens and adult's performances. XXII. International Congress of Psychology. Leipzig

VAN DIJK, T. A. 1972a. Diskusssionsbeitrag zu W. Kummers "Theory of Argumentation". In: E. GÜLICH u. W. RAIBLE (Hrsg.). Textsorten. Differenzierungskriterien aus linguistischer Sicht. Frankfurt (Main)

VAN DIJK, T. A. 1972b. Generative Semantik und Texttheorie. In: T.A. VAN DIJK u. a. (Hrsg.). Beiträge zur generativen Poetik. München, S. 21-49

VAN DIJK, T. A. 1972c. Some Aspects of Textgrammars. A Study in Theoretical Linguistics and Poetics. Haag

VAN DIJK, T. A. 1975. Narrative macrostructure: logical and congnitive foundations. Amsterdam

VAN DIJK, T. A. 1977a. Grammars and descriptions. Berlin/New York

VAN DIJK, T. A. 1977b. Text and context: Explorations in the semantics and pragmatics of discourse. London

VAN DIJK, T. A. 1977c. Connectives in Text Grammer and Text Logic. In: T. A. VAN DIJK u. J. S. PETÖFI (Hrsg.). Grammars and Descriptions. New York/Berlin. S. 11-63

VAN DIJK, T. A. 1978a. Tekstwetenschap. Een interdisciplinaire inleiding. Utrecht/Antwerpen

VAN DIJK, T. A. 1978b. Facts: The Organization of Propositions in Discourse Comprehension. Amsterdam

VAN DIJK, T. A. 1980a. Textwissenschaft. Eine interdisziplinäre Einführung. München

VAN DIJK, T. A. 1980b. The Semantics and Pragmatics of Functional Coherence in Discourese. In: J. BOYD u. A. FERRARA (eds.). Speech act theory: ten years later. Special issue of Versus 26-27. Bompiani. p. 49-65

VAN DIJK, T. A. 1980c. Macrostructures. Hillsdale

VAN DIJK, T. A. 1982. Introduction. In: Text 2. S. 1-8

VAN DIJK, T. A. (ed.). 1985. Handbook of Discourse Analysis. 4 vols. London u. a.

VAN DIJK, T. A. u. a. (Hrsg.). 1972a. Beiträge zur generativen Poetik. München

VAN DIJK, T. A. u. a. 1972b. Zur Bestimmung narrativer Strukturen auf der Grundlage von Textgrammatiken. Hamburg

VAN DIJK, T. A.; KINTSCH, W. 1983. Strategies of Discourse Comprehension. New York/London

DIMTER, M. 1981. Textklassenkonzepte heutiger Alltagssprache. Kommunikationssituation. Textfunktion und Textinhalt als Kategorien alltagssprachlicher Textklassifikation. Tübingen

DITTMANN, H. (Hrsg.). 1979. Arbeiten zur Konversationsanalyse. Tübingen

DORFMÜLLER-KARPUSA, K.; PETÖFI, J. S. (Hrsg.). 1981. Text. Kontext. Interpretation. Einige Aspekte der texttheoretischen Forschung. Hamburg (Papiere zur Textlinguistik 35)

DRESSLER, W. 1972. Einführung in die Textlinguistik. Tübingen

DRESSLER, W. (Hrsg.). 1978. Textlinguistik. Tübingen

DREW, P. 1984. Speakers reportings in invitations sequences. In: J. M. ATKINSON u. J. HERITAGE (eds.). Structures of Social Action. Studies in Conversation Analysis. Cambridge/ Paris, p. 129-151

ECKER, H. P. u. a. 1977. Textform: Interview. Darstellung und Analyse eines Kommunikationsrituals. Düsseldorf

EDMONDSON, W. 1981. Spoken discourse. A model for analysis. London

EHLICH, K. 1980. Der Alltag des Erzählens. In: K. EHLICH (Hrsg.). Erzählen im Alltag. Frankfurt (Main), S. 11-27

EHLICH, K. 1984. Zum Textbegriff. In: A. ROTHKEGEL (Hrsg.). Text-Textsorten-Semantik. Hamburg

EHLICH, K.; REHBEIN, J. 1972. Zur Konstitution pragmatischer Einheiten in einer Institution: Das Speiserestaurant. In: D. WUNDERLICH (Hrsg.). Linguistische Pragmatik. Frankfurt (Main), S. 209-254

EHLICH, K.; REHBEIN, J. 1979. Sprachliche Handlungsmuster. In: H.-G. SOEFFNER (Hrsg.). Interpretative Verfahren in den Sozial- und Textwissenschaften. Stuttgart, S. 243-274

EHLICH, K.; REHBEIN, H. (Hrsg.). 1981. Kommunikation in Schule und Hochschule. Linguistische und ethnomethodologische Analysen. Tübingen

EIGENWALD, R. 1974. Textanalytik. München

ENKVIST, N. E. 1978. Coherence, pseudo-coherence, and non-coherence. In: J. O. ÖSTMAN (ed.). Cohesion and Semantics. Turku, p. 109-128

ENKVIST, N. E. 1987. A Note Towards the Definition of Text Strategy. In: Zeitschrift für Phonetik, Sprachwissenschaft und Kommunikationsforschung Bd. 40. S. 19-27

ERMERT, K. 1979. Briefsorten. Untersuchungen zu Theorie und Empirie der Textklassifikation. Tübingen

FERRARA, A. 1980a. An Extended Theory of Speech Acts: Appropria-
teness Conditions for Subordinate Acts in Sequences.
Journal of Pragamatics 4, p. 233-252

FERRARA, A. 1980b. Appropriateness Conditions for Entire Sequences
of Speech Acts. Journal of Pragmatics 4, p. 321-340

FIEHLER, R. 1980. Kommunikation und Kooperation. Theoretische
und empirische Untersuchungen zur kommunikativen
Organisation kooperativer Prozesse. Berlin

FIGGE, U. L. 1979. Zur Konstitution einer eigentlichen Textlinguistik.
In: Text vs. Sentence I. Hrsg. J. S. PETÖFI. Hamburg,
S. 13-23

FILLMORE, CH. J. 1975. An alternative for checklist theories of
meaning. In: Proceedings of the first annual meeting of
the Berkeley Linguistic Society, S. 123-131

FLADER, D.; WODAL-LEODOLTER, R. (Hrsg.). 1979. Therapeutische
Kommunikation. Ansätze zur Erforschung der Sprache im
psychoanalytischen Prozess. Königstein/Ts.

FLEISCHER, W.; MICHEL, G. [3]1979. Stilistik der deutschen Gegen-
wartssprache. Leipzig

FODOR, J. A.; BEVER, T. A.; GARRETT, M. F. 1974. The Psychology
of Language. New York

FRANCK, D. 1980. Grammatik und Konversation. Königstein/Ts.

FRANKE, W. 1984a. Taxonomie der Dialogtypen. In: Münstersches
Logbuch zur Linguistik 8, S. 1-23

FRANKE, W. 1984b. Auswahlbibliographie zur Textklassifikation und
Texttypenbeschreibung. In: Münstersches Logbuch zur
Linguistik 8, S. 66-88

FREDERIKSEN, C. H. 1975. Representing logical and semantic
structure of knowledge acquired from discourse. In:
Cognitive Psychology, S. 371-457

FRITSCHE, J. (Hrsg.). 1982. Konnektivausdrücke. Konnektivein-
heiten. Grundelemente der semantischen Struktur von
Texten. Hamburg (Papier zur Textlinguistik 30)

FRITZ, G. 1982. Kohärenz. Grundfragen der linguistischen Kommuni-

Kommunikationsanalyse. Tübingen

FRITZ, G. 1986. Bedeutungsbeschreibung und die Grundstrukturen von Kommunikationsformen. In: F. HUNDSNURSCHER u. E. WEIGAND (Hrsg.). Dialoganalyse. Referate der 1. Arbeitstagung Münster 1986. S. 267-280

FRÖHLICH, W. D. [15]1987. Wörterbuch zur Psychologie. München

FUCHS, H.; SCHANK, G. 1975. Texte gesprochener deutscher Standardsprache III. Alltagsgespräche. München (Heutiges Deutsch II/3)

GAL'PERIN, I. R. 1967. Die Entwicklung der Untersuchungen über die Bildung geistiger Operationen. In: Ergebnisse der sowjetischen Psychologie. Berlin, S. 367-405

GAL'PERIN, I. R. 1981. Tekst kak ob"ekt lingvističeskogo issledovanija. Moskva

GARFINKEL, H. 1967. Studies in Ethnomethodology. Englewood Cliffs

GARFINKEL, H.; SACKS, H. 1976. Über formale Strukturen praktischer Handlungen. In: E. WEINGARTEN et al. (Hrsg.). Ethnomethodologie. Beiträge zu einer Soziologie des Alltagshandelns. Frankfurt (Main)

GAZDAR, G. 1979. Pragmatics. London

GIESECKE, M. 1979. Instruktionssituationen in Sozialisationsinstitutionen - Ablaufschemata und Bedeutungsübertragung bei instrumentellen Instruktionen im Kindergarten. In: H. -G. SOEFFNER (Hrsg.). Interpretative Verfahren in den Sozial- und Textwissenschaften. Stuttgart, S. 38-66

GINDIN, S. J. 1972. Opyt analiza struktury teksta pomoščju semantičeskich slovarej. In: Mašinnyj perevod I prikldnaja lingvistika. Moskva, S. 42-112

GLÄSER, R. [3]1979. Stilistik und Rhetorik. In: W. FLEISCHER u. G. MICHEL. Stilistik der deutschen Gegenwartssprache. Leipzig, S. 18-22

GLINZ, H. 1973, 1978. Textanalyse und Verstehenstheorie. Bd. 1. 1973. Bd. 2. 1978. Wiesbaden

GOBYN, L. 1984. Textsorten. Ein Methodenvergleich, illustriert an einem Märchen. Brüssel

GOFFMAN, E. 1974. Das Individuum im öffentlichen Austausch. Bielefeld

GOFFMAN, E. 1980. Rahmen-Analyse. Ein Versuch über die Organisation von Alltagserfahrungen. Frankfurt (Main)

GOLDMAN, N. 1975. Conceptual generation. In: R. SCHANK, N. GOLDMAN u. CH. RIEGER (eds.). Conceptual information prosessing. Amsterdam, S. 289-371

GORETZKI, B. u. a. 1971. Aspekte der linguistischen Behandlung von Texten. In: Textlinguistik. Dresden. 2. S. 132-176

GRAUSTEIN, G.; THIELE, W. 1980. Gibt es eine Textgrammatik? In: K. HANSEN u. A. NEUBERT (Hrsg.). Studien zur Lexik und Grammatik der englischen Sprache der Gegenwart. Berlin, S. 73-85 (Ling. Studien 67)

GRAUSTEIN, G.; THIELE, W. 1982. Zu Merkmalen und zu Klassifikation von Teiltexten. In: R. ARNOLD u. A. NEUBERT (Hrsg.). Englisch heute. Berlin, S. 165-178 (Ling. Studien 100)

GRAUSTEIN, G.; THIELE, W. 1983. English monologues as complex entities. In: Linguistische Arbeitsberichte. Leipzig, 41, S. 1-26

GREIMAS, A. J. 1966. Sémantique structurale. Paris.

GREIMAS, A. J. 1971. Strukturale Semantik. Braunschweig

GRICE, P. 1968. The logic of conversation. Berkeley

GRICE, P. 1975. Logic and conversation. In: P. COLE u. J. MORGAN (eds.). Syntax and Semantics III. Speech Acts. New York, S. 41-58

GROSSE, E. U. 1974. Texttypen. Linguistik gegenwärtiger Kommunikationsakte. Stuttgart

GROSSE, E. U. 1976. Text und Kommunikation. Eine linguistische Einführung in die Funktionen der Texte. Stuttgart u. a.

GÜLICH, E. 1970. Makrosyntax. Die Gliederungssignale im gesprochenen Französisch. München

GÜLICH, E. 1980. Konventionelle Muster und kommunikative

Funktionen von Alltagserzählungen. In: K. EHLICH
(Hrsg.). Erzählen im Alltag, Frankfurt (Main). S. 335-384

GÜLICH, E. 1981. Dialogkonstitution in institutionell geregelter
Kommunikation. In: P. SCHRÖDER u. H. STEGER
(Hrsg.). Dialogforschung. Jahrbuch 1980 des Instituts für
deutsche Sprache. Düsseldorf, S. 418-456

GÜLICH, E. 1986. Textsorten in der Kommunikationspraxis. In: W.
KALLMEYER (Hrsg.). Kommunikationstypologie. Jahrb-
uch des Instituts für desutsche Sprache. Düsseldorf, S.
15 bis 46

GÜLICH, E.; KOTSCHI, T. 1987. Reformulierungshandlungen als
Mittel der Textkonstitution. Untersuchungen zu französis-
chen Texten aus mündlicher Kommunikation. In: W.
MOTSCH (Hrsg.). Satz, Text, sprachliche Handlung.
Berlin, S. 199-261 (Studia grammatica XXV)

GÜLICH, E.; QUASTHOFF, U. 1986. Story-telling in conversation.
Cognitive and interactive aspects. In: Poetics 15, p. 217-241

GÜLICH, E.; RAIBLE, W. 1974. Überlegungen zu einer makrostruk-
turellen Textanalyse. In: E. GÜLICH, K. HEGER u. W.
RALBLE: Linguistische Textanalyse. Überlegungen zur
Gliederung von Texten. Hamburg, S. 73-108

GÜLICH, E.; RAIBLE, W. 1975. Textsorten-Probleme. In:
Linguistische Probleme der Textanalyse. Düsseldorf, S. 144-197

GÜLICH, E.; RAIBLE, W. 1977. Linguistische Textmodelle. München

GUTENBERG, N. 1981. Formen des Sprechens. Gegenstand-
skonstitution und Methodologie von Gesprächs- und
Redetypologie in Sprach- und Sprechwissenschaft. Göppingen

HALLIDAY, M. K. A.; HASAN, R. 1976. Cohesion in Englisch. London

HANNAPPEL, H.; MELENK, H. 1979. Alltagssprache. Semantische
Grundbegriffe und Analysebeispiele. München

HARNISCH, H. 1979. Kommunikationsverfahren. Beschreibung und
Gruppierung. Diss. B. Potsdam

HARNISCH, H. 1982. Zu einigen Tendenzen in der Entwicklung der

Sprechakttheorie. In: Zeischrift für Phonetik, Sprachwissenschaft und Kommunikationsforschung Bd. 35, S. 664-676

HARNISCH, H.; MICHEL, G. 1986. Textanalyse aus funktional-kommunikativer Sicht. In: Zeitschrift für Germanistik, S. 389-401

HARRIS, Z. S. 1952. Discourse Analysis. In: Language. Vol. 28, S. 1-30

HARTMANN, P. 1964. Text, Texte, Klassen von Texten. In: Bogawus 2, S. 15-25

HARTMANN, P. 1971. Texte als linguistisches Objekt. In: Beiträge zur Textlinguistik. Hrsg. W.-D. STEMPEL. München, S. 9-29

HARTMANN, P. 1975. Textlinguistische Tendenzen in der Sprachwissenschaft. In: Folia Linguistica VIII. S. 1-49

HARTUNG, W. 1976. Sprache, Gesellschaft und Kommunikation. In: W. NEUMANN u. a. Theoretische Probleme der Sprachwissenschaft. Berlin, S. 126-261

HARTUNG, W. 1981. Beobachtungen zur Organisation kommunikativer Ziele. In: Lunder Germanistische Forschungen 50, S. 221-232

HARTUNG, W. 1982. Tätigkeitsorientierte Konzepte in der Linguistik. Ergebnissse, Grenzen, Perspektiven. In: Zeitschrift für Germanistik, S. 389-401

HARTUNG, W. 1983a. Sprache und Kommunikation. Deutsche Sprache. Hrsg. von W. FLEISCHER u. a. Kleine Enzyklopädie. Leipzig, S. 345-381

HARTUNG, W. 1983b. Strukturebenen und ihre Einheiten in Diskussionstexten. In: F. DANEŠ u. D. VIEHWEGER (Hrsg.). Ebenen der Textstruktur. Berlin, S. 193-228 (Ling. Studien 112)

HARTUNG, W. 1985. Kontroverses Diskutieren. In: J. HOFFMANOVÁ u. D. VIEHWEGER (Hrsg.). Linguistische und sozialpsychologische Analyse der mündlichen Kommunikation. Prag, S. 81-99

HARTUNG, W. 1987. Diskussionstexte: Argumente für eine Systembetrachtung der Textorganisation. In: I. ROSENGREN (Hrsg.). Sprache und Pragmatik. Lunder Symposium 1986. Stockholm, S. 7-31

HARTUNG, W. u. a. 1974. Sprachliche Kommunikation und Gesellschaft. Berlin

HARWEG, R. 1968. Pronomina und Textkonstitution. München

HARWEG, R. 1977. James Thurbers "The Lover and his Loss" - textgrammatische Bemerkungen zur Konstitution eines literarischen Textes. In: T. A. VAN DIJK u. J. S. PETÖFI (eds.). Grammars and descriptions. Berlin/New York, S. 226-259 (Research in Text Theory 1)

HAUSENBLAS, K. 1977. Zu einigen Grundfragen der Texttheorie. In: F. DANEŠ u. D. VIEHWEGER (Hrsg.). Probleme der Textgrammatik II. Berlin, S. 175-182 (Studia grammatica XVIII)

HAUSER-SUIDA, U.; HOPPE-BENGEL, G. 1972. Die Vergangenheitstempora in der deutschen geschriebenen Sprache der Gegenwart. München

HEGER, K. ²1976. Monem, Wort, Satz und Text. Tübingen

HEIDOLPH, K. E. 1966. Kontextbeziehungen zwischen Sätzen in einer generativen Grammatik. In: Kybernetica, S. 274-281

HEINEMANN, W. 1974. Zur Klassifikation der Stilzüge. In: Linguistsche Arbeitsberichte. Leipzig 10, S. 57-61

HEINEMANN, W. ³1979. Das Problem der Darstellungsarten. In: W. FLEISCHER u. G. MICHEL. Stilistik der deutschen Gegenwartssprache. Leipzig, S. 268-300

HEINEMANN, W. 1981. Sprecher-Intention und Textstruktur. Lunder Symposium 1980. In: Lunder Germnistische Forschungen 50, S. 259-268

HEINEMANN, W. 1982. Textlinguistik heute. Entwicklung, Probleme, Aufgaben, In: Wiss. Zeitschr. d. Karl-Marx Univ. Leipzig. Gesellschafts- u. sprachwiss. Reihe, S. 210-221

HEINEMANN, W. 1983. Negation und Negierung. Handlungstheoretische Aspekte einer linguistischen Kategorie. Leipzig

HEINEMANN, W. 1984. Stereotype Textkonstitutive, Textkommentare, pragmatische Formeln. In: Linguistische Arbeitsberichte. Leipzig, S. 35-48

HEINEMANN, W. 1987. Illokutionshierarchien und Textverstehen. In: Proceedings. Materialien des XIV. Internationalen Linguistenkongresses. Berlin, S. 1-6

HELBIG, G. [2]1988. Entwicklung der Sprachwissenschaft seit 1970. Leipzig

HENNE, H. 1975. Sprachpragmatik. Nachschrift einer Vorlesung. Tübingen

HENNE, H.; REHBOCK, H. 1979, [2]1982. Einführung in die Gesprächsanalyse. Berlin/New York. 2., verb. u. erw. Aufl. 1982

HENSEL, C. 1987. Produktbegleitende Texte. Der Versuch einer Analyse unter illokutionärem Aspekt. Diss. A. Leipzig

HEYDRICH, W.; PETÖFI, J. S. 1986. Aspekte der Konnexität und Kohärenz von Texten. Hamburg (Papiere zur Textlinguistik 51)

HINDELANG, G. 1978. Auffordern. Die Untertypen des Aufforderns und ihre sprachlichen Realisierungsformen . Göppingen

HINDELANG, G. 1986. Informieren - Reagieren im ärtztlichen Aufklärungsgespräch. In: F. HUNDSNURSCHER u. E. WEIGAND (Hrsg.). Dialoganalyse. Referate der 1. Arbeitstagung Münster 1986. Tübingen, S. 143-155

HÖRMANN, H. 1976. Meinen und Verstehen. Grundzüge einer psychologischen Semantik. Frankfurt (Main)

HOFFMANN, L. 1980. Zur Pragmatik von Erzählformen vor Gericht. In: K. EHLICH (Hrsg.). Erzählen im Alltag. Frankfurt (Main), S. 28-63

HOFFMANN, L. 1987. Die Kategorie Stilzug und ihre Intergration in ein kommunikativ orientiertes linguistisches Stilkonzept. Diss. B. Leipzig

HUNDSNURSCHER, F.; WEIGAND, E. (Hrsg.). 1986. Dialoganalyse. Tübingen

IHWE, J. (Hrsg.). 1971, 1972. Literaturwissenschaft und Linguistik. Ergebnisse und Perspektiven, 3 Bde. Frankfurt (Main)

ISENBERG, H. 1968. Der Begriff"Text"in der Sprachtheorie. ASG-Bericht Nr. 8. Berlin

ISENBERG, H. 1971. Überlegungen zur Texttheorie. In: IHWE, J. (Hrsg.). Literaturwissenschaft und Linguistik, Bd. 1. Frankfurt(Main), S. 155-172

ISENBERG, H. 1974. Texttheorie und Gegenstand der Grammatik.

Berlin (Ling. Studien 11)

ISENBERG, H. 1976. Einige Grundbegriffe für eine linguistische Texttheorie. In: F. DANEŠ u. D. VIEHWEGER (Hrsg.). Probleme der Textgrammatik. Berlin, S. 47-146 (Studia grammatica XI)

ISENBERG, H. 1977. "Text" versus "Satz". In: F. DANEŠ u. D. VIEHWEGER (Hrsg.). Probleme der Textgrammatik II. Berlin, S. 119-146 (Studia grammatica X V III)

ISENBERG, H. 1978. Probleme der Texttypologie. Variation und Determination von Texttypen. In: Wiss. Zeitschr. d. Karl-Marx-Univ. Leipzig. Gesellschafts- u. sprachwiss. Reihe, S. 565-579

ISENBERG, H. 1983. Grundfragen der Texttypologie. In: F. F. DANEŠ u. D. VIEHWEGER (Hrsg.). Ebene der Textstruktur. Berlin, S. 303-342 (Ling. Studien 112)

ISENBERG, H. 1984. Texttypen als Interaktionstypen. In: Zeitschrift für Germanistik, S. 261-270

JAKUBINSKIJ, L. P. 1923. O dialogičeskoj reči. In: Russkaja reč 1, c. 96-194

JOHNSON-LAIRD, P. N. 1977. Procedural semantics. In: Cognition 5, S. 189-214

JOHNSON-LAIRD, P. N. 1980. Mental Models. Toward a Cognitive Science. In: Cognitive Science 4, p. 72-115

JOHNSON-LAIRD, P. N. 1983. Mental Models. Toward a Cognitive Science of Language, Inference and Consciousness. Cambridge/London/New York

JUDIN, E. G. 1984. Das Problem der Tätigkeit in Philosophie und Wissenschaft. In: Grundfragen einer Theorie der sprachlichen Tätigkeit. Hrsg. von D. VIEHWEGER. Berlin, S. 216-270

JUNKER, H. 1976. Rhetorik und Textgrammatik. In: Romanische Forschungen. S. 378-382

KADOW, S. 1987. Sinnkonstituierung und kommunikative Strategien. Die Sinnklammerungsstrategie. Ein aufgabengeleiteter

Beschreibungsversuch. In: Strategien und Prinzipien sprachlicher Kommunikation. Berlin, S. 96-125 (Ling. Studien 158)

KALLMEYER, W. 1977. Verständigungsprobleme in Alltagsgesprächen. Zur Identifizierung von Sachverhalten und Handlungszusammenhängen. Der Deutschunterricht H. 6, S. 52-69

KALLMEYER, W. 1978. Fokuswechsel und Fokussierungen als Aktivitäten der Gesprächskostitution. In: R. MEYER- HERMANN (Hrsg.). Sprechen, Handeln, Interaktion. Tübingen, S. 191-241

KALLMEYER, W. 1981. Aushandlung und Bedeutungskonstitution. In: P. SCHRÖDER u. H. STEGER (Hrsg.). Dialogforschung. Jahrbuch 1980 des Instituts für deutsche Sprache. Düsseldorf, S. 89-127

KALLMEYER, W. (Hrsg.). 1986. Kommunikationstypologie. Jahrbuch des Instituts für deutsche Sprache. Düsseldorf

KALLMEYER, W. u. a. ^{2}1980. Lektürekolleg zur Textlinguistik. Bd. 1. Einführung. Königsten/Ts

KALLMEYER, W.; SCHÜTZE, F. 1976. Konversationsanalyse. In: Studium Linguistik 1, S. 1-28

KALVERKÄMPER, H. 1981. Orientierung zur Textlinguistik. Tübingen

KAYSER, H. (Hrsg.). 1983. Propositionen und Propositionskomplexe. Grundelemente der semantischen Struktur von Texten. Hamburg (Papiere zur Textlinguistik 40)

KAZAKEVIČ, O. A. 1988. Ispol'zovanie tekstovych baz dannych v lingvističeskich issledovanijach: obzor zarubežnych rabot. In: Naučno-techničeskaja informaciha. Serie 2, S. 9-17

KEENAN, E. O.; SCHIEFFELIN, B. 1976. Topic as a discourse notion: A study of topics in the conversation of children and adults. In: C. LI (ed.). Subject and Topic. New York, S. 335 bis 384

KEMPSON, R. 1975. Presupposition and the delimitation of semantics. Cambridge/Mass.

KESELING, G. 1979. Sprache als Abbild und Werkzeug. Köln

KINTSCH, W. 1974. The Representation of Meaning in Memory. Hillsdale

KINTSCH, W. 1982. Psychological processes in discourse production. In: H. W. DECHERT u. M. RAUPACH (eds.). Psychological models of production. Hillsdale

KINTSCH, W.; VAN DIJK, T. A. 1978. Toward a model of text comprehension and text production. Psychological Review, S. 363-394

KLIX, F. 1971. Information und Verhalten. Berlin

KLIX, F. 1984. Über Wissensrepräsentation im menschlichen Gedächtnis. In: F. KLIX (Hrsg.). Gedächtnis - Wissen - Wissensnutzung. Berlin, S. 131-144

KLIX, F.; KULKA, F.; KÜHN, R. 1979. Zur Frage der Unterscheidbarkeit von Klassen semantischer Relationen im menschlichen Gedächtnis. In: M. BIERWISCH (Hrsg.): Psychologische Effekte sprachlicher Strukturkomponenten. Berlin, S. 131-144

KNOBLOCH, C. 1984. Sprachpsychologie. Ein Beitrag zur Problemegeschichte und Theoriebildung. Tübingen

KOCH, W.; ROSENGREN, I.; SCHONEBOHM 1981. Ein pragmatisch orientiertes Textanalyseprogramm. In: Lunder Germanistische Forschungen 50, S. 155-203

KONDAKOW, N. I. 1978. Wörterbuch der Logik. Leipzig

KRÄMER, U. 1987. Prinzipien der Themaentwicklung in mündlicher Kommunikation. Diss. A. Berlin

KUČINSKIJ, G. M. 1983. Dialog I myšlenie. Minsk

KUHN, TH. S. 1967. Die Struktur wissenschaftlicher Revolutionen. Frankfurt (Main). Engl. Original: 1962. The Structure of Scientific Revolutions. Chicago

KUMMER, W. 1972. Aspects of a theory of argumentation. In: E. GÜLICH u. W. RAIBLE (Hrsg.). Textsorten, Differenzierungskriterien aus linguistischer Sicht. Frankfurt (Main), S. 25-49

LABOV, W.; FANSHEL, D. 1977. Therapeutic Discourse. Psychotherapy as Conversation, New York/San Francisco/London

LABOV, W.;WALETZKY, J. 1967. Narrative Analysis: Oral Versions of Personal Experience. In: J. HELM (ed.). Essays on the verbal and visual arts. Seattle/London. Dt. Übersetzung: Erzählanalyse: mündliche Versionen persönlicher Erfahrungen. In: J. IHWE (Hrsg.). Literaturwissenschaft und Linguistik. Bd. 1. Frankfurt (Main) 1973

LANG, E. 1977. Semantik der koordinativen Verknüpfung. Berlin (Studia grammatica XIV)

LANG, E. 1983. Setting up a common integrator. A general schema for vertical semantic integrations. Vortragsmanuskr. Szeged Konferenz "Structure of Narrative".

LAUSBERG, H. ³1967. Elemente der literarischen Rheotorik. München

LEONT'EV, A.A 1969. Inner Speech and the Process of grammatical generation of utterances. In: Soviet Psychology, S. 11-16

LEONT'EV, A.A 1975. Psycholinguistische Einheiten und die Erzeugung sprachlicher Äußerungen. In dt. Sprache hrsg. von F. JÜTTNER. Berlin

LEONT'EV, A.A 1984a. Psychologie der Kommunikation. In: Grundfragen einer Theorie der sprachlichen Tätigkeit. Hrsg. von D. VIEHWEGER. Berlin, S. 45-198

LEONT'EV, A.A 1984b. Tätigkeit und Kommunikation. In: D. VIEHWEGER (Hrsg.). Grundfragen einer Theorie der sprachlichen Tätigkeit. Berlin, S. 199-215

LEONT'EV, A. N. 1973. Das Problem der Tätigkeit in der Psychologie. In: Sowjetwissenschaft. Gesellschaftliche Beiträge, S. 415-435

LEONT'EV, A.N. 1979. Tätigkeit - Bewußtsein - Persönlichkeit. Berlin

LEONT'EV, A.N. ⁶1985. Probleme der Entwicklung des Psychischen. Berlin

LERCHNER, G. 1976. Stilzüge unter semasiologischem Aspekt. In: Deutch als Fremdsprache, S. 257-262

LERCHNER, G. 1981. Stilistisches und Stil. Ansätze für eine kommunikative Stiltheorie. In: Beiträge zur Erforschung der deutschen Sprache. Bd. 1, S. 85-109

LERCHNER, G. 1983. Textstrukturebenen und ihre Funktionen im künstlerischen Text. In: F. DANEŠ u. D. VIEHWEGER (Hrsg.). Ebenen der Textstruktur, S. 259-277 (Ling. Studien 112)

LERCHNER, G. 1984a. Sprachform von Dichtung. Linguistische Untersuchungen zu Funktion und Wirkung literarischer Texte. Berlin/Weimar

LERCHNER, G. 1984b. Germanistik und "Renaissance" der Rhetorik. In: Zeitschhrift für Germanistik, S. 324-332

LERCHNER, G. 1986. Stilistische Variation in einer handlungsbezogenen Textkonzeption. In: Akten des VII. Internationalen Germanisten-Kongresses. Göttingen 1985. Hrsg. von A. SCHÖNE, Tübingen, Bd. 3., S. 32-39

LEVINSON, S. C. 1983. Pragmatics. Cambridge

LOMOV, B. F. (Hrsg.). 1981. Problema obščenija v psichologii. Moskva

LOMPSCHER, J. 1971. Psychologie des Lernens in der Unterstufe. Berlin

LOMPSCHER, J. 1982. Analyse und Gestaltung von Lernanforderungen. In: Ausbildung der Lerntätigkeit bei Schülern. Hrsg. W. W. DAWYDOW J. LOMPSCHER, A. K. MARKOWA. Berlin, S. 36-50

LONGACRE, R. E. 1970. Sentence structure as a statement calculus. In: Language 46, S. 738-815

LONGACRE, R. E. 1978. Discourse genre. Proceedings of the twelfth international congress of linguists. Innsbruck, S. 551-554

LONGACRE, R.; LEVINSOHN, S. 1978. Field Analysis of Discourse. In: W. DRESSLER (ed.). Current Trends in Textlinguistics. Berlin/New York, S. 103-122

LUNDQUIST, L. 1980. La Cohérence Textuelle. Syntaxe, sémantique, pragmatique. Kopenhagen

LURIJA, A. R. 1982. Sprache und Bewußtsein. Berlin

MANDL, H. (Hrsg.). 1981. Zur Psychologie der Textverarbeitung. Ansätze, Befunde, Probleme. München

MANDLER, J. M.; GOODMAN, M. S. 1982. On the psychological validity of story structure. In: Journal of Verbal learning and Verbal Behavior 21, S.

MANDLER, J. M.; JOHNSON, N. S. 1977. Rememberance of things parsed. Story structure recall. In: Cognitive Psychology 9, p. 11-151

MARFURT, B. 1977. Textsorte Witz. Möglichkeiten einer sprachwissenschaftlichen Textsortenbestimmung. Tübingen

MARTENS, K. 1974. Sprachliche Kommunikation in der Familie. Kronberg/Ts.

MENG, K. 1984. L. P. JAKUBINSKIJ und Beginn der sowjetischen Dialogforschung. In: Zeitschrift für Phonetik, Sprachwissenschaft und Kommunikationsforschung. Bd. 37, S. 26-36

MENG, K. 1985. Zur ethnomethodologischen Gesprächsanalyse. In: Zeitschrift für Phonetik, Sprachwissenschaft und Kommunikationsforschung. Bd. 38, S. 121-140

METZELTIN, M.; JAKSCHE, H. 1983. Textsemantik. Ein Modell zur Analyse von Texten. Tübingen

METZING, D.(Hrsg.). 1980. Frame Conceptions and Text Understanding. Berlin/New York

MEYER, P. G. 1975. Satzverknüpfungsrelationen. Ein Interpretationsmodell für situationsunabhängige Texte. Tübingen

MEYER, P. G. 1983. Sprachliches Handeln ohne Sprechsituation. Studien zur theoretischen und empirischen Konstitution von illokutiven Funktionen in "situationslosen" Texten. Tübingen

MEYER-HERMANN, R. 1978. Aspekte der Analyse metakommunikativer Interaktion. In: R. MEYER-HERMANN (Hrsg.). Sprechen - Hadeln - Interaktion. Tübingen, S. 103-142

MICHEL, G. 1986. Text und Stilnormen als Regeln oder als Modelle? In: Akten des VII. Internationalen Germanisten- Kongresses. Göttingen 1985: Hrsg. von A. SCHÖNE. Tübingen. Bd. 3, S. 3-9

MICHEL, G. 1987. Textmuster und Stilmuster. In: Proceedings. XIV.

Internationaler Linguistenkongreß. Berlin, S. 1-5

MICHEL, G. u. a. 1985. Grundfragen der Kommunikationsbefähigung. Leipzig

MICHEL, G. u. a. ²1988. Sprachliche Kommunikation. Einführung und Übungen. Leipzig

MICHEL, G.; HARNISCH, H. 1983. Zum Verhältnis von funktional-kommunikativer Sprachbeschreibung und Sprechakttheorie. Zugänge zur linguistischen Charakterisierung von Handlungseinheiten. In: B. TECHTMEIER u. W. U. WURZEL (Hrsg.). Sprachwissenschaft und Dialektik. Berlin, S. 82-93 (Ling. Studien 113/ I)

MINSKY, M. 1975. A framework for representing knowledge. In: P. H. WINSTON (ed.). The psychology of computer vision. New York/Toronto, p. 211-280

MINSKY, M. 1979. The society theory of thinking. In: P. WINSTON u. R. BROWN (eds.). Artificial Intelligence. Cambridge/Mass

MISTRIK, J. 1973. Exakte Typologie von Texten. München

MÖLLER, G. 1987. Sprachkultur der Allgemeinheit. In: Zeitschrift für Germanistik, S. 573-576

MOESCHLER, J. 1985. Argumentation et conversation. Paris

MORRIS, C. 1972. Grundlagen der Zeichentheorie. München

MOSKALSKAJA, O. I. 1984. Textgrammatik. (Grammatika teksta). Übers. u. hrsg. von H. ZIKMUND. Leipzig

MOTSCH, W. 1975. Sprache als Handlungsinstrument. In: Neue Aspekte der Grammatikforschung. T. 2. Berlin, S. 1-64 (Ling. Studien 19)

MOTSCH, W. 1983. Sprachlich-kommunikative Handlungen. In: Deutsche Sprache. Hrsg. von W. FLEISCHER u. a. Kleine Enzyklopädie. Leipzig, S. 489-512

MOTSCH, W. 1986. Anforderungen an eine handlungsorientierte Textanalyse. In: Zeitschrift für Germanistik. S. 261-282

MOTSCH, W. 1987. Zur Illokutionsstruktur von Feststellungstexten. In: Zeitschrift für Phonetik, Sprachwissenschaft und Kommunikationsforschung. Bd. 40. S. 45-67

MOTSCH, W.; PASCH, R. 1984. Bedeutung und illokutive Funktion
    sprachlicher Äußerungen. In: Zeitschrift für Phonetik,
    Sprachwissenschaft und Kommunikationsforschung. Bd.
    37, S. 471-489
MOTSCH, W.; PASCH, R. 1987. Illokutive Handlungen. In: W.
    MOTSCH (Hrsg.). Satz, Text, sprachliche Handlung. Berlin, S. 11-79
MOTSCH, W.; VIEHWEGER, D. 1981. Sprachhandlung, Satz und Text.
    In: I. ROSENGREN (Hrsg.). Sprache und Pragmatik.
    Lunder Symposium 1980. Malmö, S. 125-154

NEISSER, U. 1979. Kognition und Wirklichkeit. Prinzipien und
    Implikationen der kognitiven Psychologie. Stuttgart
NERIUS, D. u. a. 1987. Deutsche Orthographie. Leipzig
NEUBAUER, F. (Hrsg.). 1983. Coherence in Natural-Language Texts.
    Hamburg (Papiere zur Textlinguistik 38)
NEUBERT, A. 1982. Text als linguistischer Gegenstand. In:
    Linguistische Arbeitsberichte. Leipzig, 36, S. 25-42
NEUMANN, W. u. a. 1976. Theoretische Probleme der Sprachw-i
    ssenschaft. Bd. 1., 2. Berlin

OOMEN, U. 1979. Texts and Sentences. In: PETÖFI, J.S. (Hrsg.).
    Text vs. Sentence. Hamburg, S. 272-280

PEŠKOVSKIJ, A. M. [7]1956. Russkij sintaksis v naučnom osveščenii.
    Moskau
PETÖFI, J. S. 1971a. Probleme der ko-textuellen Analyse von Texten.
    In: IHWE, J. (Hrsg.). Literaturwissenschaft und Lingui stik.
    Bd. 1. Frankfurt (Main), S. 173-212
PETÖFI, J. S. 1971b. Transformationsgrammatiken und eine ko - textuelle
    Texttheorie, Frankfurt (Main)
PETÖFI, J. S. 1971c. "Generativity" and "Textgrammar" In: Folia
    Linguistica. Vol. V, S. 277-309
PETÖFI, J. S. 1973. Towards and Empirically Motivated Grammatical
    Theory of Verbal Texts. In: PETÖFI, J. S. u. a. H. RIESER

(eds.). 1973. Studies in Text Grammar. Dorsrecht/Boston,
S. 205-276

PETÖFI, J. S. 1978. Structure and Function of the Grammatical
Component of the Text-Structure World Structure Theory.
In: F. GUENTHER u. S. J. SCHMIDT (eds.). Formal
Semantics and Pragmatics for Natural Languages. Dordrecht

PETÖFI, J. S. (Hrsg.). 1979. Text vs. sentence. Basic questions of
text linguistics. Two parts. Hamburg (Papiere zur Textlinguistik 20)

PETÖFI, J. S. (Hrsg.). 1982. Text vs. sentence. Continued. Hamburg
(Papiere zur Textlinguistik 29)

PETÖFI, J. S. (Hrsg.). 1986. Text Connectendness from Psychological
Point of View. Hamburg (Papiere zur Textlinguistik 55)

PETÖFI, J. S.; SÖZER, E. (Hrsg.). 1983. Micro and Macroconnexity
of Texts. Hamburg (Papiere zur Textlinguistik 45)

PEUKERT, H. 1977. Positionen einer Linguostilistik. Berlin

PFÜTZE, M. 1965. Satz und Kontext in der deutschen Sprache der
Gegenwart. Versuch einer Grundlegung der Darstellung
satz- und kontextverflechtender Funktionen sprachlicher
Mittel. Habilitationsschrift. Potsdam

PFÜTZE, M. 1967. Bestimmung der Begriffsinhalte. "Satz-" und
"Kontextverflechtung". In: Wiss. Zeitschrift der Päd.
Hochschule Potsdam. Gesellschafts- u. sprachwiss. Reihe,
S. 155-164

POMERANTZ, A. 1978. Compliment responses: Notes on the
cooperation of multiple constraints. In: J. SCHENKEIN
(ed.). Studies in the organization of conversational
interaction. New York, p. 79-112

POMERANTZ, A. 1984. Agreeing and disagreeing with assessments:
some features of preferred/dispreferred turn shapes. In:
J. ATKINSON u. J. HERITAGE (eds.). Structures of
Social Action. Studies in Conversation Analysis. Cambridge/
Paris, p. 57-101

PSATHAS, G. (ed.). 1979. Everyday Language. Studies in Ethnomethodology.
New York

PÜSCHEL, U. 1983. Stilanalyse als Stilverstehen. In: B. SANDIG (Hrsg.). Stilistik. Hildesheim/Zürich/New York. Bd. 1, S. 97-126

QUASTHOFF, U. 1980a. Erzählen in Gesprächen. Tübingen

QUASTHOFF, U. 1980b. Gemeinsames Erzählen als Form und Mittel im sozialen Konflikt oder: Ein Ehepaar erzählt eine Geschichte. In: K. EHLICH (Hrsg.). Erzählen im Alltag. Frankfurt (Main), S. 109-141

RAMGE, H. (Hrsg.).1980. Studien zum sprachlichen Handeln im Unterricht. Gießen

RATH, R. 1975. Kommunikative Paraphrase. In: Linguistik und Didaktik 22, S. 103-118

REHBEIN, J. 1972. Entschuldigungen und Rechtfertigungen. In: D. WUNDERLICH (Hrsg.). Linguistische Pragmatik. Frankfurt (Main), S. 288-317

REHBEIN, J. 1977. Komplexes Handeln. Elemente zur Handlungstheorie der Sprache. Stuttgart

REHBEIN, J. 1983. Zur pragmatischen Rolle des „Stils". In: B. SANDING (Hrsg.). Stilistik. Hildesheim/Zürich/New York. Bd. 1, S. 21-48

REINECKE, W. 1985. Zum Verhältnis von grammatischer Paradigmatik und Syntagmatik bei der Aneignung von Fremdsprachen. In: Deutsch als Fremdsprache, S. 256-260

REISER, B. J.; BLACK, J. B. 1982. Processing and structural models of comprehension. In: Text. Vol. 2-1/3, S. 225-252

RICKHEIT, G.; STROHNER, H. 1985a. Psycholinguistik der Textverarbeitung. In: Studium Linguistik 17/18, S. 1-78

RICKHEIT, G.; STROHNER, H. (eds.). 1985b. Inferences in Text Processing. Amsterdam/New York/Oxford

RIESEL, E. 1963. Stilistik der deutschen Sprache. Moskau

RIESEL, E. [2]1970. Der Stil der deutschen Alltagsrede. Leipzig

RIESEL, E.; SCHENDELS, E. I. 1975. Deutsche Stilistik. Moskau

RIESER. H. 1973. Probleme der Textgrammatik. In: Folia Linguistica.
 Vol. Ⅵ, S. 28-46

RIESER, H. 1978. On the development of text grammar. In: DRESSLER,
 W. U. (Hrsg.). Textlinguistik. Darmstadt, S. 6-20

ROLF, E. 1983. Sprachliche Informationshandlungen. Göppingen

ROSENGREN, I. 1979. Die Sprachhandlung als Mittel zum Zweck.
 Typen und Funktionen. In: Lunder Germanistische Forschungen
 48, S. 188-221

ROSENGREN, I. 1980a. Der Text im Kommunikationsprozeß. In:
 Internationales Kolloquium „Gesellschaftliche Funktionen
 und Strukturen sprachlicher Kommunikation". Berlin, S.
 105-117 (Ling. Studien 72/Ⅱ)

ROSENGREN, I. 1980b. Texttheorie. In: P. ALTHAUS, H. HENNE,
 H. -E. WIEGAND (Hrsg.). Lexikon der germanistischen
 Linguistik. Tübingen, S.275-286

ROSENGREN, I. 1983. Die Realisierung der Illokutionsstruktur auf
 der Vertextungsebene. In: F. DANEŠ u. D. VIEHWEGER
 (Hrsg.). Ebenen der Textstruktur. Berlin, S. 133-151
 (Ling. Studien 112)

ROSENGREN, I. 1984. Die Einstellungsbekundung im Sprachsystem
 und in der Grammatik. In: G. STICKEL (Hrsg.). Pragmatik
 in der Grammatik. Düsseldorf, S. 152-174

ROSENGREN, I. 1985. Die Beziehung zwischen Sprachhandlungssystem
 und Sprachsystem am Beispiel der Einstellungsbekundung. In:
 Zeitschrift für Germanistik, S. 322-337

ROSENGREN, I. 1987. Begründungen und Folgerungen als kommuni-
 kative Handlungen, In: W. MOTSCH (Hrsg.). Satz, Text,
 sprachliche Handlung. Berlin, S. 179-197 (Studia gram-
 matica ⅩⅩⅤ)

ROSSIPAL, H. 1978. Textstrukturen in Fachtexten. Manuskript.
 Vortrag, gehalten 15. 3. 1978 in Mannheim

ROTHKEGEL, A. 1984. Sprachhandlungstypen in interaktionsregelnden
 Texten - Texthandlungen in Abkommen. In: Lunder
 Germanistische Forschungen 53, S. 255-278

ROULET, E. 1980. Stratégies d'interaction, modes d'implication et marqueurs illocutoires. In: Cahiers de linguistique française 1, p. 80-103

ROULET, E. 1986. Complétude interactive et mouvements discursifs. In: Cahiers de linguistique française 7, p. 193-210

ROULET, E. 1987a. Complétude interactive et connecteurs reformulatifs. In: Cahiers de linguistique française 8, p. 111-140

ROULET, E. 1987b. L'integration des mouvements discursifs et le rôle des connecteurs interactifs dans une approche dynamique de la construction du discourse monologique. In: Modèles linguistiques XI/1, p. 19-31

ROULET, E. 1988. De la structure de la conversation à la structure d'autres types de discours. Manuskript. Genf

RUBINSTEIN, S. L. 1963. Prinzipien und Wege der Entwicklung der Psychologie. Berlin

RUBINSTEIN, S. L. [8]1971. Grundlagen der allgemeinen Psychologie. Berlin

RUBINSTEIN, S. L. 1972. Sein und Bewußtsein. Die Stellung des Psychischen im allgem. Zusammenhang der Erscheinun gen in der materiellen Welt. Dt. von H. HIEBSCH (Hrsg.). Berlin

RUMELHART, D. E. 1977. Understanding and Summarizing Brief Stories. In: D. LA BERGE u. S. J. SAMUELS (eds.). Basic processes in reading, perception and Comprehension. Hillsdale

RYŽOV, V.V. 1980. Postroenie teoretičeskoj schemy analiza dejatel'nosti obščenija. In: Voprosy psichologii 1, c. 39-46

SACKS, H. 1971. Das Erzählen von Geschichten innerhalb von Unterhaltungen. In: R. KJOLSETH u. F. SACK (Hrsg.). Zur Soziologie der Sprache. Sonderh. 15 der Kölner Zeitschrift für Soziologie und Sozialpsychologie, S. 307-314

SACKS, H. 1974. An analysis of the course of a joke's telling in conversation. In: R. BAUMAN u. J. SHERZER (eds.). Explorations in the ethnography of speaking. New York/London, p. 337-353

SACKS, H. 1984. Notes on methodology. In: J. M. ATKINSON u. J. HERITAGE (eds.). Structures of Social Action. Studies in Conversation Analysis. Cambridge/Paris, p. 21-27

SACKS, H.; SCHEGLOFF, E.; JEFFERSON, G. (eds.). 1978. A simplest systematics for the organization of turn-taking of conversation. In: J. SCHENKEIN (ed.). Studies in the organization of conversational interaction. New York, p. 7-56

SANDIG, B. 1972. Zur Differenzierung gebrauchssprachlicher Textsorten im Deutschen. In: E. GÜLICH u. W. RAIBLE (Hrsg.). Textsorten. Differenzierungskriterien aus linguistischer Sicht. Frankfurt (Main), S. 113-124

SANDIG, B. 1973. Beispiele pragmalinguistischer Textanalyse Wahlaufruf, familiäres Gespräch, Zeitungsnachricht). In: Der Deutschunterricht H. 1. S. 5-23

SANDIG, B. (Hrsg.). 1983a. Stilistik. Bd. 1, 2. als: Germanistische Linguistik. Bd. 1. 3-4/1981. Bd. 2. 5-6/1981. Hildesheim/Zürich/New York

SANDIG, B. 1983b. Zwei Gruppen von Gesprächsstilen. Ichzentrierter veraus duzentrieter Partnerbezug. In: B. SANDIG (Hrsg.). 1983a. Stilistik. Hildesheim/Zürich/New York. Bd. 2, S. 149-198

SANDIG, B. 1986. Stilistik der deutschen Sprache. Berlin/New York

SANFORD, A. J.; GARROD, S. C. 1981. Understanding. Written Language. Chichester/New York

SCHANK, G. 1976. Zur Binnensegmentierung natürlicher Gespräche. In: F. J. BERENS u. a. Projekt Dialogstrukturen. Ein Arbeitsbericht. München

SCHANK, G. 1979a. Zum Problem der Natürlichkeit von Gesprächen in der Konversationsanalyse. In: J. DITTMANN (Hrsg.). Arbeiten zur Konversationsanalyse. Tübingen, S. 73-93

SCHANK, G. 1979b. Zum Ablaufmuster von Kurzberatungen. In: J. DITTMANN (Hrsg.). Arbeiten zur Konversationsanalyse. Tübingen, S. 176-197

SCHANK, G. 1981. Untersuchungen zum Ablauf natürlicher Dialoge.

München

SCHANK, R. C.; ABELSON, R. P. 1977. Scripts, Plans, Goals and Understanding. Hilsdale

SCHANK, G.; SCHWITALLA, J. 1980. Gesprochene Sprache und Gesprächsanalyse. In: H. P. ALTHAUS, H. HENNE u. H.-E. WIEGAND (Hrsg.). Lexikon der germanistischen Linguistik. 2. Aufl. Tübingen. S. 313-322

SCHEGLOFF, E. 1979. The relevance of repair to syntax-for-conversation. In: T. GIVÓN (ed.). Discourse and syntax. Syntax and Semantics vol. 12 New York. S. 261-286

SCHEGLOFF, E.; JEFFERSON, G. SACKS, H. 1977. The preference for self-correction in the organization of repair in conversation. Language 53, p. 361-382

SCHEGLOFF, E.; SCHANK, H. 1973. Opening up closings. In: Semiotica 8, p. 289-327

SCHELSKY, H. 1970. Zur Theorie der Institution. Düsseldorf

SCHENKEIN, J. N. 1971. Some methodological and substantive issues in the analysis of conversational interaction. Dissertation. University of Califonia. Irvine

SCHERNER, M. 1974. Theorie und Technik des Textverstehens. Düsseldorf

SCHERNER, M. 1984. Sprache als Text. Ansätze zu einer sprachwissenschaftlich begründeten Theorie des Textverstehens. Tübingen

SCHIPPAN, T. 1979. Zum Status der funktionalkommunikativen Merkmale (FKM) von Kommunikationsverfahren (KV). In: Theoretische und methodologische Fragen der Sprachwissenschaft. Hrsg. von W. NEUMANN. Berlin, S. 42-49 (Ling. Studien 62 Ⅲ)

SCHLIEBEN-LANGE, B. 1987. Entstehung und Ausbreitung sprachlicher Normen. In: Vorabdruck der Plenarvorträge. ⅩⅣ. Internationaler Linguistenkongreß. Berlin, S. 172-191

SCHMIDT, S. J. 1973. Texttheorie. Probleme einer Linguistik der sprachlichen Kommunikation. München

SCHMIDT, S. J. 1975. Literaturwissenschaft als argumentierende Wissenschaft. Zur Grundlegung einer nationalen Literaturwissenschaft. München

SCHMIDT, W. 1977. Thesen zur Beschreibung und Einteilung von Texten. In: Potsdamer Forschungen. Reihe A. 27, S. 153-171

SCHMIDT, W. u. a. 1981. Funktional-kommunikative Sprachbeschreibung. Leipzig

SCHNOTZ, W.; BALLSTEDT, ST.-P.; MANDL, H. 1981. Kognitive Prozesse beim Zusamenfassen von Lehrtexten. Forschungsbericht. Deutsches Institut für Fernstudien. Tübingen

SCHOENTHAL, G. 1979. Sprechakttheorie und Konversationsanalyse. In: J. DITTMANN (Hrsg.). Arbeiten zur Konversationsanalyse. Tübingen, S. 44-72

SCHWARZ, CH. 1985. Bedingungen der sprachlichen Kommunikation, Berlin (Ling. Studien 131)

SCHWITALLA, J. 1978. Dialogsteuerung in Interviews. München

SCHWITALLA, J. 1979a. Dialogsteuerung im Interview. Ansätze zu einer Theorie der Dialogsteuerung mit empirischen Untersuchungen von Politiker-, Experten- und Starinterviews in Rundfunk und Fernsehen. München

SCHWITALLA, J. 1979b. Metakommunikationen als Mittel der Dialogorganisation und der Beziehungsdefinition. In: J. DITTMANN (Hrsg.). Arbeiten zur Dialoganalyse. Tübingen, S. 111-143

SEARLE, J. R. 1969. Speech Acts. Cambridge

SEARLE, J. R. 1976. A classification of illocutionary acts. In: Language in Society 5, p. 1-23

SEARLE, J. R. 1977. Sprechakte. Ein sprachphilosophischer Essay. Frankfurt (Main)

SEARLE, J. R. 1980. An interview. In: J. BOYD u. A. FERRARA (eds.). Speech act theory: ten years later. Special issue of Versus 26/27. Bompiani, p. 17-27

SEARLE, J. R.; VANDERVEKEN, D. 1985. Foundations of Illocutionary

Logic. Cambridge

SÖKELAND, W. 1980. Indirektheit von Sprechhandlungen. Tübingen

SÖZER, E. (Hrsg.). 1985. Text Connexity. Text Coherence. Aspects, Methods, Results. Hamburg (Papiere zur Textlinguistik 49)

SOLGANIK, G. J. 1973. Sintaksičeskaja stilistika. Moskva

SOLWINSKI, B. 1983. Textlinguistik. Eine Einführung. Stuttgart

STEGER, H. 1976. Sprechintentionen und Kommunikationsintentionen. Unver. Manuskr. Freiburg

STEGER, H. u. a. 1974. Redekonstellation, Redekonstellationstyp, Textexemplar, Textsorte im Rahmen eines Sprachverhaltensmodells. In: Gesprochene Sprache. Jahrbuch 1972. Düsseldorf, S. 39-97

STEIN, N. L.; GLENN, C. 1979. An analysis of story comprehension in elementary school children. In: R. FREEDLE (ed.). New directions in discourse processing. Norwood, N. J., S. 53-120

STEINITZ, R. 1968. Nominale Proformen. In: ASG-Bericht. Berlin. 2

STEMPEL, W.-D. 1972. Gibt es Textsorten? In: E. GÜLICH u. W. RAIBLE (Hrsg.). Textsorten. Differenzierungskriterien aus linguistischer Sicht. Frankfurt (Main), S. 175-179

STEMPEL, W.-D. 1984. Bemerkungen zur Kommunikation im Alltagsgespräch. In: K. STIERLE u. R. WARNING (Hrsg.). Das Gespräch. Poetik und Hermeneutik XI, S. 151-169

STEUBE, A. 1986. Einführung in die Textanalyse. Lehrmaterial. Leipzig

STREECK, J. 1979. Sandwich. Good for you. Zur pragmatischen und konversationellen Analyse von Bewertungen im institutionellen Diskurs. In: J. DITTMANN (Hrsg.). Arbeiten zur Konversationsanalyse. Tübingen, S. 235-257

STREECK, J. 1983. Konversationsanalyse. Ein Reparaturversuch. In: Zeitschrift für Sprachwissenschaft, S. 72-104

TECHTMEIER, B. 1984. Das Gespräch. Berlin

THORNDYKE, P. W. 1977. Cognitive structures in comprehension and memory of narrative discourse. In: Cognitive Psychology 9, p. 77-110

THORNDYKE, P. W./YEKOVICH, F. R. 1980. A Critique of Schema-Based Theories of Human Story Memory. In: Poetics 9, S. 23-49

UNGEHEUER, G. 1977. Gesprächsanalyse und ihre kommunikationstheoretischen Voraussetzungen. In: D. WEGNER(Hrsg.). Gesprächsanalysen. Vorträge, gehalten anläßlich des 5. Kolloquiums des Inst. für Phonetik und Komm. Bonn 1976. Forschungsberichte des IKP 65. Hamburg, S. 27-65

DEN UYL, M.; VAN DOSTENDORP, H. 1980. The Use of Scripts In Text Comprehension. In: Poetics 9, S. 275-294

VACHEK, J. 1971. Zu allgemeinen Fragen der Rechtschreibung und der geschriebenen Norm der Sprache. In: Stilistik und Soziolinguistik. Hrsg. von E. BENEŠ u. J. VACHEK. Berlin, S. 102-122

VAN DE VELDE, R. G. 1986. On the foundations of Interpretation. Explorations in the Descriptive perspectives of inferential and coherential linguistics. Leuven

VENTOLA, E. 1987. The Structure of Social Interaction. London

VIEHWEGER, D. 1976. Semantische Merkmale und Textstruktur. In: F. DANEŠ u. D. VIEHWEGER (Hrsg.). Probleme der Textgrammatik. Berlin, S. 195-206 (Studia grammatica XI)

VIEHWEGER, D. 1977. Zur semantischen Struktur des Textes. In: F. DANEŠ u. D. VIEHWEGER (Hrsg.). Probleme der Textgrammatik II. Berlin, S. 103-117 (Studia grammatica XVIII)

VIEHWEGER, D. 1983a. Sprachhandlungsziele von Aufforderungstexten. In: F. DANEŠ u. D. VIEHWEGER (Hrsg.). Ebenen der Textstruktur. Berlin, S. 152-192 (Ling. Studien 112)

VIEHWEGER, D. 1983b. Sequenzierung von Sprachhandlungen und Prinzipien der Einheitenbildung im Text. In: RŮŽIČKA u. W. MOTSCH (Hrsg.). Untersuchungen zur Semantik.

Berlin, S. 369-394 (Studia grammatica XXII)
VIEHWEGER, D. 1987a. Illokutionswissen und Illokutionsstrukturen.
In: I. ROSENGREN (Hrsg.). Sprache und Pragmatik.
Lunder Symposium 1986. Stockholm, S. 47-56
VIEHWEGER, D. 1987b. Illokutionswissen und Textinterpretation. In:
Vorabdruck der Plenarvorträge. XIV. Internationaler
Linguistenkongreß. Berlin, S. 331-349
VIEHWEGER, D.; SPIES, G. 1987. Struktur illokutiver Handlungen
in Anordnungstexten. In W. MOTSCH (Hrsg.). Satz, Text,
sprachliche Handlung. Berlin, S. 81-118 (Studia grammatica
XXV)

WAGNER, CH. 1983. Theoretische Positionen, Fragestellungen und
erste Ergebnisse zum Lernen mit Texten aus pädagogisch-
psychologischer Sicht. In: Pädagogische Forschungen.
Berlin, 6, S. 89-98
WAGNER, K. R. 1978. Sprechplanung. Empirie, Theorie und Didaktik
der Sprecherstrategien. Frankfurt (Main)
WATZLAWICK, P.; BEAVIN, J. H.; JACKSON, D. D. 1969. Menschliche
Kommunikation. Formen, Störungen, Paradoxien. Bern
WAWRZYNIAK, Z. 1980. Einführung in die Textwissenschaft. Probleme
der Textbildung im Deutschen. Warschau
WEIGAND, E. 1987. Sprachliche Kategorisierung. In: Deutsche
Sprache, S. 237-255
WEINGARTEN, R. 1986. Dialoganalyse und empirische Semantik. In:
F. HUNDSNURSCHER u. E. WEIGAND (Hrsg.). Dialoganalyse.
Referate der 1. Arbeitstagung Münster 1986. Tübingen, S. 281-295
WEINRICH, H. 1969. Textlinguistik: Zur Syntax des Artikels in der
deuschen Sprache. In: Jahrbuch für Internationale Germanistik
H. 1, S. 61-74
WEINRICH, H. 1972a. Die Textpartitur als heuristische Methode. In:
Der Deutschunterricht H. 4, S. 43-60
WEINRICH, H. 1972b. Thesen zur Textsorten-Linguistik. In: E.
GÜLICH u. W. RAIBLE (Hrsg.). Textsorten. Differenzie-

rungskriterien aus linguistischer Sicht. Frankfurt (Main).
 S. 161-169

WEINRICH, H. ³1973. Tempus - Besprochene und erzählte Welt.
 Stuttgart u. a.

WEISS, A. 1975. Syntax spontaner Gespräche. Einfluß von Situation
 und Thema auf das Sprachverhalten. Düsseldorf

WERLEN, I. 1979. Konverstionsrituale. In: J. DITTMANN (Hrsg.).
 Arbeiten zur Konversationsanalyse. Tübingen, S. 144-175

WERLICH, E. ²1979. Typologie der Texte. Entwurf eines textlingui-
 stischen Modells zur Grundlegung einer Textgrammatik.
 Heidelberg

WEIGAND, H. E. 1979. Bemerkungen zur Bestimmung metakomm-
 unikativer Sprechakte. In: I. ROSENGREN (Hrsg.).
 Sprache und Pragmatik. Lunder Symposium 1978. Lund.
 S. 214-244

WINOGRAD, T. 1972 Understanding Natural Language. New York

WITTMERS, E. 1977. Zu einigen Aspekten der Textkonstitution/
 Textkomposition als Beitrag zur Methodologie der
 Erfassung des Zusammenhangs sprachlicher Darstellungen.
 In: F. DANEŠ u. D. VIEHWEGER. Probleme der Textgrammatik
 II. Berlin. 5. S. 213-235 (Studia grammatica XVIII)

WODAK-LEODOLTER, R. 1980. Problemdarstellungen in gruppenthe-
 rapeutischen Situationen. In: K. EHLICH (Hrsg.). Erzählen
 im Alltag. Frankfurt (Main). S. 179-208

WOLF, S. 1975. Streitgespräche. Theorien, Analyseverfahren. Typologi-
 sierungsmöglichkeiten. Diss. Freiburg

WUNDERLICH, D. 1970. Tempus und Zeitreferenz im Deutschen.
 München

WUNDERLICH, D. 1973. Referenzsemantik, Sprechakte, Redeerwähnung.
 In: Funkkolleg Sprache. Eine Einführung in die moderne
 Linguistik. Bd. 2. Frankfurt (Main). S. 102-123

WUNDERLICH, D. 1976a. Studien zur Sprechakttheorie. Frankfurt
 (Main)

WUNDERLICH, D. 1976b. Sprechakttheorie und Diskursanalyse. In:

K. O. APEL (Hrsg.). Sprachpragmatik und Philosophie.
Frankfurt (Main), S. 463-488

WUNDERLICH, D. 1981. Ein Sequenzmuster für Ratschläge - Analyse
eines Beispiels. In: D. METZING (Hrsg.). Dialogmuster
und Dialogprozesse. Hamburg, S. 1-30

WYGOTSKIJ, L. S. 1964. Denken und Sprechen. Berlin

ZIMMERMANN, K. 1984. Die Antizipation möglicher Rezipienten-
reaktionen als Prinzip der Kommunikation. In: I. ROSENGREN
(Hrsg.). Sprache und Pragmatik. Lunder Sympusium 1984.
Lund, S. 131-158

ŽOLKOVSKIJ, A. K.; ŠČEGLOV, K. 1970. K opisaniju smysla svjaznogo
teksta. Moskva

찾아보기

(ㄱ)

(ㄴ)

◆ 역자 소개

백 설 자

· 동아대학교 독어독문학과 및 동 대학원 졸업(문학석사)
· 독일 뮌헨대학교 어문학부 II 박사과정 졸업(문학박사)
· 현 재 : 대구대학교 독어독문학과 교수

· 저 서 : 『학술어에 나타나는 가설적 사고의 언어형식』(1993)
            (박사학위 논문, 독문)
· 번역서 : 『카드의 비밀』(1995 현암사)(저자: 요슈타인 가아더)
· 논 문 : 「발화성격규정어와 그 의사소통적 기능」, 「간접화행이론」,
            「학술어에 쓰이는 은유의 인식도구적 기능」(독문) 외 다수

텍스트언어학 입문

◆ 인쇄 2001년 5월 7일 ◆ 발행 2001년 5월 15일
◆ 역자 백설자 ◆ 발행인 이대현
◆ 편집 이태곤 · 이은희 ◆ 표지디자인 홍동선 · 안혜진
◆ 발행처 역락출판사 / 서울 성동구 성수2가 3동 277-17
            성수아카데미타워 319호(우 133-123)
◆ TEL 대표 · 영업 3409-2058 편집부 3409-2060 팩스 3409-2059
◆ 전자우편 yk3888@kornet.net / youkrack@hanmail.net
◆ 등록 1999년 4월 19일 제2-2803호
◆ 정가 18,000원
◆ ISBN 89-88906-88-8-93750 ◆ ⓒ역락출판사, 2001